LINGUI NIANJIAN

临桂年鉴 2015

桂林市临桂区地方志编纂委员会 编

方志出版社
Publishing House of Local Records

图书在版编目(CIP)数据

临桂年鉴.2015/广西桂林市临桂区志编纂委员会办公室编.
—北京:方志出版社,2016.5
ISBN 978-7-5144-2004-3

Ⅰ.①临… Ⅱ.①广… Ⅲ.①区(城市)—桂林市—2015—年鉴
Ⅳ.①Z526.73

中国版本图书馆 CIP 数据核字(2016)第 102672 号

临桂年鉴(2015)

编　　者:广西桂林市临桂区地方志编纂委员会
责任编辑:徐　宏

出 版 人:冀祥德
出 版 者:方 志 出 版 社
地址　北京市朝阳区潘家园东里 9 号(国家方志馆 4 层)
邮编　100021
网址　http://www.fzph.org
发　　行:方志出版社发行中心
电话　(010)67110500
经　　销:各地新华书店
印　　刷:南京四彩印刷有限公司

开　　本:889×1194　1/16
印　　张:16.75
字　　数:507 千字
版　　次:2016 年 5 月第 1 版　2016 年 5 月第 1 次印刷
印　　数:001~500 册

ISBN 978-7-5144-2004-3　　定价:228.00 元

临桂县地图

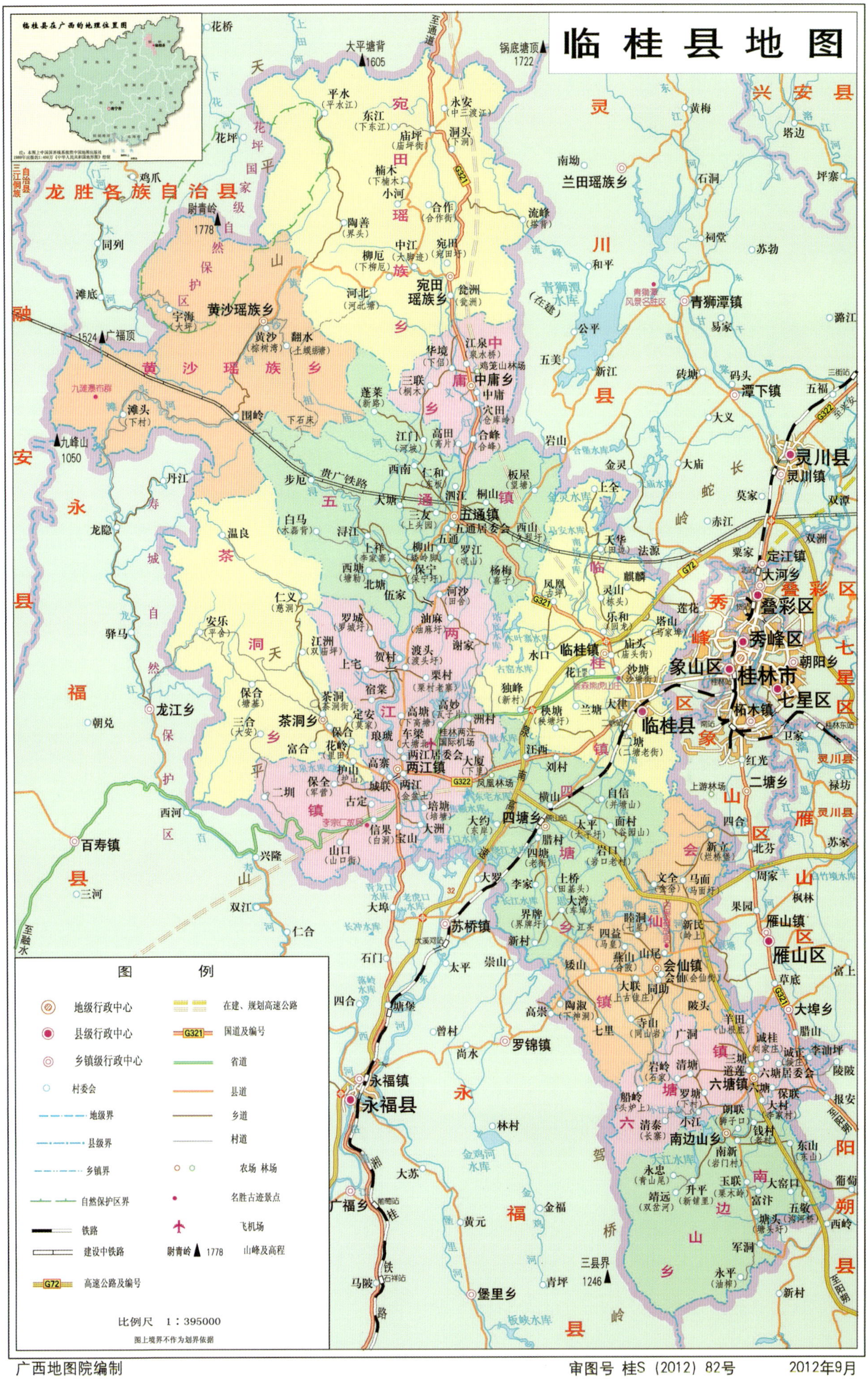

广西地图院编制

审图号 桂S（2012）82号　　2012年9月

数字临桂（2014）

- 行政区域面积：2202 平方千米
- 乡镇：11 个(民族乡 2 个)
- 村民委员会：161 个
- 居民委员会：8 个
- 常住人口：492425 人
- 地区生产总值：216.67 亿元
- 财政收入：24.3 亿元
- 全社会固定资产投资：240.43 亿元
- 社会消费品零售总额：34.84 亿元
- 三次产业比重：17.4 ：64.4 ：18.2
- 工业总产值：370.78 亿元
- 农林牧渔业总产值：61.63 亿元
- 农作物总播种面积：8.23 万公顷
- 粮食总产量：26.35 万吨
- 年末金融机构各项存款余额：162.93 亿元
- 城镇居民人均可支配收入：32018 元
- 农村居民人均纯收入：11330 元
- 耕地面积：4.76 万公顷
- 森林面积：13.31 万公顷
- 森林覆盖率：63%
- 草地面积：0.66 万公顷
- 地表水储量：34.95 亿立方米
- 地下水储量：9.44 亿立方米，
- 年平均气温：20.2℃
- 年日照总时数：1417.2 小时
- 年总雨量：1672.2 毫米
- 城镇登记失业率：3.48%
- 新增农村劳动力转移就业人数：6320 人
- 万元地区生产总值能耗比上年下降：0.83 %
- 在校小学生：31584 人
- 在校初中生：13373 人
- 在校高中生：6632 人
- 各类卫生医疗机构：507 所
- 电视人口覆盖率：98%
- 有线电视用户：2.8 万户

4月15日，自治区人民政府主席陈武（右三），副主席蓝天立（右一）、陈刚（左三）在桂林两江国际机场召开新航站楼扩建工程建设工作现场协调会

刘荣华　摄

7月27日，中共中央党的群众路线教育实践活动第九巡回督导组组长王金山（前中）在五通镇调研

周荣华　摄

4 月 25 日，中共中央组织部副部长陈向群（右四）在临桂新区调研

杨　浩　摄

12 月 12 日，自治区党委副书记危朝安（前左）在六塘镇调研

阳行权　摄

3月4日，自治区党委常委、组织部部长周新建（前中）在六塘镇调研示范镇建设

六塘镇人民政府　供稿

11月5日，自治区党委常委、自治区副主席唐仁健（左三）在五通农民画坊调研

周荣华　摄

10 月 28 日，自治区人大常委会副主任、总工会主席王跃飞（左一）在桂林福达集团调研

李 璇 摄

5 月 7 日，中共桂林市委书记赵乐秦（右二）在五通镇西山村委调研党的群众路线教育实践活动及新农村建设

周荣华 摄

5月5日，桂林市市长唐琮沅（前右一）在四塘镇武明农庄调研

四塘镇人民政府　供稿

6月6日，桂林市政协主席粟增林（左一）在两江镇宿棠村委水果示范基地调研

两江镇人民政府　供稿

3月10日，县委书记彭代元（右三）、县长何新明（右四）、县人大常委会主任唐修相（右二）、县政协主席张凌发（右一）等县四家班子领导在李宗仁故居开展爱国主义教育活动

县委组织部　供稿

3月1日，县委书记彭代元（左）、县长何新明（右）参加义务植树活动

阳行权　摄

7月30日，县长何新明（前中）率慰问组慰问驻临桂部队官兵

杨 浩 摄

2月26日，县人大常委会主任唐修相（前左三）及县人大代表视察高标准新农村

阳行权 摄

2月26日，县政协主席张凌发（前中）及县政协委员参观考察六塘镇小城镇建设

李 璇 摄

2月20日，临桂县召开党的群众路线教育实践活动动员大会

今日临桂报社　供稿

3月5日，中共临桂县委中心学习组学习暨党的群众路线教育实践活动专题学习会在县委二楼会议室举行

县委宣传部　供稿

4月24日，临桂县举办基层党组织书记培训班，县委书记彭代元作报告

县委组织部　供稿

3 月 17 日，教育实践活动期间，县委主要领导征求房地产等行业的意见和建议

县委组织部　供稿

3 月 8 日，县环保局召开党的群众路线教育实践活动动员会

县环保局　供稿

3 月 14 日，县农业局在五通镇西山村委召开农业产业发展调研座谈会

县农业局　供稿

3月8日，两江镇召开党的群众路线教育实践活动动员大会

今日临桂报社　供稿

4月1日，临桂县党员干部观看《焦裕禄》等影片

县委组织部　供稿

6月30日，临桂县直机关工委举办“当党的排头兵，做群众的贴心人”主题演讲比赛

县直机关工委　供稿

黄沙瑶族乡新貌

黄沙瑶族乡人民政府　供稿

临桂新区一角

雷金息　摄

六塘镇观音山公园

秦梓清　摄

改造后的宛田瑶族乡瓮洲村

骆志华　摄

高标准新农村示范村——茶洞乡登云村

茶洞乡人民政府　供稿

五通镇周村村前公园一角

周荣华　摄

六塘镇岚岩村新貌

县委组织部　供稿

临桂新区中央公园一角

雷金息　摄

3 月 12 日，临桂县人民政府组织召开《临桂县志（1991—2012）》三级评稿会

周敬娟　摄

3 月 26 日，临桂县举办缅怀李天佑将军伟绩革命传统教育文艺晚会

今日临桂报社　供稿

春节期间，临桂县举办新春“乐翻天”广场文化活动

秦小珍　摄

6—8月，临桂县举办“唱响临桂”城乡歌手大赛

县文化馆　供稿

6 月 21 日，桂林市音乐创作研讨会在临桂县举行

县文联　供稿

11 月 12 日，桂林百姓大舞台在六塘镇演出

县委宣传部　供稿

8 月，“中国体彩杯”广西青少年游泳、蹼泳锦标赛在临桂县体育馆举行

县文体局　供稿

11 月 25 日，县教育局举行教职工气排球比赛

今日临桂报社　供稿

4 月 26 日，临桂县举办民族健身操、健身舞大赛

县文体局　供稿

10月31日，临桂县召开民政工作推进会暨社会救助培训会议

县民政局　供稿

12月16日，六塘镇召开残疾人基本服务状况和需求专项调查动员培训会

六塘镇人民政府　供稿

8月28日，县人社局举办就业招聘会

县人社局 供稿

6月17日，临桂县在县城金山广场举行节能宣传周和低碳日活动

今日临桂报社 供稿

桂林市临桂区地方志编纂委员会

名誉主任：何新明　唐修相　刘修荣

主　　任：李绍政

副 主 任：李先赠　郑建忠　诸葛亚　李燕青　粟皎敏　秦初明

欧翠兰　莫先发

执行副主任：黄　萍　卜清亮　王玉才

委　　员：李方连　龙大川　张国林　龙龚赐　李桥胜　张裕强

廖真生　李小华　石祥云　刘孙荣　王　谦　江家经

李全德　莫田生　梁榩林　赵秋岚　李福燊　李玉春

卢　韬　罗　宁　谭利华　李章娥　诸葛明高　李基日

黄　杰　李永超　张国安　黄国强　张　凯

《临桂年鉴(2015)》编辑人员

主　　编：王玉才

副 主 编：张　凯　李庆旺(执行)

编　　辑：李华荣　阳树柱　李　瑜

工作人员：王时英

编辑说明

一、《临桂年鉴》是中共临桂县(区)委、县(区)人民政府主办,县(区)地方志编纂委员会办公室负责编纂的地方综合年鉴。每年出版1卷。《临桂年鉴》旨在记录临桂经济和社会发展的基本情况,为各级领导机关决策、指导工作提供县情依据,是社会各界了解、研究临桂的最新信息载体,并为临桂的发展积累史料。

二、2013年1月18日,《国务院关于同意广西壮族自治区调整桂林市部分行政区划的批复》(国函〔2013〕17号文件),同意撤销临桂县,设立桂林市临桂区。根据自治区、桂林市关于临桂县撤县设区有关事项的批复,2015年5月25日,“中国共产党桂林市临桂区委员会”“桂林市临桂区人民代表大会常务委员会”“桂林市临桂区人民政府”“中国人民政治协商会议桂林市临桂区委员会”“中国共产党桂林市临桂区纪律检查委员会”“桂林市临桂区国防动员委员会”同时揭牌,临桂县正式更名为桂林市临桂区。此前,临桂仍称为“县”,本年鉴仍称“临桂县”。

三、《临桂年鉴》主体内容设类目、分目、条目三个层次,除特载、大事记、附录等类目采用综合性文章外,其余内容均以条目为表现内容的基本形式。条目的标题统一用黑体加【】,少数资料性内容用楷体。年鉴内容采用科学分类和社会分工相结合的原则设置类目,机构、企事业单位的排序一般不表示其地位和规模。

四、《临桂年鉴(2015)》着重记载2014年临桂县经济和社会发展的基本情况及大事、要事、新事,个别重要内容有上溯和下延。本卷年鉴设特载、大事记、临桂概况、中国共产党临桂县委员会、临桂县人民代表大会、临桂县人民政府、中国人民政治协商会议临桂县委员会、纪检·监察、群众团体、政法、武装、旅游、城乡建设·环境保护、交通运输业、信息产业、工业·商业、农业·水利、财政·税务、金融、行政管理、教育、科学技术、文化·体育·卫生、社会事务、乡镇、附录等26个类目,136个分目。

五、本卷年鉴稿件由各行业主管部门和各乡(镇)提供,并经撰稿单位领导审核。主要统计数据由撰稿单位提供,因统计口径不同等原因,可能与统计部门公布的数据有出入,引用时请加以区别。统计数据采用法定计量单位。

六、本卷年鉴为便于读者查阅,配备双重检索系统,卷首设中文目录,卷末有索引。索引采用内容分析法,并按汉语拼音字母顺序排列。

总　目

1 特载
33 大事记
37 临桂概况
55 中国共产党临桂县委员会
69 临桂县人民代表大会
73 临桂县人民政府
79 中国人民政治协商会议临桂县委员会
83 纪检·监察
87 群众团体
97 政法
107 武装
111 旅游
117 城乡建设·环境保护
125 交通
131 信息产业
135 工业·商业
145 农业·水利
159 财政·税收
165 金融
175 行政管理
191 教育
197 科学技术
203 文化体育·卫生
209 社会事务
215 乡镇
229 附录
235 索引

Main Contents

1 Special Features
33 Chronicle of Events
37 Survey of Lingui County
55 Lingui Municipal Committee of the CPC
69 Lingui Municipal People´s Congress
73 Lingui Municipal People´s Government
79 Lingui Municipality CPPCC
83 Inspecting Discipline & Supervision
87 Mass Organizations
97 Politics & Law
107 Military
111 Tourism
117 City Construction & Environmental Protection
125 Transportation
131 Information
135 Industrial & Commercial
145 Agriculture & Water Conservancy
159 Financial & Tax
165 Banks
175 Administrative Management
191 Education
197 Science & Technology
203 Culture Sports & Health
209 Social Affairs
215 Towns
229 Appendix
235 Index

目录

特载

主动适应发展新常态　奋力完成“十二五”目标
为率先在全区实现“幸福临桂”而努力奋斗
——2015 年 1 月 27 日在临桂县委十二届
五次全会上 …… 2
临桂区人大常委会工作报告
——2015 年 5 月 28 日在临桂区第一届
人民代表大会第一次会议上 …… 12
政府工作报告
——2015 年 5 月 28 日在桂林市临桂区
第一届人民代表大会第一次会议上 …… 17
中国人民政治协商会议桂林市临桂区
第一届委员会常务委员会工作报告
——2015 年 5 月 26 日在政协桂林市
临桂区第一届委员会第一次会议上 …… 28

大事记

2014 年大事记 …… 34

临桂概况

历史沿革 …… 38
地理概况 …… 39
位置面积 …… 39
地质 …… 39
地貌 …… 39
气候 …… 40
自然资源 …… 40
土地资源 …… 40
矿产资源 …… 40
水资源 …… 40
动物资源 …… 40
植物资源 …… 40
人口 …… 41
人口统计 …… 41
人口年龄结构 …… 41
附表:2014年临桂县分乡镇人口及按年龄分组情况表 …… 41
行政区划 …… 42
附表:2014年临桂县行政区划情况表 …… 42
党政机关、直属事业单位、党派团体和部分中央、自治区、桂林市直属单位及其领导人 …… 43

中国共产党临桂县委员会

重要会议 …… 56
中国共产党临桂县第十二届委员会第四次全体(扩大)会议 …… 56
临桂县党的群众路线教育实践活动动员

大会 …… 56
临桂县党的群众路线教育实践活动再动员再部署会议 …… 56
中共临桂县委中心组学习(扩大)会议 …… 56
中共临桂县委中心组学习(扩大)会议 …… 56
中共临桂县委全委(扩大)会议 …… 56
中共临桂县委中心组学习(扩大)会议 …… 56
中共临桂县委常委班子专题民主生活会通报会 …… 56
临桂县农村土地承包经营权确权登记颁证试点工作动员会 …… 56
临桂县村(社区)"两委"换届选举工作布置会 …… 57
临桂县年中经济工作会议 …… 57
临桂县教育发展大会 …… 57
临桂县党的群众路线教育实践活动总结大会 …… 57
自治区"清洁家园"专项活动推进会 …… 57
中共临桂县委中心组学习(扩大)会议 …… 57
中共临桂县委常委议军会 …… 58

重要决策 …… 58
一个速度、两个推进、三个提升 …… 58
推行高中免费教育 …… 58

组织工作 …… 58
概况 …… 58
党的群众路线教育实践活动 …… 58
党建服务民生发展 …… 58
推进高标准新农村建设 …… 59
推进基层党建工作 …… 59
村(社区)"两委"换届选举 …… 59
整顿软弱涣散党组织 …… 59
完善用人制度 …… 60
完善干部监管 …… 60
加强干部队伍建设 …… 60
调研宣传 …… 60

宣传工作 …… 61
概况 …… 61
强化政治理论学习 …… 61
舆情信息工作 …… 61
开展文明创建活动 …… 61
未成年人思想道德建设 …… 61

统一战线工作 …… 62
概况 …… 62
助推非公有制经济健康发展 …… 62
落实申报少数民族发展资金项目 …… 62
推进瑶族乡乡庆建设项目 …… 62
宗教事务 …… 62
侨务工作 …… 62
台务工作 …… 62

党校工作 …… 63
概况 …… 63
干部培训 …… 63
教研工作 …… 63
基础设施建设 …… 63

党史工作 …… 63
概况 …… 63
党史编纂 …… 63
党史资料征集 …… 63
党史宣传教育 …… 64
资政调研 …… 64

绩效管理与考评 …… 64
概况 …… 64
自评迎考工作 …… 64
县级绩效考评 …… 64
落实公众评议 …… 65

信访工作 …… 65
概况 …… 65
接访工作 …… 65
办信工作 …… 65
督查督办 …… 65
县领导接访 …… 65

保密工作 …… 65
概况 …… 65
强化保密管理 …… 66
加强网络保密管理 …… 66
规范涉密人员管理 …… 66
考试保密管理 …… 66
开展保密法制宣传 …… 66
建立健全保密制度 …… 66

机构编制 …… 66
概况 …… 66

机构编制调整 …… 66
推进职能转变和机构改革 …… 66
实名制管理和域名注册 …… 66
做好机构和人员编制核查 …… 67
模拟事业单位分类 …… 67
事业单位登记管理 …… 67
老干部工作 …… 67
概况 …… 67
学习活动 …… 67
落实老干部生活待遇 …… 67
两个阵地建设 …… 67
开展关心下一代工作 …… 67
县直机关工委 …… 67
概况 …… 67
开展党的群众路线教育实践活动 …… 68
推进基层党组织建设 …… 68
加强党风廉政建设 …… 68
党员发展、教育工作 …… 68
武装工作 …… 68

临桂县人民代表大会

重要会议 …… 70
临桂县第十五届人民代表大会第五次会议 …… 70
临桂县第十五届人大常委会会议 …… 70
重要工作 …… 70
国家机关工作人员任免 …… 70
人大代表议案和建议办理 …… 71
依法行使重大事项决定权 …… 71
调研监督工作 …… 71
执法检查 …… 72
提升代表履职水平 …… 72
信访工作 …… 72
信息工作 …… 72

临桂县人民政府

重要会议 …… 74
第十五届人民政府第二十六次常务会议 …… 74
第十五届人民政府第二十七次常务会议 …… 74
第十五届人民政府第二十八次常务会议 …… 74
第十五届人民政府第二十九次常务会议 …… 74
第十五届人民政府第三十次常务会议 …… 74
第十五届人民政府第三十一次常务会议 …… 74
第十五届人民政府第三十二次常务会议 …… 74
第十五届人民政府第三十三次常务会议 …… 74
重要政务 …… 74
服务“三农”工作 …… 74
加快工业发展 …… 74
大力发展旅游业 …… 75
促进现代服务业发展 …… 75
招商引资 …… 75
城镇化建设 …… 75
实施“美丽临桂·清洁城乡”工程 …… 75
政府法制 …… 76
概况 …… 76
依法行政 …… 76
行政复议和应诉 …… 76
处理涉法事务 …… 76
审查“三大纠纷”处理决定 …… 76
规范性文件审查 …… 76
加强政府法制信息平台建设 …… 76
政务督查 …… 76
概况 …… 76
稳增长促改革调结构惠民生政策落实情况督查 …… 77
清理整治违法占地违法建设专项工作

督查 …… 77
为民办实事项目工作督查 …… 77
档案工作 …… 77
概况 …… 77
档案基础业务 …… 77
档案资料整理 …… 77
档案服务 …… 77
地方志工作 …… 77
概况 …… 77
《临桂县志(1991—2012)》通过终审验收 …… 77
《临桂年鉴(2013)》出版 …… 78
按时完成自治区、桂林年鉴供稿任务 …… 78
扎实做好年报试点工作 …… 78
地情咨询服务 …… 78
机关事务管理 …… 78
概况 …… 78
优化机关后勤服务 …… 78
打造机关食堂服务品牌 …… 78
完善能耗体系建设 …… 78

中国人民政治协商会议临桂县委员会

重要会议 …… 80
政协临桂县八届四次会议 …… 80
政协临桂县八届五次会议 …… 80
政协临桂县八届六次会议 …… 80
政协临桂县八届十一次常委会议 …… 80
政协临桂县八届十二次常委会议 …… 80
政协临桂县八届十三次常委会议 …… 80
政协临桂县八届十四次常委会议 …… 81
政协临桂县第八届委员会主席议政会议 …… 81
政协临桂县第八届委员会委员培训会议 …… 81
政协临桂县第八届委员会委员界别座谈会议 …… 81
政协提案交办会议 …… 81
重要工作 …… 81
提案工作 …… 81
委员视察 …… 81
专题调研 …… 81
联谊工作 …… 82
慈善救助 …… 82
文史资料征集及编印 …… 82

纪检·监察

反腐倡廉 …… 84
概况 …… 84
严肃政治纪律 …… 84
纠正“四风”活动 …… 84
党风廉政建设 …… 84
深化廉政教育 …… 85
案件查办 …… 85
行政监察 …… 85
概况 …… 85
纠风惠民落实到位 …… 85
纠正行业不正之风 …… 86
监督制度建设 …… 86

群众团体

临桂县总工会 …… 88
概况 …… 88
临桂县总工会十三届九次全委(扩大)会议 …… 88
临桂县总工会十三届十次全委会议 …… 88
依法维护职工合法权益 …… 88
帮扶活动 …… 88
职工再就业 …… 88
开展职工文体和劳动竞赛活动 …… 88
临桂县妇女联合会 …… 89
概况 …… 89
开展妇联换届工作 …… 89
妇女岗位建功活动 …… 89

扶弱助困活动 …… 89
妇女维权工作 …… 90
举办妇女干部培训班 …… 90
开展家庭教育活动 …… 90
妇女儿童文化娱乐 …… 90
共青团临桂县委员会 …… 90
概况 …… 90
开展青年活动 …… 90
青年就业创业 …… 90
青少年思想教育 …… 90
青年志愿服务行动 …… 91
青年文明号工作 …… 91
青少年权益保护工作 …… 91
临桂县文学艺术界联合会 …… 91
概况 …… 91
文艺活动 …… 91
协会活动成果 …… 92
《临桂文艺》出版 …… 93
实施“千村万户文艺惠民工程” …… 93
临桂县归国华侨联合会 …… 93
概况 …… 93
维护侨益 …… 93
开展联谊活动 …… 93
参政议政 …… 93
临桂县残疾人联合会 …… 93
概况 …… 93
扶残助学 …… 93
实施康复项目 …… 94
扶贫助残 …… 94
残疾人就业 …… 94
实施阳光家园计划项目 …… 94
居家无障碍改造工程 …… 94
社会保障 …… 95
信访文体工作 …… 95
临桂县科学技术协会 …… 95
概况 …… 95
临桂县老科学技术工作者协会成立 …… 95
科普宣传活动 …… 95
实用技术培训 …… 95
十月科普大行动 …… 95
青少年科普教育 …… 95
临桂县社会科学界联合会 …… 96
概况 …… 96
优秀课题成果 …… 96
开展社科知识普及 …… 96

政　法

社会管理综合治理 …… 98
概况 …… 98
接访下访活动 …… 98
信访积案化解服务大行动 …… 98
抓好“三敏感”问题化解 …… 98
拓展基层平安建设活动 …… 98
稳步推进网格化试点 …… 99
公安 …… 99
概况 …… 99
打击违法犯罪 …… 99
破获大案要案 …… 99
开展社会治安整治行动 …… 99
加强治安管控 …… 100
依法办理户籍管理 …… 100
交通安全管理 …… 100
消防安全管理 …… 100
出入境及往来港澳台管理 …… 100
县城社会治安防控 …… 101
监所管理 …… 101
检察 …… 101
概况 …… 101
打击刑事犯罪 …… 101
维护社会稳定 …… 101
提升检察队伍能力素质 …… 102
强化监督管理 …… 102
开展控告申诉 …… 102
抓好民事行政检察 …… 102
法院 …… 103
概况 …… 103
刑事审判 …… 103
民事审判 …… 103
行政审判 …… 103

执行工作 …… 103
立案、信访接待工作 …… 104
调研、宣传工作 …… 104
审判管理 …… 104
提高法院工作透明度 …… 104
信息化建设 …… 104
审判监督 …… 105
司法行政 …… 105
概况 …… 105
法制宣传教育 …… 105
建立律师参与处理信访疑难积案制度 …… 105
社区矫正管理 …… 105
加强人民调解工作 …… 106
安置帮教工作 …… 106
实现法律援助应援尽援 …… 106
拓展法律公证服务领域 …… 106
加强律师行业管理 …… 106

武　装

中国人民解放军临桂县人民武装部 …… 108
概况 …… 108
思想政治建设 …… 108
正规化建设 …… 108
后勤保障工作 …… 108
民兵预备役建设 …… 108
国防动员与国防教育 …… 108
征兵工作 …… 109
拥政爱民 …… 109
武警临桂县中队 …… 109
概况 …… 109
加强思想文化建设 …… 109
军事训练 …… 109
强化战备值勤 …… 110
从严治警 …… 110
后勤保障 …… 110

旅　游

旅游管理 …… 112
概况 …… 112
临桂县旅游质量监督管理所成立 …… 112
编制完成《临桂县重点旅游片区发展规划》 …… 112
加强行业监管 …… 112
开展旅游宣传营销 …… 112
提高旅游服务质量 …… 112
旅游设施建设 …… 113
概况 …… 113
飞虎队遗址公园建设 …… 113
重大项目进展 …… 113
旅游景区(点) …… 113
概况 …… 113
桂林会仙喀斯特国家湿地公园 …… 113
深里河峡谷景区 …… 113
六塘清真寺 …… 113
雄森熊虎山庄 …… 113
飞虎队遗址公园 …… 114
李宗仁故居 …… 114
陈宏谋宗祠 …… 114
罗山湖景区 …… 114
田心村 …… 115
义江缘景区 …… 115
十二滩漂流景区 …… 115
东宅江瑶寨蝴蝶谷景区 …… 115
刘三姐茶园景区 …… 115
红溪景区 …… 116
莲花岛景区 …… 116
华岩景区 …… 116
望情谷景区 …… 116
安江坪景区 …… 116
吉龛瀑布景区 …… 116
祥田长寿村 …… 116

城乡建设·环境保护

城乡建设管理 …… 118
概况 …… 118
优化行政审批 …… 118
建筑市场管理 …… 118
保障性安居工程建设 …… 118
房地产市场稳步发展 …… 118
房屋征收和拆违工作 …… 118
旧城改造 …… 119
城镇化建设 …… 119
农村规划建设 …… 119
农村危房改造 …… 119
城乡风貌改造 …… 119
市容管理 …… 119
概况 …… 119
市容秩序管理 …… 119
渣土运输管理 …… 120
燃气安全管理 …… 120
城区卫生保洁 …… 120
市政设施维护 …… 120
城区路网建设 …… 120
小区设施改造 …… 121
县城管网建设 …… 121
城市绿化改造 …… 121
城市路灯亮化 …… 121
重点工程 …… 121
自来水供应 …… 121
概况 …… 121
管网建设 …… 121
供水保障 …… 121
供水服务 …… 122
桂林市西城经济开发区 …… 122
概况 …… 122
推进招商引资项目 …… 122
加快基础设施建设 …… 122
稳步推进项目 …… 122
加强服务监管 …… 122
环境保护 …… 122
概况 …… 122
环境质量 …… 123
建设项目环境管理 …… 123
环境整治 …… 123
加强大气污染防治 …… 123
排污费征收 …… 123
污染减排 …… 123
环境监测 …… 123
生态环境建设 …… 124
环境宣传教育 …… 124
住房公积金管理 …… 124
概况 …… 124
住房公积金增值收益 …… 124
严格规范住房公积金政策 …… 124
内部管理与外部稽核 …… 124

交　通

公路运输 …… 126
概况 …… 126
公路建设项目 …… 126
附表:2014年临桂县通建制村水泥路建设项目表 …… 126
交通行政执法 …… 126
客运站场建设 …… 127
交通工程建设措施 …… 127
公路养护综合服务 …… 127
提高公路通行能力 …… 127
路政管理 …… 128
践行“清洁临桂”活动 …… 128
加大治超力度 …… 128
重视隐患排查整治 …… 128
加大执法宣传力度 …… 129
民用航空 …… 129
概况 …… 129
航线拓展 …… 129
便民服务 …… 129

安全管理 …… 129
服务保障 …… 129
基础设施建设 …… 129

信息产业

邮政 …… 132
概况 …… 132
邮务类业务 …… 132
速递业务 …… 132
代理金融业务 …… 132
安全生产 …… 132
中国电信股份有限公司临桂分公司 …… 132
概况 …… 132
多渠道拓展业务 …… 132
整改网络 …… 133
通信建设 …… 133
中国移动通信集团广西有限公司临桂分公司 …… 133
概况 …… 133
拓展集团信息化 …… 133
聚类市场集团拓展 …… 133
提升网络类指标 …… 133
加强代理渠道管理 …… 133
安全管理和培训 …… 133
中国联合网络通信有限公司临桂县分公司 …… 134
概况 …… 134
抓好“两网”建设 …… 134
网络基站建设 …… 134
加强渠道网点建设 …… 134
提升服务质量 …… 134
中国铁通集团有限公司桂林分公司临桂经营部 …… 134
概况 …… 134
服务出成效 …… 134
营销维护一体化 …… 134

工业·商业

工业 …… 136
概况 …… 136
服务企业工作 …… 136
开展“一人一企”对口服务活动 …… 136
加大重点项目推进力度 …… 136
规模工业 …… 136
扶持技术改造 …… 136
工业园区建设 …… 136
节能降耗 …… 136
安全生产 …… 137
城镇集体工业 …… 137
概况 …… 137
发展二轻经济 …… 137
化解企业改制矛盾 …… 137
供电与电网建设 …… 137
概况 …… 137
电网规划与建设 …… 137
农网改造升级工程 …… 137
安全监管 …… 137
经营管理 …… 138
市场服务 …… 138
集市贸易 …… 138
概况 …… 138
附表:2014年临桂县集贸市场情况表 …… 139
落实“美丽临桂·清洁城乡”各项工作 …… 139
市场升级改造工作 …… 140
加强监管 …… 140
商务贸易 …… 140
概况 …… 140
加强生猪定点屠宰管理 …… 140
强化酒类流通管理 …… 141
限上商贸企业的运行监测 …… 141
市场监管 …… 141
参与美食评比和名优会展 …… 141
民用爆破物品专营 …… 141
烟草专卖 …… 141
概况 …… 141

卷烟销售 …… 141
加强烟草执法 …… 142
规范办证制度 …… 142
供销合作商业 …… 142
概况 …… 142
“新网工程”项目建设 …… 142
配送中心管理及经营情况 …… 143
为农服务 …… 143
专业合作社建设 …… 143
粮食贸易 …… 143
概况 …… 143
粮食购销 …… 143
政策性粮食收购 …… 144
粮食仓储 …… 144
石油供应 …… 144
概况 …… 144
销售供应 …… 144
安全管理 …… 144

农业·水利

粮油生产 …… 146
概况 …… 146
水稻生产 …… 146
玉米生产 …… 146
红薯生产 …… 146
豆类生产 …… 146
油料生产 …… 146
经济作物生产 …… 146
概况 …… 146
罗汉果 …… 146
甘蔗 …… 146
马蹄 …… 147
葛根、淮山 …… 147
西瓜、香瓜 …… 147
水果生产 …… 147
蔬菜生产 …… 147
食用菌生产 …… 147
技术推广 …… 148
示范基地 …… 148
宣传培训 …… 148
农村经营管理 …… 148
概况 …… 148
农民负担监测管理 …… 148
实行“一事一议” …… 148
农村土地承包合同管理和纠纷处理 …… 148
规范土地流转 …… 148
开展农村土地承包经营权确权颁证试点 …… 148
促进农村专业合作社发展 …… 149
农村经济的统计 …… 149
农业植保 …… 149
概况 …… 149
水稻病虫 …… 149
果树病虫 …… 149
蔬菜病虫 …… 149
农田鼠害 …… 150
农田草害 …… 150
抓好农作物病虫害预测预报 …… 150
做好防治病虫害宣传、培训 …… 150
推广绿色防控植保新技术 …… 150
农业机械化 …… 150
概况 …… 150
农机拥有量 …… 150
引进推广微滴灌技术 …… 150
农业机械化教育培训 …… 150
农机修理和合作社 …… 150
农机销售 …… 151
创建平安农机活动 …… 151
农机宣传教育 …… 151
农机安全检查与专项整治 …… 151
农机购置补贴 …… 151
林业 …… 151
概况 …… 151
造林绿化 …… 151
林政管理 …… 152
森林资源保护管理 …… 152
森林防火 …… 152
森林病虫害防治 …… 152
农村生态能源建设 …… 152

林业产业发展 …… 152
集体林权制度配套改革 …… 152
水产畜牧业 …… 153
概况 …… 153
畜禽饲养 …… 153
附表:2014年临桂县畜禽生产情况一览表 …… 153
养殖支柱产业 …… 154
草食动物产业 …… 154
动物疫病防控 …… 154
鱼类养殖 …… 154
水产特色养殖 …… 154
渔业资源增殖和保护 …… 155
渔政执法 …… 155
水产畜牧产业质量安全监管 …… 155
养殖技术培训 …… 155
畜禽养殖业污染治理 …… 155
农村扶贫 …… 155
概况 …… 155
扶贫开发建档立卡信息系统建设 …… 155
基础设施建设 …… 156
重点产业扶贫 …… 156
扶贫教育培训 …… 156
小额信贷扶贫 …… 156
水利水电 …… 156
概况 …… 156
水利建设 …… 157
农村饮水安全 …… 157
饮水工程 …… 157
冬修水利建设 …… 157
小型农田水利建设 …… 157
中小河流域治理 …… 157
防汛抗旱 …… 157
推进水政水保执法 …… 157
加强水电站管理 …… 157
水库移民 …… 157
概况 …… 157
落实水库移民后期扶持普惠政策 …… 158
推进水库移民新村建设 …… 158
水库新村提升改造项目建设 …… 158
实施移民增收工程项目建设 …… 158
移民村屯道路建设 …… 158
接待水库移民来访 …… 158

财政·税收

财政 …… 160
概况 …… 160
多举措促增收 …… 160
支持经济发展 …… 160
支持教文卫发展 …… 160
加大城乡社会保障体系建设 …… 160
保障城乡统筹发展 …… 160
深化财政改革 …… 160
财政管理 …… 161
规范财政投资评审 …… 161
开展财政资金绩效评价 …… 161
规范政府采购管理 …… 161
国家税务 …… 161
概况 …… 161
税收收入 …… 161
强化税收征管 …… 162
纳税服务 …… 162
税务稽查 …… 162
落实减免税政策 …… 162
地方税务 …… 162
概况 …… 162
实现税收新增长 …… 162
税收征管 …… 163
依法治税 …… 163
优化服务 …… 164

金　　融

中国人民银行临桂县支行 …… 166
概况 …… 166
落实货币政策 …… 166
金融管理服务 …… 166

经济金融运行监测与分析 …………………… 166
推进征信管理 ………………………………… 166
发展便民金融业务 …………………………… 166
履行国库监管职责 …………………………… 166
加大反洗钱工作力度 ………………………… 167
加强货币金银工作 …………………………… 167
中国银行业监督管理委员会桂林监管分局临桂办事处 ………………………………… 167
概况 …………………………………………… 167
日常监管 ……………………………………… 167
小企业和“三农”金融服务 ………………… 168
送金融知识下乡活动 ………………………… 168
中国工商银行股份有限公司桂林市临桂支行 ………………………………… 168
概况 …………………………………………… 168
业务发展 ……………………………………… 168
经营管理 ……………………………………… 168
中国农业银行股份有限公司临桂县支行 ………………………………… 169
概况 …………………………………………… 169
存款业务 ……………………………………… 169
贷款业务 ……………………………………… 169
业务发展 ……………………………………… 169
经营管理 ……………………………………… 169
中国建设银行临桂支行 …………………… 169
概况 …………………………………………… 169
内部管理 ……………………………………… 170
业务发展 ……………………………………… 170
中国银行临桂县域机构 …………………… 170
概况 …………………………………………… 170
服务实体经济 ………………………………… 170
开展金融知识宣传 …………………………… 171
交通银行桂林新城区支行 ………………… 171
概况 …………………………………………… 171
业务发展 ……………………………………… 171
内控管理 ……………………………………… 171
桂林银行临桂支行 ………………………… 171
概况 …………………………………………… 171
内控管理 ……………………………………… 172
社区支行建设 ………………………………… 172
广西临桂农村商业银行 …………………… 172
概况 …………………………………………… 172
业务管理 ……………………………………… 172
存款业务 ……………………………………… 172
贷款业务 ……………………………………… 172
企业效益 ……………………………………… 173
经营改革 ……………………………………… 173
金融惠农 ……………………………………… 173
深圳农村商业银行广西临桂支行 ………… 173
概况 …………………………………………… 173
贷款业务 ……………………………………… 173
惠民减负 ……………………………………… 173
中国人民财产保险股份有限公司临桂支公司 ………………………………… 173
概况 …………………………………………… 173
业务发展 ……………………………………… 174
拓宽管理渠道 ………………………………… 174
车险服务 ……………………………………… 174
提高服务质量 ………………………………… 174
做好防灾防损工作 …………………………… 174
中国人寿保险股份有限公司临桂支公司 ………………………………… 174
概况 …………………………………………… 174
拓展民生保险业务 …………………………… 174
高效理赔 ……………………………………… 174

行 政 管 理

宏观经济管理 ……………………………… 176
概况 …………………………………………… 176
专项规划编制 ………………………………… 176
统筹城乡工作 ………………………………… 176
推进重大项目建设 …………………………… 176
深化服务业综合改革 ………………………… 176
深化医药卫生体制改革 ……………………… 176
推进节能减排工作 …………………………… 176
项目管理 ……………………………………… 177
易地扶贫搬迁工程 …………………………… 177
人力资源和社会保障 ……………………… 177
概况 …………………………………………… 177

人事管理 …… 177
专业技术人才队伍建设 …… 177
工资福利管理 …… 177
人事人才服务 …… 177
就业服务 …… 177
社会保险征缴 …… 178
劳动监察 …… 178
劳动人事争议仲裁处理 …… 178
定点零售药店与医疗机构管理 …… 178
物价 …… 178
概况 …… 178
市场监管 …… 178
价格调控 …… 179
收费管理 …… 179
价格管理 …… 179
价格检查 …… 179
价格举报 …… 179
价格服务 …… 180
工商行政管理 …… 180
概况 …… 180
注册管理改革 …… 180
工商登记 …… 180
市场管理 …… 180
开展打击整治传销行动 …… 181
合同管理 …… 181
商标管理 …… 181
广告管理 …… 181
消费者权益保护 …… 181
统计 …… 182
概况 …… 182
抓好企业一套表联网直报工作 …… 182
经济普查 …… 182
统计服务 …… 182
开展教育培训工作 …… 182
开展统计法制宣传 …… 182
统计基层基础建设 …… 182
审计 …… 183
概况 …… 183
财政预算执行审计 …… 183
专项资金审计 …… 183
固定资产投资审计 …… 183
国土资源管理 …… 183
概况 …… 183
做好用地报批 …… 183
加大土地供应管理 …… 183
开展园区用地清查 …… 183
试行“审管分离” …… 184
推进旅改试点 …… 184
确保耕地红线 …… 184
维护管地秩序 …… 184
开展农村宅基地和集体建设用地登记发证二期工作 …… 184
加强矿政管理 …… 184
地灾防范工作 …… 184
信访处理 …… 185
质量技术监督 …… 185
概况 …… 185
计量器具监督管理 …… 185
产品质量安全监管 …… 185
计量专项监督检查 …… 185
特种设备安全监察 …… 185
“质量兴县”工作 …… 186
“美丽乡村”标准化试点 …… 186
食品药品监管 …… 186
概况 …… 186
食品药品企业日常监管 …… 186
完成食品药品监督管理所建设 …… 186
食品药品安全宣传 …… 186
行政审批 …… 187
食品安全专项整治 …… 187
加强学校食堂安全监管 …… 187
“两考”期间学校师生餐饮安全监管 …… 187
餐饮服务食品安全专项检查 …… 188
餐饮服务食品监督抽检工作 …… 188
药品安全专项整治 …… 188
特殊药品专项整治 …… 188
开展医疗器械专项整治 …… 188
保健食品专项整治活动 …… 188
化妆品专项整治活动 …… 188
查处违法案件 …… 188
安全生产监督管理 …… 188
概况 …… 188

安全生产事故指标控制 …………………… 189
安全生产大检查 ………………………… 189
安全事故隐患排查整改防范 …………… 189
“六打六治”打非治违专项行动 ………… 189
安全生产宣传教育 ……………………… 190
招商引资 ……………………………… 190
概况 …………………………………… 190
引资力度 ……………………………… 190
东盟博览会成果 ……………………… 190
强化宣传 ……………………………… 190
加强重点项目跟踪 …………………… 190
强化项目服务 ………………………… 190

教　育

基础教育 ……………………………… 192
概况 …………………………………… 192
基本办学条件 ………………………… 192
学前教育 ……………………………… 192
推进学前教育第一期三年行动计划 …… 192
义务教育 ……………………………… 192
高中教育 ……………………………… 192
改善办学条件 ………………………… 193
德育工作 ……………………………… 193
推进安全教育 ………………………… 193
培养学生综合素质 …………………… 194
强化食品卫生安全管理 ……………… 194
落实学生资助项目 …………………… 194
专任教师师资 ………………………… 194
教师队伍建设 ………………………… 194
教研活动 ……………………………… 195
中考 …………………………………… 195
高考 …………………………………… 195
职业教育 ……………………………… 196
概况 …………………………………… 196
中等职业教育 ………………………… 196
高等职业教育 ………………………… 196
成人文化技术学校 …………………… 196
民办教育 ……………………………… 196
概况 …………………………………… 196
民办幼儿园 …………………………… 196
民办小学 ……………………………… 196
民办中学 ……………………………… 196
民办培训机构 ………………………… 196

科学技术

科技管理 ……………………………… 198
概况 …………………………………… 198
科技项目实施 ………………………… 198
附表:2014年临桂县科技局科技项目实施情况表 ……………………………… 198
附表:2014年临桂县农业局科技项目实施情况表 ……………………………… 199
附表:2014年临桂县工信局科技项目实施情况表 ……………………………… 199
附表:2014年临桂县水产畜牧兽医局科技项目实施情况表 ……………………… 200
附表:2014年临桂县科协科技项目实施情况表 ……………………………… 200
绩效评价制度 ………………………… 200
工业科技 ……………………………… 200
农业科技 ……………………………… 200
实施“超级稻优质高产栽培技术示范和创建全国粮食高产示范县工程”项目 …… 200
实施“测土配方施肥”项目 …………… 201
蔬菜新品种和新技术 ………………… 201
引进奴比亚种公羊 …………………… 201
葡萄无公害“三避”技术示范和二次结果栽培技术 ……………………………… 201
农业技术培训 ………………………… 201
项目经费管理 ………………………… 201
防震减灾 ……………………………… 201
概况 …………………………………… 201
地震观测点建设管理 ………………… 202
健全监测网络 ………………………… 202
抗震设防管理 ………………………… 202

创建环湖社区奥林匹克花园地震安全示范社区 …… 202
防震减灾宣传教育 …… 202
气　象 …… 202
概况 …… 202
气象灾害 …… 202
气象业务 …… 202

文化体育·卫生

文化体育 …… 204
概况 …… 204
文体基础设施建设 …… 204
群众文化活动 …… 204
文艺创作演出 …… 204
文化馆图书馆免费开放 …… 204
文物保护和利用 …… 204
文化市场监管 …… 204
文化产业发展 …… 205
群众体育活动 …… 205
竞技体育 …… 205
体育后备人才培养 …… 205
今日临桂报社 …… 205
概况 …… 205
出版发行 …… 205
版面设计 …… 205
新闻宣传 …… 205
广播影视 …… 206
概况 …… 206
年度宣传重点 …… 206
建设公共服务体系 …… 206
村村通广播电视工程 …… 206
卫生 …… 206
概况 …… 206
医疗费用报销 …… 206
新型农村合作医疗 …… 206
乡村卫生服务一体化管理 …… 206
县级公立医院综合改革试点 …… 207
提高医疗服务质量 …… 207
医疗培训 …… 207
加强食品卫生综合协调 …… 207
传染病防控 …… 207
艾滋病宣传 …… 207
妇幼保健 …… 207
基层医疗卫生机构综合改革 …… 208
基本公共卫生服务逐步均等化 …… 208
基层卫生基建项目建设 …… 208
爱国卫生 …… 208

社会事务

民政事务 …… 210
概况 …… 210
社会救助 …… 210
五保供养 …… 210
城乡医疗救助 …… 210
救灾救济 …… 210
优抚、双拥工作 …… 210
调整基层和社区待遇 …… 210
社区建设 …… 211
社会救助工作 …… 211
变更区划建制 …… 211
婚姻登记 …… 211
人口和计划生育 …… 211
概况 …… 211
经费保障 …… 211
加大流动人口监管 …… 211
严格计划生育审查 …… 211
实施惠民计生套餐行动 …… 212
提供便民服务 …… 212
实施“三位一体”工程 …… 212
创新诚信计生内涵 …… 212
加大信息化建设 …… 212
开展宣传培训 …… 212
老龄工作 …… 213
概况 …… 213
文体宣传活动 …… 213
关爱老年人工作 …… 213

老年协会建设 …… 214
信访处理 …… 214
百岁老人 …… 214
附表：2014年临桂县百岁老人名录 …… 214

乡　镇

临桂镇 …… 216
概况 …… 216
生态建设 …… 216
乡镇企业建设 …… 216
“美丽临桂·清洁乡村”工程 …… 216
惠民工程 …… 216
体育文化建设 …… 216
南边山乡 …… 217
概况 …… 217
农业产业结构 …… 217
基础设施建设 …… 217
扎实推进新农村建设 …… 218
“美丽南边山”工程 …… 218
社会事业全面发展 …… 218
村“两委”换届 …… 218
六塘镇 …… 218
概况 …… 218
乡镇企业 …… 218
基础设施建设 …… 218
小城镇建设 …… 219
“美丽六塘”工程 …… 219
社会保障事业 …… 219
科教文卫事业 …… 219
会仙镇 …… 219
概况 …… 219
工业园区建设 …… 220
惠农政策全面实施 …… 220
基层组织建设 …… 220
四塘镇 …… 220
概况 …… 220
发展特色农业 …… 221
城镇建设 …… 221
新农村建设 …… 221
为民办实事 …… 221
“美丽四塘”活动 …… 221
落实惠农政策 …… 221
社会事业 …… 221
两江镇 …… 221
概况 …… 221
项目建设 …… 222
基础设施建设 …… 222
落实惠农政策 …… 222
改善民生 …… 222
社会保障 …… 222
茶洞乡 …… 222
概况 …… 222
基础设施建设 …… 223
新农村建设 …… 223
“美丽茶洞”活动 …… 223
乡村旅游 …… 223
落实惠民政策 …… 223
五通镇 …… 223
概况 …… 223
发展特色产业 …… 224
水利设施建设 …… 224
项目建设 …… 224
小城镇建设 …… 224
“美丽五通”工程 …… 224
新农村建设 …… 224
落实惠农政策 …… 225
基层组织建设 …… 225
农村文化建设 …… 225
中庸乡 …… 225
概况 …… 225
农业惠民及培训 …… 225
发展社会事业 …… 225
新农村建设 …… 225
“美丽中庸”活动 …… 225
中庸义江绿道建设 …… 226
变更区划建制 …… 226
宛田瑶族乡 …… 226
概况 …… 226
为民办实事 …… 226

“美丽宛田”活动 …… 227
惠农工程 …… 227
瑶乡“禁风节” …… 227
30周年乡庆 …… 227
新农村建设 …… 227
教育与卫生 …… 227
黄沙瑶族乡 …… 227
概况 …… 227
发展特色农业 …… 228
基础设施建设 …… 228
30周年乡庆建设项目 …… 228
社会保障 …… 228
新农村建设 …… 228
“美丽黄沙”活动 …… 228

附　录

临桂县2014年国民经济和社会发展统计公报 …… 230
附表:2014年主要农产品产量及增长速度 …… 230
附表:2014年主要工业产品产量及增长速度 …… 231
附表:2014年末金融机构存贷款及其增长速度 …… 232
附表:2014年临桂县主要经济指标完成情况表 …… 233
附表:2014年临桂县部分居民基本生活消费品市场价格动态表 …… 234

索　引

A …… 236
B …… 236
C …… 236
D …… 237
E …… 238
F …… 238
G …… 239
H …… 239
J …… 239
K …… 241
L …… 241
M …… 242
N …… 243
P …… 243
Q …… 243
R …… 244
S …… 244
T …… 245
W …… 245
X …… 246
Y …… 247
Z …… 247

特　　载

Te Zai

贵广高铁五通段奔驰的列车　　周荣华　摄

主动适应发展新常态　奋力完成“十二五”目标 为率先在全区实现“幸福临桂”而努力奋斗

——2015年1月27日在临桂县委十二届五次全会上

中共临桂县委书记　彭代元

各位委员，同志们：

这次全会的主要任务是：深入学习贯彻中共十八届四中全会、自治区十届五次全会、市委四届五次全会，以及中央和区、市经济工作会议精神，听取和讨论县委常委会工作报告，审议《中共临桂县委员会关于全面推进临桂法治建设的实施意见》，研究部署今年的工作任务，动员全县各级党组织和各族人民，振奋精神，真抓实干，扎实开展“六个年”活动，奋力完成“十二五”各项目标任务，为率先在全区实现“幸福临桂”而努力奋斗。

下面，我受县委常委会委托，向全会作工作报告，请予审议。

一、2014年工作回顾

2014年是全面深化改革的第一年，也是实施“十二五”规划的攻坚之年。面对经济下行压力和艰巨的改革发展任务，我们团结带领全县各级党组织和各族人民，深入贯彻中共十八大、十八届三中、四中全会精神及习总书记系列重要讲话精神，按照“一个速度、两个推进、三个提升”的工作思路，凝心聚力，真抓实干，集中力量办好办成了七件大事：一是扎实开展党的群众路线教育实践活动，“四风”问题得到有效整治，党员干部作风焕然一新，周新建部长和赵乐秦书记给予充分肯定。二是围绕“项目入驻”和“居民入住”，全力抓好新区征地拆迁安置及配套项目建设，市委、市政府正式入驻新区。三是坚持转方式、调结构，全力抓好产业发展，三次产业在做大做强的同时，结构进一步优化，带动县域经济持续健康较快发展。四是全力抓好57个重大项目建设，一批重大项目相继竣工投产或开工建设，为全县经济发展注入了新活力。五是全力抓好新型城镇化建设，六塘示范镇以总分第一顺利通过市级验收，第二批示范乡镇建设全面启动；15个高标准新农村建设基本完成，每个乡镇均建成了1~2个示范点；“清洁城乡”荣获自治区该项工作一类县，在全市各县(区)综合考评中排名第一。六是全力抓好“十大惠民工程”，城乡居民生产生活条件进一步改善，生活幸福指数节节攀升；成功举办宛田、黄沙两瑶乡30周年乡庆，民族团结事业及瑶乡经济社会发展取得重大进步。七是全力抓好信访维稳工作，成功化解了一大批久拖不决、久访不息的信访积案，全县信访积案化解率达100%，在自治区党委彭清华书记主持召开的全区信访维稳专项工作分析会上，我县作书面典型交流。回顾一年来的工作，我们大力弘扬“临桂精神”，奋发进取，克难攻坚，开创了“五个临桂”建设新局面。

——经济健康较快发展，综合实力再上新台阶。我们全力以赴稳增长、调结构、促统筹、强后劲、惠民生，努力保持一个有质量效益的“临桂速度”，经济运行实现稳中有进、稳中提质、稳中向好。预计全年完成地区生产总值198.6亿元，增长

9.1%；全社会固定资产投资240.4亿元，增长10.7%；规模以上工业产值364.2亿元，增长10%；财政收入24.3亿元，增长15.2%；银行存贷款余额300亿元，增长21.3%；城乡居民收入分别突破3万元和1万元，达32317元和11410元，增长11.3%和14.2%。

——城乡建设统筹推进，新型城镇化迈出新步伐。我们统筹推进城乡建设，形成了以城带乡、城乡互动发展的局面。新区建设加快推进。千方百计破解新区征地、拆迁、安置等瓶颈难题，全力抓好医、学、娱、购、水、电、气等配套项目建设。全年新征用地4945亩，完成农房拆迁6.6万平方米，开展拆违行动50余次、拆除违法建筑20万平方米，依法清理坟墓1000多座。创业大厦、一院两馆、国奥小区、桂林医学院临桂新校区等一批重点项目建成使用，建设大厦、广电大厦、投资大厦、传媒中心等多栋标志性建筑封顶，核心区路网、湖塘水系基本成型，市委、市政府正式挂牌入驻，生态现代化城市氛围初步显现。县城品味大幅提升。按照“国际化、园林化、特色化”的工作思路，继续运用市场手段，加大县城改造步伐。完成虎山路延长线、新龙路延长线等城市道路工程和盘山园林景观、西干渠景观、金山路绿化改造等项目，金水路、榕山路、人民路等7条主干道私人住房联合改造取得初步成效，桂康、会元、榕山、东坡园等居民区，秦塘村、旸谷岭等城中村改造稳步推进，大手笔的城市建设，使县城品位大幅提升，与新区建设融为一体。乡村建设亮点纷呈。第一批六塘示范镇顺利通过验收并勇夺全市第一，宛田、黄沙两瑶乡通过乡庆，提前完成特色风貌改造，第二批会仙、四塘、临桂镇、中庸4个示范乡镇建设全面启动，五通、两江、茶洞、南边山等小城镇建设同步推进。15个高标准新农村建设成效明显，新寨、马鞍、下峰山、瓮洲、埠塘、东计岭等示范点基本建成，被列为国家级“美丽乡村”标准化示范村的六塘镇岚岩村正在建设中，城乡建设形成“百花齐放、亮点纷呈”的生动局面。

——三次产业协调发展，转型升级实现新突破。我们协调推进工业新型化、农业现代化、旅游国际化，全力打造临桂经济“升级版”，在做大总量的同时不断提升产业发展质量。工业经济逆势增长。按照“一区多园”发展思路，狠抓园区基础设施建设，拓展园区发展空间，着力构建临苏高端产业带，实现园区经济迅猛发展。西城经济开发区成为广西唯一县级自主投资、自主开发、产值位居前5名的工业园区。深入实施“抓大壮小扶微”工程，促进一批规模企业迅速做大做强。目前，全县产值超亿元的企业43家，超10亿元5家，超50亿元2家，上市公司7家。2014年11月27日，福达公司在沪市主板成功上市，填补了桂林没有企业在上交所主板上市的空白。现代农业稳步发展。继续开展粮食高产创建活动，建成4个万亩粮食高产示范区，粮食实现稳产增收；县财政安排专项资金扶持特色水果种植，重点打造南部、中部和北部三条无公害水果示范带，全年新增水果种植4万亩；大力发展“菜篮子”工程，建成南边山、茶洞2个无公害蔬菜示范基地；在温氏、桂柳、利源等养殖企业的带动下，规模养殖连续保持全市领先地位；基本完成六塘农村土地承包经营权确权登记颁证试点工作。第三产业蓬勃发展。按照文化与旅游融合发展的思路，抓好一批文化旅游、健康养生、商贸物流、星级酒店等项目建设，拉动三产蓬勃发展。花样年福朋喜来登大酒店正式营业，罗山湖水上乐园成功创建AAAA景区，义江缘正全力争创AAAAA景区，怡化小镇、义江国际、信和信智慧健康产业园、保利文化产业园、

1月4日，风貌改造中的宛田瑶族乡街道　　宛田瑶族乡人民政府　供稿

海吉星食尚港、真龙汽车物流城、五通农民画第一村(二期)、雄森熊虎山庄搬迁等大批项目顺利推进。全年接待旅游人数突破150万人次,旅游总收入7.6亿元,分别增长30%和24%;第三产业完成增加值34.4亿元,增速8%。

——项目建设较快推进,经济发展注入新活力。我们积极稳妥推进各领域改革,努力优化发展环境,扩大开放合作,加快引进一批大项目、好项目,同时全力以赴推进项目建设,以项目大突破推动经济大发展。全年新引进签约项目15个,合同投资总额534亿元。成立"四大服务团队",为全县57个重点项目建设提供优质服务,确保项目早开工、快建设、早投产。桂林三金、国际线缆、宇川光电、伟文纳米等一批产业项目建成投产,奥瑞金实现当年引进、当年建设、当年投产;两江机场扩建、华能分布式能源、岩塘至大山图旅游通道等项目相继开工建设,广汇能源、泰乐科技园、深圳伟天星等项目顺利推进,形成了项目持续、滚动发展的良好局面。

——"清洁城乡"深入推进,"美丽临桂"再树新标杆。我们继续深化"洁净临桂"工程,全力打造"美丽临桂"升级版,基本实现"城区大提升、农村全覆盖"的目标。在城区推进市容管理精细化、长效化,完善了一批市容环境"软硬"设施建设;对全县24个农贸市场分期分批升级改造,建成四星级农贸市场3座,五星级农贸市场1座,共完成15个农贸市场改造。在乡村做到了"三个全覆盖",同时在推进农村"三改"、巩固"三清洁"成果的基础上,启动"生态乡村"建设。目前全县农村自来水饮用工程普及率、卫生厨房和卫生厕所使用率均超过70%,全县森林覆盖率达63%,城乡环境更加洁净美丽。2014年,我县多次在区、市"美丽城乡"相关会议上作典型发言。

——民生福祉不断改善,各项事业取得新佳绩。我们继续加大民生投入,全力抓好"十大惠民工程",着力提升人民生活幸福指数。农村交通、水利等基础设施进一步完善,全县90%的行政村通水泥路,80%的自然村完成巷道硬化;成功申报义江河五通沙角至大洲和两江古岭至下山尾段防洪治理工程。优化调整县城公交网络,新开通了四条县城公交线路和两条镇村公交线路,在试行期实行免费乘坐县城公交车。在全县公办高中推行免费教育,8600多名学生受益。医改工作稳步推进,五通、宛田、黄沙等卫生院标准化建设基本完成,全县11个乡镇卫生院标准化建设完成过半。文化惠民工程成效明显,村级公共服务中心、村屯文艺培训基地、村级篮球场等项目建设顺利完成,被文化部命名为"中国民间文化艺术之乡"。以瑶乡30周年乡庆为契机,大力推进宛田、黄沙两瑶乡乡庆项目建设,瑶乡面貌焕然一新,瑶胞生产生活条件明显改善。科技教育、人口卫生、广播电视、扶贫开发等各项社会事业全面发展。

——民主法制成效明显,和谐稳定呈现新局面。我们切实加强社会主义民主政治建设,努力促进社会和谐稳定。支持和保障人大及其常委会依法行使各项权利,支持政协依法开展民主监督和政治协商。统战、民族、宗教、侨联,以及科协、文联、残联、老干、党史、县志、信息、工青妇等工作均取得较好成绩。国防动员和后备力量建设不断加强,双拥工作不断深化。深入开展信访积案化解服务大行动,建立四家班子领导包案化解制度,通过领导带案下访、主动约访、公开接访,全县97件信访积案化解任务全部完成。审判机关、检察机关、公安机关等切实强化队伍建设,认真履行职责,促进社会更加公平正义。社会治安综合治理成效明显,安全生产、食品药品监管力度不

11月6–7日,自治区"清洁家园"专项活动推进会在临桂县召开,县委书记彭代元在会上作典型发言　　今日临桂报社　供稿

断加大，全县社会稳定，人民安居乐业。

——实践活动扎实开展，干部作风展现新气象。我们把教育实践活动作为党要管党、从严治党的重大政治责任来抓，通过大学习、大调研、大查摆、大剖析、大整改，以及扎实开展“十大行动”，确保教育实践活动取得实效。活动开展以来，全县共举办专题辅导讲座120多次，召开座谈会300多场、典型案例剖析会125场，查摆剖析“四风”问题700多条，制定整改措施1900多条。全县会议数量同比精简30%，文件数量同比减少25%，“三公”经费支出同比下降13.7%，调整清退办公用房1878平方米。通过教育实践活动，党员干部作风进一步转变，党群干群关系进一步密切，实现了作风大转变，民生大改善，经济大发展。大家普遍反映，这是一次荡涤心灵、提升境界、振奋精神的活动，是多年所没有的一次党内生活历练，让人终身难忘。

——党的建设不断加强，执政能力得到新提高。我们牢牢把握党的执政能力建设这条主线，全面加强和改进党的建设。学习型党组织建设不断加强，采取多种形式学习宣传贯彻党的十八届三中、四中全会及习总书记系列重要讲话精神，使党的理论成果深入人心。基层组织建设不断夯实，完成全县168个村级组织活动场所规范化建设，整顿21个村级软弱涣散党组织，高质量完成村(社区)“两委”换届选举工作；出台村(居)委干部绩效考核办法，提高村级办公经费和村干部工资待遇，村级办公经费由2万元提高到3万元，村干部补贴由月人均900元提高到1200元；扩大党内基层民主，在全县11个乡镇全面推行乡镇党代会年会制。坚持“干部到一线，一线出干部”的理念，注重从一线培养锻炼干部，共选拔25名优秀干部到贫困村和高标准新农村担任第一书记（第一主任），在11个乡镇选拔28名科级非领导干部，激发了乡镇干部队伍活力；落实“三超(超编制进人、超职教配备干部、超范围分设党政职务)两乱(随意按年年龄划线乱调整配备干部和违反规定程序进人)”治理，已完成68名超职数配备干部的消化工作。加大干部教育培训，组织全县正科级干部到北大学习培训，分4期对全额定员村干进行岗前专题培训。认真落实党风廉政建设责任制，扎实推进教育、制度、监督并重的惩治和预防腐败体系建设，开展权力公开运行创建工作，使党员领导干部从政行为进一步规范；严肃查处腐败案件，查办违纪案件31件，给予党纪政纪处分31人；严格执行中央八项规定，开展公务用车、公务接待、办公用房、工作纪律、赌风酒风玩风等专项整治，党员干部精神面貌焕然一新，风清气正的发展环境更加浓厚。

过去一年，上级领导的支持和临桂人民的期望，给了我们勇气和力量。成绩归功于市委、市政府的坚强领导，归功于县四家班子的团结协作，归功于全县党员干部群众的团结拼搏。在此，我代表县委常委会，向大家表示衷心的感谢！

在总结成绩和经验的同时，我们也清醒地认识到，我们与先进地区还有较大差距，发展还面临诸多困难和问题，主要是：经济下行压力大，转型发展任务重；改革创新力度不大，体制机制有待进一步激活；干部作风有待进一步加强等。对此，我们必须保持清醒头脑，倍加珍惜取得的成绩，倍加坚持和发展积累的宝贵经验，倍加重视解决存在的突出问题，保持扩大经济社会发展的良好势头。

7月31日，两江镇召开“两委”换届选举培训动员会　　两江镇人民政府　供稿

二、2015年目标任务和工作重点

今年是全面深化改革的关键之年，是全面推进临桂法治建设的开局之年，是全面完成“十二五”规划的收官之年，做好今年各项工作，具有特殊

◎特载

重要意义。我们必须科学研判形势,顺应经济发展大势,主动适应经济发展新常态,牢牢把握发展主动权。从国内形势看,当前我国经济仍处于中高速增长的合理区间,尤其是去年以来,国家已先后出台棚户区改造、增加铁路和大型水利工程建设投资、鼓励生产性服务业发展等19个重点领域、60项稳增长的"微刺激"政策,一些政策和项目重点向西部地区倾斜,宏观政策环境更加有利。从区市来看,自治区密集出台的一系列稳增长措施已初显成效,各种发展机遇不断叠加,桂林的实验示范效应、政策优势、环境优势、名城优势正逐渐转化为发展优势;贵广高铁正式开通,桂林成为区域性铁路交通枢纽,全面融入湘粤黔桂3小时经济生活圈,旅游服务业将面临更大市场空间和发展潜力。从我县来看,这几年无疑是我县千载难逢的重要机遇期,桂林国际旅游胜地建设、临桂新区建设、撤县设区,以及"广西航空规划(经济)区"不断为我县带来重大利好,一大批大项目、好项目相继落户我县,广大干部群众在发展中看到了变化,得到了实惠,投身建设的热情高涨。

在看到这些有利条件的同时,我们也要清醒看到面临的风险和挑战。当前,世界经济仍处在深度调整时期,复苏势头缓慢。我国经济总体上正处于经济增速换挡期、结构调整阵痛期、前期刺激政策消化期"三期"叠加阶段,资源环境约束趋紧、市场需求疲软、要素成本上升、企业经营困难等矛盾突出,经济下行压力加大。受国际国内大环境影响,我县"三期叠加"的阶段性问题也同样存在,同时在不少方面又有自身的特点和差异性,有压力更有动力、有挑战更有机遇、有短板更有优势。对此,我们一定要坚定信心,准确把握我县新常态和区域特征发展趋势,找准新的发展路径、发展方式,培育新的增长动力和增长点,充分调动各方积极性和创造性,奋力完成"十二五"各项目标任务。

综合分析面临的发展形势,今年我县工作的总体要求是:坚持以邓小平理论、"三个代表"重要思想、科学发展观为指导,深入贯彻党的十八大、十八届三中、四中全会和习总书记系列重要讲话精神,主动适应新常态、引领新常态,全面贯彻落实中央和区、市各项决策部署,坚持稳中求进工作总基调,坚持以提高经济发展质量和效益为中心,坚持总量提质、分量提速,按照经济发展与民生改善同步提高,"清洁临桂""生态临桂"与"宜居临桂"同步打造,深化改革与依法治县同步推进的工作思路,扎实开展"六个年"活动,奋力完成"十二五"各项目标任务,为率先在全区实现"幸福临桂"打下坚实基础。

"幸福临桂"的核心本质即经济协调发展、民主法治健全、生态环境优美、民生保障完善、人民安居乐业、社会文明和谐。建设"幸福临桂",就是要坚持以人为本,更加注重提升发展质量,更加注重保护生态环境,更加注重改善民生,更加注重社会公平正义,力争通过不懈努力,把临桂打造成一个人人称赞、个个向往的美丽幸福家园,让临桂人说起临桂有自豪感,想起临桂有归属感,离开临桂有留恋感,回到临桂有幸福感!

县委常委会认为,之所以提出率先实现"幸福临桂"的目标,主要基于三点认识:

建设"幸福临桂",是发展经济的最终目的。发展的最终目的是为了惠及人民,让人民过上美好幸福生活,如果经济发达了,人民生活富裕了,但生态环境却破坏了,人居环境变差了,社会公德水平下降了,人民生活幸福感没有了,那样的发展将毫无意义。我们提出率先实现"幸福临桂",其最终目的就是在经济发展的同时,让全县人民享受更多发展成果,生活更有幸福感,体现了发展经济与加强生态保护和民生改善、社会治理的有机统一。

建设"幸福临桂",是全县人民的热切期盼。习总书记说:"人民对美好生活的向往,就是我们的奋斗目标。"近年来,全县人民在发展中看到了变化、在变化中得到了实惠,迫切希望在现有的基础上,进一步加大民生投入、改善人居环境、提升生活质量。因此,建设"幸福临桂",是顺应全县人民过上美好幸福生活期待的迫切需要。

建设"幸福临桂",是适应新常态的必然要求。经过多年的发展,我县经济实力日益增强,综合实力跻身广西前列,有基础、有条件进入转型发展期,在保持一个有质量效益的发展速度的基础上,把转变发展方式、惠及民生放在更加重要位置,将更多的资金投向文化教育、医疗卫生、交通水利、生态保护、社会保障等民生领域,让老百姓得到更多实惠,力争实现住有所居、病有所医、学有所教、老有所养的目标,使社会更加公平正义,人民生活更加美满幸福。

基于上述分析和考虑,经过充分研究,今年我县经济社会发展主要预期目标是:地区生产总值增长9%；财政收入增长9%；全社会固定资产投资增长18%；城镇居民人均可支配收入增长11%；农民人均纯收入增长12%；社会消费品零售总额增长16%；城镇化率达40%以上；城镇登记失业率控制在4.5%以内。这个目标，顺应了经济发展新常态，兼顾了需要与可能。实现这个目标，要坚持稳中求进工作总基调，贯彻总量提质、分量提速的工作要求。稳中求进，就是要突出“稳”、着力“进”，GDP增长9%是我县经济增长的“底线”，有利于稳定市场预期，提振发展信心，为新常态下的结构调整和改革开放赢得空间。总量提质，就是把GDP的预期增速适当调下来，以腾出更多精力放到转型升级和创新驱动上，努力使我县经济发展的结构更优、质量更高。分量提速，就是要把体现创新驱动、转型升级、绿色低碳、生态保护、社会保障等要求的目标任务提上去，把现代服务业、战略性新兴产业、文化创意产业、城镇化率、城镇居民收入等指标的增速提上去，积极培育新增长点，使弱项强起来，短板长起来，力争分量之和大于总量，超额完成全年目标任务。

实现上述目标，我们必须大力弘扬“临桂精神”，以“五个临桂”为总要求，以“六个年”为总抓手，强力推进各项工作落实。

（一）扎实开展“产业提质升级年”活动，力争经济转型实现大提速。

提升发展质量是适应新常态的必然要求，是建设“幸福临桂”的先决条件。我们要以“产业提质升级年”为抓手，协调推进工业新型化、农业现代化、旅游国际化同步发展，全力打造临桂经济升级版，在转型升级中做大做强产业支撑。

*加快推进新型工业化。*坚定不移地走新型工业化道路，推进信息化和工业化深度融合，加快构建以新技术、新能源为代表的现代新型工业体系。要着力抓好产业园区建设。继续按照“一区多园”统筹发展思路，完善鲁山园，扩展秧塘园，建设宝山园，整合乐和园，提升会仙园，不断完善园区基础设施建设，深化园区管理体制机制改革，激发园区发展活力，提高园区产业承载能力，加快打造临苏高新产业带和500亿园区。要着力调整优化产业结构。按照“总量做大、存量调优、增量做强”的思路，一手盘活存量，促传统产业转型升级，向高端化、低碳化、智能化发展，实现临桂制造向临桂创造、临桂智造提升；一手扩大增量，加快引进一批科技含量高、带动力强的高端产业项目，培育发展新能源新材料、生物医药、电子信息、先进装备制造四大板块，加快形成一批战略性新兴产业集群，力争把西城经济开发区建成国家级高新开发区。要着力培育一批骨干企业。深入推进“抓大壮小扶微”工程，通过政策上给优惠、融资上给扶持、服务上给保障，促骨干企业和中小企业全面发展。支持华力重工、桂冶实业等重点企业加快上市步伐，全力打造一批“百十亿”企业。

*加快推进农业现代化。*坚持把农民增收作为衡量乡（镇）党委、政府政绩的重要内容，大力实施农户“万元增收”和“钱粮双增”工程，促进农业增产、农民增收。继续开展粮食高产创建活动，努力打造会仙富硒有机大米品牌，认真抓好4个万亩、20个百亩粮食高产核心示范基地建设，稳步提高粮食综合生产能力，确保粮食安全。加大对农村土地流转的鼓励引导力度，大力发展家庭经营、集体经营、合作经营、企业经营等共同发展的农业经营方式，大力培育优势特色产业专业大户、家庭农场、龙头企业和农民专业合作组织，全面提高农业标准化、规模化、产业化和品牌化水平。优化农业产业布局，打造一批设施农业、特色农业、循环农业、休闲农业示范点和示范区，重点抓好四塘上全特色生态农业核心示范区建设，打造百里水果长廊，抓好15个高标准新农村生态休闲农业示范点建设，打造“一江一河”优势特色农业发展区，夯实“生态乡村”建设产业基础。充分发挥养殖企业的带动作用，加快养殖业结构调整，推动规模养殖转型升级，着力解决规模养殖污染问题。加快打造“中国桂花之乡”，在扮绿扮美临桂的同时实现农民增收。

*加快推进旅游国际化。*牢牢把握“高铁时代”带来的新机遇、新变化，加快建设一批高端大气上档次的旅游、商贸、物流精品项目，打造一批AAAA、AAAAA景区。重点抓好罗山湖生态岛、怡化小镇、保利文化产业园、信和信智慧健康产业园、桂林世外人间等一批体育休闲、旅游度假、健康养老项目建设；抓好会仙湿地公园、义江国际生态园、义江缘景区扩建、雄森熊虎山庄搬迁扩建等一批自然观光和农业观光项目。按照文化与旅游融合发展的思路，着力抓好宏谋文化公园、飞虎队遗址公园、大岩遗址公园、临桂文化大观园、李宗仁故居文化旅游村、五通农民画第一村等一批历

史文化旅游项目。依托"一江一河"自然优势,大力发展生态休闲观光旅游,打造生态旅游示范带和徒步、亲水旅游品牌。发挥"两改一融合"政策优势,抓好海吉星食尚港、真龙汽车城、桂林电子商城、桂林国际大酒店等一批交通物流、酒店宾馆等三产项目,大幅提升临桂的旅游接待能力和消费水平,努力实现旅游服务业与桂林国际旅游胜地互动发展。

(二)扎实开展"城乡建设提速年"活动,力争城乡环境实现大变化。

城镇化是新常态下带动经济转型升级、促进创业就业、改善民生和公共服务的战略选择,是实现"幸福临桂"的动力支撑。我们要以"城乡建设提速年"为抓手,加快推进新型城镇化进程,同步打造"清洁临桂""生态临桂""宜居临桂",力争把临桂打造成为人人向往的美丽幸福家园。

坚持城乡同建设,加快打造"宜居临桂"。要抢抓桂林市行政中心入驻临桂的历史机遇,加快新区建设步伐,同步抓好县城改造,做大做强中心城区,打造桂林新的政治、经济、文化、商务中心。继续围绕"项目入驻"和"居民入住",千方百计破解新区征地、拆迁、安置等瓶颈难题,全力以赴完成重点项目征地交地和农房先行拆迁任务,加快推进核心区10个村庄的整村搬迁改造工作;继续保持新区控违拆违高压态势,对抢建、违建行为"零容忍、零补偿",确保违章建筑"零增长";加快核心区路网、中心公园、防洪排涝及景观水系等在建重大项目,强力推进学校、医院、行政办公、商业网点、市政设施等配套项目建设,进一步提升景气,聚集人气,推动新区整体发展。坚定不移地实施融城战略,运用市场手段,加快县城重要节点、街道、城中村改造力度,完善县城公共服务功能,不断提升县城承载能力和品位,使县城与新区融为一体。按照"三个一批"思路,抢抓新型城镇化示范镇建设机遇,整合各方资源,撬动多方投资,加快打造一批主题各异的小城镇。在总结六塘示范镇建设经验成果的基础上,加快推进第二批会仙、四塘、临桂镇、中庸4个示范乡镇建设,抓紧实施第三批两江、五通、茶洞、南边山城镇化建设,力争2—3年率先全面完成城镇化建设任务;积极稳妥推进中庸、南边山撤乡建镇工作,两乡镇要抢抓撤乡建镇机遇,整合各方资金,加快推进新型城镇化建设。按照"抓点、带线、促面"的要求,加快打造一批特色新农村,重点抓好15个高标准新农村收尾工作,树好样板,打造亮点,通过示范带动,以点带面,全面铺开,使城乡建设形成齐头并进、互动发展的生动局面。

坚持城乡同美丽,同步打造"生态临桂"。继续深化"清洁城乡"活动,全面启动"美丽临桂·生态乡村"建设,再树"美丽临桂"新标杆。实施"一三十百"生态示范工程,在全县主要江河流域、旅游通道、交通干线等区域,打造生态乡村、现代特色农业、休闲乡村旅游相结合的示范带,实现生态乡村建设点、线、片、面有机结合,有效带动乡村形象大改观、大提升。扎实推进"村屯绿化""饮水净化""道路硬化"三个专项活动,力争今年行政村通水泥路、自然村巷道硬化率,农村"三改"工作完成率均达100%;大力发展"小花园""小菜园""小果园""小茶园""小公园"等"微田园",在村前村后,房前屋后,植树造林,栽花种果,提升乡村绿化、果化、美化水平,使乡村处处绿树成荫、瓜果飘香,呈现"村在景中、景在村中、村景交融"的景致。按照习总书记提出的"农村要留得住绿水青山,系得住乡愁"的要求,坚持建设与保护相结合,以李宗仁、陈宏谋故居周边村庄为试点,打造一村一品、一村一业、一村一韵、一村一景的特色古文化村落。牢固树立"既要金山银山,更要绿水青山"的理念,培育绿色经济、低碳经济,保护好母亲河,保护好水源林,决不容许以破坏水源林来发展特色种植,使临桂的天长蓝、山长绿、水长清、地长净。

坚持城乡同管理,建设"数字智慧临桂"。坚持"先规划,后建设"的原则,高起点、高标准、大手笔抓好城乡发展规划,按照"望得见山、看得见水、记得住乡愁"的理念,把历史融入城乡、城乡融入自然,着力把临桂打造成充满山水文化特色的幸福城市。不断创新城镇管理,积极探索科学、严格、精细、长效管理新路子,推进城镇管理智能化,建设"数字临桂"。加强"智慧临桂"顶层设计,整合临桂信息资源,提升临桂城市信息基础设施水平,尤其是在基础网络、云中心、公共信息平台、信息安全保障方面,要进行科学规划,避免重复建设,为城市信息资源整合、信息共享和业务协同打下坚实基础。提升临桂在规划、市政、市容、城建、交通、旅游、生态、人社、民生等领域的深度智慧应用与管理服务水平,促进信息技术与临桂新型城镇发展和管理的深度融合。

（三）扎实开展“项目建设攻坚年”活动，力争重大项目实现大突破。

项目是拉动发展的“强力引擎”，抓项目就是抓投入，抓投入就是抓发展。我们要坚定不移地实施项目带动战略，以“项目建设攻坚年”为抓手，千方百计扩投资，坚定不移上项目，以项目建设大突破拉动经济大发展。要想方设法招大引强。建立完善“招大、引强、选优”体制机制，加快完善土地、融资、财税、社保等配套政策体系，有目的、有选择地引进一批投资规模大、科技含量高、带动能力强、税赋率高的大项目、好项目，实现从“招”到“选”、从“数量”到“质量”、从“粗放”到“集约”的转变。要争分夺秒推进项目。继续按照“五个一”工作机制，切实抓好重大项目跟踪服务工作，持续掀起项目建设高潮，推动形成“竣工一批、在建一批、开工一批、储备一批”的建设格局。重点抓好两江国际机场扩建、桂三高速等重点项目服务工作，加快推进岩塘至大山图旅游通道及五通至黄沙公路建设，打造临桂新区连通罗山湖、义江国际及义江两岸的交通中轴，着力构建半小时县乡通达路网。突出抓好一批产业项目，加快推进华能集团、广汇能源、泰乐科技园、福达曲轴数字化锻造、深圳伟天星、莱茵生物搬迁等一批产业项目建设，打造新的经济增长点。要千方百计争资立项。认真分析国家产业政策和资金投向，抓紧储备、包装一批大项目、好项目，争取列入国家、区、市的发展规划盘子。特别要着眼“十三五”发展，提前谋划和包装储备一批投资体量大、经济效益好的重大项目，努力形成策划一批、储备一批、申报一批、新开工一批的可持续发展机制，持续保持项目建设强度。

（四）扎实开展“改革创新深化年”活动，力争发展环境实现大优化。

改革创新是适应新常态的根本出路，是实现“幸福临桂”的动力之源。我们要以“改革创新深化年”为抓手，全面深化改革，大力推进创新，以改革引领新常态，以创新促发展转型。要以改革创新突破发展瓶颈。坚持问题导向，从那些制约我县经济社会发展最突出的瓶颈问题改起，有针对性地推出一批社会影响面大、群众热切期盼，既有年度特点、又有利于长远制度安排的改革措施。坚决贯彻落实中央、区、市各项改革部署，抓紧编制《临桂县重要改革举措实施规划(2015—2020)》，统筹推进经济体制、旅游综合配套、农村和生态文明、文化教育科技卫生等七个关键领域的改革，把改革创新贯穿于经济社会发展各领域各环节，不断释放改革红利，推动经济社会持续健康发展。要以改革创新增创发展优势。抓住撤县设区的历史机遇，切实做好有关工作，积极争取更多有利于临桂发展的政策，力争在体制机制改革创新中先行先试，由县体制向县区并举体制转型，一区两制，实现 1+1>2 的效应。全面梳理临桂现有的各种改革试验、试点、示范头衔，逐个解读其含金量，找准切入点，该向上争取政策、资金和项目的抓紧争取，该扎实推进的改革试验任务扎实推进，切实把各种政策优势转化为发展优势。要以改革创新推动开放升级。把握新一轮改革机遇，实施更加积极主动的开放带动战略，深化东盟、泛北部湾、泛珠三角等多区域合作，进一步构建开放型经济新体制，向开放要创新要素、升级动力和发展空间，以开放释放改革红利、发展活力。充分利用高铁带来的“同城效应”，做足做好“高铁经济”，大力发展购物休闲、旅游商务、餐饮住宿、健康养老等新兴业态，全力融入高铁经济圈，充分释放高铁红利。

（五）扎实开展“民生工程建设年”活动，力争百姓福祉实现大改善。

提升百姓生活幸福指数，是建设“幸福临桂”的最终目的。我们要以“民生工程建设年”为抓手，全面实施“十大惠民工程”，不断提升临桂人民生活幸福指数，让临桂人民生活更加幸福美满。一是实施社保惠民工程。统筹完善城乡养老、城乡低保、医疗保险、救灾救助、失业工伤等社会保障制度，积极探索公办养老机构市场运作方式，建立更加公平可持续的社会保障体系。二是实施健康惠民工程。强化医疗卫生服务体系建设，继续加快实施乡镇卫生院标准化建设、行政村卫生室建设，力争年内乡镇卫生院标准化建设达100%，行政村卫生室建设实现全覆盖；建立健全基层医疗卫生人才保障机制，着力解决乡村医疗卫生人才短缺和群众看病难问题。加强诚信计生和免费孕前优生健康检查，着力推动人口计生向优质服务转型。三是实施教育惠民工程。继续加大对教育的投入力度，全面实施教育发展“八大重点工程”，全力打造临桂教育升级版，推动教育均衡发展，力争在全区、全市率先实现教育现代化。继续实施中小学布局调整规划，加快县城学校新建和改扩建步伐，今年要开工建设临桂实验小学，完成环湖小学、麓湖国际社区小学、新龙中学校舍主体建设，建成桂康路小学并招生，以满足新区日益增长的教育需求，切实解决县城学校入学难、班额大等问题。四是实施强基惠民工程。大力推进农田水利、饮水安全、水库移民新村、扶贫开发等民生基础设施工程建设，使城乡居民生产生活条件继续得到有效改善。五是实施安居惠民工程。坚持阳光操作，加快推进廉租住房、公共租赁住房建设和农村危房改造，改善困难群众居住条件，实现困难群众生活质量、幸福指数全面提升。六是实施土地整治惠民工程。加快推进全县土地整治项目建设，力争达到提高耕地等级、优化土地利用布局和建设高标准基本农田的目标，为加快转变农业生产经营方式、提高土地产出效益、促进农民增收提供保障。七是实施农补惠民工程。全面推进农资综合补贴、农机具购置补贴、粮食作物良种补贴等农补惠民项目，确保党和政府的惠民政策得到充分落实。八是实施生态惠民工程。加快实施“绿满八桂”、石漠化综合治理工程和森林生态效益补偿、农村环境综合整治等项目，扎实推进集体林权制度配套改革，让群众享受生态实惠。九是实施文化惠民工程。继续加大公共文化投入，完善城乡公共文化设施和服务网络，重点抓好临桂体育中心、历史文化博物馆、民间彩调艺术交流中心等一批大型文化设施建设；继续推进村级公共服务中心、文艺培训基地、农家书屋、村级篮球场和广播电视无线覆盖工程建设，努力构建覆盖城乡、惠及全民的公共文化服务体系。十是实施通畅惠民工程。加快农村交通道路等基础设施建设，力争今年村村通水泥路、屯屯巷道硬化。完善优化公交网络，加快城乡公交站场建设，推进城乡客运一体化，力争建制村客运通达全覆盖。

（六）扎实开展“法治建设推进年”活动，力争平安建设实现大提升。

法治是社会运行的稳定之基，是实现“幸福临桂”的根本保障。我们要以“法治建设推进年”为抓手，加快推进民主法治建设，不断创新平安建设新机制，为建设“幸福临桂”提供坚强法治保障。

*加快推进依法治县进程。*坚持依法行政，推进政府依法全面履行职能，加快建设职能科学、权责法定、执法严明、公开公正、廉洁高效、守法诚信的法治政府。稳步推进司法改革，完善司法管理体制和司法权力运行机制，规范司法行为，加强对司法活动的监督，提高司法公信力。坚持法治与德治相结合，大力弘扬社会主义法治精神，实现法律和道德相辅相成，法治和德治相得益彰。加强法治宣传教育，增强全民学法、遵法、信法、守法、用法意识，形成办事依法、遇事找法、解决问题用法、化解矛盾靠法的社会氛围。推进覆盖城乡的公共法律服务体系建设，努力为人民群众提供公益性、均等性、普惠性、便利性的基本公共法律服务。加强法治工作队伍建设，大力提高法治工作队伍思想政治素质、业务工作素质、职业道德素质，着力建设一支忠于党、忠于国家、忠于人民、忠于法律的法治工作队伍。

*加快推进民主政治建设。*充分发挥党委总揽全局、协调各方的领导核心作用，始终高度重视和积极支持人大、政府、政协依法履行职能。全面落实党的统一战线政策，巩固和发展平等、团结、互助、和谐的社会主义民族关系，加强同各民主党派、工商联和无党派人士的团结合作，巩固壮大爱国统一战线。加强宗教、侨务和对台工作，充分发挥工会、共青团、妇联、科协、残联等人民团体在民主法治建设中的重要作用，不断提高科学执政、民主执政、依法执政的水平。坚持和完善政务公开、村务公开，加强基层民主政治建设。坚持党管武装，加强国防教育和民兵预备役建设，巩固和发展双拥成果。

*加快推进社会治理创新。*完善领导干部定期接访、约访、带案下访制度，落实初信初访首办责任，着力解决群众合法合理诉求。强化对闹访、串访、缠访等违法行为的依法打击力度，把涉法涉诉纳入法治轨道，切实解决群众“信访不信法”的突出问题。深化“飓风行动”、“项目110活动”，从严打击强揽工程、强买强卖、强行阻工等违法犯罪行为，依法维护新区和项目良好施工秩序。健全社会治安打防控体系，推进网格化管理模式，探索建立以解决农村治安突出问题的群防群治新体系，不断提升平安临桂建设水平。加强社会治安综合治理，依法严厉打击各种违法犯罪活动，有效整治各类治安突出问题和治安乱点，突出抓好安全生产和食药品监管，不断提升社会公众安全感和满意度。

三、加强党的建设，从容引领发展新常态

新常态对党领导发展的能力和水平提出了新的更高要求。我们必须认真落实习总书记从严治党“八项要求”，切实加强和改进党的建设，将“党

要管党、从严治党”落到实处，为率先实现“幸福临桂”提供坚强组织保障。

（一）加强思想政治建设，以新思维引领新常态。始终把思想作风建设放在首位，大力推进学习型党组织建设，不断完善各级中心组学习，采取多种形式，深入学习贯彻党的十八大、十八届三中、四中全会精神和习总书记系列重要讲话精神，不断提升党员干部的战略思维能力、创新思维能力，增强适应新常态、引领新常态的能力和水平。积极开展党性、党史教育和社会主义革命核心价值观教育，着力解决好党员干部世界观、人生观、价值观这个“总开关”问题，引导党员干部把“三严三实”作为基本行为准则，增强自律意识和抵抗诱惑的免疫力，做到行使权力不偏向、不变质、不越轨、不出轨。

（二）加强干部队伍建设，以新能力引领新常态。坚持“干部到一线，一线出干部”的理念，更加注重在一线识人、凭实绩选人、以德才用人，让肯干事、能干事、干成事的人“显山露水”，不让踏实干事、默默奉献、坚守一线的人吃亏，树立良好的选人用人导向。加强责任追究，破除“为官不易”、“为官不为”的不良心态，把干部队伍的心思精力凝聚到干事创业上来。高度重视乡镇干部队伍建设，关心乡镇干部的工作和生活，充分激发乡镇工作活力。加大干部教育培训力度，采取“请进来、走出去”的方式，邀请一批知名专家、学者、教授开办一批上档次的特色精品课，组织全县正科级以上干部到著名高校进行专题培训学习，全面提高领导干部的综合能力和素质。将村干部教育培训纳入全县干部培训计划，有针对性地对村干部进行专题培训，全面提升村干部综合素质。

（三）加强基层组织建设，以新气象引领新常态。狠抓党建工作责任制的落实，强化对党建工作的考核，完善基层党建目标责任制和基层党工委书记联述联评联考制度，推动各级党组织和领导干部真正上心用劲抓党建。深入推进服务型党组织建设，把基层党组织工作重心转到服务发展、服务民生、服务群众、服务党员上来。建立村（社区）干部待遇稳定增长机制，调动农村基层干部队伍积极性。实施“强基带富”工程，充分发挥基层党支部、村民理事会、协会等组织在生态乡村建设中的示范带头作用。大力实施发展党员“三大工程”，有计划、有步骤地做好发展党员工作。统筹推进机关、“两新”组织等各领域党建工作，进一步整顿软弱涣散基层党组织，提升基层党组织的战斗力、凝聚力和执行力；继续完善在职党员到社区服务工作，加强社区“党员服务队”、志愿者活动建设；明确非公有制企业党工委职责，完善对非公有制企业党组织的管理服务，打造1~2个非公党建示范点。

（四）加强干部作风建设，以新作为引领新常态。不断巩固教育实践活动成果，持之以恒地强化作风建设，以良好作风引领发展。领导干部要沉入基层一线、项目一线，亲力亲为，真抓实干，做到领导在一线指挥、工作在一线推进、问题在一线解决、措施在一线落实、形象在一线树立。继续开展机关作风整治、政务环境优化大行动，精简审批事项，优化办事流程，坚决杜绝“中梗阻”，“吃、拿、卡、要”和“门难进、脸难看、话难听、事难办”的现象。进一步加强乡镇干部队伍管理，坚决刹住干部“走读风”“赌博风”“吃喝风”等不良风气。全县上下要大力弘扬求真务实、真抓实干精神，在实际工作中敢于担当、敢于负责、敢做善成，形成“实干就是能力，落实才是水平”的良好干事创业氛围。

（五）加强党风廉政建设，以新风气引领新常态。严格落实党风廉政建设“两个责任”，不断完善惩防体系，努力形成不敢腐的惩戒机制、不能腐的防范机制、不易腐的保障机制，切实把权力关进制度的笼子。扎实推进基层党风廉政建设，强化对“一把手”行使权力的监督制约和农村“三资”的监督管理，加强重大项目、惠民政策落实情况督查，坚决查处落实惠农政策过程中优亲厚友、雁过拔毛等违纪违法行为。加强廉政文化建设，强化党员干部廉政宣传教育。狠抓案件查处，坚持有信必办、有案必查，始终保持反腐高压态势。全面开展“清权、确权、亮权、督权”工作，建立科学有效的权力运行机制，确保权力在阳光下运行，努力做到“干部清正、政府清廉、政治清明”。

同志们，美好蓝图令人向往，宏伟目标催人奋进。让我们更加紧密地团结起来，全面贯彻落实党的十八大和十八届三中、四中全会精神，大力弘扬“临桂精神”，凝心聚力，奋发有为，从容引领全县人民，乘着建设临桂新区这艘大船，迎风破浪，向幸福出发！

临桂区人大常委会工作报告

——2015年5月28日在临桂区第一届人民代表大会第一次会议上

临桂区人大常委会主任　唐修相

各位代表：

我受临桂区人大常委会的委托，向大会报告工作，请予审议。

2014年工作回顾

2014年，在县委的领导下，县人大常委会坚持以邓小平理论、"三个代表"重要思想、科学发展观为指导，全面贯彻落实党的十八大和十八届三中、四中全会精神，深入扎实开展以为民务实清廉为主要内容的党的群众路线教育实践活动，按照县委"一个速度、两个推进、三个提升"的总体要求，坚持围绕中心，服务大局，依法行使职权，在全县经济社会持续、健康、稳步发展中发挥了重要作用。

一、依法行使监督职权，积极推动经济发展

认真贯彻执行监督法，不断丰富监督方式，把人大监督和支持"一府两院"工作有机结合起来，积极推动全县的经济工作进程。

一是着眼于稳步发展，加强对国民经济和社会发展情况的监督。对年初人代会批准的国民经济和社会发展计划进行深入调研，听取和审议国民经济和社会发展计划执行情况的报告，提出了强化服务，全力促进工业生产，加速推进项目建设的审议意见。人大常委会通过调研、座谈、走访等形式，对我县农民增收情况进行了深入了解，针对存在的困难和问题，提出了贯彻落实好各项农村政策，加大投入力度，增强农业发展后劲的具体审议意见。通过对经济工作的监督，促进了我县宏观经济健康运行。

二是加强对财政预算执行情况的监督。常委会对临桂县预决算编制管理和执行情况进行了调研，听取和审议了县人民政府2013年度预算执行及其他财政收支情况的审计工作报告，针对工作中存在的不足和问题，依法提出了努力培植财源，不断提高财政收入质量；深化财政改革，狠抓增收节支管理；努力提高财政资金管理使用效率等审议意见，切实维护了预算执行的严肃性和权威性。

三是着眼于服务大局，督促开展中心工作。常委会对政府工作报告中的重大项目建设情况及为民办实事情况进行了专题调研，听取和审议了调研组的调研报告，针对我县在经济增速放缓、下行压力增大的情况下所面临的困难和问题，提出了严格控制财政支出，强化责任意识，加快重点项目建设进度的审议意见。在征地、拆迁、安置、美丽临桂、新农村建设等全县性中心工作，领导积极参与，并注重统筹兼顾，较好地完成各项工作任务，积极地推动了我县中心工作的开展。

四是着眼于惠民利民，解决民生热点问题。常委会始终把促进和改善民生摆在重要位置，注重解决实际问题。对我县的乡镇幼儿园、县城小学入学难、县城大圆盘改建、城市视频监控系统(天网)工程、农村危房改造、征地拆迁、安置工作等多项热点、难点问题进行了专题调研，并组织市、县人大代表视察了义江流域环境治理保护情况。针对存在的问题和困难，提出审议意见，提交县政府及有关职能部门认真加以整改。形成了人大调研先

6月10日，县人大代表开展新区项目建设进展情况调研

苏庆华　摄

行、与政府班子召开联席会达成共识、跟踪督促审议意见落实的有效监督方式，既促进了群众反映的热点难点问题得到了有效解决，又推动了政府工作顺利开展。

五是强化依法治县监督，营造良好的法制环境。常委会强化法律监督职能，组织开展了《中华人民共和国森林法》《中华人民共和国道路交通安全法》执法检查，促进了我县经济、社会和生态环境协调发展。同时，还配合全国人大环资委在我市开展《野生动物保护法》立法调研，配合自治区人大开展《湿地保护条例(草案建议修改稿)》调研，配合市人大对民族工作、依法治市工作及市人大对市人民检察院对诉讼活动法律监督的工作情况进行专题调研和6次执法检查活动，如实地反映发现的问题，提出切实可行的解决意见、建议，推动难点问题的解决，优化了全县的法治环境。2014年12月，常委会听取和审议了2014年县人民法院执行工作、县人民检察院预防职务犯罪工作以及“两院”的全年工作情况汇报，针对“两院”今后的工作，提出了加强党的十八届四中全会精神的学习，加强队伍建设和工作协作，努力提高办案质量，全面推进依法治县工作的工作意见。

六是督办信访案件，保障人民合法权益。坚持畅通群众反映诉求和意愿的渠道，妥善解决群众来信来访中反映和要求解决的问题，对难度较大的信访件，主要领导亲自接访和具体协调解决问题。全年共接待来访32批次，156人次，处理人民群众来信14件次，督办重大信访事项7件次，及时转交群众诉求到相关部门，转办率达100%，较好地维护人民群众合法权益，促进社会和谐稳定。

二、严格法定程序，依法决定重大事项和任免国家干部。

2014年依法召开了第十五届人民代表大会第五次会议和九次常委会会议。常委会听取了县人民政府《关于2013年度临桂县财政决算和县本级决算的报告》和《关于临桂县2013年度财政预算执行及其他财政收支情况的审计工作报告》，批准2013年县财政本级决算，听取和审查了县人民政府《关于临桂县2014年财政预算调整方案（草案）的报告》，作出了《关于批准调整2014年财政预算的决议》。

坚持党管干部和依法任免的有机统一，继续推行任前了解、任职发言、颁发任命书等任免制度和办法，保证人事任免工作依法、规范操作。全年共依法任免国家机关工作人员57人次，其中：任命36人次，免职10人次，接受辞呈11人次。

三、以服务代表为宗旨，发挥代表主体作用

常委会始终把密切联系代表、发挥代表作用作为重要的基础工作，做到切实提高代表履职水平，增强代表工作实效。

一是加强培训学习，着力提升代表履职水平。常委会把提高代表的自身素质、提升依法履职能力放在抓好代表工作的首位。为充分发挥代表的作用，2014年的5月和12月，常委会举办了两期县人大代表履职培训班，邀请领导、专家进行授课，组织了包括县十五届人大代表、各乡镇人大主席、副主席、人大机关干部共计400余人次参加，培训不但进一步提高了人大代表依法履职水平，还掀起学习贯彻十八届四中全会精神的高潮，增强了人大代表和人大工作者的法律意识、责任意识、大局意识。

二是搭建履职平台,激发代表活力。“人大代表之家”和“代表活动中心”是代表提高素质的培训基地、联系选民的桥梁纽带、参政议政的重要平台、履行职责的有效载体。通过大力建设和完善,我县每个镇建有标准的“代表之家”4家、“代表活动中心”1处,每个乡建有标准的“代表之家”两家、“代表活动中心”1处,代表活动有了坚实的平台和载体。同时,常委会依据“人大代表之家”和“代表活动中心”,认真组织开展好代表小组活动和代表视察、执法检查、调研等活动。通过这些活动,既发挥了他们代表人民当家作主管理地方国家事务的作用,又发挥了对政府重点工作的把握、监督和支持的作用。

三是党的群众路线教育实践活动与代表主题实践活动有机结合、共创成效。常委会高度重视党的群众路线教育实践活动,自始至终把党的群众路线教育实践活动与人大各项工作紧密联系,并创造性地把开展党的群众路线教育实践活动融入到代表主题实践活动中,在全县开展了“群众路线在心中·人大代表在行动”的主题实践活动,通过开展“金点子”活动,开展对口帮扶,奉献个人爱心等方式,充分调动了人大代表履职的积极性、主动性。如两江镇人大代表反映一村民,丈夫已故,一人带着两个年幼的孩子生活,她身患顽疾,先后做了6次手术,生活极度的困难。常委会及时组织安排了一个爱心捐款活动,捐款金额达到3.5万元,把党的群众路线教育实践活动与代表主题实践活动落到实处,提高了代表服务人民群众的积极性。

四是坚持工作创新,增强督办实效。不断创新建议、议案的督办方式,常委会上通过了《临桂县人大常委会关于强化对人大代表议案、建议、批评和意见督办工作的办法》,使之制度化、规范化、常效化。2014年12月,常委会组织召开了代表议案建议办理情况专题汇报会,面对面听取县人民政府及各承办单位办理和落实代表议案建议情况汇报,提出议案建议的代表对自己所提议案建议办理落实情况发表意见,提高了承办单位对建议议案的办理的重视程度,增强了代表履职的积极性。

四、以自身建设为基石,努力提升履职水平

常委会始终坚持高标准、严要求、切实加强自身建设,不断提升履职能力和水平。

一是加强思想建设,增强综合素质。常委会采取领导带头学、干部集中学、联系实际学等形式,组织机关干部学习党的十八大、十八届三中、四中全会精神和习近平在党的群众教育实践活动中的一系列讲话精神,进一步提高常委会组成人员和机关干部的政治素质、理论水平和业务能力。

二是深入开展党的群众路线教育实践活动,切实转变工作作风,提高工作效能。常委会扎实深入开展党的群众路线教育实践活动。一是深化学习教育,着力提高思想认识。常委会认真学习了党的十八大、十八届三中、四中全会和习近平总书记一系列重要讲话精神等必读篇,接受了一次群众路线的深刻洗礼,在精神上补了“钙”,在思想上充了“电”。在整个活动中,常委会以“戒除四风优服务,四大行动树标杆”为主题,按照“三严三实”要

2月24日,临桂县人大常委会机关开展党的群众路线教育实践活动部署会

苏庆华 摄

求,聚焦“四风”,扎扎实实地按步骤按要求进行。通过学习,增强了群众观念,坚定了群众立场,提高了政治思想认识和常委会自身建设水平。二是动真格讲真话,高质量开好专题民主生活会。在专题民主生活会上,常委会班子成员自我批评敢于揭短亮丑,不回避问题,认真查摆了班子及个人在遵守党的政治纪律和贯彻中央八项规定精神以及“四风”方面存在的突出问题,对自身存在的“四风”问题进行查摆,并剖析了问题根源,提出了整改措施。三是精心制定整改落实方案。常委会结合人大工作实际,围绕“四风”存在的突出问题进行整改,对问题逐条逐项进行分析、梳理,研究制定整改措施,明确整改的指导思想、基本方向、整改措施、主要责任人和整改时限等要求,并逐一落实到位。针对落实八项规定精神、教育实践活动整改落实情况、联系服务群众工作进行回头查摆,确保把征求、查摆、梳理出来的问题整改到位,切实增强整改工作的针对性、可操作性和时效性。把八项规定、为民务实清廉的要求落实到人大各项工作的全过程,进一步规范调研视察、会议筹备、车辆管理、公务接待活动的规定,严格执行规单制度,切实改变工作作风,做到作风建设长效化、常态化,机关效能进一步提高,整体工作水平提升。

2014 年,县人大常委会各项工作扎实开展,实现了稳步推进和创新发展,在肯定成绩的同时,我们也清醒地认识到,常委会的工作还有不少需要加强和改进的地方,主要是:监督方式方法还需要进一步创新,监督实效还有待提高;代表工作的内容仍需进一步丰富,代表活动的实效性需要进一步提高;议案、建议办理机制需要进一步完善,质量有待进一步提高;常委会自身建设、对乡镇人大工作的联系指导还需要进一步加强等。我们将在今后的工作中采取有效措施,切实予以解决,努力把常委会的工作不断推向前进。

2015 年工作思路

2015 年,是全面深化改革的关键之年,是全面推进临桂法治建设的开局之年,是全面完成“十二五”的收官之年。区人大常委会工作的总体要求是:高举中国特色社会主义伟大旗帜,以邓小平理论、“三个代表”重要思想、科学发展观为指导,全面贯彻落实党的十八大、十八届三中、四中全会和区委全会精神,坚持党的领导、人民当家作主、依法治国有机统一,按照经济发展与民生改善同步提高、“清洁临桂”“生态临桂”与“宜居临桂”同步打造、深化改革与依法治理同步推进的工作思路,紧扣开展“六个年”活动(产业提质升级年、城乡建设提速年、项目建设攻坚年、改革创新深化年、民生工程建设年、法治建设推进年)和奋力完成“十二五”各项目标任务的要求,坚持围绕中心、服务大局,使常委会各项工作更加适应临桂经济社会发展的需求,更能体现群众意愿,更能调动广大代表干事创业的热情,为实现“幸福临桂”建设做出贡献。

一、深入学习贯彻党的十八届四中全会精神,加强人大自身建设

根据党委的统一部署,迅速掀起学习贯彻十八届四中全会精神热潮,并作为今后一段时期重要政治任务,周密安排。

一是加强政治理论和履职知识的学习,采取培训会、座谈会、报告会等多种形式,认真学习领会十八届四中全会精神,深刻领会精神实质,充分认识推进法治建设的重要性和紧迫性,把思想和行动统一到党委的决策部署上来,指导实践,推动工作。

二是加强作风能力建设。坚持“作风建设永远在路上”的理念,深入、持续坚持党的群众路线,认真贯彻中央八项规定以及各项党风廉政法律法规以及党委的实施意见,积极参与“三严三实”专题教育活动,确保干部受教育,思想有进步,作风有提升。

三是修订完善相关工作制度。进一步增强监督工作的针对性和实效性,加大联系代表的力度,增强活动吸引力。深入推进机关的组织建设、廉政建设和作风效能建设,真正做到为民、务实、清廉,树立人大机关的良好形象。

四是加强常委会机关干部队伍建设,为常委会履行职权提供优质服务。通过常态化干部教育活动,使干部始终保持奋发有为的精神面貌,更加有力地推动经济社会发展,在临桂发展建设中发挥积极作用。

五是加强人大宣传工作。进一步加强对人民代表大会制度和人大工作的宣传,促进人大监督与舆论监督的有机结合,提高人大工作的透明度,使人民群众更好地了解、参与和监督人大工作。

二、服务大局，促进发展，进一步增强人大监督工作实效

围绕推动科学发展、促进社会和谐，深入实际、深入基层、深入群众开展专题调研，为常委会监督工作提供依据，为区委科学决策提供参考，为区人民政府推进工作提供支持。

一是加强对临桂区经济社会发展的监督。专题听取区人民政府《临桂区国民经济和社会发展第十二个五年规划纲要》实施情况汇报。加强对预算决算的审查监督，批准2014年度区财政本级决算。开展对2015年国民经济和社会发展计划、财政预算执行情况的监督，并提出相应的审议意见，探索并加强对政府部门财政预算执行情况的监督。

二是加强对重点项目和群众关注的热点难点问题的监督。对政府工作报告中的重大建设项目推进情况、为民办实事情况开展专题调研。

三是进一步加强法律监督。开展《中华人民共和国食品安全法》《中华人民共和国药品管理法》的执法检查。听取并审议区人民法院、区人民检察院年度工作落实情况报告。配合上级人大作好有关法律法规的执法检查。

四是继续做好人大信访工作，维护社会和谐稳定。依法受理人民群众来信来访，畅通信访渠道，对人民群众信访反映的合法、合理诉求，及时转交并督促有关部门依法处理，切实维护人民群众的合法权益。

三、围绕临桂大局，依法行使好重大事项决定权和人事任免权

依法行使重大事项决定权和人事任免权，使区委的主张经过法定程序成为全区人民的共同意愿，形成推动经济社会发展的强大合力。

一是认真行使重大事项决定权。紧紧围绕临桂中心工作，抓住根本性、全局性和长远性的重大问题，适时做出决议、决定，不断提高决策的民主化和科学化水平。

二是依法行使人事任免权。坚持党管干部原则与依法任免国家机关工作人员的有机统一，推进地方政权机关的干部队伍建设，保证地方国家机关有效运转。

四、进一步做好代表工作，切实保障人大代表依法履职

以代表履职平台为载体，密切常委会与代表的联系，密切代表与人民群众的联系，不断提高代表履职的工作水平。

一是举办代表培训班，持续提高代表履职能力。继续巩固“人大代表在行动”工作品牌，进一步调动代表参与经济建设和地方国家事务管理的积极性和有效性。

二是认真做好议案建议办理工作。进一步加强与政府有关部门的沟通和协调，加大代表议案建议督办力度，跟踪办理进程，视察办理情况，切实改变“重答复轻落实”现象，确保办理质量。

三是组织开展好闭会期间的代表活动。围绕法律法规实施情况、人民群众关心的热点难点焦点问题和常委会工作要点，组织代表积极履职，发挥代表作用。

四是强化代表履职服务保障。继续巩固、提高“代表之家”“代表活动中心”建设，组织好代表闭会期间的履职活动，坚持邀请代表列席常委会会议、及时为代表提供必要信息和资料等，畅通代表知情知政渠道，保障代表依法参与管理地方国家事务。

五是开展代表向选民述职活动。通过组织代表向选民述职，促进代表依法履职和服务选区选民的主动性。

各位代表，同志们，做好今年的人大工作，充分发挥地方国家权力机关的作用，促进经济社会健康协调发展，切实提高人民群众的生活质量，是临桂人民的殷切期望，更是我们义不容辞的职责。让我们在区委的领导下，以更加坚定的信念、更加饱满的热情、更加扎实的作风，为推动临桂不断开创改革发展新局面做出新的更大的贡献！

政府工作报告

——2015年5月28日在桂林市临桂区第一届人民代表大会第一次会议上

桂林市临桂区区长　李绍政

各位代表：

现在，我代表县人民政府向大会作工作报告，请予审议，并请各位政协委员和列席会议的同志提出意见。

一、2014年工作回顾

2014年，面对经济下行的巨大压力和“三期叠加”[1]带来的诸多困难，我们在市委、市政府和县委的正确领导下，在县人大、县政协的监督支持下，按照“一个速度、两个推进、三个提升”[2]的工作思路，主动适应经济发展新常态，坚持稳中求进工作总基调，全力推进临桂新区和桂林国际旅游胜地建设，全力以赴稳增长、促改革、调结构、惠民生，加快打造“五个临桂”[3]，全县经济社会呈现稳中有进、稳中提质、稳中向好的发展态势。全县完成地区生产总值215.61亿元（可比价198.71亿元），同比增长9.1%；全社会固定资产投资240.43亿元，同比增长10.7%；组织财政收入24.3亿元，同比增长15.2%；规模以上工业产值364.2亿元，增长10%；城镇居民人均可支配收入32018元，同比增长10.3%；农民人均现金收入11330元，同比增长13.4%；万元地区生产总值能耗下降3.8%，减排指标完成上级下达任务。

（一）经济提质增效升级，综合实力显著增强。牢牢把握转变发展方式这一主线，加快经济结构调整，一、二、三产比例调整为，推动经济转型升级，努力打造临桂经济升级版。

*产业发展思路更加清晰。*认真抓好转方式、调结构、促转型各项政策措施的落实，协调推进工业新型化、农业现代化、旅游国际化，在做大总量的同时不断提升产业发展质量。坚持走高新技术产业和新兴产业发展之路，加快发展先进装备制造、新能源新材料、生物医药、电子信息、食品饮料、化工建材、农产品深加工等主导产业集群，增强县域经济发展动力。精心编制促进产业发展的实施意见及细则，为推进我县产业快发展、大发展奠定了坚实基础。

*工业经济支撑作用凸显。*坚持“一区多园”发展思路，狠抓园区基础设施建设，拓展园区发展空间，增强园区发展集聚能力，着力构建临苏高端产业带。全年完成全部工业总产值370.78亿元，同比增长10%。西城经济开发区成为广西唯一县级自主投资、自主开发、产值位居前5名的工业园区。加快推进福达集团、国际线缆、广汇公司、啄木鸟等14个县领导跟踪服务推进重大工业项目建设，积极培育福达集团、三金药业、娃哈哈等一批具有较强核心竞争力的新型工业化规模企业，福达公司在沪市主板成功上市。深入实施“抓大壮小扶微”工程[4]，完成技改投资46.82亿元。搭建政银企合作平台，为7家企业促成5亿元融资意向。目前，全县产值超亿元的企业45家，超10亿元8家，超50亿元2家，上市公司7家。

*现代特色农业渐成规模。*大力发展优粮工程、优果工程和“菜篮子”工程，逐步形成“一乡一业，一村一品”产业格局。粮食播种面积72.2万亩，总产量26万吨。建立了会仙、四塘、临桂镇3个1万

亩粮食高产创建和超级稻示范推广基地，打造了会仙七里500亩富硒稻谷核心示范区和20个粮食高产攻关核心示范片。建立了古桂柳运河3万亩无公害高标准蔬菜基地，打造了南边山韭菜花、茶洞菜芯、六塘黄家庄莴笋3个1000亩蔬菜示范基地、会仙宝山500亩稻菜轮作标准园基地。全年新增水果种植2万亩，建立了3000亩红阳猕猴桃示范基地、四塘上泉100里10万亩水果产业带。完成了六塘镇农村土地承包经营权确权登记颁证试点工作。规模养殖继续保持全市领先地位，梅花鹿、肉牛、肉羊等草食动物和特色水产养殖发展较快，水产畜牧业总产值达25.9亿元，同比增长0.86%。积极领办和发展农民专业合作社，努力形成产、供、销一体化。全年新造林2.68万亩，植树86万株，新增育苗480亩。落实农机购置补贴政策，发放补贴资金1018.7万元，办理补贴机具4003台(套)，受益农业合作组织和农户3115家。“新网”工程新增5家、改扩建11家农村加盟店，网点总数达504个。

第三产业快速健康发展。三产完成增加值38.96亿元，同比增长7.4%，占GDP的18.34%。编制完成《临桂县重点旅游片区发展规划(2014—2020)》、《临桂县特色文化产业项目专项规划(2013—2020)》，积极推进旅游文化产业发展。罗山湖水上乐园成功创建AAAA景区，义江缘、红溪分别争创AAAAA、AAAA景区，怡化小镇、义江国际、信和信智慧健康产业园、保利文化产业园、五通农民画第一村(二期)、雄森熊虎山庄搬迁等一批旅游文化项目进展顺利，飞虎队遗址公园即将建成。桂林五通农民画旅游休闲产业项目被列入国家特色文化产业重点项目，并获700万元专项扶持资金。全县接待旅游总人数突破150万人次，旅游总收入7.6亿元，分别同比增长30%和24%。房地产在建开发项目87个，完成投资85.7亿元，商品房销售面积145.6万平方米，销售额64.7亿元。餐饮酒店业发展势头良好，花样年福朋喜来登大酒店顺利营业。社会消费品零售总额完成34.83亿元，同比增长13.05%。邮政和电信业务总量分别同比增长16.43%和21.82%。公路客货运周转量56039万吨公里。

(二)城乡建设稳步推进，发展条件明显改善。 抢抓临桂撤县设区和市委、市政府入驻的新机遇，主动融入、全面对接，努力把临桂建设成为桂林市新的政治、经济和文化中心。

新区建设不断提速。全力抓好新区征地、拆迁、安置、拆违等工作，以及医、学、娱、购、水、电、气等配套项目建设。全年新征用地5800亩，依法拆迁农房3万平方米，开展拆违行动50多次，依法拆除违法建筑30万平方米，清理坟墓1000多座。创业大厦、一院两馆、国奥小区、桂林医学院临桂新校区等一批重点项目建成使用，建设大厦、金融大厦、传媒中心等多栋标志性建筑封顶，核心区路网、湖塘水系基本成型，市委、市政府正式挂牌入驻，新区建设日新月异、渐显规模。

县城改造加快推进。按照“国际化、园林化、特色化”和“一街一景致、一路一特色”的工作思路，加快县城改造步伐，完善县城基础设施建设，投入2.5亿元用于县城绿化、硬化、排污和路网工程等建设。完成虎山路延长线、新龙路一期、秧二路、秧六路、经十二路、纬四路等城市道路工程和盘山园林景观、西干渠临桂城区段一期景观、金山路绿化改造等项目，大力推进金水路、榕山路等8条主干道私人住房联合改造工作，扎实开展孔明园、东坡园、会元、榕山等居民区，以及秦塘、旸谷岭等城中村改造，县城基础设施建设和风貌改造迈出坚实步伐，县城功能品味和形象进一步提升。

乡村建设有序开展。投入2.6亿元的六塘镇城镇化示范镇建设顺利通过验收并夺全市第一

黄沙瑶族乡民族广场　　阳树柱　摄

名，投入1亿多元提前完成宛田、黄沙两瑶乡特色风貌改造，相继举办建乡30周年庆祝活动，顺利启动第二批会仙、四塘、临桂镇、中庸4个示范镇建设，有序推进五通、两江、茶洞、南边山等小城镇建设。南边山、中庸两个乡由乡建制改为镇建制。新寨、马鞍、下峰山、瓮洲、埠塘、东计岭等15个高标准新农村建设成效明显，六塘镇岚岩村被列为国家级"美丽乡村"标准化示范村，实现了11个乡镇都有1~2个高标准新农村示范点的目标。投入3267万元开展农村危房改造工作，完成改造户数1967户。投入156万元完成5个水库移民新村建设，受益近千人。

生态环境持续优化。深入开展"美丽临桂·清洁城乡"活动，城乡环境卫生大为改观，有望再夺全市城乡清洁工程和城市管理工作考评第一名，实现三连冠。推进市容管理精细化、长效化，投入4500万元对全县24个农贸市场分期分批升级改造，建成四星级农贸市场3座，五星级农贸市场1座，完成15个农贸市场改造。全面推进农村"三改"[5]、"三清洁"[6]工作，继续推进7个乡镇33个行政村的农村环境连片整治，努力建设"生态乡村"。严格落实耕地保护制度，投入300万元大力推进节能减排，积极开展主要污染源治理，加强环境执法监管，完成西城污水处理厂和新区污水处理工程，投入81万元建成农村沼气池331座。目前，全县农村自来水饮用工程普及率、卫生厨房和卫生厕所使用率均超过70%，全县森林覆盖率达63%。

（三）项目建设全面提速，发展活力日趋强劲。抓项目就是抓投资，抓投资就是抓发展，抓发展就要强服务，已成为全县上下的广泛共识和自觉行动。

项目服务保障有力。成立"四大服务团队"[7]，为全县57个重点建设项目提供保姆式服务，确保项目早开工、快建设、早投产。三金药业、国际线缆、宇川光电、伟文纳米等一批产业项目建成投产，奥瑞金包装项目实现当年引进、当年建设、当年投产，两江机场扩建、华能分布式能源、岩塘至大山图旅游通道等项目相继开工建设，广汇能源、泰乐科技园、真龙汽车城、啄木鸟医疗器械等项目顺利推进，形成了项目持续、滚动发展的良好局面。

招商引资成效明显。围绕产业链培育和税源培植，积极实施"走出去""请进来"战略，加大对外推介宣传和招商引资力度，大力开展主题招商、以商引商，招商引资取得新成效。全年新引进签约项目15个，合同投资总额534亿元。实际到位内资78.75亿元，大口径实际利用外资3962.79万美元，分别完成全年目标任务的109.38%和120%。东莞晶和建材物流、中辰电子物流、宝能·欢庆城、宝能·凤凰小镇等一批项目落户临桂。

（四）民生福祉持续改善，社会事业协调发展。实施"十大惠民工程"[8]，民生支出占公共财政预算支出的77.6%，高于全区平均水平1.6%，为群众谋取更多实惠，传递幸福正能量。

基础设施不断完善。投入2880万元实施西干渠临桂城区段景观绿化改造项目，投入200万元实施沙塘河贯穿世纪大道临时排水工程。完成40个普惠制新农村、37个太阳能光伏示范村建设，硬化自然村巷道206个，荣获桂林市新农村建设一等奖。投入2.77亿元实施农村交通基础设施建设项目42个，建成13条通行政村水泥路，全县行政村通水泥路率达90%，自然村巷道硬化率达80%。完成157.47公里渠道三面光建设和5座水库除险加固主体工程，投入3066万元实施农村饮水安全工程76处，解决饮水不安全人口3.5万人。开通2条镇村公交车线路，调整优化4条县城公交车线路并在试运行期实行免费乘坐。加大"一事一议"奖补力度，投入7975万元实施建设项目313个。

教育卫生文体事业蓬勃发展。学前教育三年毛入学率、九年义务教育巩固率、高中阶段毛入学率等指标进一步提高。全年资助学生1.85万人次，发放补助金1200万元。积极推进桂康路小学等学校建设，投入600多万元完成了2个乡镇中心幼儿园和7个村级幼儿园建设改造，投入4000多万元竣工2所学校2栋教学楼，新增校舍6950平方米。全面推行普通高中免费教育，8600多名学生受益。大力改善普通高中办学条件，临桂中学通过自治区示范性普通高中复查验收。公开招录66名教师，新建教师公租房172套。健全基层医疗卫生服务体系，完成五通中心卫生院、宛田卫生院、黄沙卫生院标准化建设，在乡镇卫生院新建200套公共租赁房。新农合参保人数超40万人，参合率为99.91%。投入2000多万元建成23个村级公共服务中心、50个村级篮球场。县文化馆被确定为全国10个国家公共文化机构法人治理结构试点唯一县级单位，我县荣获文化部命名

2014—2016年度"中国民间文化艺术(民间绘画)之乡"。歌曲、彩调音乐剧、舞蹈等作品获全国金奖2个、铜奖1个,获区、市一等奖8个、二等7个、三等奖13个。承办了2014年广西青少年蹼泳锦标赛和2014年广西青少年游泳锦标赛,临桂籍动员在全区2014年度各项锦标赛中斩获金牌24枚、银牌25枚、铜牌16枚,粟迎荣获2014年世界青年举重锦标赛77公斤级金牌。《临桂村名凤头联》荣获第二届广西刘三姐民间文艺奖。

社会管理不断加强。全年新增城镇就业人数4979人,城镇失业人员再就业人数1125人,城镇登记失业率3.48%,低于4.5%的控制数。农村劳动力转移就业新增人数6320人。城镇职工社会养老保险参保人数27994人,发放社会救助资金7873.8万元,保障对象41.03万人次。发放低保资金5327万元。落实优抚双拥政策,发放优抚金1611万元,发放医疗救助151.2万元。投入近1000万元专项扶贫资金,减少贫困人口4458人。保障房安居工程有序推进,实施危改房1976户,发放危改补助金36901.5万元,建成保障房408套,投资超亿元。顺利完成168个村(居)委、社区换届选举工作。扎实开展信访积案化解服务大行动,依法妥善化解了97件信访积案。完成"天网工程"10个治安卡口建设,构建常态化巡逻防控机制,严厉打击违法犯罪行为,平安临桂建设扎实推进。从严加强食品药品监督管理,全县无食品药品安全事故发生。深化安全生产"三项行动"[9]和"三项建设"[10],集中开展"六打六治"[11]专项行动,有效遏制各类重特大事故发生。加强应急管理体制建设,应急救援能力明显增强。

(五)机关效能不断提高,自身建设全面加强。坚持不懈转作风、提效能、优服务,工作效率进一步提高,自身建设持续加强,政府工作的执行力、公信力有效增强。

政风行风明显好转。积极践行党的群众路线,深入开展"十大行动"[12],切实解决在贯彻执行中央八项规定、反对"四风"[13]以及联系服务群众"最后一公里"等方面存在的突出问题。进一步优化审批流程,缩减行政审批手续21个,办事效率平均提速30%以上。积极推进行政权力网上公开、政务公开和政府信息公开,及时回应收集到的群众意见建议。大幅减少会议文件,全县性会议同比精简30%,文件数量同比减少25%。认真开展办公用房清理工作,全县调整清退办公用房1878平方米。严格预算审查制度,县本级"三公"[14]经费支出比去年减少878万元,同比下降13.7%。全面落实党风廉政建设责任制,不断深化治庸问责,坚决查处党员干部违法违纪案件。

财税金融改革有序推进。切实加强税收征管,严格预算管理,优化支出结构。加快推进国库集中支付改革,实现了县、乡预算单位国库集中支付改革全覆盖。大力推行公务卡推广使用,减少公务活动中的现金支出,提高支出透明度。全面推进财政预决算、部门预决算及"三公"经费公开。加强财政资金监督,清理各预算单位结余结转资金,收回历年结余结转财政资金指标1.85亿元。加强财政投资评审,全年送审金额14.89亿元,核减金额2.17亿元,核减率14.39%。规范政府采购管理,全年完成采购预算资金8.88亿元,实际采购支出8.39亿元,节约资金0.49亿元,平均节约率5.51%。

依法行政扎实推进。坚持向县人大及其常委会报告工作,自觉接受县人大依法监督和县政协民主监督。积极推进协商民主,虚心听取各民主党派、工商联、无党派人士、各人民团体和政协委员的意见建议。认真执行人大决议,高度重视人大政协议提案办理工作,全年办理县人大代表建议30件、政协委员提案57件,办结率均为100%。围绕政府运行、重大事项决策、招投标管理、工程建设等方面,进一步规范工作规则和程序。扎实开展审计监督工作,全年完成审计项目18个。强化绩效考核、效能督查和行政问责,确保各项决策部署"落地生根"。

一年来,侨务、对台、审计、工商、税务、机构编制、检验检疫、通信、邮政、新闻广电、移民、地震、人防、消防、保密、气象、机关事务、统计、物价、供销、地方志、社会科学、档案、宗教、老龄、残疾人、妇女儿童等工作取得新进展。国防教育和后备力量建设、优抚双拥工作不断加强,民族团结进步创建活动深入开展,区、市驻临桂单位取得新成绩。

各位代表,过去的一年,在经济下行压力加大的不利情况下,我县经济增长与预期目标有一定差距,但基本面向好,质量不断提升,结构不断优化,居民收入增速高于GDP增速,经济保持在平稳较快增长的合理区间。我们经历了磨炼、经受了考验,临桂发展又迈出了艰辛而坚实的一步。这些成绩的取得,是县委总揽全局、科学谋划的结果,是县人大、县政协有效监督、大力支持的结果，是全县人民攻坚克难、团结拼搏的结果。在此，我代表县人民政府，向全县各族人民，向人大代表和政协委员，向各民主党派、工商联和无党派人士、各人民团体、离退休老同志以及社会各界人士，向区、市驻临桂单位、驻临桂部队和武警官兵，向所有关心和支持临桂建设发展的海内外朋友，表示衷心感谢并致以崇高的敬意!

在总结成绩的同时，必须看到我县发展中存在的困难和挑战。当前，全国全区全市经济发展新常态的趋势性变化和共性特征对我县影响明显，全县地区生产总值、全社会固定资产投资等指标增幅回落较大，增长动力不足；部分企业生产经营困难，工业增速放缓，现代服务业发展滞后，新的经济增长点不多；产业集聚化程度不高，经济结构有待进一步优化；资金、土地、环境等制约因素突出，县域经济产业支撑度不高；城乡统筹力度有待加强，公共服务还不能完全满足城乡居民的多样化需求，增进民生福祉还需付出更大努力；安全生产、环境监管、食品安全等领域的矛盾依然相对突出，公共安全保障能力有待进一步提高；政府职能转变稍显滞后，极个别部门和工作人员法治意识、执行能力不强，主动作为、协作配合不够，“四风”问题仍未彻底根除。对这些问题，我们一定高度重视，采取有力措施认真加以解决。

二、2015年工作安排

各位代表，2015年是全面深化改革的关键之年，是全面推进临桂法治建设的开局之年，也是全面完成“十二五”规划的收官之年。我们要准确把握“三期叠加”带来的新情况、新变化，充分认识、主动适应经济发展新常态，牢牢把握发展主动权，努力保持临桂经济平稳健康发展。

今年政府工作的总体要求是：坚持以邓小平理论、“三个代表”重要思想、科学发展观为指导，深入贯彻党的十八大、十八届三中、四中全会和习近平总书记系列重要讲话精神，全面贯彻落实区、市党委、政府和县委各项决策部署，坚持稳中求进工作总基调，坚持以提高经济发展质量和效益为中心，坚持总量提质、分量提速，主动适应经济发展新常态，按照经济发展与民生改善同步提高，“清洁临桂”“生态临桂”与“宜居临桂”同步打造，深化改革与依法治县同步推进的工作思路，攻坚克难，主动作为，促进经济平稳健康发展和社会和谐稳定，奋力完成“十二五”各项目标任务，为率先实现“幸福临桂”打下坚实基础。

综合考虑各种因素，今年全县经济社会发展的主要预期目标是：地区生产总值增长9%；财政收入增长9%；全社会固定资产投资增长18%；社会消费品零售总额增长16%；城镇居民人均可支配收入增长11%；农民人均纯收入增长12%；城镇化率达40%以上；城镇登记失业率控制在4.5%以内；主要节能减排指标完成上级下达目标。

确定上述目标，主要是从适应新常态、实现“十二五”目标、资源条件环境支撑等综合因素考虑，兼顾了需要与可能。新常态实质上就是发展速度从高速增长转为中高速增长，经济结构不断优化升级，第三产业消费需求逐步成为主体，经济发展从要素驱动、投资驱动转向创新驱动。我们把经济预期增速适当调下来，把体现质量、效益要求的目标任务提上去，是为了腾出更多精力抓好转型升级、创新驱动和绿色低碳发展。在经济发展进入新常态的大背景下，我们必须坚持以经济建设为中心，既要顺应全国、全区、全市经济发展的大趋势，又要把握我县发展的阶段性、区域性特征，找准新路径，挖掘新潜力，培育新的经济增长点。

为实现上述目标，必须统筹兼顾、协调发展，突出抓好以下重点工作：

（一）坚持发展为要，加快产业提质增效升级，壮大经济综合实力。扎实开展“产业提质升级年”活动，协调推进工业新型化、农业现代化、旅游国际化，推动产业提质增效升级，不断壮大临桂经济综合实力。

*加快工业转型升级。*坚持走新型工业化道路，围绕打造先进装备制造、新能源新材料、生物医药、电子信息、食品饮料、化工建材、农产品深加工等重点产业，加快推进产业集群集约发展。进一步完善鲁山园，提升会仙园，加快建设乐和园、宝山园，着力打造临苏高新产业带，努力实现500亿元工业园目标。大力推进园区基础设施建设，完善秧塘工业园供电供水、排污排水、商住等配套设施，启动秧二十五路、秧二十二路、华能项目临时道路等3条园区道路建设，完成人民路延长线、秧十七路延长线、园区排洪渠（西渠）工程建设，完成东莞晶和、中辰电子等项目的土地平整。建立高新产业孵化园，培育规模工业企业产业园和保税仓库，为

高新技术企业和传统企业发展提供更优质的服务平台。加强项目策划和储备，积极引进科技含量高、带动力强的高端产业项目，培育发展新能源新材料、生物医药、电子信息、先进装备制造四大板块，加快形成一批战略性新兴产业集群，力争把西城经济开发区建成国家级高新开发区。继续推进"抓大壮小扶微"工程，召开银企对接会，搭建银企交流平台。支持华力重工、国际电线电缆等重点企业加快上市步伐，全力打造一批"百十亿"企业。大力实施质量与品牌战略，加快提升产业档次和技术含量。围绕培育壮大骨干企业，进一步优化存量、提高质量，推动规模以上工业总产值、增加值稳步增长。

坚持发展现代农业。县财政预算安排1300万元产业开发资金，加快推进农业现代化。建立"一江三线十片区百村屯"[15]现代特色农业示范区，大力发展特色效益农业、乡村旅游农业、生态循环农业、吨粮万元田。打造40万亩超级稻示范基地、4个万亩粮食高产创建示范基地、20个百亩粮食高产攻关核心示范基地，稳定粮食生产。打造30万亩无公害蔬菜示范基地，巩固发展茶洞蔬菜基地、南边山—六塘—会仙2个万亩无公害蔬菜基地。抓好15个高标准新农村生态休闲农业示范点建设，积极发展优良水果种植，调整柑橘水果种植结构。在四塘镇上泉村创建1个连片5000亩，拓展区10000万亩，辐射范围30000亩的现代特色农业核心示范区，建立水稻全程机械化服务中心。加强农产品采后处理、交易平台建设。在会仙、南边山、中庸、四塘、临桂镇5个乡镇开展农村土地承包经营权确权登记颁证工作。继续稳定生猪、家禽生产，加大对温氏、桂柳、利源等龙头企业及养殖合作社示范社扶持力度。调整优化养殖业结构，推动规模养殖转型升级。实施"绿满八桂"造林1万亩，投入150万元完成毛竹低改面积4200亩。大力推广阔叶水源林培植，加大水源林保护执法力度，重点抓好义江流域水源林保护和治理工作。积极推进两江、五通中型灌区建设，投入4109万元实施五通镇沙角至大洲、两江镇古岭至下山尾段防洪治理工程，抓好农村饮水安全、小型农田水利重点县和粮食仓储设施等项目建设，提高抵御自然灾害能力。继续落实农机购置补贴政策，加强农机服务组织建设。积极引导领办农民专业合作社。

加快发展以旅游业为龙头的现代服务业。抢抓"高铁时代"带来的重大机遇，大力发展旅游业、现代物流业，培育发展休闲养生、养老服务等新型业态。重点加快推进罗山湖生态岛、怡化小镇、保利文化产业园、信和信智慧健康产业园、桂林世外人间等体育休闲、旅游度假、健康养老产业项目建设。积极发展自然观光游和农业观光游，认真抓好会仙湿地公园、义江国际生态园、雄森熊虎山庄搬迁扩建等项目。有序开发历史文化旅游，认真抓好宏谋文化公园、飞虎队遗址公园、大岩遗址公园、临桂文化大观园、李宗仁故居文化旅游村、五通农民画第一村等一批项目。进一步加强旅游基础设施和配套设施建设，实施旅游厕所建设提升示范工程，新建改造旅游公厕5座。继续加强旅游公共信息服务平台建设，开展旅游市场秩序专项整治，力争全年接待游客突破200万人次，实现旅游总收入10亿元。积极发展交通运输邮电通信、现代物流、酒店宾馆等三产项目，加快临桂新区物流配送中心、海吉星食尚港、桂林电子商城等建设步伐，计划培育重点企业12家。积极推进房地产市场稳步发展。

(二)坚持城乡统筹，提高城乡建设治理水平，优化经济发展环境。扎实开展"城乡建设提速年"活动，加快推进新型城镇化进程，努力打造"清洁临桂"、"宜居临桂"，全面融入桂林主城区建设。

加快临桂新区建设。围绕"入驻入住"条件，立足功能配套和产业发展，带动新区人气、景气、商气的集聚，举全县之力加快临桂新区建设。深入细致做好宣传群众、动员群众、组织群众工作，加快推进新区征地、拆迁、安置等工作，完成重点项目征地交地和农房先行拆迁任务，加快核心区10个村庄的整村搬迁改造步伐。进一步加强新区市政道路桥梁基础设施建设，全力配合完成万南路、万平路桥等19个在建路桥项目，同步跟进路灯、绿化建设。围绕居民衣食住行，加快推进核心区路网、中心公园、防洪排涝及景观水系等在建重大项目，强力推进学校、医院、行政办公、商业网点等配套项目建设，完善供水、供气、供电、环卫、排水、防洪等市政管网设施，及时动工建设新区垃圾中转站，加快县气象观测站建设和搬迁步伐，增强新区生活服务配套能力。继续保持新区控违拆违高压态势，对抢建、违建行为"零容忍、零补偿"。

同步推进县城和乡村建设。加快县城重要节

点、街道、城中村规划改造力度，继续抓好金山路、临政路、人民路等8条道路改造。谋划启动建设大圆盘交通桥疏导工程和人民路三金药业公司前面休闲广场。加强城市路网建设，重点实施纬四路、寨江路等在建项目建设，启动秧二路西延长线、新龙路二期、三元路及延长线、鲁兴路延长线、凤凰路等道路建设工程，扎实推进秧六路东延长线、经十二路、金山路东巷延长线、新农贸市场道路建设，完成秧十八路延长线路面维修工作。加强排水管网建设，重点实施桂康莱市片区雨污水管道改造，启动葛家塘村、秧六路及东延长线雨污水管道改造，完成六塘镇排水管网、污水提升泵站建设及污水处理厂建设。加强居民小区改造，全力推进桂康新城孔明园小区、东坡园小区基础设施改造工程。积极推进西干渠临桂城区段（二期）、桂康路、致远路等景观工程，启动县城垃圾中转站升级改造和垃圾临时堆放场建设。投入1.7亿元加快推进第二批会仙、四塘、临桂镇、中庸4个示范镇建设，抓紧实施第三批两江、五通、茶洞、南边山城镇化建设，力争2~3年全面完成城镇化建设任务。积极稳妥推进中庸、南边山撤乡建镇工作。大力开展新农村建设，抓好15个高标准新农村收尾工作，推动全县新农村建设蓬勃发展。

提升城乡综合治理水平。大力实施“数字智慧临桂”建设，深化网格化管理，逐步建立完善并整合地理信息、交通通信、社会治安、环境管理、灾害应急处理等智能化信息系统。深入推进环境卫生、违法占道经营、交通秩序、大气污染、生态环境等五大专项治理行动，加快从突击整治、运动式整治向制度化、长效化管理转变，建立健全综合治理长效机制。落实门前“三包”，实施环卫保洁市场化动作，实现清洁卫生常态化。加强交通组织管理，采取联通路网、渠化节点、精细管控、严管重罚、增加停车泊位等综合措施，缓解县城重要干道交通拥堵问题。倡导绿色低碳出行，大力发展公共交通和公共自行车服务系统，加速提升交通便利性和可达性。深化建筑渣土、流动摊贩等联合治理，推进背街小巷整治和标识路牌规范化，从严加强户外广告管理，提升城市管理精细化水平。巩固拓展“两违”[16]专项整治成果，加强重点区域拆违工作，深入开展乡村规划集中行动和农村无序建设专项整治，严肃查处乱搭乱建行为，逐步消除农村“空心村”。

（三）坚持项目带动，全面提速重大项目建设，夯实经济发展支撑。扎实开展“项目建设攻坚年”活动，全力以赴加快重大项目建设，以项目建设大突破拉动经济大发展，不断夯实经济发展支撑。

切实增强投资强度。坚持通过项目建设推进产业提升，促进经济发展。以自治区、市层面推进的重大项目和县领导跟踪服务的57个重大建设项目为重点，不断开辟投资新领域，扩大有效投资规模。围绕构建完善的现代化基础设施体系，切实抓好交通、水利、新型城镇化等基础设施重点项目。交通方面，协调推进两江机场新航站楼、桂三高速等项目建设，加快推进岩塘至大山图旅游通道、五通至黄沙公路、五通至保宁公路建设，扎实开展道路硬化专项活动，完成一批通行政村和自然村水泥路建设。水利方面，实施两江、五通中型灌区项目建设和水库除险加固、农村饮水工程、小型农田水利重点县等项目。围绕构建现代产业体系，积极推进一批重点产业项目。大力实施教育、文化、卫生等社会公益项目和生态环保项目建设，不断增强项目投资强度。要充分整合利用财政扶持资金、产业发展资金和其他各类资金，撬动更多社会投资向发展实体经济聚集。

全力加速项目建设。坚持“五个一”[17]工作机制，认真做好重大项目跟踪服务工作，不断提升重大项目建设的速度、质量和效益。各级各部门和党员干部要主动服从项目建设、主动服务项目建设，自觉加强与上级主管部门的联系对接，真正深入到问题大、困难多的项目一线去。对重点建设项目特别是重大产业项目，要在用地指标、发展资金、能耗总量、环境容量、政策扶持等方面给予重点支持，确保项目早开工、快建设、早竣工、早投产。要根据项目推进情况适时开展督促检查，及时发现问题、通报情况，限期督促整改，严格实施奖惩，形成同心同德共同推进项目建设的强大合力。

继续加大招商引资力度。坚持招大引强，对接珠三角、长三角等重点区域，瞄准全球500强、国内500强企业，实现由大招商向招大商的转变。围绕全县产业布局及总体规划，按照科技含量、投资强度、产出效益和生态影响等标准，实施精准招商。探索实行项目评估准入制，高度重视土地等资源的综合利用率，将有限的土地资源向质量优、效益好、科技含量高的项目倾斜，建立满足未来好项目、大项目用地的土地储备制度，尽可能让稀有的

土地资源发挥最大效益。实施“走出去”、“请进来”战略，充分利用各种大型经贸活动平台，大力开展小分队招商、以商招商，积极参加中国—东盟博览会，引进一批投资规模大、产业关联度高、带动能力强的项目。

（四）坚持环境优先，大力推进生态文明建设，加快绿色低碳发展。更加注重把生态文明建设放在突出地位，融入经济建设、政治建设、文化建设、社会建设各方面和全过程，推进绿色低碳发展，建设美丽临桂。

狠抓节能减排。严把项目准入关，除重大产业布局外，坚决不引进高能耗、高排放、低附加值的企业和项目。支持企业采用新工艺、新材料、新设备，加快淘汰落后产能，严控企业污染排放量。鼓励发展循环经济，积极推广清洁生产。继续加强重点耗能企业节能管理，加强污染排放总量控制，万元生产总值能耗降低、化学需氧量减排量和二氧化碳减排量控制在上级下达目标范围内。加快推进桂林市山口生活垃圾焚烧发电工程建设，加强冲口垃圾场排污、医疗废弃物处置的安全监管。积极推进城镇垃圾分类处理，城镇污水处理和生活垃圾无害化处理率达到85%以上。

强化环境保护。开展大气污染专项治理行动，加大工业废气、汽车尾气、建筑工地及堆场扬尘等治理力度。加强饮用水源、江河、水库等重点水域监测，确保水域水质安全。加强生活污水治理，启动建设会仙、五通、两江、四塘、临桂镇污水处理厂。继续开展农村环境连片整治和土壤环境监测，加强土壤污染修复治理，防治农业面源污染。有效保护生态林、水源林，坚决禁止毁林种果、毁林造林，严厉打击破坏生态环境违法犯罪行为。抓好畜禽养殖业污染治理，实施种鸭节水环保型养殖工程和生猪标准化养殖场建设，严格控制和消减畜禽养殖排污总量，推广清洁养殖。强化环境承载能力监测预警和环境执法，建立环保巡查机制，提升即时响应和科学处置能力，持续保持环境监管高压态势。

推进生态乡村建设。大力推进村屯绿化，以村屯周围、道路两旁、房前屋后、农村校园增绿为重点，因地制宜绿化，营造护村林、护路林、护宅林、休闲林区和生态小区，利用农户庭院和房前屋后空间发展“小花园”“小果园”“小茶园”等“微田园”，提升乡村绿化果化美化水平。大力推进饮水净化，以实施农村饮水安全工程和沟渠清淤及排污联通工程、建立健全农村饮水安全工程保障机制为重点，划定饮水水源保护区，保障群众饮用水安全卫生。大力推进道路硬化，实施“公路通畅”工程，以通建制村沥青（水泥）路建设、村际联网道路、通自然村（屯）道路建设、农村学校周边道路、屯内道路建设为重点，提升农村道路网络整体服务水平，建立健全城乡客运管理体制，进一步提高农村客车通达率，改善农村群众出行条件。

（五）坚持开放创新，实施创新驱动发展战略，增强经济发展活力。扎实开展“改革创新深化年”活动，积极对接国家和区、市深化改革新举措，增强创新驱动发展能力，以改革引领新常态，以创新促发展转型。

加快推进创新驱动发展。注重运用信息技术、高新技术和品牌建设改造提升传统产业，推动新兴产业与传统产业的融合互动和创新发展。积极组建针对我县产业发展的技术团队和政府加强创新驱动的平台，发挥桂林高等院校及科研院所的智力作用，加强交流合作，建立创新联盟。高度重视招才引智工作，大力引进教育、医药、电子信息、新能源新材料等专业人才，破解企业人才瓶颈。加快推进涉及人口健康、安全生产、食品药品安全、防灾减灾等领域的科技创新，满足保障和改善民生的重大科技需求。加快科技成果转化，加强知识产权创造、运用、保护和管理，努力把科技优势转化为经济发展优势。广泛动员组织企业参与“市长质量奖”评选活动，提高企业自主创新能力。坚持把科学普及放在与科技创新同等重要的位置，激发全社会创新活力。

积极推进经济社会管理改革。抓紧编制《临桂县重要改革举措实施规划(2015—2020)》，统筹推进经济体制、旅游综合配套、农村和生态文明、文化教育科技卫生等七个关键领域的改革。完善财政转移支付制度，改革财政资金使用方式，提高财政资金使用效益。深化投融资体制改革，鼓励和吸引社会资本特别是民间投资以合资、独资、特许经营等方式参与建设营运。改革创新金融服务，引导金融机构盘活存量、用好增量，优化信贷结构。加快资产经营和资本运营改革，盘活各类资源、整合各类资产，组建相应的产业发展平台公司和投融资公司。建立非公有资本负面清单制度，按照“非禁即入”原则，放宽资本投资准入，促进非公经济发展。推进服务业统计制度改革，建立统计联席会议制度。加快教育综合改革，优化教育资源配置，努力打造“名师名校”，提高教育教学质量。深化医疗卫生改革，完善基本药物制度及基层运行新机制，加快推进乡镇卫生院标准化建设。改革养老服务机构管理运营机制，试行养老服务机构公建民营。强化土地利用和管理，试行“审管分离”，确保提速增效。继续推进工商登记制度改革，大力推进县供销社综合改革试点工作。

(六)坚持惠民利民，促进公共服务均衡发展，提升群众幸福指数。扎实开展“民生工程建设年”活动，优先增加民生投入，优先安排民生项目，不断增进群众福祉，着力提升群众的幸福感和满意度。

*完善就业和社会保障体系。*强化政府就业服务职能，加强创业就业培训，促进城乡居民收入持续普遍较快增长。深入开展“就业援助月”“春风行动”等系列活动，加强高校毕业生、农村转移劳动力和城镇困难人员就业工作，确保完成再就业指标任务，城镇登记失业率控制在4.5%以内。积极推进和谐劳动关系建设，加强劳动监察和劳动仲裁，依法维护劳动者的合法权益。进一步完善社会保障体系，推动各类单位和人员参保，提高社会保险覆盖面，新农合、新农保、城镇居民养老保险参保率完成上级下达任务。积极筹建社会保险事业局，强化社会保险基金征缴和监管，保证社保基金安全运营。加强保障性住房建设和管理，着力解决低收入家庭的住房困难。健全完善社会救助体系，进一步提高城乡低保、农村五保供养、医疗救助、自然灾害和临时困难救助水平和保障标准，切实保障和改善困难群众的基本生活。完善社会养老服务体系，建设农村幸福院12个，逐步推进养老服务机构向市场化、民营化转变。认真抓好21个贫困村和贫困户的扶贫工作，建好24个水库移民新村，不断提高贫困地区农民收入。加大对残疾人的帮扶力度，帮助残疾人就业创业。

*加快教育文化卫生等社会事业发展。*坚持教育优先发展战略，继续加大对教育的投入力度，全面实施“八大重点工程”[18]，推动教育均衡发展，加快推进教育现代化。加快县城学校新建和改扩建步伐，切实解决县城学校入学难、大班额等问题。加大教师招聘力度，努力提升教育教学质量。进一步抓好学生资助工作，继续推行高中免费教育。加快学前教育发展，提高学前教育普及程度。深入开展文化体育惠民工程，继续新建一批村级公共服务中心，新建30个村级篮球场，加强农民体育健身工程建设。完成国家公共文化服务体系示范项目“临桂五通农民画引领文化致富模式”的创建和文化馆国家公共文化机构法人治理结构试点工作。继续抓好临桂体育中心建设。大力扶持五通农民画旅游休闲项目、义江缘景区等特色文化产业。投入1215万元加强文化保护和发展，做好李宗仁、陈宏谋等名人故居的保护、修缮与旅游开发，编制完成陈宏谋文化公园(横山村传统古村落)修建性详细规划和大岩遗址展示园控制性详细规划，并启动前期工作。坚持创作艺术精品，繁荣演艺活动。深入开展“扫黄打非”工作，确保文化市场健康和谐发展。广泛开展全民健身活动，发展竞技体育，提高全民身体素质。大力发展医疗卫生事业，积极稳妥推进县级公立医院改革和卫生院基本医疗服务标准化管理试点。继续完善卫生基础设施，认真抓好乡镇卫生院职工周转用房建设，启动县妇幼保健院搬迁改造。建立卫生信息平台，实现县、乡、村三级网络信息化。巩固和提升诚信计生工作，加强出生人口性别比治理，进一步稳定低生育水平。加强国家知识产权强县试点县和广西知识产权示范县建设。

*切实提升社会治理水平。*深入推进“六五”普法，推动办事依法、遇事找法、解决问题用法、化解矛盾靠法成为全社会共识。创新基层社会治理，支持各类社会组织自我约束、自我管理，增强社会自治能力。深化平安创建，完善网格化社会治安防控体系，完成“天网”一期工程升级改造和二期工程建设评审工作，启动新城派出所和巡警大队办公场所建设，依法严厉打击违法犯罪行为，有效防范化解影响社会安定的问题，提升群众安全感。建立调处化解矛盾纠纷综合机制，完善人民调解、行政调解、司法调解联动工作体系，加大社会矛盾预防、排查和调处力度。认真做好信访工作，及时妥善处理突出信访问题，引导群众依法反映诉求。按照“党政同责、一岗双责”暂行规定，落实安全生产“三个责任”[19]，抓好重点行业和领域安全专项整治工作，消除各类安全隐患，防止重特大安全事故的发生。高度重视食品药品监管工作，加强重点行业综合治理，保持食品药品安全高压态势，切实保障群众“舌尖上的安全”。强化应急管理和公共安全体系建设，健全指挥统一、功能齐全、反应灵敏、

运转高效的应急机制，切实提高政府应对公共突发事件的能力。

各位代表，在做好上述工作的同时，2015年我们将集中力量办好关系人民群众切身利益的10件实事，让人民群众得到更多实惠。

1.开工建设临桂实验小学，完成新龙中学、环湖小学校舍主体工程，建成桂康路小学并投入使用。完成两江镇中心幼儿园建设任务，启动四塘镇中心幼儿园建设。

2.投入5000万元新开工建设4条36.4公里通行政村水泥路，完成4条67.1公里续建通行政村水泥路，完成121条通自然村水泥路建设，实现行政村通水泥路率达95%，力争达100%。

3.开通2条镇村公交线路。

4.投入2000万建立四塘上泉万亩特色农业核心示范区，投入300万建立10个农产品采后处理交易平台，解决农民农产品销售难问题。

5.实施人饮工程65处，解决3万人的饮水问题。

6.投入3000万元建设100个生态宜居新村，投入800万元建设40个普惠制新农村。

7.投入1100万元硬化200个村屯巷道，投入300万元创建30个太阳能路灯村，力争实现村屯巷道硬化率达100%。

8.推进西干渠临桂城区段二期景观工程建设，完成东坡园居民小区改造。

9.启动两江、五通等2~3个污水处理厂建设。

10.新建改造旅游公厕5座，加强已建成的9个生态环保公厕日常管理工作。

三、深入推进依法行政，加快建设法治政府

各位代表，打铁还需自身硬。面对全面深化改革、全面推进依法治国的新形势、新任务，我们要以开展"法治建设推进年"活动为契机，深入推进依法行政，加快建设法治政府，不断提高政府工作法制化水平。

依法履行政府职能。坚持法定职责必须为、法无授权不可为，依法推进政府职能转变，继续做好简政放权工作，进一步减少行政审批事项，全面履行好法律赋予的经济调节、市场监管、社会管理和公共服务职能。加快建立政府行政权力清单、监管清单和负面清单制度，不断提高行政效能和为民服务水平。对法定职责范围内的行政事务，要勇于负责、敢于担当，以抓铁有痕、踏石留印的精神狠抓工作落实，坚决纠正不作为、乱作为，坚决惩处失职、渎职行为。

完善依法决策机制。切实把公众参与、专家论证、风险评估、合法性审查、集体讨论决定作为行政决策法定程序。大力推行咨询问政，逐步推进网络问政。积极采纳人大、政协调研建议，及时办理人大代表建议和政协提案，认真吸取各民主党派、工商联、无党派人士意见，充分发挥专家学者和各类智库作用。建立健全决策合法性审查机制，积极推行政府法律顾问制度，落实重大决策终身责任追究制度及责任倒查机制。加大对公共资金、经济责任、政策落实和民生资金等审计力度，规范资金使用，推动依法决策。严格公正文明执法，完善执法程序，细化量化行政裁量标准，积极推进综合执法，加强行政执法监督。强化权力监督制约，自觉接受人大法律监督、政协民主监督和社会各界监督。

全面推进政务公开。按照以公开为常态、不公开为例外原则，扩大政务公开范围，全面向社会公开政府职能、法律依据、实施主体、职责权限、管理流程、监督方式等事项，重点推进行政审批、财政预算决算和"三公"经费、保障性住房、食品药品安全、环境保护、安全生产、价格和收费、征地拆迁、招投标等重点领域的政府信息公开，大力推进公共资源配置、重大建设项目批准和实施、社会公益事业建设等领域的政府信息公开。投入3000万元建设2万平方米的政务服务中心综合楼，实行行政审批、便民服务、公共资源交易一体化管理。切实加强电子政务、便民服务和基层政务服务平台建设，方便企业和群众查询行政规范性文件和政务信息。

加强党风廉政建设。主动适应作风建设新常态，严格落实八项规定和"约法三章"[20]，深化"四风"问题整治，坚决防止"四风"反弹。建立完善厉行节约反对浪费制度体系，坚决控制一般性支出，把更多的物力、财力用在群众迫切需要解决的问题上。积极推进政府购买服务，全面启用公务卡消费，开展机关公务用车制度改革。加强惩治和预防腐败体系建设，不折不扣落实党风廉政建设"一岗双责"，对破坏发展环境、损害群众利益的行为决不心慈手软、坚决严厉查处，对各类违法违纪案件决不姑息纵容、坚决依法严惩，切实做到为民务实清廉。

各位代表,新的一年开启新的希望,新的征程承载新的梦想。我们唯有辛勤耕耘才能收获希望,唯有奋发进取才能实现梦想。让我们在县委的坚强领导下,紧紧依靠和团结全县各族人民,强化担当、主动作为,开拓创新、真抓实干,全面完成“十二五”各项目标任务,为率先实现“幸福临桂”而努力奋斗!

注释

1.“三期叠加”:增长速度换档期、结构调整阵痛期和前期刺激政策消化期。

2.“一个速度、两个推进、三个提升”:“一个速度”即努力保持一个有质量效益的高于全国、全区、全市平均发展水平的“临桂速度”;“两个推进”即全面推进改革创新和加快推进新型城镇化;“三个提升”即提升发展质量、提升开放合作水平、提升幸福指数。

3.“五个临桂”:实力临桂、魅力临桂、活力临桂、人文临桂、和谐临桂。

4.“抓大壮小扶微”工程:“抓大”就是实施“十亿元工业企业工程”,重点推进年销售收入在10亿元以上的工业项目建设。“壮小”是实施“亿元工业企业工程”和“万家小型企业上规模工程”。“扶微”是实施“扶持微型企业发展工程”,加大对微型企业的扶持培育力度,推进全民创业。

5.“三改”:改水、改厨、改厕。

6.“三清洁”:清洁家园、清洁水源、清洁田园。

7.“四大服务团队”:临桂新区项目服务团队、工业项目服务团队、基础设施项目服务团队、社会旅游商贸及其他项目服务团队。

8.“十大惠民工程”:社保惠民工程、健康惠民工程、教育惠民工程、强基惠民工程、安居惠民工程、土地整治惠民工程、农补惠民工程、生态惠民工程、文化惠民工程、通畅惠民工程。

9.“三项行动”:执法行动、治理行动、宣传教育行动。

10.“三项建设”:法制体制机制建设、保障能力建设、监管队伍建设。

11.“六打六治”:打击矿山企业无证开采、超越批准的矿区范围采矿行为,整治图纸造假、图实不符问题;打击破坏损害油气管道行为,整治管道周边乱建乱挖乱钻问题;打击危化品非法运输行为,整治无证经营、充装、运输,非法改装、认证,违法挂靠、外包,违规装载等问题;打击无资质施工行为,整治层层转包、违法分包问题;打击客车客船非法营运行为,整治无证经营、超范围经营、挂靠经营及超速、超员、疲劳驾驶和长途客车夜间违规行驶等问题;打击“三合一”“多合一”场所违法生产经营行为,整治违规住人、消防设施缺失损坏、安全出口疏散通道堵塞封闭等问题。

12.“十大行动”:机关作风整治、规范“三公”经费、政务环境优化、文风会风整治、“五个百家”民情走访“五大专项行动”和重点项目跟踪服务、新区建设服务、企业服务、“美丽临桂”建设服务、信访积案化解服务“五大服务行动”。

13.“四风”:形式主义、官僚主义、享乐主义和奢靡之风。

14.“三公”经费:财政拨款支出安排的出国(境)费、车辆购置及运行费、公务接待费。

15.“一江三线十片区百村屯”:

16.“两违”:违法占地、违法建设。

17.“五个一”:一个项目、一名领导、一个机构、一个目标、一抓到底。

18.“八大重点工程”:义务教育均衡发展工程、普通高中优质发展工程、职业教育发展工程、学前教育普及工程、教师队伍强质乐教工程、教育信息化水平提升工程、教育扶贫富民工程、中小学生身心安康和人文素养提升工程。

19.“三个责任”:企业主体责任、部门监管责任、属地管理责任。

20.“约法三章”:本届政府任期内,一是政府性的楼堂馆所一律不得新建;二是财政供养的人员只减不增;三是公费接待、公费出国、公费购车只减不增。

中国人民政治协商会议桂林市临桂区第一届委员会常务委员会工作报告

——2015年5月26日在政协桂林市临桂区第一届委员会第一次会议上

刘修荣

各位委员：

我受中国人民政治协商会议桂林市临桂区第一届委员会常务委员会的委托，向大会作工作报告。请予审议。

2014年工作回顾

2014年，原临桂县政协在原中共临桂县委的正确领导下，牢牢把握团结和民主两大主题，坚持围绕中心、服务大局，认真履行政治协商、民主监督、参政议政职能，在推动临桂新区建设、旧城改造、重大项目建设、民生改善、工业、旅游业发展等重大工作上主动作为，工作有创新、有成效，为开创“五个临桂”建设新局面和桂林国际旅游胜地建设做出了新的贡献。

一、认真履职，致力助推临桂科学发展

（一）认真开好政协重要会议，积极推进广泛多层协商民主

认真贯彻党的十八届三中全会关于“健全社会主义协商民主制度建设，推进协商民主广泛多层制度化发展”精神，把开好政协重要会议，积极推进协商民主实践作为重要工作来抓。

原临桂县政协八届四次全会期间，各界别政协委员认真履行职责，积极参政议政，在听取和讨论政府工作报告及其他报告中提出了许多建设性意见建议。民革、民盟、工业经济界、文化艺术界等界别的政协委员代表和政协经济科技联谊和委员联络委员会、教文卫体委员会分别就我县“生态养殖”“‘美丽临桂·清洁城乡’工程”“工业重大项目建设”等6个重大问题向大会作了专题发言。科技界、共青团、妇女联合会、政协其他两个专门委员会向大会提交了《关于加快推进我县农村社会保障工作的建议》《关于加快我县旅游重点项目建设的建议》等5个方面的书面专题发言，提出了不少意见建议。会议期间，委员们还积极反映群众关注、社会反映强烈的热点难点问题，向大会提交提案72件，提出意见建议50多条，反映了一批好的社情民意信息。

为推进更广泛的协商民主，政协还通过常委会议、主席会议和其他专题协商会议，围绕经济社会发展中的重大问题开展民主协商。去年召开的八届十二次、十三次常委会议和主席会议上，邀请县人民政府有关领导和有关部门领导作工作情况通报，提出了意见建议，为推进政府及其部门工作的开展提供了参考。

（二）认真开展调研视察，为促进县委政府中心工作建言献策

一年来，常委会充分发挥各民主党派、各界别小组和政协专门委员会的作用，组织和支持他们围绕县委政府中心工作开展了一系列调研视察活动，为县委政府科学民主决策提供帮助。

如何治理养殖业污染是群众普遍关注的热点难点问题。县政协曾于2013年对我县养殖规模化企业发展情况开展了视察，向县委政府反映了有关情况。2014年，又将如何处理好环境污染问题，

实现农民增收与环境治理协调发展作为调研的重点课题，通过深入实地调研，广泛听取群众和有关部门意见，形成了调研报告，为县委政府解决这些方面的问题提供了参考依据。

助推工业发展。工业经济界的委员代表在八届四次全会上作了“关于加快推进我县工业重大项目建设的建议”专题发言，努力助推重大工业发展。2014年，常委会再次组织政协常委视察了若干个重大工业企业，并听取政府有关部门关于我县重大工业发展情况的介绍。通过视察，形成了视察报告，向县委政府提出了建设性意见建议，对推动工业重大项目建设产生了积极影响。

8月28日，县政协委员视察工业重大项目建设情况　　县政协办　供稿

常委会同时关注城市建设、农村发展、文化教育、扶贫开发等方面的问题，开展了对我县“林业发展情况”“如何预防和减少我县青少年犯罪”“打击两违情况”“农村‘空心村’现状”“贫困村扶贫工作情况”的专题调研，向县委政府提出了不少建设性意见建议。并组织委员开展了对我县“看守所、拘留所建设情况”“乡镇17个农贸市场改造（建设）情况”“农业水利基础设施建设情况”“商贸旅游项目建设情况”“新区建设和县城旧城改造情况”的视察，就有关工作的开展积极向县委政府建言献策。

（三）认真抓好提案工作，不断提高提案办理科学化水平

常委会认真贯彻中办、国办《关于进一步加强人民政协提案办理工作的意见》精神，不断创新提案工作方式，推进提案办理出实效、见实绩。原政协八届四次会议以来，共收到提案72件，经审查，立案57件，其中重点提案有6件。为更好地发挥这些提案在解决实际问题中的作用，政协领导分别带领有关政协委员，深入相关单位，对立案的提案进行跟踪督办。由于督办力度大，加上承办单位的高度重视，各件提案均能得到办理答复，大部分提案所提出的问题得到了较好的解决。

（四）进一步强化民主监督意识，积极开展民主监督工作

注意丰富民主监督形式，增强民主监督实效。继续为政府部门、司法机关和有关单位选派民主监督员，对社会各界比较关注、与人民群众利益密切相关的各项工作开展民主评议，增强了对有关部门工作方面的民主监督。安排了3名政协委员担任县纪委行风评议员，5名政协委员担任人民法院陪审员，5名政协委员担任人民检察院监督员，3名政协委员担任县公安局执法监督员，强化了对执法部门的民主监督。组织了百名委员参加全县绩效、廉政考评工作，民主监督作用得到了较好的发挥。

二、凝心聚力，竭力推进和谐社会建设

（一）抓好反映社情民意信息工作，化解矛盾，促进和谐

常委会把反映社情民意信息工作当作政协日常的一项重要工作来抓，通过抓好社情民意信息员队伍建设，加强有关工作指导，办好信息专刊，开展评比表彰，进一步提高了反映社情民意信息工作的质量与水平。委员们反映社情民意信息90多条，编辑《社情民意信息》专刊4期。由于这些信息反映及时，又具有较强的前瞻性和针对性，得到了相关部门和单位的重视、采纳。如五通镇唐瑞民委员反映的《关于给五通镇部分道路安装路灯的建议》，五通镇党委政府高度重视，及时行动，把镇区内新城路以及新、老两条321国道等街道（道路）纳入安装计划，并于12月份全部安装完毕，及

时解决了道路照明问题，方便了群众。

(二)发挥政协委员的主体作用，努力为民办实事做好事

充分调动政协委员的积极性，支持和鼓励他们立足本职岗位，运用专业特长，认真践行社会责任。不少政协委员积极深入基层、深入群众，开展扶贫帮困、助学助残、公益慈善等活动，共捐助12万多元，支持了30名贫困智障残疾儿童、30名家庭困难大学新生和43个因病因灾致贫的困难家庭。部分政协委员主动牵线搭桥，帮助协调关系、筹措资金，出力出钱，支持贫困村修缮硬化村道、巷道，建设文化室和篮球场、戏台等。一些委员通过“六一”儿童节、“九九”老人节等特殊日子向留守儿童、孤寡老人献爱心、送温暖，做实事好事，展现了政协委员为民务实的良好风尚。

(三)积极开展联谊交流活动，为促进临桂发展凝心聚力

认真贯彻中共十八大关于“巩固和发展最广泛的爱国统一战线”精神，重视做好对外友好联谊交流工作。加强与各民主党派、无党派人士的联系，注意调动他们的积极性，发挥他们的智慧，动员他们为临桂发展出谋划策。注意加强与友好政协和有关单位的交往联系，有计划、有目的地组织相关人员到兴安、永福等地开展经验交流。进一步加强与各族各界人士、“三属三胞”的交往交流。定期走访各界别委员，了解他们的情况，听取他们的意见，支持和鼓励他们为临桂发展贡献智慧和力量，起到了增进共识、凝聚人心、汇集力量、促进和谐的作用。

(四)认真抓好文史资料征集工作，发挥文史资料社会作用

文史资料征集工作是政协一项基础性、经常性工作，对促进民族团结，推动文化发展有着重要作用。一年来，县政协充分调动文史撰稿员的积极性，主动走访重大历史事件亲历者和文史撰稿员，鼓励他们书写“三亲”史料，同时在采访、写作方面提供便利条件，激发了他们的写史热情，全年共征集文史资料18万多字，编辑出版《临桂文史》第26辑，同时，把1988年以来所征集的25辑纸质文史资料翻制成电子版本，形成了一套完整的文史资料。为进一步做好政协文史资料的收藏、交流工作，我们向国家图书馆、自治区政协、市图书馆、县档案馆、县图书馆和友好政协单位赠送《临桂文史》刊物，在《今日临桂》报上刊登优秀文史文章，文史资料“存史、资政、团结、育人”作用得到有效发挥。

三、服务中心，尽力促进美丽临桂建设

(一)助推“美丽临桂·清洁城乡”工程，促进美丽临桂建设

去年，是“洁净临桂”工程向“美丽临桂·清洁城乡”工程转型升级的重要一年，常委会高度重视支持推动“美丽临桂·清洁城乡”工作的开展，运用提案和反映社情民意信息等形式，积极向县委政府建言献策。政协班子认真做好所分管和联系的责任区的洁净工作，政协机关坚持每天安排人员到金水路责任区开展检查工作，每周开展一次集中上街教化、清扫整治行动，确保了责任区的规范整洁，为美丽临桂建设做出了积极贡献。

(二)认真推进“美丽广西”乡村建设和扶贫工作

常委会重视支持“美丽广西”乡村建设和扶贫工作，按照《“美丽广西”乡村建设(扶贫)工作队及工作队员暂行办法》要求，认真完成县委分配的任务。安排一名机关干部到基层扶贫联系点，抓好扶贫助困、新农村建设、环境治理等工作。政协领导定期深入扶贫联系点，走村入户，了解群众生产生活情况，为群众办了一批实事好事：给扶贫点小学的师生送去了价值1万多元的慰问品，拨付了2万元帮助该村改善村容村貌、巷道硬化，同时深入开展普法教育，引导群众学法、守法、用法；引导群众开展“美丽乡村”清洁工作，指导村委搞好“两委”换届工作。此外，政协还积极协助县委政府推进翻山底村拆迁安置工作。

四、学以致用，着力提升政协履职境界

坚持把理论学习、思想建设摆在首位。以开展党的群众路线教育实践活动为契机，认真学习党的十八大及十八届三中、四中全会精神、习近平总书记系列重要讲话精神，进一步增强中国特色社会主义道路自信、理论自信、制度自信，深刻认识全面推进依法治国的重大意义，把法治思维贯穿到政协履职的全过程。学习习近平总书记在人民政协成立65周年大会上的讲话精神，认真总结政协事业发展的生动实践和宝贵经验，指导和推动政协的各项工作。组织开展好党的群众路线教育实践活动，切实把活动贯穿到政协履行职能的各个环节，坚决执行中央八项规定，整治“四风”突出问题，强化作风建设，努力改进会风、文风，建立和

完善了公车管理、会议召开、调研视察、来访接待等各项规章制度，规范了各项工作，群众意识、服务意识、工作创新得到进一步增强，调研视察、了解社情民意、参政议政水平有了进一步提高。

五、加强自身建设，努力提高政协工作水平

一是根据县委的安排和政协工作的需要，分别于9月份和12月份，组织召开了八届五次、六次会议，补选了1名主席和1名副主席，加强了政协班子建设。二是加强政协委员培训。9月份，举办政协委员培训会，邀请自治区政协和区党校的专家学者，为全县政协委员作专题学习培训，进一步提高政协委员素质。三是发挥政协委员主体作用，认真做好委员年终考核工作，继续在委员中开展以“四个一”为载体的创先争优活动，不断激发政协工作活力。四是加强同民主党派和无党派人士的合作共事，组织和支持他们围绕我县经济建设和社会发展中的重大问题开展协商议政，运用调研、视察、提案、大会发言等方法向县委政府提出意见建议，表达主张。五是注意发挥政协界别作用，通过开展界别调研、界别发言等活动，使政协工作的界别特色得到了彰显。六是注意加强政协机关专门委员会的工作指导，推进专委会工作制度化建设。抓好政协“学习型、服务型、创新型、和谐型”机关建设，使政协机关的工作能力和服务水平得到进一步提高。

各位委员：

过去的一年，县政协工作所取得的成绩和进步，以及对推动“五个临桂”建设开创新局面做出的贡献，是中共临桂县委高度重视和关心的结果，是县人大、县政府和各级党政部门大力支持帮助的结果，是广大政协委员和政协参加单位共同努力、团结奋斗的结果，在此，我代表政协常委会表示衷心的感谢！

我们也清醒地认识到，与新形势、新任务、新要求和广大政协委员、人民群众的期待相比，与政协承担的使命相比，还存在不少问题和不足。主要有：发挥政协委员的主体作用的渠道还需进一步拓展，政协常委班子和委员队伍建设还需不断加强，民主监督力度、调研视察的深度不够，还有待进一步提高，等等。

根据中共临桂区委文件精神，政协临桂县委员会更名为政协桂林市临桂区委员会。原政协临桂县第八届委员会第四次会议以来所取得的成绩和总结出的经验，我们将继续发扬好、传承好，提出的问题和不足，我们将不断改进。同时，真诚地希望各位委员对政协桂林市临桂区第一届常委会的工作提出意见和建议，以利于我们把今后的工作做得更好。

2015年工作部署

2015年，是全面深化改革的关键之年，是全面推进临桂法治建设的开局之年，也是全面完成“十二五”规划的收官之年。新的一年里，我们要高举爱国主义和社会主义伟大旗帜，以邓小平理论、“三个代表”重要思想、科学发展观为指导，全面贯彻中共十八大及十八届三中、四中全会精神和习近平总书记系列重要讲话精神，牢牢把握团结和民主两大主题，大力弘扬敢为人先的临桂精神，紧紧围绕区委政府中心工作，扎实有效地履行政治协商、民主监督、参政议政职能，主动适应经济发展新常态，聚焦全面深化改革，推进临桂法治建设，为实现“幸福临桂”目标做出贡献。

一、强化学习，增进共识，夯实政协履行职能的思想基础

习近平总书记在庆祝人民政协成立65周年大会上的重要讲话，立意高远、内涵丰富，是当前和今后一个时期指导我们做好政协工作的重要纲领，要把深入学习贯彻习近平总书记的重要讲话精神作为当前首要政治任务。通过加强组织学习、坚持学习制度、严肃学习纪律和开展反复学习，把讲话精神与学习贯彻党的十八大及十八届三中、四中全会精神结合起来，与学习中共中央《关于加强社会主义协商民主建设的意见》结合起来，深刻领会做好政协工作的重要原则和任务，深刻理解社会主义协商民主的丰富内涵和重大意义，进一步增强政治意识、大局意识、民本意识、创新意识，切实把关于政协工作的新思想、新论断、新部署、新要求贯彻落实到政协的全部工作中，努力在以学促知，以知促行上下功夫。要进一步增强法治意识，引导广大委员自觉学法、守法、护法，组织委员围绕全面推进依法治国、依法治区等重大问题开展协商议政、民主监督，切实把法治思维贯穿到政协履行职能的全过程。

二、围绕中心，服务大局，为推进“幸福临桂”建设献计出力

要科学分析经济形势的发展变化，正确认识

新常态、主动适应新常态，把助推临桂全面深化改革和法治建设、“幸福临桂”建设作为履行职能的重点，认真贯彻中共中央《关于加强社会主义协商民主建设的意见》精神，探索开展重大决策之前和决策执行之中的政治协商。要紧紧围绕全面深化改革的重点领域，尤其是区委提出的“产业提质升级年、城乡建设提速年、项目建设攻坚年、改革创新深化年、民生工程建设年、法治建设推进年”等“六个年”活动中的关键环节和重点领域，就如何协调推进工业新型化、农业现代化、旅游业国际化同步发展、加快打造“清洁临桂、生态临桂、宜居临桂、数字智慧临桂”以及重大项目实现大突破、发展环境实现大优化等重大问题深入开展调查研究，积极参政议政，推进民主监督。要大力助推生态文明建设，围绕节能减排和环境保护、生态乡村建设等方面的问题，重点就如何保护义江流域生态资源、乡村生态旅游线路规划、服务农村生态养殖业发展等方面的问题开展调研视察，积极向区委政府反映有关情况，提供决策参考。要按照依法治国的总要求，全面助推临桂法治建设，就加快推进民主政治建设、社会治理创新等情况开展监督性活动，提出意见和建议，努力促进临桂法制建设科学化。要高度关注撤县改区后的管理体制建设、城镇化建设与管理，以及关乎民生的热点难点问题，围绕教育文化卫生等社会事业发展、完善就业和社会保障体系等问题，就统筹完善城乡养老、就业、临时性困难救助、保障性住房建设、扶贫开发、教育八大重点工程、文化体育惠民工程、发展医疗卫生事业等民生问题和百姓普遍关注的“舌尖上的安全”等热点问题及政府为民办10件实事情况开展调研视察和多渠道的协商议政，并以提案和反映社情民意信息等方式，多建利民之言、多谋利民之策。

三、注重发挥团结联合优势，为建设“幸福临桂”凝心聚力

认真贯彻“长期共存、互相监督、肝胆相照、荣辱与共”的方针，自觉把凝聚人心、汇集力量摆在政协工作的首要位置。充分发挥各民主党派、无党派人士在人民政协中的作用，组织他们开展专题调研视察和文化交流，为他们知情明政、履行职能创造条件，鼓励他们在推进“幸福临桂”建设中发挥作用。加强与“三属三胞”及其亲属、外资企业的联系接触，积极探索与新型经济组织、新型社会组织和新社会阶层代表人士的联系新方式，为他们在临桂投资兴业做好协调服务工作，鼓励他们为我区引进项目、资金、技术和人才做出贡献。加强委员联系，动员委员积极投身“幸福临桂”建设，引导他们关心身边人身边事，积极反映民情民意，开展捐资助学和公益慈善活动，多做协调关系、化解矛盾、促进和谐的工作。充分发挥少数民族界别、宗教界别委员的作用，密切与少数民族群众和信教群众的联系，注重收集反映民族和宗教方面的社情民意信息，促进民族团结、宗教和睦、社会稳定。

四、加强作风和能力建设，努力提高政协履职能力与水平

一要抓好政协常委会建设，努力把常委会建设成为勤于学习、精于调研、敢于建言、善于协作的领导集体。二要深化党派合作，突出界别特色，大力营造有利于各民主党派、各界别发挥作用的良好环境，切实尊重和保障他们履行职能的权利，鼓励和支持他们围绕我区经济社会发展的重大问题，以本党派、本界别名义进行大会发言，发表见解和主张，提出意见和建议。三要加强专委会建设，健全完善专委会与界别、专委会与对口联系部门的工作联系机制，切实提高履职水平。四要加强委员队伍建设，完善委员履职激励机制，动员委员认真开展好“四个一”活动，鼓励多关注民情民生，多为民办实事做好事。五要加强机关建设和作风建设，认真抓好各项政策措施和工作制度的落实，切实推进政协工作制度化、规范化、程序化。六要主动适应发展新常态和新任务新要求，积极探索协商民主新形式，认真研究专题协商、对口协商、界别协商、提案办理协商等符合新时代政协工作的方法，不断推进政协工作创新、制度创新和理论创新。

各位委员：百舸争流，奋楫者先。未来的发展，更呼唤政协的责任与担当。让我们紧密团结在以习近平同志为总书记的中共中央周围，高举中国特色社会主义伟大旗帜，在中共临桂区委的正确领导下，同心同德，群策群力，为开创政协事业发展新局面，为“幸福临桂”建设、桂林国际旅游胜地建设做出新的更大贡献！

大　事　记

Da Shi Ji

10月18日，黄沙瑶族乡举行成立30周年庆祝活动　　黄沙瑶族乡人民政府　供稿

2014年大事记

1 月

8日　临桂县参加在北京举行的“中国县域网络形象排行榜(2013)暨县政府网络履职绩效排行榜”发布会,并获单项奖“节庆传播口碑奖”和“2013年度中国县域网络形象排行榜”全国百强县称号。

15日　中国共产党临桂县第十二届委员会第四次全体(扩大)会议在县委二楼会议室召开。会议总结回顾2013年工作,研究部署2014年工作。

16日　临桂县国防动员委员会挂牌仪式在县人民政府大院举行。

2 月

17日　桂林市第四届人民代表大会第五次会议在临桂新区的桂林大剧院开幕。

2月17日,桂林市第四届人民代表大会第五次会议在临桂新区的桂林大剧院召开　　今日临桂报社　供稿

20日　临桂县党的群众路线教育实践活动动员大会在县委二楼会议室召开。自治区党的群众路线教育实践活动第九督导组组长蒋培兰、中共桂林市委副书记石东龙到会指导,县委书记彭代元作动员讲话。

26—27日　政协临桂县第八届委员会第四次会议在县城影剧院召开。会议听取并通过《中国人民政治协商会议临桂县第八届委员会常务委员会工作报告》等报告和决议。

27—28日　临桂县第十五届人民代表大会第五次会议在县城影剧院召开。会议审议并通过《临桂县人大常委会工作报告》等报告。

3 月

3—4日　自治区党委常委、组织部部长周新建率调研组到临桂县对开展第二批党的群众路线教育实践活动及落实党风廉政建设责任制情况进行调研。

7日　华侨城集团总经理段先念率企业高层考察团到临桂县考察。

12日　《临桂县志(1991—2012)》三级评稿会在县委二楼会议室召开。

16日　中国摄影报“走进多彩临桂”影友联谊会暨桂林市摄影家协会2013年年会在县城影剧院召开。

19日　广西临桂农村商业银行股份有限公司成立大会暨第一次股东大会在县城召开。

20日　全国人大环境与资源保护委员会副主任委员王鸿举率调研组到临桂县就《野生动物保护法》的修改完善进行调研。

26日　纪念李天佑上将诞辰100周年座谈会在县城院举行。

28日　中国社会科学院马克思主义研究院党委书记、院长邓纯东率调研组到临桂县就“密切党群关系研究”课题进行专题调研。

4 月

16日　全国政协农耕文化遗产保护和利用专题调研组到临桂县会仙湿地就农耕文化遗产的现状、保护和利用进行调研。

22日　自治区农业厅副厅长韦祖汉率自治区防汛工作检查组到临桂县检查指导防汛工作。

25日　中共中央组织部副部长、中央党的群众路线教育实践活动领导小组成员陈向群到临桂县调研基层组织建设、教育实践活动进展及临桂新区建设等工作。

5 月

1日　县城61、62、63、64路新公交线路开通仪式在县城金山广场举行。桂林公交集团更换40台新型燃气环保车型，用于调整临桂61、62路公交线，同时开通63、64路2条公交线，加上91路，临桂新区有5条绿色环保的公交线路70台LNG(液化天然气)车运行。

8日　自治区党的群众路线教育实践活动第九督导组组长蒋培兰到临桂县督导党的群众路线教育实践活动。

15日　列入自治区统筹推进重大项目和桂林市2013年度十大重中之重项目的桂林海吉星食尚港建设工程在临桂新区启动。项目计划投资110亿元，其中一期建设计划投资65亿元，主要建设以国际食尚文化、国际食品交易为核心的综合功能建筑群。

16日　临桂县慈善事业会2014年“扶残助学”资助活动在县政协四楼会议室举行。全县30名贫困智力残疾和听力残疾儿童获得资助。

6　月

3日　临桂县人民政府行政执法监督局挂牌成立。

11日　中华环境保护基金会桂林代表处“格平绿色助学”捐赠仪式在临桂镇水口小学举行，捐资5万元为该校学生购买新农合保险、解决营养早餐、资助贫困生等项目。

13日　2014年银企对接会暨临桂县中小企业服务网站开通发布会在县城召开。

14日　自治区党委常委、组织部部长周新建到临桂县调研产业发展和重点项目建设进展情况。

16日　桂林国际电线电缆集团秧塘园一期项目开工投产，该公司秧塘园项目占地30公顷，计划总投资10亿元。

7　月

1日　自治区人大常委会副主任覃瑞祥率调研组到临桂县会仙湿地进行湿地保护和水土保持情况专项调研。

12日　桂林市委、市政府机关正式入驻临桂。

18日　广西临桂农村商业银行在县城挂牌成立。

27日　以全国人大农业与农村委员会副主任委员王金山为组长的中央第九巡回督导组到临桂县督导党的群众路线教育实践活动。

7月12日，桂林市四家班子机关在临桂新区创业大厦挂牌

县公安局　供稿

8　月

8日　由自治区文化厅主办的2014年“大地情深”群星奖获奖作品巡演桂林专场在临桂举行。

9日　“桂林银行杯”桂林市第三届广场舞蹈比赛(临桂赛区选拔赛)在县城金山广场举行。

22—30日　2014年“中国体彩杯”广西青少年游泳、蹼泳锦标赛在县体育馆举行。

25日　自治区人民政府常务副主席黄道伟到临桂县就重大旅游项目建设情况进行调研。

26日　自治区政协主席陈际瓦率视察团到临桂县视察罗山湖水上乐园、临桂新区防洪及旅游景区水系工程、一院两馆建设情况。

27日　国家级美丽乡村建设标准化试点项目启动仪式在县人民政府多功能会议厅举行。

29日　自治区政协副主席刘正东率调研组到五通镇及信和信·桂林国际智慧健康旅游产业园就国家服务业综合改革试点进展情况进行调研。

9　月

4日　自治区党委常委、组织部部长周新建到临桂镇独峰村委调研村“两委”换届工作。

9日　临桂县教育发展大会在县城影剧院举行。

15日　桂林中医药文化街开工奠基仪式在县城举行。

23日　国土资源部地籍管理司副司长冯文利率调研组到临桂县开展土地变更有关问题的调研。

9月15日，桂林中医药文化街项目奠基仪式在县城举行
今日临桂报社 供稿

30 日 临桂县烈士纪念日公祭活动在县城金山广场烈士纪念碑前举行，县长何新明主持公祭活动仪式。

10 月

17—18 日 宛田、黄沙瑶族乡举行成立 30 周年庆典仪式。

28 日 自治区人大常委会副主任、总工会主席王跃飞参观位于临桂的桂林福达股份有限公司，了解企业工会建设情况，并为企业职工之家揭牌。

同日 桂林怡化山地运动培训基地在凤凰林场举行开工仪式。

11 月

5 日 自治区党委常委、自治区人民政府副主席唐仁健到临桂县就农业产业化发展、新农村建设等工作进行调研。

6 日 临桂县第十四次妇女代表大会在县城影剧院召开。大会选举产生县妇女联合会第十四届执行委员会委员、副主席、主席。

6—7 日 自治区“清洁家园”专项活动推进会在临桂县召开。会议总结交流前一阶段工作的经验，部署下一阶段工作。

12 日 由中共桂林市委宣传部主办的宣传贯彻中共十八届四中全会精神的桂林百姓大舞台文艺演出在六塘镇举行。

15 日 由中国社会科学院马克思主义研究院主办，中共临桂县委、县人民政府承办的首届“执政党建设理论与实践论坛”在临桂县召开。来自全国党建理论界的知名专家学者，围绕“习近平总书记党建思想与当代中国党建实践”主题开展研讨。

19 日 自治区人民政府副主席黄日波到临桂县秧塘山水科技园桂林莱茵生物科技股份有限公司调研。

12 月

3 日 政协临桂县第八届委员会第六次会议在县城影剧院召开。会议同意张凌发辞去政协临桂县第八届委员会主席职务，补选刘修荣为政协临桂县第八届委员会主席。

5 日 临桂县 2015 年新型农村合作医疗工作动员大会在县卫生局召开。会议对 2014 年临桂县新农合工作开展情况进行总结，并对 2015 年新农合缴费工作进行布置。

12 日 广西农民美术培训班在刘三姐茶园开班。

同日 自治区党委副书记危朝安到临桂县就城镇化建设、新农村建设工作进行调研。

13 日 临桂收藏家协会成立，地址为临桂县仙湖路 7~9 号楼。

19 日 《广西壮族自治区人民政府关于同意桂林市永福县三皇乡等 6 个乡改为镇建制的批复》文件，同意临桂县南边山乡和中庸乡由乡建制改为镇建制，其所辖行政区域、隶属关系、政府驻地均保持不变。

26 日 华能桂林燃气分布式能源项目开工仪式在秧塘工业园区举行，该项目建设期 14 个月，计划于 2016 上半年建成投产。

30 日 临桂县岩塘至大山图二级公路工程建设项目启动。

31 日 全县第八届村屯(社区)彩调大赛在县城影剧院举行。

(潘经霞)

临桂概况

Lin Gui Gai Kuang

高标准新农村——黄沙瑶族乡上黄沙村新貌　　黄沙瑶族乡人民政府　供稿

历史沿革

考古工作者对临桂镇大岩遗址发掘出土的陶、石、骨、蚌器等史前人类生活用具和生产工具以及大量人类食用后遗弃的水、陆生物遗骸表明，距今约1.5万年的旧石器时代末期就有先民在临桂这块土地上繁衍生息。

先秦时期，今临桂县境属百越。

秦始皇二十九年（前218年），始皇帝先后派大将尉屠睢、王翦率50万大军南下，征服岭南地区“骆越”“西瓯”民族，于三十三年（前214年）在岭南地区置桂林郡、南海郡和象郡，其中桂林郡范围领今桂林市兴安县以南各县，河池市南部各县和百色市右江以北各县；南海郡的范围为今广东省和今广西梧州、贺州市；象郡的范围为今越南中、北部，广东雷州半岛和广西玉林市博白、陆川县，钦州、北海、防城港、崇左、百色右江以南各县。今临桂县属桂林郡。

秦末，南海郡尉任嚣病故，龙川县令赵佗代理南海郡尉。赵佗以武力攻占桂林郡、象郡，在岭南地区建立南越王国，今临桂县属之。

西汉元鼎五年（前112年），武帝派伏波将军路博德率兵南下，南越军战败，岭南地区归附汉朝。元鼎六年（前111年），汉武帝在原桂林郡北部置始安县，为今临桂县建置之始，县治在今桂林市区，隶属零陵郡。东汉建武四年（28年），光武帝封零陵郡投诚诸将官为列侯，始安县成为侯国，国治在今桂林市区，直隶东汉中央。

三国吴甘露元年（265年）十一月末，吴帝孙皓复置始安县，同时分零陵郡南部都尉置始安郡，郡治始安县城，始安县城首次成为郡的治所，始安县属始安郡辖。

晋始安县隶属沿袭不变。

南朝梁天监六年（507年），置桂州，州治在苍梧、郁林西境。大同六年（540年）十二月，桂州州治迁始安县城，此乃始安县城为州治之始。

隋开皇九年（589年），隋文帝派大将周法尚领兵攻岭南，桂州归附后，置桂州总管府于始安县城，辖17州军事，始安县属桂州管辖，县城开始成为军事重镇。大业三年（607年），撤桂州复置始安郡，始安县属之。

唐武德四年（621年），高祖派大将李靖率兵平定岭南，改始安郡为桂州，州治始安县城，始安县为其辖地。至德二年（757年），改始安县为临桂县，此为临桂县得名之始。同年，改始安郡为建陵郡，郡治临桂县城，临桂县属建陵郡辖。乾元元年（758年），恢复桂州建置，临桂县隶属桂州。

五代十国（907—960年），临桂县先后属五代·后梁、后唐桂州，十国·楚、南汉桂州管辖。

北宋开宝三年（970年），宋太祖赵匡胤派大将潘美领兵占领桂州，临桂县属北宋桂州。至道三年（997年），置广南西路（简称广西路），广西作政区名称自此始，治所临桂县城（自此之后，延至元、明、清、民国时期，临桂县城成为广西首府的时间长达923年，故临桂县有“桂邑属在领袖”、“桂郡首邑”之称）。南宋绍兴三年（1133年），升桂州为静江府，临桂县属静江府管辖。

元至元十三年（1276年），元世祖派大将阿里海牙率兵攻占静江府。至元十五年（1278年），设静江路，路治在临桂县城，临桂县隶静江路。至正二十三年（1363年），置广西行中书省（简称广西省，此为广西设省之始），治所临桂县城。

明洪武元年（1368年），朱元璋命杨璟、朱亮祖率部攻占静江路后设静江府，府治临桂县城，临桂县属静江府。洪武五年（1372年），改静江府为桂林府，桂林第一次成为广西东北地区行政区域名称，治所及辖县不变。洪武九年（1376年），置广西承宣布政使司，治所设在临桂县城。

清顺治七年（1650年），置桂林府于临桂县城，临桂县隶桂林府。康熙十八年（1679年），吴三桂发动的三藩之乱被平定后，广西成为全国18行省之一，省治亦设在临桂县城。宣统三年（1911年）九月，广西独立，都督府设在临桂县城，仍称广西省。同时在临桂县城置桂林府，临桂县属桂林府管辖。

民国元年（1912年），广西省会迁往南宁。同年，撤销临桂县，原临桂县直属桂林府管辖。民国2年6月，撤桂林府，设桂林县。同年7月，置漓江道（民国3年6月更名桂林道），道治设于桂林县城，桂林县属之。民国15年6月，广西省政府在南宁成立。民国16年（1927年）11月，撤桂林道，桂林县直隶广西省政府。民国19年（1930年）4月，广西建立民团制度，并在桂东北置第一民团区（后改桂林行政监督区、第一行政监督区），治所在桂林县城,桂林县属其管辖。民国25年10月,广西省会从南宁迁至桂林县城。民国29年1月,从桂林县划出城区和近郊及灵川县小部分成立桂林市,并改桂林县为临桂县。同年3月,改第一行政监督区为第一行政督察区(民国33年5月改为第八行政督察区,区治兴安县城),临桂县属之。

1949年11月22日,临桂县解放,隶属桂林行政区专员公署(简称桂林专区,1971年改称桂林地区)。1954年6月,撤灵川县,其行政区域并入临桂县。1961年6月,临桂、灵川分置。1983年10月,临桂县从桂林地区划归桂林市管辖。2013年1月,经国务院批准,临桂县撤县设区,2015年5月,临桂区揭牌。

(区志办)

地理概况

【位置面积】 临桂县地处广西壮族自治区东北部。地理坐标为北纬24°50′~25°41′、东经109°45′~110°20′。东部紧邻桂林市区、灵川县,其中与桂林市秀峰区边界线长12.25千米、象山区边界线长25.04千米、雁山区边界线长31.58千米,与灵川县边界线长69.79千米;南部与阳朔县接壤,边界线长64.71千米;西与永福、融安县相连,其中与永福县边界线长164.36千米,与柳州市融安县边界线长9.79千米;北与龙胜各族自治县交界,边界线长73.22千米。县境总面积2249.84平方千米(统计数为2202平方千米)。县人民政府驻临桂镇兴临路1号,东距桂林市区中心公路里程8千米。

【地质】 临桂县位于扬子准地台和华南准地台交界地带,褶皱和断裂发育;其中褶皱有三县界背斜、架桥岭背斜和五通向斜,断裂为印支期及燕山期断裂;县境内主要有桂林—南宁断裂带和龙胜—永福断裂带通过。出露的地层有丹洲群、震旦系、寒武系、奥陶系、泥盆系、石炭系、白垩系、第四系,其中以丹洲群为最古老,以第四系为最新,以泥盆系出露最广;第三系、侏罗系、三叠系、二叠系及志留系等均缺失。

【地貌】 临桂县地处南岭南缘,东西窄,南北长,呈火炬状。西部及北部群山高耸,南部峻岭连绵。

临桂县北部宛田瑶族乡山区地貌　　雷金息　摄

西北属三台山系，为越城岭余脉，山体庞大，河流多自西向东汇入义江再注入大溪河；中部属丘陵平原及岩溶山地，河流除桃花江自北向东汇入漓江外，其余多自北向南汇入义江或相思江；东南部为峰林平原，奇峰林立，河流多自南向西北汇入相思江再注入大溪河；南部属架桥岭山地，河流均从南向北汇入漓江或相思江。

【气候】 降雨。2014年，县境降水量属正常年份。全年总雨量1672.2毫米，比历年平均值偏少。本年度没有出现大面积干旱情况。

气温。2014年，全年平均气温20.2℃，比历年平均值偏高。全年日最高气温38.5℃，最低气温-1.4℃。

光照。2014年，县境光照条件属正常年份。全年日照总时数1417.2小时，比历年平均值偏少。

寒露风。2014年9—10月中旬，县境没有出现连续3天日平均气温≤22℃的寒露风天气过程。

气象灾害。年降水量略偏少，虽然暴雨日数较历年偏多，局部范围出现了强度较大的暴雨天气过程，造成了本县一定范围内的气象灾害，但受灾影响较小。9月份后雨量略偏少，没有出现严重干旱天气现象。

自然资源

【土地资源】 临桂县土地面积2190.27平方千米。其中，耕地351.07平方千米，菜地9.93平方千米，园地4.4平方千米，林地956.87平方千米，牧草地87.8平方千米，宜农荒地53.27平方千米，宜林荒地265.73平方千米，宜牧荒地173.07平方千米；城镇居民建设用地26.27平方千米，工矿用地11.27平方千米，交通用地43.27平方千米，水域面积29.73平方千米。划归花坪自然保护区的特殊用地60.93平方千米；难以利用的土地（裸土、沙土、石山等）共126.6平方千米。

【矿产资源】 临桂县发现或探明的金属矿产有铜、铅、锌、褐铁、赤铁、锑、汞、锰、黄金、镉、铀；非金属矿产有重晶石、毒重石、石灰岩、石英岩、方解石、白云岩、大理岩、磷、砂岩、煤、冰洲石、水晶石、腐殖酸、页岩、黏土、矿泉水。其中铅、锌、褐铁、重晶石、白云岩、大理岩、石灰岩、黏土、矿泉水等均有开采价值。

【水资源】 当保证率等于50%时，全县水资源总量44.39亿立方米。其中地下水储量9.44亿立方米，地表水储量34.95亿立方米。除东南山地水资源可基本满足需水量外，其余地区均缺水。如西北部水资源总量10.35亿立方米，可供水592.59万立方米，该区需水628.61万立方米，缺36.02万立方米。

【动物资源】 境内野生动物种类丰富，已发现的脊椎动物有5纲29目89科206属311种。分布较多的兽类有竹鼠、猸子、大灵猫、华南兔、毛冠鹿、黄鼠狼、红腹松鼠、小鹿、屋顶鼠、黄毛鼠、野猪等，分布较多的鸟类有白头鸭、褐翅鸦鹃、椋鸟、褐头鹪莺、黑卷尾、乌鸦、画眉、竹鸡、环颈雉、红嘴兰鹊、金腰燕、雨燕、百鹊令、翠鸟等，两栖爬行类主要有黑斑蛙、刺胸蛙、刺腹蛙、玉锦蛇、眼镜蛇、灰鼠蛇、滑鼠蚝、尖吻腹、竹叶青、沼蛙、泽蛙、虎纹蛙、花姬蛙、蜥蝎等。其中国家一级保护的野生动物有黄腹角雉、白颈长尾雉、林麝等，国家二级保护的野生动物有穿山甲、虎纹蛙、大壁虎、大小灵猫、大鲵、短尾猴、锦鸡、白鹇等；属广西重点保护的野生动物有中华竹鼠、鼠油獾、果子狸、雉鸡、红胸田鸡、棕腹啄木鸟、林八哥、喜鹊、大嘴乌鸦、画眉、小黄莺、乌俏蛇、百花蛇、金环蛇、银环蛇、眼镜蛇等。

【植物资源】 境内植物种类繁多，仅维管束植物就有1275种。其中蕨类植物25科86种，裸子植物9科38种，双子叶植物133科1072种，单子叶植物24科203种。受长期人为活动的影响，全县海拔600米以下山地和低丘地区常绿阔叶混交林分基本破坏，为人工促进天然更新马尾松林、杉木人工林及毛竹林所覆盖。平原丘陵地区速生桉等速生树种及桂花、夏橙等经济林树种较多。海拔600~800米之间的中、低山地带，天然次生常绿阔叶林较为常见，杉木人工林、毛竹亦有分布。海拔800~1300米之间的中山地带以天然次生阔叶林分为主，建群种因坡位而异，在山坡的中、上部，以山毛榉为主，山坡下部及水沟边林分则以枫香、荷木、檫木、五角槭为优势。天然原生植被在花坪国家级自然保护区范围内尚有少量保存，建群种以青冈栎类最为普遍，其次是木五加、木姜子、汉氏栎、五角槭等，下木有杜鹃、羽叶花楸、柃木等，保护区范围内海拔1300米以上林分呈矮林状，下木以箭竹占绝对优势，林内阴湿，苔藓植物极为发达。在各类植物中，零散分布有银杉、桫椤等国家珍稀濒危一级保护植物，银杏、水松、福建柏、秃杉、白豆杉、蓖子三尖杉、鹅掌楸、观光木、银种树、伯乐树、格木等国家珍稀濒危二级保护植物，台湾苏铁、黄枝油杉、长苞铁杉、油杉、穗花杉、华南五针松、南方红豆杉、凹叶厚朴、华南锥、青檀、银鹊树、马尾树、半枫荷、马载天等国家珍稀濒危三级保护植物。

（县林业局）

人 口

【人口统计】 临桂县统计报表制度中，非全国人口普查年份没有相关人口统计资料，对外提供的本年人口统计资料，来源于县公安局的《人口及其变动情况统计年报表》。

2014年末，临桂县居民总户数为134771户，户籍总人口492425人。其中，男性人口257865人，女性人口234560人，男女性别比例为110：100。人口出生率为21.55‰，死亡率为3.35‰，人口自然增长率为18.2‰。

【人口年龄结构】 2014年末，全县户籍总人口492425人中，18岁以下100351人，18~35岁

2014年临桂县分乡镇人口及按年龄分组情况表

表1

乡镇名称	年末总户数（户）	年末总人口（人）						
		合计	性别		年龄			
			男	女	18岁以下	18~35岁	35~60岁	60岁以上
临桂县	134771	492425	257865	234560	100351	136505	177222	78347
南边山乡	8839	31485	17009	14476	6039	8505	11410	5531
六塘镇	12950	45519	24132	21387	8421	12476	16544	8078
会仙镇	13957	55199	29326	25873	10580	16041	19425	9153
临桂镇	31727	103489	51822	51667	23133	28427	38153	13776
四塘乡	11752	46812	24339	22473	9862	13211	16647	7092
两江镇	20221	78396	41461	36935	16863	22179	27322	12032
茶洞乡	6356	22151	12082	10069	4088	6224	8061	3778
五通镇	15926	60551	32119	28432	12115	16505	21780	10151
中庸乡	5362	20585	10834	9751	4070	5517	7281	3717
宛田瑶族乡	6066	22769	11841	10928	4142	5968	8545	4114
黄沙瑶族乡	1615	5469	2900	2569	1038	1452	2054	925

（县统计局）

136505人,35~60岁177222人,60岁以上78347人。全部人口中以青壮年人居多,18~60岁占全部人口比例63.71%,60岁以上人口占全部人口比例为15.91%。

行政区划

2014年,临桂镇新增环湖社区并确定其管辖范围,县城社区由原来的4个增至5个。12月19日,《广西壮族自治区人民政府关于同意桂林市永福县三皇乡等6个乡改为镇建制的批复》文件,同意临桂县南边山乡和中庸乡由乡建制改为镇建制,其所辖行政区域、隶属关系、政府驻地均保持不变。年末,全县设临桂镇、六塘镇、会仙镇、四塘镇、两江镇、五通镇、南边山镇、中庸镇、茶洞乡、宛田瑶族乡、黄沙瑶族乡,辖161个村民委员会、8个居民委员会、1354个自然村。

2014年临桂县行政区划情况表

表2

乡镇	村民委员会	居民委员会	自然村	村(居)民委员会名称
临桂镇	16	5	146	大律 二塘 庙头 沙塘 独峰 秧塘 兰塘 塔山 乐和 灵山 麒麟 天华 凤凰 水口 花堮 上全 榕山社区居民委员会 金水社区居民委员会 虎山社区居民委员会 金山社区居民委员会 环湖社区居民委员会
南边山镇	13	–	141	朗联 钱村 东山 五敬 玉联 南新 富汴 塘头 军洞 永平 升平 永忠 靖远
六塘镇	15	1	111	六塘 羊田 三塘 道莲 广洞 岩岭 船岭 清泰 小江 清塘 罗塘 大村 保联 诚正 诚桂 六塘街居民委员会
会仙镇	16	–	145	会仙 同助 陂头 大联 寺山 七里 陶淑 矮山 燕山 四益 睦洞 山尾 新民 马面 文全 新立
四塘镇	15	–	111	四塘 李家 腊村 大约 横山 江西 刘村 太平 自信 面村 岩口 新村 界牌 大湾 土桥
两江镇	26	1	221	两江 二圳 保全 山口 古定 信果 宝山 大洲 城联 高寨 琅琥 车梁 培塘 高妙 大厦 洲村 渡头 贺村 罗城 上宅 宿棠 高塘 粟村 谢家 油麻 河沙 两江街居民委员会
茶洞乡	11	–	101	茶洞 护山 花岭 安定 富合 江洲 仁义 温良 安乐 保合 三合
五通镇	22	1	126	五通 罗江 柳山 三友 大塘 西南 江门 仁和 泗江 板屋 西山 杨梅 桐山 蓬莱 保宁 西塘 北塘 伍家 上祥 浔江 白马 步厄 五通街居民委员会
中庸镇	7	–	48	中庸 合峰 高田 穴田 江泉 华境 三联
宛田瑶族乡	15	–	137	宛田 瓮洲 中江 柳厄 河北 合作 小河 楠木 陶善 平水 东江 庙坪 永安 洞头 流峰
黄沙瑶族乡	5	–	67	黄沙 翻水 围岭 宇海 滩头

(县民政局)

党政机关、直属事业单位、党派团体和部分中央、自治区、桂林市直属单位及其领导人

中国共产党临桂县委员会

书　记：彭代元
副书记：何新明　李先赠(4月任职)
　　胡　涛(任至9月)　唐标明(9月任职)
　　周春涌(9月挂职)
常　委：彭代元　何新明　李先赠
　　胡　涛(任至9月)　唐标明(9月任职)
　　李香伟　李顺意(任至12月)
　　刘修荣(任至9月)　雷志刚　李星明
　　郑建忠　诸葛亚　秦香华
　　余　剑(任至4月)　於永义(4月任职)
　　吴晓罡(12月任职)　粟皎敏(4月任职)

县委工作部门

县委办公室
主　任：李先赠(任至5月)　粟皎敏(5月任职)
副主任：唐耀桂(1月任职)　唐合斌(任至6月)
　　谢学义(6月任职)　卢　韬(5月任职)
　　谢富明(任至1月)　周新强(任至6月)
　　胡海燕(2月任职)　杨湘桂(2月任职)
　　秦志华(5月任职)　石芳宇(兼)
　　于欣欣(兼)　梁尚明(2月兼任)

组织部
部　长：郑建忠(任至12月)
　　吴晓罡(12月任职)
副部长：以宏男　龙龚赐(兼)
　　唐艳秀(兼)　苏艳华
部务委员：莫　斌(任至9月)　廖智斌
　　秦成志(任至5月)　王万慧　彭胜发

宣传部(挂县委对外宣传办公室、县人民政府新闻办公室主任牌子)
部　长：诸葛亚
副部长：陈秀忠　蒙　燕

县委对外宣传办公室
主　任：伍碧飞

精神文明建设办公室(在宣传部挂牌)
副主任：李国秀

政法委员会
书　记：雷志刚
副书记：廖吉生(县维稳办主任)　林艳艳
　　叶水清(县国安办主任)
　　杨日铭(县护路办主任)
委　员：粟振平　黄永光　秦火长
县防范和处理邪教问题办公室主任：钟瑞良
县综治办主任：梁承球
县维稳办副主任：陈　卫

绩效考评办公室(在监察局挂牌)
主　任：于欣欣

督查室(在县委办挂牌)
副主任：梁秋菊(任至9月)

接待办公室
主　任：杨湘桂(2月任职)
副主任：周汝吉　冯国刚　阳艳玲

保密委员会办公室(县保密局，在县委办挂牌)
主　任：胡海燕
副主任：杨湘桂(任至2月)

机要局(在县委办挂牌)
局　长：梁富强
副局长：黄建玲

统一战线工作部(挂县委台湾工作办公室、宗教事务办公室牌子)
部　长：秦香华
副部长：韦新庆　李六一　秦志华(任至5月)

民族局
副局长：赵世保

宗教事务局
局　长:尹雪英

台湾工作办公室
主　任:范明珍

华侨事务办公室
主　任:张　红

机构编制委员会办公室
主　任:何来辉
副主任:粟运桥　梁毅

直属机关工作委员会
书　记:苏艳华
副书记:梁昌宏　邓　琳(任至5月)
李　梅(5月任职)
委　员:李梅(任至5月)　赵新明　钟瑞明

县委、县人民政府信访局(由县委办领导)
局长、党组书记:石芳宇
副局长:周小明　龙邦玉(任至2月)
唐雅娟　李继兴(7月任职)
党组成员:周泰甫(7月任纪检组长)
李继兴(1月任职)

老干部局(由县委组织部领导)
局　长:唐艳秀
副局长:黄勤生　李志华

县委直属事业单位

中共临桂县委党校
校　长:胡　涛(任至11月)
唐标明(11月任职)
常务副校长:文　飞
副校长:王林生

党史办公室
主　任:秦鹏彪(任至8月)
副主任:石定法　唐翊茜

今日临桂报社
社　长:黄英江
副社长:黄庆林　廖　斌

中国共产党临桂县纪律检查委员会

书　记:刘修荣(任至9月)
副书记:李桥胜　文善春(2月任职)
常　委:莫　虹　韦荣安　赵　敏　周志新

临桂县人民代表大会常务委员会

主　任:唐修相
副主任:伍国民　李燕青　叶水华　李少波
副调研员:朱继元(任至10月)
卢树球(任至1月)
黎嘉泉(任至1月)

县人大常委会办公室

主　任:李方连
副主任:李金兰(任至7月)　唐梓刚(任至7月)
覃燕飞(7月任职)　苏庆华(7月任职)

县人大常委会专门委员会

代表联络工作委员会
主　任:秦成有
副主任:雷　群　蒋毅光(7月任职)

财政经济城乡建设工作委员会
主　任:徐绍琼
副主任:蒋毅光(任至7月)　覃燕飞(任至7月)
李金兰(7月任职)　唐梓刚(7月任职)

教育科学文化卫生内务司法工作委员会
主　任:梁增芝
副主任:贲能全　梁秋菊(9月任职)

临桂县人民政府

县　长:何新明
副县长:李顺意(任至12月)
郑建忠(12月任职)　诸葛亚
於永义(6月挂任职)　植　琳
粟皎敏(任至5月)　黄　萍　秦初明
唐立勋(5月任职)　陈苦源(5月任职)
谭庆林(挂任至11月)
副调研员:莫世贵　刘干义(任至12月)　秦土六
陆光宁　周炳华　陈锡权

党组成员：李锦明

县政府工作部门

县政府办公室

主　任：莫先发
党组副书记：文初旺　徐海峰　彭银英
副主任：李民胜　石　雪　黄振宇
霍　剑（2月任职）　秦成志（5月任职）
蒋顺生　刘雪姣（兼）
石芳宇（兼）　梁尚明（兼）
党组成员：张宏辉（任至7月）
李庆旺（7月兼纪检组长）　李松华
彭玉胜（任至7月）
韦　波（任至7月）
文红妹　陈海连（兼）

督查室（在县政府办公室挂牌）

主　任：蒋顺生
副主任：莫先保　周振斌（任至7月）　黄凤发

法制办公室

主　任：王志政
副主任：廖林强　郑珊珊

县政务服务中心管理办公室

主　任：刘雪姣

调解处理土地山林水利纠纷办公室

主　任（兼）：莫先保
副主任：黄友德

人民防空办公室

主　任：石颖婷

发展和改革局

局　长：廖真生
党组书记：唐新龙
党组副书记：余伟林
副局长：廖朝辉　龙跃清
党组成员、纪检组长：张开长
党组成员：周元芳　徐健德

财政局

局　长：卜清亮
党组书记：谢富明
党组副书记：盛志生（任至2月）　余新保
副局长：葛九连　李建辉（2月任职）
盛志生（2月任职）
党组成员：李代发（任至8月）
肖运芳（2月任纪检组长）　唐　毅
李建辉　盛志生　葛九连

人力资源和社会保障局

局　长：龙龚赐
党组书记：张　启
党组副书记：李先庆（任至7月）
副局长：王桂生　林剑平
党组成员：朱玉鲜（7月任纪检组长）
徐家贞（任至7月）

公安局

局　长：秦初明
政　委：唐国连
副局长：秦福喜　蒋新华　廖桂枝
李润福　周长辉　雷光辉
副政委：粟和清
纪委书记：梁志升
党委委员、交警大队大队长：李乔活。

监察局

局　长：李桥胜
副局长：周志新　秦润喜

司法局

局　长：石祥云
党组书记：莫舞凤
副局长：彭胜军　秦慧英
党组成员、纪检组长：李尚霖
党组成员：李　薇　吴振华（任职7月）

民政局

局　长：张国林
党组书记：张春艳
党组副书记：莫次成
副局长：朱袭荣　吕永星　张桂容（7月任职）

党组成员：伍清华　侯林生（纪检组长）
　　李金喜

双拥办公室（在民政局挂牌）

主　任：阳建秀

市容管理局

局　长：李永超

党组书记：张定安

副局长：唐林生　王溶生　田　昀

党组成员：莫春瑄（纪检组长）　刘晓清

交通运输局

局　长：王　谦

党组书记、副局长：李先成

党组成员、副局长：周先林（任至6月）　易四才
　　张启林（任至11月）

党组成员、纪检组长：李云宽

党组成员：张元胜　刘雄秀

工业和信息商贸局

局　长：梁楗林

党组书记：阳五福

党组副书记：李　杰

副局长：秦春德　刘文军　徐连科
　　蔡云亚　周　雁（任至5月）

党组成员：李先耀（7月任纪检组长）　周水平

农业局

局　长：李全德

党组书记：李秋林

副局长：秦四平　银新兰（5月任职）

党组成员：银新兰　张国光
　　唐会德（7月任纪检组长）　杜国永

林业局

局　长：李基日

党组书记：王海云（任至9月）

党组副书记：李树荣（任至7月）

副局长：邓志强　邓仲斌

党组成员、纪检组长：刘小明

党组成员：粟松生

水利局

局　长：莫田生

党组书记：凤庆文

党组副书记：何来来

副局长、党组成员：梁运福

党组成员、纪检组长：于明英（7月任职）

水产畜牧兽医局

局　长：张国安

党组书记：李春生

党组副书记、纪检组长：熊乙桦

副局长、党组成员：银忠锡

水库移民工作管理局

局　长：罗瑞林

党组书记：唐秋元

党组副书记：周尚宏（7月任纪检长）

副局长、党组成员：李桂庆　周振斌（7月任职）

农业机械化管理中心

主　任：黄　杰

党组书记：龙邦玉（2月任职）

党组副书记：徐代弟

副主任、党组成员：石希明、唐贵荣

党组成员、纪检组长：莫保生

党组成员：唐凤山

教育局

局　长：李小华

党组书记：李乔英（任至8月）
　　李小华（8月任职）

党组副书记、纪检组长：吕正聪（7月任纪检组长）

副局长：廖翠红　徐路航　林　华（7月任职）

党组成员：廖翠红　林　华

科技局

局　长：谢海舟

党组书记：贲运喜

副局长、党组成员：廖升一　刘修琳

纪检组长：诸葛晗

党组成员：李红艳　吴照达　朱小文
　　莫日宁（任至5月）

文体局

局　长：赵秋岚

党组书记：王海云(9月任职)

党组副书记、纪检组长：王保强(7月任纪检组长)

副局长：张息桂　李明慧(7月任职)　莫建华

党组成员：莫建华　程新贵　李明慧

广播电视局

局　长：诸葛明高

党组书记：陈伟强

党组副书记：陶玉兰　黄凌铭(7月任纪检组长)

副局长：黄开胜(任至7月)　张宏辉(7月任职)
　　李辉朝(7月任职)

卫生局

局　长：李玉春

党组书记：戴　毅

副局长：蒋壬生(任至7月)

党组成员：黎道珠(7月任纪检组长)
　　曾小红　朱智源　李　忠

爱国卫生运动委员会办公室

主　任：李　忠

人口和计划生育局

局　长：卢　韬(任至5月)　粟　林(5月任职)

党组书记：周　媛

党组副书记：秦凤才

副局长：石德宏　李付珍(任至2月)
　　兰桂秀(任至8月)　毛承群

党组成员：石德宏　余桂萍(7月任职)

审计局

局　长：罗　宁

党组书记：陈　英

党组副书记：骆新明

副局长：褚胜弟(任至7月)　张桂容(任至7月)
　　李桂招　廖云刚

党组成员：李红宇　李瑞平

物价局(在发展和改革局挂牌)

局　长：余伟林

党组书记：廖文清

党组副书记、副局长：雷燕蓉

副局长、党组成员：吴照强

党组成员、纪检组长：李斌鹏(7月任至)

住房和城乡建设局

局　长：江家经

党组书记：秦思文(任至9月)
　　江家经(9月任职)

党组副书记：褚钟波　张昭良

副局长：秦　璇　吴　刚
　　李　龙(县征收办主任)
　　袁　魁(挂职至12月)

党组成员、纪检组长：易连勤

党组成员：邓凌云

环境保护局

局　长：李章娥

党组书记：阳　扬

党组副书记：王春华

副局长：黄伟荣　褚胜弟(7月任职)

党组成员、纪检组长：张　义

党组成员：秦志拓　苏金连　黎景光(任至7月)
　　李艳丽

统计局

局　长：谭利华

党组书记：叶春富

副局长：蒙万全　全秋林

党组成员：蒙万全　周德昱(7月任纪检组长)

安全生产监督管理局

局　长：谢学义(任至6月)　廖　敏(6月任职)

党组书记：周天生

党组副书记：邓清松

副局长：钟国徽　赵秀荣(7月任职)

党组成员：钟国徽　赵秀荣　阳建国(纪检组长)

食品药品监督管理局

局　长：刘培生

党组书记：杨慧玲(任至6月)
　　刘培生(6月任职)

副局长：钟　翼　罗国洪　秦升喜(2月任职)

党组成员、纪检组长：韦　敏(7月任职)

党组成员：秦升喜

旅游局
局　长：李福燊
党组书记：李玮鲜
党组副书记、副局长：唐春明
副局长：陈树云
党组成员：卢元妹（任至7月）
　　　　朱德胜（纪检组长，2月任职）

招商促进局
局　长：凌　庆
党组书记：石　煜（任至5月）
　　　　凌　庆（5月任职）
副局长：蒙　璋
党组成员、纪检组长：陶　芳（7月任职）
党组成员：蒙树艺　张家瑜

粮食局
局　长：霍　剑（任至2月）　李志强（5月任职）
党组书记：黄先弟（任至7月）
　　　　李志强（7月任职）
党组副书记：阳向晖
副局长：周　祚　沈仁贵
党组成员、纪检组长：骆安业（任至7月）
　　　　　　　　　唐美英（7月任职）

扶贫办
主　任：李文骞
党组书记：梁黎明
副主任：谭顺武
党组成员、纪检组长：李玉凤（7月任职）

革命老区办公室（在扶贫办挂牌）
副主任：刘　莹

县政府直属事业单位

机关事务局
局　长：王江德
党组书记：曾令雄
副局长：李年朝　易芳辉　王代晨

档案局
局　长：周奇华（任至2月）　韦明生（6月任职）
党组书记：吕华英
纪检组长：卢元妹（7月任职）

县志编纂委员会办公室
主　任：王玉才
副主任：张　凯

地震局
局　长：朱志桂
党组副书记：王桂军
副局长、党组成员：秦茂兴　蒋火有
党组成员：李先元（2月任职）

老龄工作委员会办公室
主　任：韦崇广
副主任：莫小妹

城镇集体工业联合社
主　任：秦忠玉
党组书记：李付珍（2月任职）

供销合作社联合社
主　任：唐耀桂（任至1月）　龙林群（1月任职）
党组书记：于少华
党组成员、副主任：张树强
党组成员、纪检组长：莫佳安
党组成员：黄金兰（任至7月）

商贸流通办公室
主　任：周水平（兼）
副主任：梁承林　张纪诚　白素珍

市场服务中心
主　任：陈海连
副主任：翁明武

物资总公司
总经理：秦国华

中国人民政治协商会议临桂县委员会

主　席：张凌发（任至12月）

刘修荣(12月任职)
副主席:以善梅　欧翠兰　汪厚章
陈苦源(任至7月)　刘春吉(9月任职)
刘冰轮(9月任职)
副调研员:王金科　罗昌勤
秘书长:龙大川

办公室
主　任:龙大川
副主任:莫天明　黄新平(任至2月)

经济科技联谊和委员联络委员会
主　任:陈跃明
副主任:李耐贵

提案和社会法制委员会
主　任:余　英
副主任:龙舜裕

教文卫体委员会
主　任:骆修富
副主任:董临青

法院·检察院

县人民法院
院长、党组书记:安　涛
副院长:莫福琪　唐军树　秦树忠
党组副书记:秦小云
党组成员:张丽杰　黄有文　秦电付
李开梅(7月任纪检组长)

县人民检察院
检察长、党组书记:刘冰轮(任至12月)
彭武林(12月任职)
副检察长:周有松　石　川　徐桂华
党组副书记:雷　健
党组成员:周　勇　李志勇(7月任纪检组长)

武装

县人民武装部
部　长:李香伟
政　委:李湘爱
副部长:赖发生

消防大队
大队长:甘志坚
教导员:但　勇

武警中队
中队长:张胜涛
指导员:朱晓燕

桂林市西城经济开发区

工委
书　记:彭代元
副书记:何新明　胡　涛
委　员:李顺意　雷志刚　郑建忠　李先赠
植　琳　邓世文　莫世贵

管理委员会
主　任:何新明
常务副主任:李顺意
副主任:植　琳　邓世文　粟皎敏　莫世贵
张裕强　邓小斌　梁樋林　凌　庆
廖真生　卜清亮　李章娥　苏云爱
张国林

桂林市西城经济开发区管理委员会办公室
主　任:梁尚明
副主任:李衡武

土地规划工作部
副部长:龙文瑞　刘林辉

基础设施建设管理工作部
副部长:秦机灵

企业管理工作部
部　长:张桂莲
副部长:荣凌志

招商引资工作部
部　长:龙明祥
副部长:李文福

群众团体

总工会

主　席：陈苦源(任至9月)　李少波(9月任职)
党组书记、副主席：秦冬换
党组副书记：骆　勇
副主席：邓艳凤　莫道君
党组成员：易运德(7月任纪检组长)

中国共产主义青年团临桂县委员会

书　记：莫灵梅
副书记：刘艳凤　邓翔宇

妇女联合会

主　席：周芳羽
副主席：秦玉琼(任至1月)　黄河琴(任至7月)
　　黄金兰(7月任职)　唐海英(7月任职)

科学技术协会

主　席：赵芳庆(任至9月)　秦思文(9月任职)
副主席：钟文理　阳初发(2月任职)

文学艺术联合会

主　席：李明才

社会科学学会联合会

主　席：陈家斌
副主席：周奇华(4月任职)　徐路航

归国华侨联合会

主　席：李建光

残疾人联合会

理事长：蒙建梅
党组书记：李　春
副理事长：李　春　雷催明(任至7月)
党组成员：黄　橙

民主党派·工商联

中国国民党革命委员会临桂支部

主任委员：阳初发
副主任委员：秦忠玉
委　员：李春荣　沈东华　蓝　冰　张志毅

中国民主同盟临桂支部委员会

主任委员：朱　彦
副主任委员：以宏男　梁小宁　秦志军
　　粟多福　何艳梅

工商业联合会

主　席：莫才生
党组书记：韦新庆
党组副书记：秦志华
常务副主席：何桂祥
荣誉主席：阳　光
副主席：陆明德　袁　鹃　王志文　王明富
　　龙镇方　许志斌　陆正福　陈福祥
　　周　彪　唐顺国　秦　剑　秦华生
　　梁小荣　梁祖人　梁锐佳　黄生弟
　　黄健民　彭丽云　粟东亮　王永贵
　　刘忠华　唐喜付　周葵阳　唐青松
执　委：王东磷　王绍礼　左继祥　李小花
　　唐瑞民　郭志刚　梁桥水　蒋建平
　　晏朝辉

中央及自治区、桂林市直属单位

临桂县工商行政管理局

局长、党组书记：阳惠林
副局长：周继昌　肖解平　阳文锋
党组成员、纪检组长：骆永军

临桂县国家税务局

局　长：曾光诚(任至9月)　李　勃(9月任职)
副局长：易万实　莫千武　廖明瑞　黄劲峰
　　刘　琴(11月任职)
纪检组长：刘　琴(任至9月)
　　廖明瑞(9月任职)

临桂县地方税务局

局　长：向明光
副局长：吕保全　蒙维艳　梁大平
党组成员：马文聪

临桂县国土资源局

局长、党组书记：刘孙荣
党组副书记、纪检组长：阳　球
党组副书记、副局长：汪惠文

副局长：罗龙海　唐前勇　江文欣
党组成员：李云华　朱沛珍

临桂县质量技术监督局
局　长：杨开成
副局长：梁伟军　陈新明
党组成员、纪检组长：张国丽

桂林市住房公积金管理中心临桂管理部
主　任：王　群

临桂县公路管理局
局　长：项士权
教导员：朱顺清
副局长：黄必洲　李　斌(挂职)
副教导员：马海燕
工会主席：周洪辉

二塘火车站
站　长：杨　文
党总支书记：唐玉明

临桂供电公司
总经理、党委副书记：秦小雄
党委书记、副总经理：梁世坚
副总经理：贲建斌　陆承康　胡朝辉
纪委书记兼工会主席：苏鸿钟

临桂县气象局
局　长：陈昭贵
副局长：伍　钊(任至9月)

临桂县邮政局
局长、党委书记：唐碧英
副局长：黄　双

临桂县烟草专卖局(公司)
局长(经理)：秦志雄(任至9月)
　　　　　　许中平(9月任职)
副局长：陈　军
副经理：刘湘涛

中国石油化工股份有限公司临桂分公司
经　理：潘桂国

金融·保险·通信

中国人民银行临桂县支行
行　长：邓国西
副行长：骆定丰　龙　泓

中国工商银行临桂支行
行　长：张庆亮(任至5月)　蒋晓明(5月任职)
副行长：罗曙辉　王建斌　张红宇(11月任职)

中国建设银行临桂支行
行　长：覃春庆(任至6月)　程维明(6月任职)
副行长：倪颖梅　卢创俊

中国银行西城开发区支行
行　长：张　盛
副行长：何友花

中国农业银行临桂支行
行长、党委书记：廖　冰
副行长、党委副书记、纪委书记：黄昌文
副行长、党委委员：邓　林
党委委员、行长助理：周　博

深圳农商行广西临桂支行
行　长：赵军生

交通银行桂林新城区支行
行　长：马红英
副行长：黄　敏

广西临桂农村合作银行
董事长：陈　剑
行　长：莫训武
监事长：龙燕春
副行长：潘钦林　潘霞红

中国银行业监管委员会临桂办事处
主　任：湛年香

中国人民财产保险股份有限公司临桂支公司
经　理:唐小红
副经理:严良军　黄凌波

中国人寿保险股份有限公司临桂支公司
经　理:陈群燕
副经理:刘　剑　汪　磊

桂林银行临桂支行
行　长:何义前
副行长:孙　凡　赵荣军

中国电信公司临桂分公司
总经理:谷业茂
副总经理:李永康　骆俊勇

中国移动公司临桂分公司
总经理:曾　武
副总经理:骆智珍

中国联通公司临桂县分公司
总经理:赵　宇
副总经理:岳　韬　韦长江

中国铁通公司临桂经营部
经　理:唐　明
副经理:王海峰

乡、镇机构

临桂镇
临桂镇党委
书　记:唐立勋(任至5月)　于荣升(5月任职)
副书记:唐正红(任至5月)　周新强(5月任职)
赖明杰　廖智斌(挂职)
雷　健(挂任至7月)
唐梓刚(8月挂职)　陈艳华(挂职)
纪委书记:李德喜
委　员:李德喜　张　扬(任至11月)
唐海英(任至7月)　阮剑兰(8月任职)
雷德恩　周九弟　胡发友

临桂镇人大主席团
主　席:赖明杰
副主席:赵秀梅

临桂镇人民政府
镇　长:唐正红(任至6月)　周新强(6月任职)
副镇长:雷德恩　周九弟　董小明

南边山乡
南边山乡党委
书　记:郑桥保
副书记:李志强(任至5月)　粟秋喜(5月任职)
陈康宇　于　强(2月挂职)
纪委书记:朱德胜(任至6月)
邓　琳(6月任职)
委　员:朱德胜(任至6月)　邓　琳(6月任职)
秦田娥　阳健森　李瑞兴(6月任职)

南边山乡人大主席团
主　席:陈康宇
副主席:赵爱连

南边山乡人民政府
乡　长:李志强(任至6月)　粟秋喜(6月任职)
副乡长:李建明　熊鹏飞　伍雯妍(任至11月)

六塘镇
六塘镇党委
书　记:刘春吉
副书记:张莉彬　刘合昌　蔡云亚(2月挂职)
唐小飞(7月挂任)
纪委书记:于桂明(6月任职)
党委委员:于桂明　张　凯(6月任职)
于荣升(6月任职)　蒋芳芳　陈志刚

六塘镇人大主席团
主　席:刘合昌
副主席:莫建林(6月任职)

六塘镇人民政府
镇　长:张莉彬
副镇长:蒋芳芳　文继军　张　弦(6月任职)

会仙镇

会仙镇党委

书　记：李双林

副书记：王军发　龙九发　李承佑(挂职)

　　　　付莹莹(7月挂任)

纪委书记：赵修安

委　员：赵修安　李庆明　张云洲　周军平

　　　　陶芳(任至7月)　周光发(任至7月)

　　　　倪　凌(8月任职)

会仙镇人大主席团

主　席：龙九发

副主席：王　得

会仙镇人民政府

镇　长：王军发

副镇长：李庆明　张云洲　周璐鹭

四塘镇

四塘镇党委

书　记：于荣升(任至5月)　唐正红(5月任职)

副书记：陈月林　李　明(任至6月)

　　　　梁祖华(7月任职)　田　昀(挂职)

　　　　秦成志(挂职)

纪委书记：唐玉斌

委　员：唐玉斌　韦峥岳　易连锡

　　　　韦　敏(任至7月)　杨君兵

四塘镇人大主席团

主　席：李　明(任至7月)

　　　　梁祖发(7月主持人大工作)

副主席：蒋锦豪

四塘镇人民政府

镇长：陈月林

副乡长：梁祖华(任至7月)　韦　敏(任至7月)

　　　　谢小亮

　　　　彭玉胜(12月任职)　于更生(12月任职)

两江镇

两江镇党委

书　记：粟　林(任至5月)　莫秋元(5月任职)

副书记：廖　敏(任至6月)　李　明(6月任职)

　　　　姚立璞　李建辉(2月挂职)

　　　　杨湘桂(2月挂职)　蒋顺生(8月挂职)

纪委书记：李斌鹏(任至2月)

　　　　　蒙　军(5月任职)

委　员：李斌鹏(任至2月)　李兴盛

　　　　蒙　军　廖雄成　石　钢　姚冬福

　　　　沈丽琼(5月任职)

两江镇人大主席团

主　席：姚立璞

副主席：周晓昀

两江镇人民政府

镇　长：廖　敏(任至5月)　李　明(9月任职)

副镇长：徐　亮　廖雄成　石　钢

茶洞乡

茶洞乡党委

书　记：李恒艺

副书记：罗小松　赵才明(任至6月)

　　　　雷　健(8月任职)

纪委书记：蒙明生

委　员：蒙明生　王树安　黎桂明

　　　　何灏平　谢志庆　李　新

茶洞乡人大主席团

主　席：赵才明(任至6月)

　　　　雷　健(7月主持人大工作)

副主席：朱冬荣

茶洞乡人民政府

乡　长：罗小松

副乡长：何灏平　王树安　莫庆宁

五通镇

五通镇党委

书　记：石　羽

副书记：莫秋元(任至5月)　黄芳辉(6月任职)

　　　　韦明生(任至5月)　苏汝斌(7月任职)

　　　　吴　刚(2月挂职)

纪委书记：姚德元

委　员：姚德元　周　斌　阮剑兰(任至8月)

　　　　唐爱华　黄开胜(9月任职)　李继荣

五通镇人大主席团
主　席：韦明生(任至6月)
　　　　苏汝斌(7月主持镇人大工作)
副主席：李林宏(任至9月)
　　　　胡会芳(12月任职)

五通镇人民政府
镇长：莫秋元(任至5月)　黄芳辉(9月任职)
副镇长：唐爱华　黄开胜　李林宏(9月任职)

中庸乡

中庸乡党委
书　记：邓　喆
副书记：文善春(任至2月)　肖扬燕(6月任职)
　　　　粟秋喜(任至5月)　阳桂生(7月任职)
　　　　徐　文(挂任至8月)
纪委书记：唐任平
委　员：阳桂生(任至7月)　李珠营
　　　　姚运秀　于六明　唐任平　雷　剑
　　　　徐文(12月任职)

中庸乡人大主席团
主　席：粟秋喜(任至5月)
　　　　阳桂生(7月主持人大工作)
副主席：蒙运芳

中庸乡人民政府
乡　长：文善春(任至2月)
　　　　肖扬燕(6月主持政府工作,9月任职)
副乡长：姚运秀　于六明　黎贵龙

宛田瑶族乡

宛田瑶族乡党委
书　记：唐良红
副书记：黄芳辉(任至6月)　罗万魁
　　　　李和东(7月任职)　刘发刚(2月挂职)
纪委书记：刘德勋
委　员：刘德勋　朱德喜(任至7月)
　　　　秦宵敏(8月任职)　阳　敏　唐任贵
　　　　周光发(8月任职)　李玉花(任至7月)

宛田瑶族乡人大主席团
主　席：罗万魁(任至7月)
　　　　李和东(7月主持人大工作)
副主席：龙冬明

宛田瑶族乡人民政府
乡　长：黄芳辉(任至6月)　罗万魁(8月任职)
副乡长：阳　敏　唐任贵(8月任职)
　　　　李玉花(任至7月)　刘江宁

黄沙瑶族乡

黄沙瑶族乡党委
书　记：莫柳红
副书记：肖扬燕(任至6月)　赵才明(6月任职)
　　　　李艳君　李和东(挂任至7月)
　　　　刘雄秀(8月挂职)
委　员：罗华明　赵俊生　张　斌　陆奕舟

黄沙瑶族乡人大主席团
主　席：李艳君
副主席：蒋云飞

黄沙瑶族乡人民政府
乡　长：肖扬燕(任至6月)　赵才明(7月任职)
副乡长：罗华明　黄庆三

中国共产党临桂县委员会

ZhongGuo GongChanDang LinGuiXian WeiYuanHui

10月12日，县委书记彭代元、县长何新明带领部门领导在宛田瑶族乡现场办公　　今日临桂报社　供稿

重要会议

【中国共产党临桂县第十二届委员会第四次全体(扩大)会议】 1月15日,中国共产党临桂县第十二届委员会第四次全体(扩大)会议在县委二楼会议室召开。会议总结回顾临桂县2013年工作,研究部署2014年工作任务。会议审议并通过县委书记彭代元受县委常委会委托所作的工作报告,审议并通过《中国共产党临桂县第十二届委员会第四次全体(扩大)会议决议》。

【临桂县党的群众路线教育实践活动动员大会】 2月20日,临桂县党的群众路线教育实践活动动员大会在县委二楼会议室召开。会议对临桂县深入开展党的群众路线教育实践活动进行动员部署。会议要求,全县广大党员干部要把思想和行动统一到上级党委的要求上来,积极投身到教育实践活动之中,以优良的作风、饱满的精神、高昂的斗志,抢抓撤县设区机遇,推动临桂经济社会跨越发展,努力打造"五个临桂",再树广西发展新标杆。

【临桂县党的群众路线教育实践活动再动员再部署会议】 3月27日,临桂县认真学习中央、自治区、桂林市领导关于群众路线的讲话精神暨教育实践活动再动员再部署会议在县委二楼会议室召开。会议传达学习中共中央总书记习近平、自治区党委书记彭清华、桂林市委书记赵乐秦关于群众路线教育活动讲话精神,并就临桂县党的群众路线教育实践活动进行再动员再部署。

【中共临桂县委中心组学习(扩大)会议】 4月4日,中共临桂县委中心组学习(扩大)会议在县委二楼会议室召开。会议组织党员领导干部集中观看电影《焦裕禄》,重温原河南省兰考县委书记焦裕禄事迹。会议要求,把学习实践焦裕禄精神作为贯彻落实党的十八大、十八届三中全会精神和开展党的群众路线教育实践活动的实际行动,紧密联系实际,采取有效形式,切实把学习活动推向深入,落到实处,取得实效。

【中共临桂县委中心组学习(扩大)会议】 4月6日,中共临桂县委中心组学习暨党的群众路线教育实践活动专题学习会在县委二楼会议室召开。会议邀请清华大学马克思主义学院教学委员会主任、教授、博士生导师刘书林作"党的优良传统作风与党的群众路线教育"专题讲座。

【中共临桂县委全委(扩大)会议】 5月12日,中共临桂县委全委(扩大)会议在县委二楼会议室召开。会议传达学习贯彻中共中央总书记习近平在指导兰考县委常委班子专题民主生活会时重要讲话精神,对深入推进临桂县党的群众路线教育实践活动进行部署。

【中共临桂县委中心组学习(扩大)会议】 5月14日,中共临桂县委中心组学习暨中共中央总书记习近平系列讲话精神专题学习会在县委二楼会议室召开。会议邀请自治区党委宣传部副部长、自治区党委讲师团团长李海荣作专题授课。会议要求,全县各级各部门要按照中共中央提出的"真学真懂,真信真用,真抓真改"要求,把学习习近平重要讲话精神与党的群众路线教育实践活动有机结合,采取有力措施,进一步掀起学习热潮。

【中共临桂县委常委班子专题民主生活会通报会】 7月7日,中共临桂县委常委班子专题民主生活会通报会在县委二楼会议室召开。会议传达自治区党委常委、组织部部长周新建,市委书记、市人大常委会主任赵乐秦,自治区党委第九督导组常务副组长李先明的讲话精神,通报县委常委班子专题民主生活会情况,对开展党的群众路线教育实践活动下阶段工作进行部署。

【临桂县农村土地承包经营权确权登记颁证试点工作动员会】 7月21日,临桂县农村土地承包经营权确权登记颁证试点工作动员会在六塘镇召开。会议传达2014年自治区农村工作会议精神,通报《六塘镇农村土地承包经营权确权登记颁证试点工作方案》。会议强调,六塘镇要提高认识,切实增强做好试点工作的责任感和紧迫感;要准确把握政策,坚持确保稳定、实事求是、尊重历史、民主协商、因地制宜、依靠群众和依法依规等原则;要明确任务,精心制作工作方案,广泛发动群众参与，统筹推进各项工作，确保又快又好圆满完成确权登记试点工作。

【临桂县村（社区）“两委”换届选举工作布置会】

7月24日，临桂县村（社区）“两委”换届选举工作布置会在县交通局会议室召开。会议要求，各乡镇要依法依程序开展好村（社区）“两委”换届选举工作，对选情复杂、问题较多的重点村、难点村要高度重视，配强力量，用足功夫，切实解决好基层组织涣散、纪律松弛问题，选优配强村（社区）“两委”班子。

【临桂县年中经济工作会议】 8月1日，临桂县年中经济工作会议在县委二楼会议室召开。会议深入学习贯彻自治区、桂林市年中经济工作会议精神，总结全县上半年工作，分析经济形势，研究部署下半年工作。会议强调，全县各级各部门要认清形势，坚定信心，切实增强稳增长的紧迫感；要精准发力，综合施策，突出抓好产业发展、新区建设、项目建设、民生维稳等重点工作；要将教育活动与经济发展结合起来，以作风大转变推动临桂大发展。会议号召，全县上下一定要统一思想、同心协力，以更加坚定的信心、更加高昂的斗志、更加有力的举措、更加务实的作风，攻坚克难，奋力实现全年各项目标任务。

【临桂县教育发展大会】 9月9日，临桂县教育发展大会在县城影剧院召开。会议表彰全县优秀教师、优秀班主任、优秀教育工作者、十佳校长、见义勇为模范和支教先进工作者。会议强调，要继续把教育放在优先发展的战略地位，继续实施科教兴县战略；要继续加大对农村教育的投入力度，教育资源要继续向农村学校倾斜，努力促进义务教育均衡发展；要继续实施“名师名校”工程、“质量立教、质量立校”工程，促进教师素质全面提升，教育教学质量得到全面提高；要加快实施教育发展“八大工程”，全力打造临桂教育升级版，在自治区、桂林市率先实现教育现代化，率先基本形成学习型社会，进入广西人力资源强县行列。

【临桂县党的群众路线教育实践活动总结大会】

10月15日，临桂县党的群众路线教育实践活动总结大会在县委二楼会议室召开。会议深入学习贯彻中共中央总书记习近平在党的群众路线教育实践活动总结大会上的讲话精神，总结临桂县党的群众路线教育实践活动，对巩固拓展活动成果、深入作风建设、全面推进从严治党进行部署。

【自治区“清洁家园”专项活动推进会】 11月7日，自治区“清洁家园”专项活动推进会在临桂县召开，会议总结交流前一阶段各市“清洁家园”工作的好经验、好做法，安排部署下一阶段的重点工作。会议强调，全区各级各地必须把清洁乡村、清洁家园活动贯穿“美丽广西”乡村建设全过程，持续推进“清洁家园”专项活动，全力以赴打好清洁乡村集中整治收官转段的攻坚战，确保“清洁家园”专项行动取得实效，不断提升人居环境，提高城乡群众幸福指数。县委书记彭代元在会上作典型发言。

【中共临桂县委中心组学习（扩大）会议】 11月10日，中共临桂县委中心组学习（扩大）会议在县委二楼会议室召开。会议传达学习中共十八届四

12月16日，临桂县委常委议军会在县人武部会议室召开　　贺志辉　摄

中全会精神、中央第一巡视组向广西反馈巡视情况及自治区党委书记彭清华在巡视反馈会上的讲话精神。会议要求,全县各级党组织和广大党员干部要深刻学习领会党的十八届四中全会精神实质,认真贯彻落实中央巡视组巡视反馈意见及彭清华讲话精神,切实抓好党风廉政建设和经济工作,奋力完成全年各项目标任务。

【中共临桂县委常委议军会】 12月16日,临桂县2014年度县委常委议军会在县人武部会议室召开。会议总结分析全县国防动员和后备力量建设工作开展情况,研究解决相关问题,就进一步加强党管武装工作进行部署。

(陈英乐)

重要决策

【一个速度、两个推进、三个提升】 1月15日,中国共产党临桂县第十二届委员会第四次全体(扩大)会议提出临桂县2014年工作总体要求是:以学习贯彻党的十八届三中全会精神为强大动力,认真落实中央和自治区、桂林市的各项决策部署,坚持稳中求进工作总基调,以改革创新为统领,以提高经济发展质量和效益为中心,按照打造"实力临桂、魅力临桂、活力临桂、人文临桂、和谐临桂"的总体要求,全力抓好"转方式、调结构、促统筹、强后劲、惠民生"等各项工作,实施更加积极主动的开放带动战略,努力保持一个有质量有效益的"临桂速度",奋力推动经济社会发展迈上新台阶。"一个速度":即努力保持一个有质量效益的发展速度。"两个推进":一是全面推进改革创新;二是加快推进新型城镇化。"三个提升":一是提升发展质量;二是提升开放合作水平;三是提升幸福指数。

【推行高中免费教育】 1月15日,中国共产党临桂县第十二届委员会第四次全体(扩大)会议提出:探索推行高中免费教育,在九年义务教育的基础上,逐步实现十二年义务教育的目标。4月23日,县委、县人民政府研究制定了《临桂县高中免费教育实施方案》,决定从2014年春季学期起,在全县实施高中免费教育,免费的对象为具有临桂户籍且就读于临桂县辖区内公办普通高中的应届高中生。

(陈英乐)

组织工作

【概况】 2014年,临桂县委组织部坚持以学习贯彻落实中共十八大和十八届三中、四中全会精神为主线,以党的群众路线教育实践活动和村"两委"(村中国共产党员支部委员会和村民自治委员会)换届选举等为载体和契机,统筹推进基层党组织、领导班子、干部队伍和组织部门自身建设,不断提高基层党建工作科学化水平。

【党的群众路线教育实践活动】 2014年,临桂县委组织部门在教育实践活动中,发挥组织者、引领者和实践者作用,加强领导班子、干部作风、服务型基层党组织等建设。采取集中扎实学、个人灵活学、特色专题学、研讨互助学等多种有效形式,狠抓学习教育,做到真学真懂真有提高,邀请专家学者为全县领导干部作了15个专题辅导讲座。组织全县党员干部扎实开展进机关、进乡镇、进村屯(社区)、进企业、进学校活动,通过民主恳谈、召开座谈会、公开征求意见等多种途径,广泛征求社会各界的意见建议。开展"五个百家"(进百家门、知百家情、记百家事、解百家难、连百家心)民情走访和"三带三帮"活动,坚持把问题导向贯穿活动始终,通过群众提、自己找、上级点、互相帮、集体议等方式,开展一系列查摆突出问题活动,找准找实"四风"(形式主义、官僚主义、享乐主义、奢靡之风)方面存在的突出问题。坚持把典型案例剖析作为开好专题民主生活会的重要预热环节,精心甄选群众反映强烈、社会影响大的事例作为典型案例进行剖析,全县征求和查摆到的问题1581条,经梳理归纳"四风"问题为931条。开展谈心交心活动,严格做到"四个必谈"。

【党建服务民生发展】 2014年,临桂县委组织部创新方式,打造服务型党组织。结合教育实践活动和"五个百家"民情走访活动,推动全县机关党员干部直接联系、服务群众,全县共发放学习笔记本和民情记录本3万多本。组织农业、林业、水产畜牧、农机等涉农部门党员干部送技术、送培训、送服务下乡,各类下乡送培训3000多人次,开展农业技术培训等支农活动200多期次,举办阳光惠民活动15场,赠送种养技术资料、果苗、化肥、防疫药品等农资价值1000多万元。整合各类服务资源,县、乡镇建立政务服务中心,村、社区建立便民服务工作站,变群众"多头跑"为"集中办"。推进党员干部进社区服务工作,全县在职党员主动到单位所在的社区认领一个以上的服务项目,并鼓励退休党员积极参与。

【推进高标准新农村建设】 2014年,临桂县委组织部门坚持县、乡(镇)、村三级党组织联动,筑牢高标准新农村建设的组织基础。继续投入专项建设资金4000万元,调动村民小组、村民理事会和理财小组等基层组织的积极性,将乡土"能人"和民间资金吸引到高标准新农村建设中,全力推进15个高标准新农村示范村建设。年内,建成高标准新农村9个。坚持把"生产发展"作为新农村建设的重点,加强农村土地流转,培育壮大龙头企业和优势农业品牌。把党建资源优势转变为农业产业优势,把产业优势转变为经济优势,形成"一村一品""一村多品"的产业格局。合理编制乡村旅游发展规划,挖掘乡村景点文化,保持独特的民俗风情和浓郁的乡土气息,开发具有当地特色的乡村旅游产品,增强新农村建设生命力。

【推进基层党建工作】 2014年,在全县11个乡镇全面开展党代会年会制并实现正常化,扩大党内民主建设。结合乡镇党代会年会制的全面开展,以"三联系"(村党员联系群众全覆盖、村支部联系党员全覆盖、乡镇班子成员分工联系村支部全覆盖)方式巩固"五个百家"活动。建立非公企业党工委,对全县民营经济中占"主力军"地位的非公企业党支部实施管理。开展基层党建工作专项述职评议,注重考核结果运用,强化基层党(工)委书记履行党建工作"第一责任人"职责,建立完善"书记抓,抓书记"的基层党建工作机制。完善"村财乡管"等一系列监督管理制度,督促乡镇出台村干部绩效考核办法。投入245.7万元资金,在全县范围内实现村级组织活动场所规范化管理全覆盖,发挥活动场所功能。村级办公经费由2011年的1万元提高到2014年的3万元,村干部月补贴由2011年的最高750元提高到2014年的1200元。

【村(社区)"两委"换届选举】 2014年,临桂县委组织部门提前部署,率先在桂林市完成村(社区)"两委"换届选举工作,"两委"交叉任职63%。成立县村(社区)"两委"换届选举工作指导委员会,设立办公室,抽调36名优秀干部分成4个组,拨付了342.6万元工作经费,确保换届工作开展。制定《指导挂点联系重难点村方案》,县委常委直接挂点联系11个难点村,县督导组直接指导县(乡)级重难点村29个,实行"一村一策",确保重点、难点村换届选举工作推进。组织县计生、公安、纪委和检察机关等部门对候选人情况进行审查。针对女性进村委难的情况,坚持做到"三个到位"(宣传培训到位、指标明确到位、政策激励到位),确保女性进村委100%。

8月15日,临桂镇金水社区居民投票选举社区"两委"班子成员

县委组织部　供稿

【整顿软弱涣散党组织】 2014年,临桂县委组织部门结合教育实践活动和"两委"换届,对全县存在的软弱涣散党组织进行整顿。对全县1029个基

◎中国共产党临桂县委员会

层党组织进行全面摸底排查，共排查出21个存在班子不齐、工作停滞、不团结、不开展组织活动现象的软弱涣散基层党组织。对排查出的软弱涣散基层党组织，召开专题党组织会议进行自查，先整顿，后换届。结合村（社区）“两委”换届选举，对不胜任现职、工作不积极的14名党组织书记进行调整，并对16个村级涣散党组织全部配备定员全额补贴的专职党支部副书记。

【完善用人制度】 2014年，临桂县委组织部门注重在“三线”（基层一线、维稳一线和中心工作一线）培养锻炼干部。加强乡科级后备干部库的建设，充实和完善后备干部库，加强对后备干部的经常性跟踪了解，为选优配强领导班子奠定基础。在干部推荐、测评中，科学合理设置参与民主推荐人员范围，采取民主测评、民意调查、实绩分析、个别座谈、综合评价等办法，扩大考察范围、丰富考察手段，加强综合评价，把干部的推荐得票、考察结果与其一贯表现、年度考核以及周围群众和服务对象的评价意见结合起来，提高选人用人的公信度。全年选拔25名优秀干部到贫困村和高标准示范村担任村党组织第一书记（第一主任）；提拔科级领导干部14人（正科7人，副科7人），35岁以下5人，占35.7%。结合县直、乡镇领导班子建设的实际情况，调整县直部分单位和个别乡镇领导班子169人（到龄改任非领导职务13人，交流调整职务156人）。在调研的基础上制定了《选拔乡镇科级非领导职务干部的工作方案》，对长期工作在乡镇的25名干部进行了考察考核。

【完善干部监管】 2014年，协助桂林市委组织部完成44名处级干部的个人有关事项首次集中报告工作；联合县纪委组织对860名科级领导干部开展个人有关事项报告工作。严把干部任用程序关，做好考察预告和领导职务任前公示的监督工作，发出49次考察预告及任前公示；委托县审计局对3名领导干部任期经济责任进行审计。制定超职数配备的领导干部的消化方案，通过把超职数配备干部转任空缺岗位、合理增加领导职数和鼓励提前退休、辞去公职及转任非领导职务等办法，消化超职数配备干部68人。

【加强干部队伍建设】 2014年，临桂县委组织部门提高干部教育培训实效，重视干部培养的可持续性，坚持把干部的培养放到比选拔更重要的位置。依托本地1+3特色教育基地（党校+五通新寨新农村培训基地、四塘陈宏谋廉政教育基地、两江李宗仁爱国主义教育基地），邀请专家教授，为全县领导干部作了10多个专题辅导讲座。组织全县140多名正科级干部，到北京大学培训，学习领导理念与艺术、“美丽中国”与生态文明城市建设、新型城镇化建设与区域发展等内容。县各部门举办各类干部培训班33期，受训18400人次，有效提升全县干部的综合素质。9—10月，对各行政村（居）、社区“两委”班子共计878名全额定员村干，分四期进行专题培训，提升新当选村干部综合素质。强化远程教育服务功能，新建4个电信模式远程教育站点。

11月16日，临桂县在北京大学举办新型城镇化和美丽乡村建设高级研修班

县委组织部　供稿

【调研宣传】 2014年，临桂县委组织部开展“乡镇干部队伍建设”调研活动，完成《临桂县推进干部作风建设的探索与思考》《关于构建党的群众路线教育实践活动长效机制的探讨》等6篇调研文章。完

成《八桂清风》百部系列党员电视教学资源片制作任务。年内,在国家级刊物发表组工调研文章、信息4篇,在《广西组工通讯》发表6篇,在桂林党建网采用稿件345篇,《桂林组工通讯》发表23篇。

(彭胜发)

宣传工作

【概况】 2014年,中共临桂县委宣传部(简称县委宣传部)内设办公室、外宣办、文明办、社科联、宣传股、理论教育股。全年宣传思想文化工作坚持以中共十八届三中、四中全会精神为指导,深入开展党的群众路线教育实践活动,深化社会主义核心价值体系建设,坚持以科学的理论武装人、以正确的舆论引导人,不断提高宣传思想工作水平,各项工作都取得了新突破、新成效。

【强化政治理论学习】 2014年,县委宣传部制定下发《中共临桂县委员会关于2014年全县理论学习的通知》《2014年临桂县中心组学习计划表》,安排县委中心组学习、干部理论教育的学习任务和目标要求。发挥中心组学习龙头示范作用,组织县委中心组学习(扩大)会议6次,邀请《求是》杂志研究员黄苇町等知名专家教授为干部作学习辅导。围绕党的群众路线和中共十八大,十八届三中、四中全会精神开展"群众性理论政策面对面"宣讲活动20多场次,结合"三下乡"(文化、科技、卫生)"桂林百姓大舞台"等活动开展文艺宣讲近10场。

【舆情信息工作】 2014年,县委宣传部邀请自治区、桂林市主流媒体到县内集中采访10多次。积极参与李天佑上将诞辰100周年纪念活动的宣传。在《广西日报》上稿161篇,策划全县党的群众路线教育实践活动等专(整)版4版;在《桂林日报》上稿710条,其中头版头条8条;《广西新闻》采用31篇;桂林电视台采用282篇。围绕重大主题节庆活动、社会热点问题,先后举办3次新闻发布会。主动推进网络宣传,成立10多名网络评论员组成的网络舆情监控小组,实行24小时舆情监控。与新华社、广西日报社、桂林日报社、红豆网等知名媒体建立合作关系,与舆情事件责任主体单位通力协作,通过正面宣传引导舆论等手段,及时平稳处理六塘镇政府在建房屋坍塌、脚手架倒塌等网络舆情事件和新闻突发事件,避免大范围炒作与恶性炒作。

【开展文明创建活动】 2014年,县委宣传部开展学雷锋践行社会主义核心价值观大行动,组织志愿者开展"三关爱"(关爱他人、关爱社会、关爱自然)志愿服务活动。在全县重点区域设立公益广告高炮18个,张贴公益广告2675幅。每月向桂林市文明办推荐1~2名身边好人,全年推荐身边好人12人。开展"感恩教育"主题活动,倡导知恩图报、好人好报的社会风尚。推荐临桂县第一中学申报第十五批自治区文明单位,推荐2个单位申报桂林市第八批文明单位,组织桂林桂冶重工股份有限公司等23个市级文明单位、8个市级文明村镇参加复核。印发了《临桂县"十星级文明户"评选管理办法》,在农村家庭全面开展"十星级文明户"评选表彰活动。

1月19日,临桂县开展文化卫生科技"三下乡"活动,宣传十八届三中全会精神

县委宣传部 供稿

【未成年人思想道德建设】 2014年,县委宣传部组织全县中小学生参加青少年爱国主义读书教育活动,临桂中学的赵梓西演讲的《爱我美丽桂林,建设美好家园》获中学组演讲比赛特等奖。举

行临桂县第三届“世界读书日”演讲比赛。举办临桂县中小学第四届经典诵读大赛。新增会仙镇中心小学为2014年中央专项彩票公益金支持乡村学校少年宫建设项目；新确立5个市级乡村学校少年宫示范点，实现乡村学校少年宫全覆盖。

（陈家斌）

统一战线工作

【概况】 2014年，中共临桂县委统一战线工作部（简称县委统战部）主动服务，助推非公有制经济企业健康发展。做好民族事务工作，争取落实少数民族发展资金项目，推进宛田、黄沙2个瑶族乡30周年乡庆建设项目。紧密联系海外华人华侨、港澳台同胞及党外代表人士，促进全县经济发展、民族团结和社会稳定，发挥参政议政职能作用。

【助推非公有制经济健康发展】 2014年，县委统战部组织开展非公有制经济人士理想信念教育实践活动，60人参加理想信念专题培训会；全县50名非公有制企业业主及中高层管理人员参加在清华大学举办的临桂县企业管理高级研修班；组织会员企业开展联谊交流活动5次，参加人员150人次。引导非公有制经济人士参与美丽乡村建设、公益事业、光彩事业活动，全县非公有制经济人士参与各项活动捐款（含物资）100多万元。帮助企业解决用工问题，组织46家非公企业参加桂林市、临桂县举办的民营企业招聘活动；开展访“百家民营企业”征求意见活动，共收集和征求到包括企业融资、用工、用地等方面问题及会员学习交流、考察、调研等方面的建议12条。

【落实申报少数民族发展资金项目】 2014年，县委统战部完成2013年少数民族发展资金项目10个，其中道路项目5个、饮水项目2个、公共服务项目2个、教育项目1个。申报2015年自治区级少数民族发展资金项目2个（宛田瑶族乡中江村委中江至摆脚村道路硬化工程、黄沙瑶族乡翻水村委陈家至胡家通村道路工程），申报2015年桂林市少数民族发展资金项目2个（宛田瑶族乡宛田村委东宅村水利路硬化工程、柳厄村委柳厄至罗江村道路建设工程）。

【推进瑶族乡乡庆建设项目】 2014年，县委统战部推进宛田、黄沙2个瑶族乡30周年乡庆建设项目35个，总投资3.8亿元。其中，宛田瑶族乡乡庆项目24个，总投资约1.5亿元；黄沙瑶族乡乡庆项目11个，总投资约2.3亿元。项目主要集中在交通基础设施、产业发展、美丽乡村、民生保障等4个方面。

年内，宛田瑶族乡集镇建设项目完成路灯安装155盏、主街道排水沟硬化2千米、街道路面硬化1.6千米。集镇民居改造285户、改造面积2.4万平方米。新农贸市场购地住户和商铺建设完工48户，在建19户。翁洲新农村建设项目完成中央景观公园建设工程，居民房屋风貌改造53户，在改建28户。民族初中学生宿舍楼、中心敬老院、平水至东江连通公路、流峰村委水泥路等工程竣工使用。

年内，黄沙瑶族乡完成黄沙大桥、翻水桥、翻水通村水泥路、宇海通村公路项目建设；完成瑶族风情新农村一期工程民房立面改造21户（规划24户）、特色主街道民居立面改造60栋（规划74栋）、棕树湾少数民族特色瑶寨改造86户（规划105户）。

【宗教事务】 2014年，县委统战部开展“和谐寺观教堂”创建活动，协同广西伊斯兰教协会“卧尔兹”巡回演讲团到五通镇清真寺进行演讲。开展《宗教事务条例》颁布十周年宣传活动，向群众发放《宗教事务条例》及反邪教教育资料2000余份，现场接待群众咨询300余人次，解答群众宗教问题60条。

【侨务工作】 2014年，县委统战部接待涉侨来信来访6批12人次；在县第二届政务公开日活动中发放《中华人民共和国归侨侨眷权益保护法》宣传资料100余份，现场解答群众涉侨问题20条。走访慰问贫困归侨侨眷8户，发放慰问金4000元。为促进交流学习，派送1名教师到老挝进行援教工作。

【台务工作】 2014年，县委统战部接待中国国民党政界人士吕学樟、新竹市长许明财夫人蔡静琴一行24人到临桂县参观访问;接待台湾南良集团总裁萧登波一行8人到临桂县参观考察。

(张　红　范明珍　赵世保　尹雪英　袁　鹍)

党校工作

【概况】 2014年,中共临桂县委党校(简称县委党校)围绕县委、县人民政府的重大决策和中心工作,结合开展党的群众路线教育实践活动,加强党员干部培训教育,创新培训内容,改革培训方式,提高教研水平。

【干部培训】 2014年,县委党校举办主体班4期:其中基层党组织书记专题培训班1期、县副科级后备干部领导力和执行力提升培训班1期、领导干部新型城镇化和美丽乡村建设研修班2期。年内,协同县民政局举办2014年临桂县城新聘用社区工作人员培训班1期;协同县妇联举办基层妇女培训班1期;协同桂林市委党校举办自治区管理干部研修班1期;配合桂林市委党校举办处级干部培训班、中青干部培训班、党外科级干部培训班各1期,科级干部培训班2期。年内,培训各类干部694人次。

【教研工作】 2014年,县委党校结合县委、县人民政府的重大决策和中心工作,适时更新主体班专题课题库。创新教学方式,在常规教学的基础上,采用互动式、案例式教学等新的教学方式进行教学。不定期开展听课、评课活动。鼓励教师外出参加公开课比赛,李金梅、王礼洲2人在桂林市"理论政策面对面"宣讲精品课比赛中分获一等奖和三等奖。科研工作任务落实到人。年内,学校教师在省级以上刊物发表论文2篇。

【基础设施建设】 2014年,投资1440多万元,建筑面积9028平方米的县委党校学员宿舍楼开工建设。该楼设计建筑10层,标间160间,可同时容纳320人就餐的餐厅1个。年内,报告厅、图书室、阅览室、多媒体教室、电子阅览室、讨论室及过渡期间的学员临时餐厅均已正常使用。

(文　玉)

党史工作

【概况】 2014年,中共临桂县委党史资料征集办公室(简称县党史办)认真做好临桂地方党史的资料(文字、图片、声音、影像)收集、整理、研究和宣传教育,重点抓好党史著作编纂工作。完成《中国共产党临桂历史》第三卷(1978—2012)初稿编撰任务,编写出版《中共临桂县地方史大事记》(2013年合订本)、《临桂县革命传统宣传教育读本》(第三辑)。

建设中的党校学员宿舍楼　　罗忠梅　摄

【党史编纂】 2014年,县党史办完成《中国共产党临桂历史》第三卷(1978—2012)初稿编撰任务,编辑文字资料约30万字。编写出版《中共临桂县地方史大事记》(2013年合订本),内容包括2013年临桂县每月大事。

【党史资料征集】 2014年,县党史办编辑出版发行《临桂县大事记》,内容包括上级视察,领导活动,重要会议,重要事件，友好往来等，共12期，约6万字。全年登载大事条目486条，其中县委办129条，人大办65条，政府办180条，政协办40条，党史办72条，其他单位部门40条。完成桂林市委党史研究室布置的《桂林历史上的今天》(临桂部分) 材料的报送工作。年内，根据自治区党史研究室工作部署，县党史办开展新民主主义革命时期资料抢救性征集工作。

【党史宣传教育】 2014年，县党史办抓好党史宣传教育工作。清明节前夕，与县委宣传部、县文明办、团县委、两江中学共同组织两江中学师生祭扫王河天烈士墓，并为参加祭扫活动的师生们进行

3月30日，两江中学师生到王河天烈士墓前开展革命传统教育　　潘红霞　摄

革命传统教育。在开展党的群众路线教育实践活动期间，邀请桂林市党史研究室领导及有关专家分别到宛田、中庸等地给党员上党史课。为黄沙瑶族乡党员干部上革命传统教育课，赠送党史书籍和光碟。编写《临桂县革命传统宣传教育读本》(第三辑)，并出版发行。

【资政调研】 2014年，县党史办到宛田、黄沙2个瑶族乡就县委、县人民政府贯彻执行党的少数民族政策进行专题调研。撰写了《关于临桂县少数民族乡经济社会的调查研究》的调研报告并提交给有关部门。

(潘红霞)

绩效管理与考评

【概况】 2010年，成立临桂县绩效考评领导小组办公室(简称县绩效办)，为正科级行政单位，挂靠县纪委监察局；核定编制3人，领导职数为主任1人，副主任1人。2014年，县绩效办行政编制3人，实有3人。年内，县绩效办主要承办临桂县绩效考评领导小组的日常工作；根据经济社会发展不同时期的工作重点，修订和完善绩效考评指标和考评办法；审定考评对象根据职能任务和工作要求制定的年度绩效计划；督促检查考评对象绩效目标完成情况，提出意见和建议，开展日常评估工作；对各乡(镇)和县直各单位进行年度绩效考评；完成自治区及桂林市绩效办交办的其他事项。

【自评迎考工作】 2014年，县绩效办在上级下达指标任务的基础上，结合临桂县实际，与相关牵头单位协商，制定《临桂县2014年度绩效管理与考评工作方案》。明确各工作阶段任务及年度总目标，将每一项工作落实到具体责任单位、责任领导及责任人，增强绩效考评的可操作性。年末，由县绩效办组织指标牵头单位、配合单位、责任落实单位对照桂林市2014年度绩效考评指标体系及其评分细则开展相应的绩效管理与自评迎检工作。桂林市核验组采取实地调查、专项检查、抽样检查等方式对重大项目、民生工作和特色工作等进行察访核验，并抽选会仙镇和南边山乡进行实地调查；对全县自评迎考项目进行了台账检查。由桂林市领导以无记名方式对被考评单位进行评价。

【县级绩效考评】 2014年，由县绩效办牵头，从各相关单位抽调骨干力量组成考核组，对全县11个乡镇、69个县直单位和7个自治区、桂林市驻临桂单位进行了绩效考核。由县指标考核部门和

数据采集部门及县核验组，采取定量与定性、过程与结果、日常督查与年终考核相结合的方式，依据指标评分标准进行考核评分。县绩效办对考评结果进行复核、汇总。由县绩效办邀请县内不同层面的领导以无记名方式对被考评单位进行评价。

5月29日，自治区信访局对临桂县《信访条例》执法情况进行检查

李继兴　摄

【落实公众评议】 2014年，桂林市向临桂县反馈上一年度绩效考评公众评议所收集反馈的意见建议共38条涉及15个单位和3个乡镇，县绩效办将意见建议分解并反馈至各责任单位，并要求各责任单位制定整改工作实施方案，切实落实整改，并定期公示整改情况接受群众监督。组织县直、乡镇机关及所属事业单位干部职工和企业经营者、外来投资者和个体工商户以及11个乡镇的村委干部共200余人对全县上一年度的工作进行评议，并邀请他们对11个乡(镇)、69个县直单位和7个自治区、桂林市驻临桂单位的工作进行评议。抓好对评议意见、建议的及时处理、回应群众诉求。

(刘永健)

信访工作

【概况】 2014年，临桂县信访局以深入开展领导干部接访下访为载体，推进矛盾纠纷排查化解、信访积案化解、及时就地解决信访问题等重点工作。年内，临桂县信访局设秘书股、接访股、督查督办股、调查处理股、县长专线室；编制7人，实有8人。

【接访工作】 2014年，临桂县信访局共接待群众来访290批2337人次，(比上年，下同)下降10.49%，集体来访77批2156人次，上升25.97%，非正常上访36人次，上升63.63%。

【办信工作】 2014年，临桂县信访局共收到群众来信83件，国家投诉办网上转办信件9件。其中受理群众来信50件，作出答复42件，不受理信访件30件，初信访件33件，国家投诉办网上转办信件全部办结。

【督查督办】 2014年，临桂县信访局按要求做好督查督办工作，督促各单位完成中央巡视组交办信访件57件、自治区教育实践活动第九督导组交办信访件20件、自治区联席办交办信访件3件、桂林市交办信访件6件。

【县领导接访】 2014年，临桂县县处级领导55人次参加领导干部大接访活动，共接待群众来访48批546人次，其中县委书记、县长接待10批48人次，其他县领导接待38批498人次。当场解决群众反映强烈的信访问题23件，落实包案领导和责任单位11件，劝返无政策依据来访10件。

(李继兴)

保密工作

【概况】 2014年，临桂县国家保密局(简称县保密局)深入贯彻落实《中共中央关于加强新形势下保密工作的决定》，围绕县委中心工作，服务临桂经济社会发展大局，加强对全县保密工作的准确把握，增强忧患意识，突出重点，抓落实，认真完成全年各项工作任务，全县没有发生失密、泄密事件。

【强化保密管理】 2014年，临桂县组织开展了3次保密检查工作，对党政机关和涉密单位涉密载体清理情况进行检查。成立涉密载体清理情况检查工作领导小组，并下发了《关于在全县党政机关和涉密单位组织开展涉密载体清理情况检查的通知》，要求各单位组织自查、整改工作。对县纪委、县检察院、县审计局等重点涉密单位及县保密委成员单位涉密载体的清退、留存、收回和销毁情况进行抽查，同时检查了计算机、移动存储介质和办公网络使用情况及相关制度建设。各单位都建立了保密管理制度，实行专人专管，没有发生泄密事件。

【加强网络保密管理】 2014年，临桂县加强完善网络保密管理制度，组织开展网络核查分类，严格界定涉密网络、非涉密网络属性。完成涉密网络测评审批工作，加强"三员"(系统管理员、安全保密管理员、安全审计员)管理，规范日常维护。加强电子政务外网和互联网保密监管，缩减和规范单位互联网接入口。严格控制单位互联网门户网站、政务微博、微信等信息公开保密审查，对行政机关提出的不能确定的是否可以公开的政府信息进行了确定。

【规范涉密人员管理】 2014年，按照自治区国家保密局制定出台的涉密人员分类确定标准，完成乡镇和县直机关单位涉密人员分类确定工作，对涉密人员重新签订保密承诺书，并组织县保密工作人员参加自治区保密培训。

【考试保密管理】 2014年，临桂县设有高、中考考点7个(高考考点2个、中考考点5个)。考前，县保密局对全县各试卷保密室进行检查，对试卷的进、出、分、发等环节进行全程跟踪；根据中考考点多、分散的情况，与县招考办、县公安局组成三个护送试卷小组，把试卷护送到各个考点。考试期间，分派人员到各考点进行巡察。整个考试过程，没有出现失、泄密事件和丢失考卷事件。

【开展保密法制宣传】 2014年，县保密局成立了保密法制学习宣传领导小组，制定学习宣传活动方案。组织开展"保密法宣传教育月"活动，以全国法制宣传日(12月4日)为契机，宣传保密法，发放各类宣传资料3000多份。

【建立健全保密制度】 2014年，县保密局认真做好对上年的"三密"文件资料清理清退和阅卷归档工作，对各单位2014年"三密"文件资料收、发、传阅过程中的登记管理工作进行检查指导，督促检查各单位的密件密品管理。为保证全县保密工作制度化和规范化，要求各单位建立健全涉密人员管理制度、密件密品管理制度、涉密计算机管理规定等保密制度，落实保密责任，确保全县的保密工作不出疏漏。

(蒋镜桂)

机构编制

【概况】 2014年，临桂县机构编制委员会办公室(简称县编制办)深化行政管理体制改革、加强机构编制管理、做好机构编制实名制管理和事业单位分类改革基础性工作。

【机构编制调整】 2014年，县编制办对各部门提出的职能调整、机构设置、机构升格、人员编制和领导职数增减的要求及时按规定程序办理，通过实地考察调研、政策论证、会议研究、调查了解等方式，对98个机关及事业单位的机构设置和职能、编制进行调整，并为249名干部、职工办理了调动编制转移手续。

【推进职能转变和机构改革】 2014年，县编制办研究提出了县政府职能转变和机构改革方案，呈报县委、县人民政府研究决定并上报桂林市委、市人民政府审批后，进入实施阶段。撤并整合机构4个，调整职能9项，开展乡镇国土资源、规划建设和环境卫生、环境保护、安全生产监管机构"四所合一"试点工作。履行行政审批事项改革牵头单位职责，开展行政审批事项的承接、下放和调整工作。

【实名制管理和域名注册】 2014年，县编制办有针对性地开展机构和人员编制核查工作，进一步完善机构编制实名制管理工作，完成所有行政和事业单位的机构编制和人员信息采集和录入上报工作。更新实名制软件，完善数据，初步实现了机构编制动态管理。做好已注册中文域名256个单位的管理费用的后续工作。

【做好机构和人员编制核查】 2014年，县编制办积极参加自治区、桂林市组织的机构编制核查业务培训活动，提高机构编制管理能力，制定全县控编减编方案，落实编制精简5%的目标。配合做好领导职数核查和人员公招计划审核工作。配合组织、人社部门完成公务员招录、事业单位人员招聘，县、乡(镇)机关和教育等系统人员招考工作计划的编制审核。

【模拟事业单位分类】 2014年，县编制办制定《临桂县事业单位分类工作方案》，组织开展事业单位规范清理和模拟分类工作，对承担行政职能、公益一类和二类、生产经营类事业单位进行了模拟分类。全县事业单位361个(其中乡村小学以各乡镇中心小学为统计单位)，承担行政职能的事业单位5个，占事业单位的1.3%；公益一类311个，占事业单位的86.2%；公益二类27个，占事业单位的7.5%；经营类18个，占事业单位的5%。拟划分为行政类和生产经营类的事业单位上报桂林市备案。

【事业单位登记管理】 2014年，县编制办按照《事业单位登记管理暂行条例》要求，开展事业单位备案登记、变更登记、注销登记。按时对符合条件的335个事业单位开展年度检验，变更登记单位86个；对263个事业单位档案进行复核、整理补充。

(曾繁青)

老干部工作

【概况】 2014年，临桂县委老干部局(简称县老干局)围绕党的群众路线教育实践活动，加强离退休干部“三项建设”(思想政治建设、党组织建设和文化建设)，落实老干部的政治待遇和生活待遇，推进老干部活动中心和老年大学两个阵地建设，积极开展关心下一代工作。年内，县老干局编制4人，实有6人。下辖临桂县老干部活动中心和临桂县老年大学(编制2人，实有2人)。

【学习活动】 2014年，县老干局组织老干部集中学习党的群众路线教育实践活动精神4次，学习中共中央总书记习近平系列讲话精神2次，学习中共十八届四中全会精神2次，确保离退休干部在思想上和行动上同中央保持高度一致。协助县政协、县人民政府办公室等有离退休干部党支部的单位开展6次支部学习党的路线教育实践活动。

【落实老干部生活待遇】 2014年，县老干局着重抓好《关于提高离休干部护理费标准的通知》的落实工作，为离休干部实报实销医药费390万元。落实离休费和生活补贴费及时足额发放，及时向老干部通报县委、县人民政府关于撤县设区增加补贴等有关情况，让老干部及时了解全县的重要情况。5月，组织离退休干部进行了一次全面体检。9月，对全县解放前参加工作的老干部发放每人500元的困难慰问金。10月和12月，组织离退休干部参观临桂六塘新村建设和临桂新区建设，让老干部感受到临桂发展的新面貌。

【两个阵地建设】 2014年，县老干局为保证老年大学教育质量，采取增加教师课时补贴的方式激发教师的教学积极性；组织县老年大学的学员参与县机关工委文艺汇演。对老干部进行保健知识培训，培养老干部健康的生活方式；组织老干部参加桂林市老干局举办的门球比赛，并获第二名。

【开展关心下一代工作】 2014年，县老干局开展关爱少年儿童慰问活动，为特殊困境儿童群体办好事、做实事。“六一”节前夕，组织老干部与县第二小学的小学生们进行了一次文艺会演，并联合举办“爱国爱党共筑梦”主题书画作品展览。

(黄勤生)

县直机关工委

【概况】 2014年，临桂县直属机关工委(简称县直机关工委)以党的群众路线教育实践活动为契

11月14日，县直工委举办入党积极分子培训班　　县直机关工委　供稿

机，坚持抓党建、促发展，把握服务中心、建设队伍两大任务，加强和改进党的建设，推动机关党的思想、组织和作风建设。年内，县直机关工委下辖4个基层党委，231个党总支部，共有党员4612人。

【开展党的群众路线教育实践活动】 2014年，县直机关工委在开展党的群众路线教育实践活动中，围绕“整四风、树形象、抓‘五好’（好政策、好堡垒、好干部、好作风、好风气）、强保障”的主题，扎实完成活动任务。在县政务服务中心、劳保所、农保所、医保中心、市容局等党组织开展党员“亮标准、亮身份、亮承诺，比作风、比服务、比业绩，领导点评、党员互评、群众评议”活动，提升窗口服务意识及办事效率。围绕党的群众路线教育实践活动，教育引导全县党员“照镜子、正衣冠、洗洗澡、治治病”，树立群众观点，发挥党员模范带头作用。宣传党的群众路线，组织观看《焦裕禄》等电影，学习焦裕禄精神；举办“当党的排头兵，做群众的贴心人”主题演讲比赛，评出一等奖2名、二等奖4名、三等奖6名、优秀奖10名。

【推进基层党组织建设】 2014年，县直机关工委按照《中国共产党党和国家机关基层组织工作条例》的规定，在县直机关届满的党组织换届中实行公推直选，指导直属机关届满的党组织按时换届。年内，督促指导3个党总支部、27个党支部进行调整改选，缺额补选支部委员7人。做好党内关爱活动，春节、“七一”等节日共慰问老党员和困难党员32人，发放慰问金10700元。组织县直机关党员志愿者服务队开展岗位进社区、服务进社区、关爱进社区、感情进社区的“四进社区”活动，各机关单位在职党员约4000名到县城5个社区参加志愿服务活动。

【加强党风廉政建设】 2014年，县直机关工委加强党风廉政建设，筑牢拒腐防线。制定《2014年度党风廉政建设和反腐败工作实施方案》，并按照一把手负总责，谁主管谁负责的原则，将领导干部在党风廉政建设和反腐败工作方面应担负的责任进行分解细化，落实到每一位干部。坚持政务、党务公开，主动接受监督，执行责任追究制度。严格执行财务、公务接待、公车使用等制度。定期对所辖党支部党风廉政工作进行检查，对党员违法违纪案件，经班子会议讨论，对照有关党纪法规，提出处理意见。年内，协助县纪委查处县直机关违纪违法党员3人。

【党员发展、教育工作】 2014年，县直机关工委按照《中国共产党章程》和《中国共产党发展党员工作细则》的有关规定，严格遵循控制总量、优化结构、提高质量，发挥作用的总体要求，做好党员发展、教育工作。全年发展新党员31名，预备党员转正48人。培训县直机关支部书记、组织委员200人，入党积极分子70人。

【武装工作】 2014年，县直机关武装部按照县征兵办的统一部署，下发了《临桂县直属机关武装部2014年夏季征兵宣传提纲》，输送6名高学历优秀青年入伍。年内，组织民兵参加全县演练活动2次、100人次。

（柳映婕）

临桂县人民代表大会

LinGuiXian RenMin DaiBiao DaHui

2月26—28日，临桂县第十五届人民代表大会第五次会议在县城影剧院召开　　周家斌　摄

重要会议

【临桂县第十五届人民代表大会第五次会议】
2014年2月27—28日，临桂县第十五届人民代表大会第五次会议在县城召开。会议听取和审议《临桂县人民政府工作报告》《临桂县人大常委会工作报告》《临桂县人民法院工作报告》《临桂县人民检察院工作报告》，审查和批准《临桂县2013年国民经济和社会发展计划执行情况及2014年国民经济和社会发展计划（草案）的报告》《临桂县2013年预算执行情况和2014年预算（草案）的报告》。

【临桂县第十五届人大常委会会议】 2014年，共召开9次人大常委会会议。

第十六次会议 1月20日举行。会议补选何新明为桂林市第四届人民代表大会代表。

第十七次会议 2月11日举行。会议补选陈敏为桂林市第四届人民代表大会代表。

第十八次会议 2月21日举行。会议审议通过《临桂县2013年国民经济和社会发展计划执行情况与2014年国民经济和社会发展计划草案的报告》《临桂县2013年预算执行情况和2014年预算草案的报告》；讨论通过了《临桂县人大常委会工作报告》、2014年工作要点及第十五届人民代表大会第五次会议有关文稿；审议通过了《临桂县第十五届人大常委会代表资格审查委员会关于代表变动情况的审查报告》。

第十九次会议 4月25日举行。会议学习中共中央总书记习近平调研指导兰考县党的群众路线教育实践活动讲话精神；讨论通过了《临桂县人大常委会关于开展"群众路线在心中·人大代表在行动"主题实践活动方案》和《临桂县乡（镇）人大工作目标考评办法》。

第二十次会议 5月26日举行。会议决定接受邓世文、粟皎敏辞去临桂县人民政府副县长职务，任命唐立勋、陈苦源为临桂县人民政府副县长。会议还进行了其他人事任免。

第二十一次会议 6月20日举行。会议听取和审议了县财政局局长卜清亮作的《关于2013年度临桂县财政决算和县本级决算的报告》，听取和审议了县审计局局长罗宁作的《关于临桂县2013年度预算执行及其他财政收支情况的审计工作报告》，听取和审议了县人大常委会财经城建工委主任徐绍琼作的《关于2013年度临桂县财政决算的初审报告》，审查批准了2013年度临桂县本级财政决算；会议听取和审议了县林业局局长李基日作的《关于临桂县贯彻执行〈中华人民共和国森林法〉情况的报告》和县人大常委会法工委主任梁增芝作的《〈森林法〉执法检查报告》。会议审议通过了《关于强化对临桂县人大常委会审议意见交办、督办办法》和《临桂县人大常委会关于强化对人大代表议案、建议、批评和意见督办工作的办法》。会议决定任命於永义挂任临桂县人民政府副县长（挂任时间两年），会议还进行了其他人事任免。

第二十二次会议 9月1日举行。会议听取和审议了县发改局局长廖真生作的《临桂县2014年上半年国民经济和社会发展计划执行情况的报告》，听取和审议了县财政局局长卜清亮作的《临桂县2014年上半年财政预算执行情况的报告》，听取县人大常委会各调研组所作的调研报告。会议进行了人事任免。

第二十三次会议 10月16日举行。会议听取了县人大常委会调研组对2014年政府工作中重大项目建设情况、为民办实事情况及《道路交通安全法》执行情况的调研报告，将有关工作建议意见转交县政府研究处理。会议听取和审议了县财政局局长卜清亮作的《临桂县2014年财政预算调整方案（草案）的报告》，批准了2014年的财政预算调整。审议了《临桂县人民政府更换2014年健康惠民工程指标的报告》，同意县人民政府更换2014年健康惠民工程指标。会议进行了人事任免。

第二十四次会议 12月8日举行。会议听取和审议了临桂县人民法院、临桂县人民检察院2014年工作情况汇报。会议进行了人事任免。

（陆凌凤）

重要工作

【国家机关工作人员任免】 2014年，县人大坚持党管干部和依法任免的有机统一，推行任前了解、任职发言、颁发任命书等任免制度和办法，保证人事任免工作依法、规范操作。全年共依法任免国家机关工作人员 57 人次(任命 36 人次，免职10 人次，接受辞呈 11 人次)。

【人大代表议案和建议办理】 2014 年，县十五届人大五次会议期间，收到议案 3 件，分别是 26 名代表联名提交的《关于规划建设临桂县城市综合体的议案》、10 名代表联名提交的《关于要求建设临桂县城金山立交桥缓解大圆盘交通通行压力提升城市品位的议案》、21 名代表联名提交的《关于在三金药业旧址建设市民休闲文化广场及地下停车场的议案》。大会还收到代表对各方面工作提出的建议、批评和意见 28 件。常委会采取多种形式，强化代表建议意见的办理，对相关承办单位开展督查活动，收效良好。

【依法行使重大事项决定权】 2014 年，临桂县依法召开了第十五届人民代表大会第五次会议和九次常委会会议。常委会听取了县人民政府《关于2013 年度临桂县财政决算和县本级决算的报告》和《关于临桂县 2013 年度财政预算执行及其他财政收支情况的审计工作报告》，批准 2013 年县财政本级决算，听取和审查了县人民政府《关于临桂县 2014 年财政预算调整方案(草案)的报告》，作出了《关于批准调整 2014 年财政预算的决议》。

【调研监督工作】 2014 年，县人大认真贯彻执行监督法，不断丰富监督方式，把人大监督和支持“一府两院”工作有机结合起来，积极推动全县的经济工作进程。对年初人代会批准的国民经济和社会发展计划进行调研，听取和审议国民经济和社会发展计划执行情况的报告，提出了强化服务，全力促进工业生产，加速推进项目建设的审议意见。对临桂县预决算编制管理和执行情况进行了调研，听取和审议了县人民政府 2013 年度预算执行及其他财政收支情况的审计工作报告，针对工作中存在的不足和问题，依法提出了努力培植财源，不断提高财政收入质量；深化财政改革，狠抓增收节支管理；努力提高财政资金管理使用效率等审议意见。对政府工作报告中的重大项目建设情况及为民办实事情况进行了专题调研，听取和审议了调研组的调研报告，针对临桂县在经济增速放缓、下行压力增大的情况下所面临的困难和问题，提出了严格控制财政支出，强化责任意识，加快重点项目建设进度的审议意见。对临桂县的乡镇幼儿园、县城小学入学难、县城大圆盘改建、城市视频监控系统(天网)工程、农村危房改造、征地拆迁、安置工作等多项热点、难点问题进行了专题调研，并组织市、县人大代表视察了义江流域环境治理保护情况。针对存在的问题和困难，提出审议意见，提交县政府及有关职能部门加以整改。

12月8日，临桂县2014年代表议案建议办理情况汇报会召开　　苏庆华　摄

【执法检查】 2014年,县人大常委会强化法律监督职能,组织开展《中华人民共和国森林法》《中华人民共和国道路交通安全法》执法检查,促进经济、社会和生态环境协调发展。配合全国人大环资委在临桂县开展《野生动物保护法》立法调研,配合自治区人大开展《湿地保护条例(草案建议修改稿)》调研,配合市人大对民族、依法治市及法律监督的工作情况进行专题调研和6次执法检查活动,如实反映问题,提出可行建议,推动难点问题解决,优化全县的法治环境。

5月29—30日,临桂县人大常委会举办代表履职培训班 苏庆华 摄

【提升代表履职水平】 2014年5月和12月,县人大常委会举办了两期县人大代表履职培训班,邀请领导、专家进行授课,包括县十五届人大代表、各乡镇人大主席、副主席、人大机关干部共400余人次参加培训,提高了人大代表依法履职水平,增强人大代表和人大工作者的法律意识、责任意识和大局意识。

【信访工作】 2014年,县人大坚持畅通群众反映诉求和意愿的渠道,妥善解决群众来信来访,对难度较大的信访件,主要领导亲自接访和具体协调解决问题。全年共接待来访32批次,156人次,处理来信14件次,督办重大信访事项7件次,及时转交群众诉求到相关部门,转办率100%,维护了人民群众合法权益,促进社会和谐稳定。

【信息工作】 2014年,县人大重视发挥各级新闻媒体作用,撰写理论文章和宣传报道,推动人大工作扎实有效开展。共撰写调研报告8篇,在各级媒体刊载宣传稿件100多篇,被国家级刊物采用8条,省级刊物采用52条,市级采用62条。

(陆凌风)

临桂县人民政府

LinGuiXian RenMin ZhengFu

10月17日，宛田瑶族乡举行成立30周年庆祝大会　　今日临桂报社　供稿

重要会议

【第十五届人民政府第二十六次常务会议】 2014年2月25日召开。会议审议并原则通过《政府工作报告》《临桂县2014年财政收支预算（草案）》、全面推行公务卡等事项。

【第十五届人民政府第二十七次常务会议】 2014年4月10日召开。会议审议并原则通过临桂县城新增社区命名、增聘环卫保洁员、完善体育人才培养激励机制、确定临桂县公租房租金标准等事项。

【第十五届人民政府第二十八次常务会议】 2014年6月3日召开。会议审议并原则通过临桂新区道路命名方案、临桂新区2014年城市容貌管理方案、表彰2013年度人口和计划生育目标管理责任制考核获奖单位及个人、调整县廉租房租金标准、实施高中免费教育等事项。

【第十五届人民政府第二十九次常务会议】 2014年7月8日召开。会议审议并原则通过完善社会救助和保障标准与物价上涨挂钩联动机制实施方案、组建湿地旅游开发公司等事项。

【第十五届人民政府第三十次常务会议】 2014年7月25日召开。会议审议并原则通过县城规划范围内私人建房规划建设管理、临桂县农村土地承包经营权确权登记试点工作方案等事项。

【第十五届人民政府第三十一次常务会议】 2014年10月9日召开。会议审议并原则通过秧塘工业园区道路命名等事项。

【第十五届人民政府第三十二次常务会议】 2014年10月30日召开。会议审议并原则通过《临桂县矿产资源总体规划(2008—2015)》调整方案、金山市场精细化管理奖励、临桂县城乡居民基本养老保险实施办法等事项。

【第十五届人民政府第三十三次常务会议】 2014年12月11日召开。会议审议并原则通过临桂县2014—2015年度冬春水利建设实施方案和以奖代补项目实施方案等事项。

（李庆旺　陆　勇）

重要政务

【服务“三农”工作】 2014年，临桂县完成农林牧渔业总产值61.63亿元，增长3.65%；农林牧渔业增加值38.09亿元，增长3.6%。农业、林业、牧业、渔业、农林牧渔服务业产值分别为30.42亿元、2.62亿元、25.32亿元、1.69亿元、1.58亿元，增速分别为5.04%、9.63%、1.08%、6.56%、6.05%。粮食播种面积48300公顷，总产量26.35万吨，超级稻面积26666.67公顷。建立会仙镇、四塘镇、临桂镇3个国家级、自治区级666.67公顷粮食高产创建和超级稻示范推广基地，打造会仙镇七里村33.33公顷富硒稻谷核心示范区和20个粮食高产攻关核心示范片。建立漓江流域古桂柳运河200公顷无公害高标准蔬菜基地，打造南边山乡韭菜花、茶洞乡菜芯、六塘镇黄家庄莴笋3个66.67公顷蔬菜示范基地和会仙镇宝山村33.33公顷稻菜轮作标准园基地。全年新增水果种植面积1333.33公顷，建立200公顷红阳猕猴桃示范基地、6666.67公顷水果产业带。规模养殖继续保持桂林市领先地位，梅花鹿、肉牛、肉羊等草食动物和特色水产养殖发展势头良好。发展农民专业合作社，产、供、销一体化逐步形成。全年新增造林1786.67公顷、植树86万株、育苗32公顷。落实农机购置补贴政策，发放补贴资金1018.7万元，办理补贴机具4003台(套)，受益农业合作组织和农户3115家。“新网工程”新增5家、改扩建11家农村加盟店，网点总数504个。

【加快工业发展】 2014年，临桂县坚持“一区多园”发展思路，狠抓园区基础设施建设，拓展园区发展空间，增强园区发展集聚能力，着力构建临苏高端产业带。完成工业总产值370.78亿元，增长10%；其中规模工业增加值117.2亿元，增长10.2%，占全县经济总量的54.32%。园区完成基础设施项目投资9200万元。西城经济开发区成为广西唯一县级自主投资、自主开发、产值位居前五名的自治区级工业园区。加快福达集团、国际线缆、广汇能源装备、啄木鸟医疗器械等重大工业项目建设,培育福达集团、三金药业、娃哈哈等一批具有较强核心竞争力的新型工业化规模企业，福达公司在沪市主板成功上市。深入实施"抓大壮小扶微工程",完成技改投资46.82亿元。搭建政银企合作平台,为7家企业促成5亿元融资意向。全县产值超亿元企业45家,超10亿元8家,超50亿元2家,上市公司7家。

【大力发展旅游业】 2014年，临桂县编制完成《临桂县重点旅游片区发展规划(2014—2020)》、《临桂县特色文化产业项目专项规划(2013—2020)》,推进旅游文化产业发展。罗山湖水上乐园成功创建AAAA景区,怡化小镇、义江国际、信和信智慧健康产业园、保利文化产业园、五通农民画第一村(二期)、雄森熊虎山庄搬迁等旅游文化项目,飞虎队遗址公园一期基本建成。桂林五通农民画旅游休闲产业项目被列入国家特色文化产业重点项目,并获700万元专项扶持资金。全县接待游客突破150万人次,旅游总收入7.6亿元,分别增长30%和24%。

【促进现代服务业发展】 2014年,临桂县房地产在建开发项目87个,完成投资85.7亿元,商品房销售面积128.07万平方米。住宿、餐饮业分别实现营业额0.51亿元和6.01亿元，增长9.3%和12.9%,花样年福朋喜来登大酒店开始营业。社会消费品零售总额完成34.83亿元,增长13.05%。金融机构存、贷款余额分别为162.93亿元和137.18亿元,增长17.55%和26.04%。邮政和电信业务总量分别增长16.43%和22.31%。公路客货运周转量117577万吨千米,增长12.7%。

【招商引资】 2014年,临桂县围绕产业链培育和税源培植,积极实施"走出去、请进来"战略,加大对外推介宣传和招商引资力度，招商引资取得新成效。全年新引进签约项目15个,合同投资总额534亿元。实际到位内资78.75亿元,大口径实际利用外资3962.79万美元，分别完成全年目标任务的109.38%和120%。东莞晶和建材物流、中辰电子物流、宝能·欢庆城、宝能·凤凰小镇等一批项目落户临桂。成立服务团队,为全县57个重点建设项目提供保姆式服务，确保项目早开工、快建设、早投产。三金药业、国际线缆、宇川光电、伟文纳米等一批产业项目建成投产，奥瑞金包装项目实现当年引进、当年建设、当年投产,两江机场扩建、华能分布式能源等项目相继开工建设,广汇能源、泰乐科技园、真龙汽车城、啄木鸟医疗器械等项目顺利推进，重点项目建设形成了可持续发展的良好局面。

【城镇化建设】 2014年,临桂县全力抓好新区征地、拆迁、安置、拆违等工作,以及医、学、娱、购、水、电、气等配套项目建设。全年新征用地386.67万平方米,依法拆迁农房3万平方米,开展拆违行动50多次,依法拆除违法建筑30万平方米。投入2.5亿元用于县城绿化、硬化、排污和路网工程等建设,完善县城基础设施。完成虎山路延长线、新龙路一期、秧二路、秧六路、经十二路等城市道路工程和盘山园林景观、西干渠临桂城区段一期景观、金山路绿化改造等项目建设，大力推进金水路、榕山路等8条主干道私人住房联合改造,扎实开展孔明园、东坡园、会元、榕山等居民区,以及葛家塘、秦塘、旸谷岭等城中村改造,投入2880万元绿化改造西干渠县城段，投入200万元实施沙塘河贯穿世纪大道临时排水工程。投入2.6亿元的六塘镇城镇化示范镇建设通过验收并获桂林市第一名。投入1亿多元提前完成宛田、黄沙两个瑶乡特色风貌改造,并举办建乡30周年庆祝活动。启动第二批会仙镇、四塘镇、临桂镇、中庸镇4个示范镇建设,推进五通镇、两江镇、茶洞乡、南边山乡等小城镇建设。南边山、中庸两个乡由乡建制改为镇建制。新寨、马鞍、下峰山、瓮洲、埠塘、东计岭等15个高标准新农村建设成效明显,六塘镇岚岩村被列为全国美丽乡村建设标准化示范村，实现了11个乡镇都有1~2个高标准新农村示范点的目标。投资8852万元完成农村危房改造1967户,竣工面积11.8万平方米。四塘镇大江、埠塘、东畔3个村222户外立面改造效果明显。投入156万元完成5个水库移民新村建设,近千人受益。

【实施"美丽临桂·清洁城乡"工程】 2014年,临桂县深化"美丽临桂·清洁城乡"活动,再次获桂林市城乡清洁工程和城市管理工作考评第一名,实现三连冠。推进市场管理精细化、长效化，投入

4500万元对全县24座农贸市场进行分期分批升级改造，建成四星级农贸市场3座，五星级农贸市场1座，完成15座农贸市场改造。集中力量开展农村“三改”“三清洁”工作，推进7个乡镇33个行政村的农村环境连片整治。投入300万元推进节能减排，加强环境执法监管，完善城镇污水收集处理系统工程建设，投入81万元建成农村沼气池331座，主要污染源得到有效治理。全县农村自来水饮用工程普及率、卫生厨房和卫生厕所使用率均超70%。严格落实耕地保护制度，强化卫片执法监督检查，年内基本实现用地占补平衡。

（李庆旺　陆　勇）

政府法制

【概况】 2014年，临桂县法制办公室（简称县法制办）以加强队伍建设为突破口，争创依法行政示范点，提高依法行政工作水平。有行政编4人，工勤编2人，实有行政编4人。被自治区全面推进依法行政工作领导小组办公室授予“自治区级第三批依法行政示范点”称号。

【依法行政】 2014年，县法制办加强组织领导，及时调整依法行政工作领导小组，将依法行政工作纳入年度绩效考核范围。建立健全领导干部学法、重大行政决策听取意见、行政决策合法性审查和集体决定等制度，确保行政行为有法可依、有章可循，提高依法决策能力。年内举办两次政府常务会议学法讲座、两期全县领导干部法制讲座。做好成立行政执法监督局的各项筹备工作，在桂林市率先挂牌成立县人民政府行政执法监督局，具体行使县人民政府对全县各级行政机关行政执法行为的监督权。

【行政复议和应诉】 2014年，县人民政府收到行政复议申请14件，其中办结7件，维持原具体行政行为7件。收到以县人民政府为被申请人的行政复议案件25件，其中维持原具体行政行为21件，撤销2件，不予以受理1件，驳回申请1件。受县人民政府委托代理出席应诉15件，法院审理后维持决定7件，撤诉2件，撤销4件，驳回起诉2件。出席应诉案件均与土地有关，属于土地权属争议案件。

【处理涉法事务】 2014年，县法制办发挥参谋作用，提供法律意见，辅助县人民政府采购及合同的拟订。年内，向县人民政府书面提交法律意见书16篇，提供法律意见100余条；参与办理县政府办公室批转的各类信访及信访复查件6件；接待有关反映土地山林权属问题的来访280人次。

【审查“三大纠纷”处理决定】 2014年，县法制办共审查“三大纠纷”（山林、土地、水利）案件法律文书11份，审查撤销林权证案件法律文书14份。县法制办从纠纷调解、证据收集、法律适用、实体处理等方面进行严格的审查，确保县人民政府行政行为的合法有效。

【规范性文件审查】 2014年，按照《广西壮族自治区规范性文件监督管理办法》和《临桂县人民政府依法行政工作制度》，县法制办认真审查《临桂县新型农村合作医疗基金补偿方案（2014年修订）》《临桂县高中免费教育实施方案》《临桂县2014年农业机械购置补贴实施方案》《临桂县城乡居民基本养老保险实施办法》等县人民政府、县政府办制定的规范性文件，并按程序制定报备。

【加强政府法制信息平台建设】 2014年，县法制办健全完善法制信息宣传平台，加强法制信息宣传。年内，县法制办通过自治区信息公开统一平台累计发布信息186条，被自治区及桂林市法制部门网站采用信息8条，理论文章1篇，县级部门网站发布信息36条，《今日临桂》发布信息4条。

（李巧莲）

政务督查

【概况】 2014年，临桂县人民政府督查办公室（简称县政府督查室）围绕县人民政府年度工作目标、重大决策部署和民生工作项目开展督查工作，保障县人民政府各项决策和重大事项的落实，推动各项工作开展。

【稳增长促改革调结构惠民生政策落实情况督查】 2014年6月15日，县政府督查室在各乡镇、各部门自查的基础上，派出督查组到部分乡镇和单位对全面贯彻落实稳增长促改革调结构惠民生政策(涉及19项重点内容59项具体事项)落实情况进行实地抽查。抽查主要采取听取汇报、查阅资料、座谈交流、个别访谈、明察暗访等方式进行。通过自查和督查，督促各乡(镇)、各部门全面贯彻落实国务院决策部署和出台的政策措施。

【清理整治违法占地违法建设专项工作督查】 2014年8月，县政府督查室根据《临桂县组织开展清理整治违法占地违法建设工作实施方案》，在全县开展清理整治违法占地违法建设工作专项督查。成立县清理整治"两违"工作领导小组，并下设办公室，从县国土资源局、县住建局、县市容局、县林业局等部门抽调专人组成控违拆违巡查组负责整个县城规划区范围内的违法占地违法建设巡查工作，各乡(镇)负责辖区范围内的巡查工作。巡查的内容主要是桂林市临桂县（临桂镇）总体规划(2011—2030)重点项目用地范围内抢种抢栽抢建抢搭的违法占地违法建设；在建设施工的路网管网重要节点的违法建设；临桂新区管委会及相关部门重点督查督办的违法建设；违法性质恶劣、社会影响较大的违法建设。通过此次清理，控制了违法占地违法建设新增，形成严控违法建设的长效机制。

【为民办实事项目工作督查】 2014年，临桂县人民政府为民办实事项目共10项。县政府督查室对县人民政府工作报告提出的2014年为民办实事项目完成情况开展专项督查。督查组通过听取汇报、召开座谈会、查阅资料、现场检查、抽样调查等形式，全面了解各单位负责实施项目进展和完成质量情况。年内，县各相关部门完成为民办实事项目10项。

（蒋顺生　徐　松）

档案工作

【概况】 2014年，临桂县档案局(馆)位于临桂县县城兴临路18号；编制7人，实有11人；库房面积400平方米。馆藏148个全宗档案34857卷(文书档案32826卷，人事档案2031卷)，实物档案127件，资料8150册，活动照片3961张。

【档案基础业务】 2014年，临桂县档案局(馆)对全县农、林、水三大纠纷的部分重点档案进行修复、裱贴、扫描等抢救工作，抢救林业档案140卷，编制出《全县农、林、水三大纠纷专题目录》。执行定岗位、定制度、定人员的工作模式，做好馆藏档案防虫、防火、防尘、防潮、防鼠、防霉、防高温等维护工作。年内，共接收进馆档案800卷。

【档案资料整理】 2014年，临桂县档案局(馆)为满足档案数字化建设的需要，添置扫描仪4台、电脑3台。聘用专业人员录入馆藏文件级目录3377条，扫描档案21万页，编制《1952—1988年科级干部任职专题目录索引》《1984—2007年临桂县招商引资优惠政策文件汇编》《1984—2007年临桂县农业、农村工作系列文件汇编》《临桂县大记事》等资料。

【档案服务】 2014年，临桂县档案局(馆)强化服务意识，做好档案利用工作，编制《临桂县档案利用效果汇编》。全年共接待社会各界档案利用1150人次，提供档案2000卷(件)。

（卢元妹）

地方志工作

【概况】 2014年，临桂县地方志办公室(简称县志办)抓好《临桂县志(1991—2012)》的编纂工作，做好地情服务。

【《临桂县志(1991—2012)》通过终审验收】 3月12日，临桂县组织召开《临桂县志(1991—2012)》三级评稿会，自治区、桂林市方志办有关领导、专家，临桂县四家班子领导及各部门负责人参加评稿会。会后，县志办及时组织编辑及各乡镇、各单位根据专家修改意见和建议对志稿进行补充修改完善。12月23日，自治区方志办在南宁召开《临桂县志（1991—2012)》终审会议，《临桂县志(1991—2012)》通过终审验收并被评为"良好"等次。评审会对《临桂县志(1991—2012)》终审稿给予肯定和好评。

【《临桂年鉴(2013)》出版】 2014年,县志办在编修《临桂县志(1991—2012)》送审的间歇,开展《临桂年鉴(2013)》的编纂工作,9月完成出版发行工作。

【按时完成自治区、桂林年鉴供稿任务】 2014年,县志办按照自治区地方志办公室、桂林市地方志办公室年鉴组稿要求,开展"两稿"资料的收集,并做好编纂工作,按时完成组稿任务。其中《广西年鉴》稿2000字,《桂林年鉴》稿4000字。向广西及桂林市简明扼要介绍临桂县2013年经济、政治、社会和文化及生态环境建设的基本情况。

【扎实做好年报试点工作】 6月,临桂县被自治区地方志办公室确定为地情资料年报试点单位后,县委办、政府办以临办发[2014]41号文印发《临桂县地情资料年报工作规范实施方案》,成立领导小组及工作机构,落实专项经费,明确工作任务和工作步骤,建立了工作机制。截至年末,大部分的部门、单位报送了本单位的资料年报材料,报送的材料包括文字、图片等。县志办对各单位报送的资料年报材料进行验收整理,对不符合报送要求的材料返回修改完善,对符合要求的资料进行分类、汇总、整理归档,为下一轮修志逐年累积基础资料。

【地情咨询服务】 2014年,临桂地情网站建设工作全部完成。方志资料室为单位、个人提供资料查阅服务百余人次;免费复印资料600多页,10多万字。

(王玉财)

机关事务管理

【概况】 2014年,临桂县机关事务管理局(简称县行管局)围绕县委、县政府的工作重心,扎实工作,提高效率,确保机关后勤服务、打造机关食堂服务品牌、完善能耗体系建设。

【优化机关后勤服务】 2014年,临桂县机关事务管理局强化财务管理,严格执行财务审批报账制度,确保财务工作正常运转。加强机关大院安全保卫,对各办公场所和宿舍区域实行摄像头24小时监控。对政府大院、老县委大院的线路和路灯进行全面整改,更换了节能灯泡;完成政府、老县委两大院配电盘改造。全年完成各项水电维修1000多项。做好县四家班子和各相关部门各类会议的会务工作,提高会议服务质量和水平,保证各类会议的顺利召开。

【打造机关食堂服务品牌】 2014年,临桂县机关事务管理局强化服务意识,县委、政府食堂实行实名制"一卡通"消费,规范机关食堂的就餐秩序。加强机关食堂精细化管理,严格采购核算,注重食品卫生,推行服务责任首问制和服务质量反馈制,为300多名干部职工提供舒适的用餐环境。

【完善能耗体系建设】 2014年,临桂县机关事务管理局强力推进各项节能措施,完成各项节能目标任务。全县公共机构按照县委、县政府的安排部署,重点推进公共机构节能改造、新技术推广、合同能源管理等工作。节能办申请专项经费45万元,对县委、政府办公大楼的用水设施进行了改造,更换了红外感应节水设备,并申报了节水型单位;各乡(镇)、县直各单位自筹资金共计72.5万元,对所有办公场所原有照明灯具进行了改造,更换了3G日光灯、LED灯等高效照明灯具;并利用合同能源模式,引进湖北劲森光电节能公司,对五通镇第二初级中学照明灯具进行改造,使该校每年节约用电量40%以上,大幅减少了学校成本开支。在全县各级公共机构的共同努力下,全面完成了各项节能目标任务。

(刘佳轩)

中国人民政治协商会议
临桂县委员会

ZhongGuo RenMin ZhengZhi XieShang
HuiYi LinGuiXian WeiYuanHui

2月26日，政协临桂县第八届委员会第四次会议开幕　　今日临桂报社　供稿

重要会议

【政协临桂县八届四次会议】 2014 年 2 月 25—27 日在县城召开。县政协主席张凌发、副主席以善梅、欧翠兰、汪厚章、陈苦源，调研员阳朝琪，副调研员王金科、罗昌勤，政协秘书长龙大川及全体县政协委员出席会议，县政协历届离任领导、驻临桂县的桂林市政协委员、各乡镇党政主要领导、县直有关部门负责人及特邀嘉宾列席会议。县领导彭代元、何新明、唐修相等出席开幕、闭幕会议。县委书记彭代元在会上发表讲话。会议应出席委员 218 人，实到委员 208 人。会议听取、审议并通过县政协副主席以善梅代表政协临桂县第八届委员会常务委员会所作的工作报告和县政协副主席陈苦源代表政协临桂县第八届委员会常务委员会所作的提案工作情况报告，安排民革临桂县支部、民盟临桂县总支部、共青团、县政协经济科技联谊和委员联络委员会、提案和社会法制委员会、教文卫体委员会、妇女联合会、文化艺术界、工业经济界、科技界等界别和专门委员会作大会专题发言。会议期间，与会委员列席临桂县第十五届人民代表大会第五次会议，听取并协商讨论县人民政府工作报告及其他报告。

2月27日，政协临桂县第八届委员会第四次会议第一组讨论会场

县政协办　供稿

【政协临桂县八届五次会议】 2014 年 9 月 25—26 日在县城召开。县政协主席张凌发、副主席以善梅、欧翠兰、汪厚章，调研员阳朝琪，副调研员王金科、罗昌勤，政协秘书长龙大川及全体县政协委员出席会议。县领导彭代元、何新明、唐修相等出席开幕、闭幕会议。会议应出席委员 221 人，实到委员 196 人。县委书记彭代元在会上作讲话。会议补选刘春吉为县政协副主席。

【政协临桂县八届六次会议】 2014 年 12 月 3 日在县城召开。县政协主席张凌发、政协党组书记刘修荣，政协副主席以善梅、欧翠兰、汪厚章、刘春吉，副调研员王金科、罗昌勤、刘冰轮，政协秘书长龙大川及全体县政协委员出席会议。县领导彭代元、何新明、唐修相等出席开幕、闭幕会议。会议应出席委员 221 人，实到委员 215 人。县委书记彭代元在会上作讲话。会议补选刘修荣为县政协主席，同意张凌发辞去县政协主席职务。

【政协临桂县八届十一次常委会议】 2014 年 2 月 17 日在县政协常委会议室召开。县政协主席张凌发主持会议。副主席以善梅、欧翠兰、汪厚章、陈苦源，政协秘书长龙大川及全体县政协常委出席会议。会议审议通过关于召开政协临桂县八届四次会议的有关事宜。

【政协临桂县八届十二次常委会议】 2014 年 6 月 30 日在县政协常委会议室召开。县政协主席张凌发主持会议。副主席以善梅、欧翠兰、汪厚章，政协秘书长龙大川及全体县政协常委出席会议。会议听取县公安局、食品药品监督管理局、交通运输局工作情况通报，并提出意见建议。会议免去黄新平政协临桂县委员会办公室副主任职务，增选龙舜裕、莫天明、李耐贵、李小滨、张凯、朱德喜为县政协第八届委员会委员。

【政协临桂县八届十三次常委会议】 2014 年 9 月 18 日在县政协常委会议室召开。县政协主席张凌发主持会议。副主席以善梅、欧翠兰、汪厚章，政协秘书长龙大川及全体县政协常委出席会议。县委常委、常务副县长李顺意应邀到会，并代表县人民政府作2014年为民办实事情况的通报。会议还听取县国土资源局、县城乡住房建设管理局工作情况通报，同时通过增补刘春吉为县政协第八届委员会委员、关于召开临桂县政协八届五次会议的有关事宜。

【政协临桂县八届十四次常委会议】 2014年11月21日在县政协常委会议室召开。副主席以善梅、欧翠兰、汪厚章、刘春吉，政协秘书长龙大川及全体县政协常委出席会议。会议由以善梅主持。会议学习了中共十八届四中全会精神，讨论关于召开八届六次会议的事宜，并通过同意张凌发辞去政协临桂县第八届委员会主席职务的决定，通过曾光诚、周雁辞去县政协第八届委员会委员的决定，增补刘修荣、刘冰轮为临桂县政协第八届委员会委员。

【政协临桂县第八届委员会主席议政会议】 2014年10月22日在县政协会议室召开。县政协主席张凌发主持会议。副主席以善梅、欧翠兰、汪厚章，政协秘书长龙大川出席会议，政协提案和社会法制委员会、经济科技联谊和委员联络委员会、教文卫体委员会主任列席会议。县人民政府副县长唐立勋应邀参加会议。会议听取了县农业局、县林业局工作情况通报。张凌发就做好相关部门工作提出意见建议。

【政协临桂县第八届委员会委员培训会议】 2014年9月26日在县委二楼会议室召开。会议邀请自治区党校研究员凌经球、自治区政协提案委员会专职副主任梁科作专题辅导报告。县政协主席张凌发、副主席以善梅、欧翠兰、汪厚章、刘春吉，副调研员罗昌勤，政协秘书长龙大川出席培训会。张凌发主持会议。全体政协委员和政协机关干部参加培训。

【政协临桂县第八届委员会委员界别座谈会议】 2014年1月8—20日，县政协主席凌发，副主席以善梅、欧翠兰、汪厚章、陈苦源，政协秘书长龙大川分别召开界别政协委员小组座谈会，对全县政协委员进行慰问。

【政协提案交办会议】 2014年4月15日，县政协会同县人大、县人民政府在政府多功能会议室召开政协提案和人大建议案交办会。县委常委、县人民政府常务副县长李顺意、县人大副主任叶水华、县政协副主席陈苦源出席会议。县人民政府各有关单位和部门参加会议。此次会议共交办政协提案57件。

（肖辉龙）

重要工作

【提案工作】 2014年2月25—27日，政协临桂县八届四次会议期间，共收到提案72件，审查立案57件，其中重点提案6件，有15件不立案，作为工作意见转有关部门参考。年内，57件提案全部办理完毕，办复率100%，其中30件提案得到办理落实，占总数的52.7%，解决和列入计划逐步解决的提案21件，占总数的36.8%，由于受政策、权限或其他条件不具备等因素限制，无法办理落实的提案6件，占总数的10.5%，并向提案人作出答复说明，6件重点提案有4件得到较好的办理落实。

【委员视察】 2014年，县政协先后组织政协常委和部分政协委员对临桂县看守所、拘留所建设情况、乡镇17个农贸市场改造（建设）情况、农业水利基础设施建设情况、商贸旅游项目建设情况、工业和基础设施重大项目建设情况、新区建设和县城旧城改造情况等重要工作进行视察，形成《关于对我县看守所建设情况的视察报告》《关于我县农贸市场改造（建设）情况的视察报告》《关于我县商贸旅游重大项目建设情况的视察报告》《关于我县水利基础设施建设情况的视察报告》《关于我县县城旧城改造和基础设施建设情况的视察报告》《关于县政协常委视察我县工业重大项目建设情况的报告》等7个视察报告。

【专题调研】 2014年，县政协先后组织部分政协委员对临桂县农村“空心村”现状、养殖业污染治

6月12日，县政协委员视察临桂县乡镇农贸市场建设情况　　县政协办　供稿

理情况、贫困村扶贫工作情况、文化遗产保护与利用情况、打击处理违法用地违章建筑情况开展专题调研。民革界别、民盟界别、中共界别、城建经济界别等分别对临桂县抗战文化的挖掘、保护，新区村庄拆迁安置情况，临桂传统文物、古村落的保护开发情况等方面开展专题调研，形成7个调研报告，为县委、政府科学民主决策提供参考。

【联谊工作】 2014年4月17日，广东省佛山市高明区政协主席吴耀棠一行24人到临桂县考察社会主义新农村建设方面的经验。10月15日，梧州市龙圩区政协副主席肖明基率调研组到临桂县考察被征地农民生活生产出路方面的先进经验，并参观安置地的规划、开发利用情况。10月16日，柳州市政协主席胡锦朝率驻柳州市的自治区政协委员视察团一行60人到临桂县视察罗山湖水上乐园建设项目。11月2日，重庆市南川区政协经济科技委员会主任严作峰一行13人到临桂县考察农副产品加工情况，并进行政协工作经验交流。11月8日，武宣县政协副主席覃汉辉、武任萍带领考察组到临桂县考察市场规划建设方面的情况。12月12日，自治区政协常委、民革界别召集人、梧州市政协副主席陈澄波一行15人到临桂县参观考察“一院两馆”基建项目。12月15日，苍梧县政协副主席梁光伟一行3人到临桂县考察清洁乡村建设情况。

【慈善救助】 2014年5月16日，县慈善事业会在县政协常委会议室开展2014年“扶残助学”资助活动，30名残疾儿童获资助。8月27日，开展资助30名家庭经济困难的大学生活动，共资助金额4万多元。12月，资助40户贫困家庭和3位重病患者共计4.9万元。

【文史资料征集及编印】 2014年，县政协征集文史资料46篇14.5万字，整理26篇8.3万字，编印《临桂文史》第26辑。

（肖辉龙）

纪检·监察

Ji Jian·Jian Cha

4月8日，临桂县举行县委中心组学习暨党的优良传统作风与群众路线专题学习会　　　　颜炳卓　摄

反腐倡廉

【概况】 2014年，临桂县纪委监察局以十八届三中、四中全会和中央纪委、自治区、桂林市纪委全会精神为指导，积极开展党的群众路线教育实践活动，坚持标本兼治、综合治理、惩防并举、注重预防的方针，严格贯彻落实中央八项规定和自治区、桂林市及中共临桂县委实施意见的落实，努力把反腐倡廉建设融入全县经济、政治、文化、社会建设之中，反腐倡廉工作呈现整体推进的良好态势。

【严肃政治纪律】 2014年，临桂县纪委监察局加强对政治纪律执行情况的监督检查，重点加强村级两委换届工作的监督检查。加强对新区建设重点项目和民生项目实施情况的监督检查，加强项目建设监管，杜绝领导干部插手项目。对新区项目和民生项目，按照“三个一律”(该招拍挂的一律招拍挂，能简化审批流程的一律简化流程，项目审计一律从严)的要求杜绝领导干部插手项目。加大重点项目督查力度，未发现违规违法行为。

【纠正“四风”活动】 2014年，临桂县纪委监察局认真贯彻落实中央八项规定精神，针对群众反映的突出问题，抓制度、重教育，强监管、严查处，扎实开展“四风”整治行动。严格精简会议数量，减少会议费用，精简和压缩大型会议活动10个，精简大型会议40%；节约经费100多万元。严格精简文件数量和简报数量，文件（比上年，下同）减少35%。开展机关作风整治大行动，对庸、懒、散、拖、浮、贪等群众反映强烈的突出问题集中整治，开展明察暗访12次，纠正违反工作纪律问题12起，诫勉谈话8人。开展基层干部“走读”情况专项检查，检查单位46个，纠正“走读”现象15人次。开展了财政供养人员“吃空饷”专项治理，检查单位109个。加强公车治理，开展办公场所和楼堂馆所专项清理。下发了《关于重申严禁工作日午间饮酒等相关工作纪律的通知》，开展工作日午间饮酒明察暗访活动6次。开展清退会员卡和整治“会所中的歪风”专项活动，全县领导干部作出不出入私人会所、不接受和持有私人会所会员卡的承诺，承诺率100%。严格规范“三公经费”管理，制定完善《临桂县“三公经费”管理制度》，开展规范“三公经费”专项大行动，全县“三公经费”支出下降38%。开展“小金库”专项治理，自查率达100%。下发了《关于重申严禁违规发放津贴补贴工作纪律的通知》，对32个单位进行了抽查，未发现违规发放津贴补贴行为。

4月18日，临桂县召开机关作风整治大行动暨检查规范“三公”经费专项大行动工作会　　颜炳卓　摄

【党风廉政建设】 2014年，临桂县纪委监察局认真抓好党风廉政建设责任制任务分解，执行党风廉政建设“一岗双责”制度，明确在贯彻落实党风廉政建设责任制过程中，主要领导和分管领导、主办单位和协办单位以及纪检监察组织的职责要求。对2013年落实党风廉政建设责任制情况进行考评，评出优秀单位40个，合格单位45个，不合格单位2个。对新提拔和轮岗干部进行任前谈话，开展廉政谈话64人。农村党风廉政建设进一步加强，组织各级党组织逐级签订党风廉政建设责任书，将责任制延伸到基层站

所和村(居)委,形成了一级抓一级,层层抓落实的工作格局。推进农村民主管理,建立健全农村集体资金、资产、资源管理制度。

【深化廉政教育】 2014年,临桂县纪委监察局加强领导干部廉洁履职教育,开展"以案明纪"典型案例警示教育活动;开展党风党纪培训5000多人次;开展"坚定理想信念,坚守组织纪律"党风廉政主题教育,26名处级干部深入乡镇及联系单位为党员干部上党课36次,93名乡镇、县直单位主要领导为本乡镇、本单位党员干部上党课115次。全面开展廉政警示教育,组织全县党员干部9000多人收看《四风之害》《底线》等党风廉政警示教育片。组织全县乡科级以上领导干部600多人观摩了广西廉政教育巡展。加快推进基层廉政图书阵地建设,建成11个乡(镇)级廉政书屋、168个村(居)委级廉政书屋。加强网络舆情监控,组建了21人的网评队伍。建立健全临桂县纪委监察局网站,充分发挥移动短信平台的宣传教化作用,向全县党员干部包括村级两委干部发送廉政宣传教育短信28万条;在临桂电视台、《今日临桂》上播放、刊登廉政公益广告39条;通过文化长廊、网站、短信、报刊、电视、立面广告等载体,打造了立体化的廉政宣传教育平台。

【案件查办】 2014年,临桂县纪委监察局将案件查办摆在突出位置,广辟案源,多渠道挖掘案件线索,重点查处违反中央八项规定、侵害群众利益、领导干部违纪等方面的案件。推进"阳光信访"举报工作进村委、进村屯、进社区,畅通和拓宽信访举报渠道。对群众反映的信访举报问题,做到件件有着落、事事有回音。与宣传部门、公安部门建立网络信息共享机制,关注网络媒体举报信息,并妥善处置。全年受理信访举报109件,立案30件,给予党纪政纪处分31人。在案件查办过程中,做到事实清楚、证据确凿、定性准确、处理恰当、手续完备、程序合法,坚持"一案双查""一案两报告"制度。

(龙初勤)

行政监察

【概况】 2014年,临桂县纪委、监察局围绕县委、县人民政府中心工作,以执法监察和纠风工作为切入点,加大对重大决策、民生项目的监督检查力度,提高政府部门服务质量和工作效能。

【纠风惠民落实到位】 2014年,临桂县纪委监察

4月8日,两江镇组织党员干部观看电教片《四风之害》　　两江镇人民政府　供稿

局加强对强农惠农资金管理使用情况的监督检查，确保惠农政策落实到位。开展专项整治活动，重点整治截留、挤占、挪用、骗取农村危房改造、新农合、农作物良种补贴、土地整治、农村低保、林业、水利等扶农强农惠农资金问题。加强对阳光纠风示范点及各乡镇创建情况的监督检查，巩固阳光纠风创建成果，拓展扶农强农惠农政策宣传平台，在榕山路、金水路、世纪大道等主要街道设置惠民政策宣传标语113幅，在建设路设置廉政警示漫画35幅，警示标语57幅。结合第二批党的群众路线教育实践活动的开展，编印《强农惠农政策汇编》12万册，全部免费发放到居民手中，提高惠民政策的知晓率。

【纠正行业不正之风】 2014年，临桂县纪委监察局开展行政执法部门不正之风专项整治工作，县人社局、县环保局等10个具有行政执法职能的政府部门均按规定程序和步骤完成2014年民主评议的整个过程，各参评部门加强政风行风建设和效能建设，树立部门的良好形象。完善政务公示制、服务承诺制、一窗办结制和效能考评制度，组织人员对庸、懒、散等突出问题进行了督查和整治，全年无行政审批事项超时办结现象。组织人员对乡镇、各单位作风纪律开展了明察暗访，全年共受理行政效能投诉8件，办结8件，投诉办结率100%。

【监督制度建设】 2014年，临桂县纪委监察局推进权力公开运行工作。在全县开展"清权、确权、亮权、督权，建立科学有效的权力运行机制"工作，逐步建立完善社会监督工作的领导体制、工作机制、监督方式和效果评估机制。贯彻落实《农村基层干部廉洁履职若干规定(试行)》，深入农村基层党风廉政建设，规范基层干部办事程序。落实党内监督各项制度，坚持关口前移，增强监督合力，加强对主要领导干部的监督、对人财物管理使用、关键岗位的监督，加大对重大决策、重要干部任免、重大项目安排、大额度资金使用等的监督检查。

(龙初勤)

群众团体

Qun Zhong Tuan Ti

3月5日，县妇联联合有关单位在县城金山广场开展“三八”维权周活动　　秦桂珍　摄

临桂县总工会

【概况】 2014年，临桂县有基层工会452家，工会会员47757人，全县工会建会率97%。年内，县总工会组织开展惠工和职工互助、职工文体活动，依法接待、解决职工来访反映的问题，维护职工合法权益。

【临桂县总工会十三届九次全委（扩大）会议】 2014年3月14日，临桂县总工会十三届九次全委(扩大)会议在县地税局六楼会议室召开。大会通过《团结动员广大职工为打造“五个临桂”、实现“三个率先”目标，充分发挥工人阶级主力军作用》的工作报告。

【临桂县总工会十三届十次全委会议】 2014年9月2日，临桂县总工会十三届十次全委会议在县人民政府多功能会议厅召开。会议增补李少波为临桂县总工会第十三届委员会委员、主席。

【依法维护职工合法权益】 2014年，临桂县内国有、集体企业单位均实行厂务公开制度和职代会制度，建制率100%；非公企业建制率96%。

【帮扶活动】 2014年元旦、春节期间，临桂县总工会慰问困难职工(含农民工)438人，发放慰问品、慰问金价值16.1万元。全年临时帮扶54人，帮扶金额10.94万元。“六一”儿童节期间慰问联系点学校农民工子女400多人，发放慰问金和慰问物品共1.2万元。开展“送清凉”活动，为1000多名一线职工送去清凉物资3.4万元。开展“金秋助学”活动，资助65名考上大学的困难职工家庭子女，发放7.5万元助学金。建立秧塘工业园区工作服务站，完成县总工会职工帮扶中心向职工服务中心的转型升级。为1万多农民工每人赠送一份意外伤害保险。

【职工再就业】 2014年，临桂县总工会开展创业培训、技能培训、家政服务培训等，共培训包括农民工在内的职工1600人次。举办3次大型招聘会，为农民工和失业职工提供1万多个就业岗位，发放就业资料1万多份。

【开展职工文体和劳动竞赛活动】 2014年春节

7月31日，县总工会慰问环卫工人　　黄银莹　摄

期间，临桂县总工会联合县妇联、团县委在县城金山广场举办大型游园活动。"五一"劳动节前夕，举办庆"五一"系列活动。组织参加桂林市"安康杯"劳动竞赛，桂林福达集体有限公司、桂林市桂柳家禽有限责任公司种禽管理部、桂林莱茵生物科技股份有限公司分别获优胜单位、优胜班组、组织工作等优秀单位。

（刘玉串）

临桂县妇女联合会

【概况】 2014年，全县有乡镇妇联11个，村（社区）妇代会169个，机关、企事业妇委会57个（县直机关、事业单位妇委会35个，两新企业及民办高校妇委会22个）。临桂县妇女联合会（简称县妇联）维护妇女儿童合法权益，全年共接待来信来访66件次，处理率达100%；开展城乡妇女岗位建功活动；完成县、乡（镇）妇联换届工作；全县实现每个村委（社区）均有1名以上女干部进入班子，妇女参政率达到全覆盖。

【开展妇联换届工作】 2014年11月5—6日，临桂县妇女第十四次代表大会在县城影剧院召开，出席大会代表169名。大会听取审议了周芳羽代表临桂县妇女第十三届执行委员会作的《锐意进取，开拓创新，团结带领全县妇女为建设"五个临桂"做贡献》的工作报告，选举产生第十四届妇女联合会执行委员会，委员25名（其中常务委员5名），周芳羽当选县妇联主席，黄金兰、唐海英当选县妇联副主席。

【妇女岗位建功活动】 2014年，县妇联以"示范创建"为载体，开展城乡妇女岗位建功活动。11月14日，召开临桂县城乡女能人联谊会成立大会，来自全县企业、种植、养殖、加工、服务等行业的优秀女能人参会，确定首批会员26人，刘霞当选临桂县首届城乡女能人联谊会会长。年内，全县创建县级巾帼文明岗1个，"巾帼现代农业科技示范基地"3个（市级1个、县级2个），桂林市五星"妇女之家"5个，完善原有五星"妇女之家"建设6个；获"三八红旗集体"称号13个（市级2个、县级11个），"三八红旗手"称号29人（市级3人、县级26人），农村妇女岗位建功先进集体12个（市级4个、县级8个），巾帼建功标兵19人（自治区级1人、市级5人、县级13人），农村科技致富女能手21人（市级8人、县级13人），桂林市巾帼清洁示范村4个，桂林市巾帼清洁标兵7人，桂林市美丽家庭4户。

11月5—6日，临桂县妇女第十四次代表大会在县城影剧院召开　　诸葛明雨　摄

【扶弱助困活动】 2014年，县妇联组织实施"母亲邮包"公益项目。发动爱心人士捐赠善款1.8万元，认购邮包90个，资助贫困母亲90人。争取全国妇联"贫困母亲'两癌'（乳腺癌、宫颈癌）救助专项基金"7万元，资助患"两癌"妇女7人；收集、上报"两癌"贫困母亲信息138人。开展"下基层、访妇情、办实事"活动，走访慰问贫困妇女儿童20人，发放慰问金1.63万元，帮助妇女解决实际困难26件。经县妇联牵手企业资助庙岭中心校、五通镇初中贫困学生40人，资助金额3.4万元。邀请技术人员

到四塘镇腊村葡萄基地上实用技术培训课，并给该村计生合格户赠送价值约1万元的化肥。

【妇女维权工作】 2014年，县妇联实施"双维双促"(以维护社会稳定力量促进妇女儿童权益、以维护妇女权益成果促进社会和谐稳定) 平安建设工程。重视窗口服务，使县妇联的信访窗口成为妇女咨询法律、化解矛盾、倾听诉说、解决难题的场所。年内，选派妇联干部担任人民陪审员，切实维护妇女儿童的合法权益。与县检察院开展妇女儿童维权岗创建活动，为权益受侵害的妇女儿童提供法律服务和司法保障，化解社会矛盾。

【举办妇女干部培训班】 2014年，县妇联分别于6月30日、10月23—24日举办了全县基层妇女干部培训班和新当选村(社区)委员的女干部培训班，对村妇代会主任、女党员、女能手和新当选的女委员进行培训。

【开展家庭教育活动】 2014年，县妇联开展"争做合格家长，培养合格人才"家庭教育大讲堂八桂行——万场家庭教育报告会进村(屯)活动。年内，共举办家庭教育专题讲座3场，发放家庭教育图书300多册。

【妇女儿童文化娱乐】 2014年春节期间，县妇联与县总工会、团县委在县城金山广场举办新春游园活动。"三八"妇女节期间，在县城影剧院举办了"巾帼筑梦　春暖临桂"为主题的歌咏比赛。年内，在宛田林家寨、五通新寨创建2个县级示范性"儿童家园"，为当地留守儿童提供了教育、娱乐、学习的活动平台。

(刘顺姣)

共青团临桂县委员会

【概况】 2014年，共青团临桂县委员会(简称团县委)编制4人，实有3人。团县委通过开展让"温暖一起回家" 系列活动、"共青团服务农村青年活动月"主题活动等一系列活动，履行组织青年、引导青年、服务青年、预防青少年违法犯罪等4项基本职能。团县委获桂林市"五四红旗团委"称号、2014年度桂林市县(区)共青团目标管理考核工作"优秀团委"称号、二十年桂林市青年文明号活动组织奖。

【开展青年活动】 2014年1月，集中开展"让温暖一起回家""2014共青团联系服务农村青年月"活动，全县各级团组织共开展各类活动23场次，筹措关爱金和物资价值2.12万元，赠送返乡火(汽)车票92张，开展各类关爱活动16场次，慰问返乡青年和农民工子女159人次，实现微愿望(小孩子的一个小梦想)137个。

6月30日，县妇联举办全县基层妇女干部培训班　　刘顺姣　摄

【青年就业创业】 2014年，临桂县各基层团委根据青年需求，联合县就业服务中心、农业局等部门，组织开展挖掘机培训、猕猴桃种植、砂糖橘种植等实用技能培训，共计开展各类培训9场次，培训青年450人，举办临桂县青年创业创新沙龙2期，4名创业青年与创业导师进行面对面的对接跟踪指导。

【青少年思想教育】 2014年，团县委开展"缅怀革命

4月19日，团县委组织以“凝聚青春力量·携手洁净家园”为主题的临桂青年志愿者徒步义江“美丽行”活动在中庸乡举行　　梁　颖　摄

先烈，争当建功先锋”清明祭扫主题实践活动、在“五四”青年节期间开展临桂青年志愿者徒步义江“美丽行”、临桂县“群众路线大家谈，核心价值青年议”征文比赛，“临桂梦、青年情”美丽临桂图片展等活动。“六一”儿童节前后，开展“红领巾相约中国梦”少先队基本知识竞赛，“中国梦——我的美好生活”书画、诗歌、散文征集，“社会主义核心价值观记心中”主题队日，“争当美德小达人”雏鹰争章等各类纪念活动18场次，参与活动的青少年2.3万人。

【青年志愿服务行动】 2014年，团县委组织开展“讲文明，树新风，学习雷锋争先锋”主题实践活动、临桂青年志愿者徒步义江“美丽行”、慰问“五保”老人等活动、“小脚丫暖冬计划”“小黑板计划和孩子快乐诵读经典”文化公益活动等，全县各级团组织共举办各类志愿服务活动13场次，筹集善款7.8万余元，参与各类志愿服务2600人次。

【青年文明号工作】 2014年，团县委开展青年文明号优质服务评比活动，推荐全县的窗口单位参评桂林市级青年文明号评比。年内，全县共有自治区级青年文明号2家，桂林市级青年文明号21家。开展“青年文明号关爱留守儿童活动”，开展各类活动3场次，为青年办实事5件，走访慰问留守儿童、贫困家庭20户，覆盖留守儿童128人；发放各类读本400多册，捐赠衣物1267件，爱心款2.8万余元。

【青少年权益保护工作】 2014年，团县委以“维护和保障青少年的合法权益，促进青少年身心健康成长”为中心目标，抓机制健全，开展青少年法制宣传教育活动，利用综治宣传月的契机，开展“预防青少年违法犯罪活动进基层”主题宣传活动，开展交通安全知识宣传、消防安全演练、禁毒防艾知识讲座、《中华人民共和国未成年人保护法》宣传、“模拟法庭”进校园等活动21场，覆盖青少年1.6万人。

（莫品梅）

临桂县文学艺术界联合会

【概况】 2014年，临桂县文学艺术界联合会（简称县文联）机关编制2人，实有2人。下辖县文学协会、美术协会、书法协会、摄影协会、音乐舞蹈协会、戏剧曲艺协会、山歌协会等7个文艺协会，会员800多人；《临桂文艺》编辑部1个事业单位，编制3人，实有1人。

【文艺活动】 2014年，县文联组织各协会开展创作笔会、采风、交流、展示等活动15次，推出一批展现临桂经济社会建设、临桂新区建设的文艺作品。开展文艺志愿者服务活动，组织书法协会会员开展3次义务写春联活动；组织彩调、山歌、美术、书法等各类义务辅导、培训15期。承办“天佑杯·美在临桂”全国摄影大展。活动于2013年8月启动，2014年7月31日结束，共评出金质收藏作品、银质收藏作品、铜质收藏作品和优秀作品106幅。承办李天佑上将诞辰100周年书画图片展，李天佑上将亲属及原身边工作人员代表，临桂县四家班子领导和社会各界人士400多人参观了书画图片展。邀请桂林漓江画院、广西艺术学院桂林雁山校区、桂林帅础坚艺术馆以及桂林书画界书画家与县内书画家进行书画联谊活动；承办"走进多彩临桂"影友擂台赛；承办桂林市音乐创作研讨会。年内，各文艺协会会员创作的文艺作品获国家级奖5个，省级奖9个，市级奖18个。

【协会活动成果】 文学协会 2014年，文学协会有中国报告文学学会会员1人，广西作家协会会员3人，桂林市作家协会会员11人。年内，会员积极参与各项征文比赛，创作出一批具有较高艺术性和思想性的作品，并在桂林市内外报刊、杂志上发表。

美术协会 2014年，美术协会有中国美术家协会会员3人，广西美术家协会会员6人，桂林市美术家协会会员13人。组织会员参加市级以上各类作品展和比赛活动；参加"中国梦·美丽广西"——广西美术家走进"清洁乡村"采风活动；组织会员到临桂芳草堂书画院进行联谊、交流。会员李晓峰、廖正华、伍泊森创作的美术作品获桂林市"群星奖"美术、书法作品展优秀奖。

书法协会 2014年，书法协会有广西书法家协会会员8人，桂林市书法家协会会员15人。组织骨干会员参加临桂县2014年新春文化活动月"文化、科技、卫生"三下乡活动，到五通镇为群众义务写春联600余幅；到县城金山广场开展义务写春联活动；创作作品参加李天佑上将诞辰100周年书画图片展。

摄影协会 2014年，摄影协会有桂林市摄影家协会会员20人。组织会员参加"天佑杯·美在临桂"全国摄影大展、中国摄影报"走进多彩临桂"影友擂台赛、2014年桂林市职工摄影大赛。在"天佑杯·美在临桂"全国摄影大展中，潘久辉的《华彩新城》《金光耀强县》、赵积亮的《节日里闹牌灯》《旧村板鸭》、王代燕的《石板桥》、李双林的《多彩的田园》《锦绣田园》、李蒙军的《太阳能的制造者》《唱响临桂》《青菜待发》、雷金息的《新城水系雏形》获优秀作品奖。李蒙军创作的《洁净的四星级菜市》获"中国梦·美丽桂林·清洁城乡美术、书法、摄影作品展"优秀奖，《临桂新区鸟瞰图》获桂林市庆五一职工摄影比赛优秀奖；雷金息创作的《瑶乡印象》在中国摄影报"走进多彩临桂"影友擂台赛中获三等奖，《阿拉伯与猎鹰》获中国·宁夏第二届伊斯兰风情国际摄影大赛入选作品奖。

音乐舞蹈协会 2014年，音乐舞蹈协会有中国音乐文学学会会员2人，广西音乐家、舞蹈家协会会员6人，桂林市音乐家、舞蹈家协会会员23人。组织会员开展学习交流活动，参加桂林市第三十五届"漓江之声"比赛活动及其他演出活动；承办桂林市音乐创作研讨会。会员雷金息作词、苏庆学作曲的《一壶三花醉漓江》《瑶乡美》在2014"大音中国音乐盛典·千名音乐人唱响庐山"大型展评活动中获金奖，《瑶乡美》获2014"建国杯"第四届全国大型音乐展演活动作词金奖，《一壶三花醉漓江》获桂林市第二届青年文艺奖；雷金息创作的童谣《山路弯弯梦儿圆》获2014年广西优秀童谣作品二等奖；于咏君编导的舞蹈《苗花》(与人合作)获桂林市第35届"漓江之声"创作节目优秀创作奖。

戏剧曲艺协会 2014年，戏剧曲艺协会有中国戏剧家协会会员1人，广西戏剧家、曲艺家协会会员3人，桂林市戏剧家、曲艺家协会会员12人，桂林市民间文艺家协会2人。组织会员开展学习交流活动，组织会员创作戏剧曲艺作品，参加桂林市第三十五届"漓江之声"等比赛

3月26日，县文联承办李天佑上将诞辰100周年书画图片展　　县文联　供稿

及其他演出活动。韦春兰创作的小戏《画心》获“中华颂”全国小戏小品曲艺大展铜奖，戏曲作品《幸福交响曲》获2014年桂林市戏剧创作笔会优秀作品奖；郑卫东创作的戏曲作品《小小米粉店》获2014年桂林市戏剧创作笔会优秀作品奖；龙华、雷金息创作的桂林渔鼓《陈宏谋拒礼》获桂林市第35届“漓江之声·梦想舞台”小戏、小品、曲艺创作节目比赛三等奖。

山歌协会　2014年，在自治区文化厅主办的第六届广西山歌比赛中，山歌协会会员周春凤获“广西山歌王”称号，张纪洪获广西十大山歌手称号。

临桂芳草堂书画院　2014年，临桂芳草堂书画院举办中秋联谊交流会，邀请书画名家到书画院进行讲课等活动。

临桂民间文化研究会　2014年，临桂民间文化研究会组织会员创作全国市名、县名凤头联。2014年10月26日，《临桂村名凤头联》获第二届广西刘三姐民间文艺奖·民间文艺作品集奖（最高奖）。

【《临桂文艺》出版】 2014年，《临桂文艺》编辑部（2013年9月17日临桂县机构编制委员会批准成立）发挥《临桂文艺》的主阵地作用，发现、培养文艺新人。共收到文学、书法、美术、摄影、音乐、戏剧、曲艺作品200多篇（首、幅），近60万字。年内完成《临桂文艺》两期的编辑出版工作。

【实施“千村万户文艺惠民工程”】 2014年10月，中庸乡泗林村、五通镇龙田村、六塘镇虎字岗村分别被自治区文联、桂林市文联命名为自治区“千村万户文艺惠民工程”和桂林市“千村万户文艺惠民工程”文艺村，莫新旺文艺户、杜建文文艺户、蒋佳志文艺户分别被自治区文联、桂林市文联命名为自治区“千村万户文艺惠民工程”、桂林市“千村万户文艺惠民工程”美术户。

（莫喜生　郑卫东）

临桂县归国华侨联合会

【概况】 2014年，临桂县归国华侨联合会（简称县侨联）为归侨、侨眷和海外侨胞提供法律咨询服务；协助和配合海外侨胞和港澳同胞在临桂县投资兴办实体和文教卫生等社会公益事业；开展与海外侨胞和港澳同胞在经济、科技、文化和社会福利等方面的交流与合作，为侨属企业提供服务。全县归侨30人，归侨侨眷813人，侨资侨属企业5家，侨资侨属企业吸纳就业1381人。

【维护侨益】 2014年，县侨联通过各种形式共走访慰问孤、老、病、困归侨侨眷42人次，并及时解决1名困难侨眷的城镇低保问题。全年共接待信访3件次，办结2件。

【开展联谊活动】 2014年，县侨联和各级基层组织，通过“以侨引侨，以侨引外，以侨引台，侨台结合”多种形式，多渠道地开展海外联谊活动。年内接待台湾著名作家白先勇一行10人回临桂会仙老家祭祖。

【参政议政】 2014年县“两会”期间，侨界代表向县人大提交议案1件，向县政协提交团体提案1件，个人提案2件，其中团体提案获得县政协的表彰。

（县侨联）

临桂县残疾人联合会

【概况】 2014年，临桂县残疾人联合会（简称县残联）以完善残疾人社会保障体系为主线，开展扶残助学，实施残疾人康复项目，扶持贫困残疾人就业，建设无障碍设施项目，扶助残疾人平等参与社会生活。

【扶残助学】 2014年，临桂县人民政府制定《临桂县残疾学生及贫困残疾人子女助学办法》，规定接受学前教育的残疾儿童，每人每月补助100元；接受义务教育的残疾学生和贫困残疾人子女，每人每学期补助300元；接受普通高中、中等职业教育（成人中专）的残疾学生和贫困残疾人子女，每人每学期补助600元；就读全日制普通大学专科及相当学历以上的残疾学生和贫困残疾人子女，每人每学期补助1000元；接受国家承认学历的非全日制成人中、高等教育的残疾学生和贫困残疾人子女，在其取得毕业证书的当年，一次性补助

1500元(同等学历只资助一次)。年内,县残联联合县慈善事业会开展“扶残助学”活动,资助特教学校的智力、听力、语言残疾在校学生39人,每人资助1200元。全年发放助学金43万元,资助残疾学生176人,贫困残疾人子女357人。

【实施康复项目】 2014年,县残联与卫生部门共同组织实施国家“百万贫困白内障患者复明工程”之“健康快车”卫生扶贫工程,在临桂县组织1100多人参加白内障手术筛查,为300多名贫困白内障患者进行了免费复明手术。为10名精神病患者发放了4万元住院补贴。举办了1期精神病亲友康复培训班,培训精神病亲友20名。组织实施国家残疾儿童康复救助“七彩梦行动计划”项目和国家残疾人事业专项彩票公益金康复项目,免费发放辅具49份;完成聋儿语训4例,供应用品用具265件,肢残康复训练20例,智残儿童训练23例。全年为残疾人提供康复服务2000多人次。

【扶贫助残】 2014年,县残联继续开展“党员扶残温暖同行”工程,通过村委党支部与贫困残疾人签订帮扶协议,扶持贫困残疾人从事种养殖业,全年投入扶持资金28.2万元,扶持贫困残疾户282户。依托凤凰养殖场的养殖技术和经验,投入资金25万元,合作建立了“临桂县阳光助残扶贫基地”。基地免费向家中有场地、有创业愿望的农村贫困残疾人提供小猪469头,并免费提供技术指导,带动农村贫困残疾人脱贫致富177户。投入资金7万元,分别在中庸、会仙、宛田、黄沙等乡镇举办了4期农村残疾人实用技术培训班,对150名残疾人进行了毛竹低产改造、柑橘、猕猴桃、罗汉果等种植技术的培训。

【残疾人就业】 2014年,县残联与县就业服务中心联合开展了残疾人就业援助月活动,发放残疾人就业扶持资金12.8万元,扶持自主创业残疾人128人。与桂林山水职业技术学院合作,先后举办残疾人个体经营管理培训班及计算机技术培训班,共培训残疾人110多人。全年发放残疾职工养老保险补助资金73200元,补助61人。

【实施阳光家园计划项目】 2014年,县残联开展为民办实事工程“阳光家园计划项目”之农村残疾人(居家)托养工作,对临桂镇及县城区域的智力、精神及重度残疾人家庭逐户摸底调查,签订服务协议,建立残疾人托养服务对象档案,每人发放补助金1000元,受助残疾人100人。

【居家无障碍改造工程】 2014年,县残联投入资金14万元实施贫困残疾人家庭无障碍设施改造

7月,县残联和县卫生局组织1100多人参加白内障手术筛查　　县残联　供稿

工程，为20户残疾人家庭装修了扶手、坐便器、无障碍灶台等设施。

2月25日，县老科学技术工作者协会第一次代表大会召开　　黄志华　摄

【社会保障】 2014年，临桂县实现贫困残疾人最低生活保障“应保尽保”，残疾居民医疗保险、社会养老保险和新型农村合作医疗、新型农村社会养老保险实现全覆盖。实施重度残疾人护理补贴制度，发放一、二级重度残疾人护理补贴，每人每年补贴360元。发放护理补贴资金93.06万元，补贴残疾人2585人；实施残疾人廉租房住房补贴制度，发放住房补贴资金5.03万元，补贴残疾人67人；实施残疾人机动轮椅车燃油补助制度，发放燃油补助资金2.50万元，补贴残疾人96人。

【信访文体工作】 2014年，县残联做好残疾人法律咨询服务和来信来访工作，全年接待残疾人来信来访110件次，为残疾人提供法律服务2人次。抓好扶残维权宣传工作，开展法律援助知识宣传活动，受教育残疾人100多人次。落实《关于加强残疾人文化建设的意见》，继续开展“残疾人文化周”“残疾人文化进社区”活动。做好残疾人运动员的选拔、训练和参赛工作。年内，县籍残疾运动员李卓韩、梁华英获全国女子轮椅篮球锦标赛第五名。

（伍春成）

临桂县科学技术协会

【概况】 2014年，临桂县科学技术协会（简称县科协）开展科普宣传、科技咨询、科技培训等工作，加强青少年科普教育。年内，会仙镇山尾村委宝山无公害蔬菜基地被中国科学技术协会授予“科普惠农兴村计划”项目先进集体称号。

【临桂县老科学技术工作者协会成立】 2014年2月25日，召开临桂县老科技工作者协会成立大会，来自农业、林业、医疗卫生、教育等行业的39名代表参加，会议选举产生第一届理事会理事11名、常务理事7名、会长1名、副会长3名、秘书长1名，县政协副主席汪厚章当选为会长。

【科普宣传活动】 2014年，县科协联合相关单位开展大型科技下乡活动2场次，展出科普展板60多块、科普挂图200余幅，发放科普宣传资料1万余份，接待群众科技咨询2600余人次，为群众解答技术难题50余个，义诊200余人次。年内，在县城设立20米科普画廊1个、在乡镇设立科普宣传栏2个。

【实用技术培训】 2014年，县科协联合涉农部门实施科技培训项目，共举办科技讲座、农村实用技术培训班15场次，培训农民1300余人次。

【十月科普大行动】 2014年“十月科普大行动”期间，县科协组织科技下乡活动4次，举办科普讲座3场，组织县城社区科普展1次，科普进校园2次，发放宣传资料2万多份，义诊300多人次，接受群众咨询3000多人次。

【青少年科普教育】 2014年，县科协联合县科技局邀请桂林市科协科普大篷车到两江镇中学、县城三小等学校开展“科普大篷车进校园”和“知识产权知识进校园”活动。活动展出科普展板125

块、展教仪器20件，通过学生的互动参与，将深奥的科学现象以丰富多彩、通俗易懂的方式呈现给学生。

（钟文理）

临桂县社会科学界联合会

【概况】 2014年，临桂县社会科学界联合会（简称县社科联）学习贯彻中共十八届三中、四中全会精神，按照桂林市社科联提出的“六个一”工作目标，围绕全县发展改革大局，抓好自身建设、强化服务意识、规范社团管理。社科联常规工作和全县社科事业均有进步，有亮点。

【优秀课题成果】 2014年，县社科联工作者立足县情，选准课题，开展研究并获得成果。应用对策研究《关于破解桂林世界旅游城征地拆迁安置难题的调查报告》被列为自治区社科联资助课题，并被自治区社科联评为三等奖；《临桂实施洁净临桂工程的思考》调研报告获桂林市社科成果三等奖，是桂林市12县5城区中唯一获奖的县区。

12月5日，县社科联在县城金山广场开展科普宣传活动　　县社科联　供稿

【开展社科知识普及】 2014年，县社科联开展临桂文化大讲堂系列活动和“科普宣传月”“科普活动周”，以及科技、文化、卫生“三下乡”等活动。针对群众关心的热点难点问题，运用文艺演出的形式，普及社会科学知识。全年向群众免费发放各种科普宣传资料6000多份。

（县社科联）

政　　法

Zheng Fa

10月31日，临桂县举办“六五”普法骨干培训班　　　　县司法局　供稿

社会管理综合治理

【概况】 2014年，临桂县社会管理综合治理工作围绕维护社会大局稳定、促进社会公平正义、保障人民安居乐业三大重要任务，全面推进法治建设、平安建设和政法队伍建设，加强基层基础建设，推进信访积案和矛盾纠纷排查化解。年内，临桂县委政法委内设机构3个，人员编制12个，实有19人。

【接访下访活动】 2014年，临桂县委、县人民政府主要领导继续开展县委书记大接访活动，每月接待群众不少于3天，每天安排4名县领导在县信访接待中心值班接访，并定期组织开展征地拆迁、农村"三大纠纷"(水利纠纷、山场纠纷、土地纠纷)等专项接访和带案下访活动，畅通信访渠道，密切党群干群关系，化解一批老大难案件。全年共接待人民群众来访48批546人次，当场解决信访问题32件。

【信访积案化解服务大行动】 2014年3月，临桂县委政法委组织相关单位在全县开展信访积案化解服务大行动，集中化解一批信访积案和"三大纠纷"及不稳定因素，确保社会和谐稳定。至8月，自治区教育实践活动第九督导组交办20起信访案件，化解20起；自治区联席办交办3起信访案件，化解3起；桂林市交办6起信访案件，化解6起；交办市领导包案信访件1起，化解1起；县排查11起信访案件，化解11起。县委、县人民政府从县直各单位抽调70多名有调处工作经验的干部，分成4个指导组到11个乡镇开展调处工作。包案县领导带领指导组工作队员深入村屯一线，最大限度地把矛盾纠纷解决在基层、解决在当地、化解在萌芽状态，维护全县农村社会稳定。年内，三大纠纷专项调处工作成效显著，1—3月全县发生到桂林市群体性上访3起220人次，4—12月实现了零群体上访。

【抓好"三敏感"问题化解】 2014年，临桂县对排查出来的"三敏感"问题(敏感群体、敏感事件、敏感人员)，按照一人一策、一案一策、一事一策的工作思路，严格落实包案领导责任，能办则办，能帮则帮，在政策允许的范围内给予解决。全年，通过个案救助等方式共拨付救助资金27万元，24起特殊疑难信访案件实现息访罢诉。由于各项帮扶工作到位，预警信息掌握及时，没有发生敏感群体在县内聚集事件，没有发生敏感案(事)件、敏感人员重复进京赴邕上访事件。

【拓展基层平安建设活动】 2014年，临桂县继续开展"无传销小区"创建活动，加强源头治理，管好出租房屋和流动人口，严防传销活动反弹。建立健全基层国家安全人民防线组织网络，强抓内幕性、预警性信息摸排上报，提升工作绩效，县国安办被自治区国安办评为2014年度一级国安办。深化护路护线联防工作，及时化解涉路矛盾纠纷，消除安全隐患，维护铁路运输安全畅通。在五通镇开展社区戒毒、社区康复试点工作，落实对吸毒人员各项管控措施。稳步推进社区矫正工作，创新开展安置帮教工作，有效预

3月27日，县委政法委组织召开信访积案化解服务大行动动员大会　李锐錩　摄

防重新犯罪的发生。加大技防建设力度，新增高清卡口10个，技防网络初步形成。3月，县综治办牵头，从县政法部门抽调人员组成综治平安巡回宣传组，每月集中5天时间到各乡镇及县城小区进行巡回宣传，提升人民群众对综治平安建设的知晓率和参与率。

【稳步推进网格化试点】 2014年10月，临桂县启动网格化管理试点工作，县综治委选定临桂镇榕山社区、虎山社区、金水社区、金山社区、花㙟村委、宛田瑶族乡瓮洲村委作为全县实施城乡网格化管理试点村(社区)。加大综治信息化建设力度，年内全县11个乡镇和部分重点综治成员单位已开通“综治E通”。

(李锐镅)

公　安

【概况】 2014年，临桂县公安局内设机构共14个：政工室、纪检监督室(加挂督察大队牌子)、法制室、警务保障室、指挥中心(加挂办公室、行政审批办公室牌子)、国内安全保卫大队、交通管理大队、刑事侦查大队、治安管理大队(加挂县爆炸危险物品监管大队牌子)、禁毒大队(加挂县禁毒委员会办公室牌子)、经济犯罪侦查大队、预审大队、出入境管理大队、110巡逻警察大队；监管场所2个：临桂县看守所、临桂县拘留所；派出机构有14个派出所。根据自治区公安厅《关于同意设立公安派出所的批复》(桂公复〔2014〕78号)、临桂县编制委员会下发《关于临桂县公安局设立新城派出所的通知》(临编发〔2014〕15号)，2014年6月29日，临桂县公安局成立新城派出所筹备处，抽调人员先期开展工作。年内有在职在编民警279人(其中交警30人)，行政干部2人，事业干部1人，行政工人10人，事业工人36人。临桂县公安局获2014年度自治区优秀公安局称号。

【打击违法犯罪】 2014年，临桂县公安局保持严打高压态势，深入开展净化社会治安环境大整治行动，从严打击各类违法犯罪活动。全年立治安案件2006起，查破1986起，处理1404人，其中行政拘留(含并处罚款)869人、罚款447人；立各类刑事案件1168起，查破554起，抓获各类犯罪嫌疑人348人，逮捕256人，移送起诉272人，抓获网上在逃人员70人(其中外地及历年在逃人员22人)，打掉犯罪团伙21个，成员85人，涉案33起。重点开展打击“两抢一盗”等严重影响群众安全感的多发性侵财犯罪活动专项行动，共立盗窃、抢劫、抢夺、诈骗侵财案件927起，破422起，捕144人，移送起诉171人。

【破获大案要案】 2014年，临桂县公安局对大案要案、严重暴力犯罪案件快侦快破，快速侦破了“4·26”蒙面入室捆绑抢劫案等有影响的暴力犯罪案件一批。共立大案696起，侦破321起。发命案6起，全部侦破。破获毒品案件27起(非法持有毒品案5起，容留他人吸毒案12起，贩卖毒品案10起)，刑事拘留32人，逮捕32人，起诉20人，缴获毒品总计253.59克(海洛因10.44克、冰毒74.79克、氯胺酮196.9克)；查处毒品治安案353起，抓获吸毒人员463人，其中拘留261人、强制隔离戒毒85人。深入开展“打四黑除四害”专项行动，发现、侦处了桂林市三野酒业有限责任公司涉嫌生产有毒有害食品案，涉案价值600余万元。

【开展社会治安整治行动】 2014年，临桂县公安局重点整治“黄赌毒”社会丑恶现象、传销顽疾、扒窃、非法危爆物品和管制刀具等治安问题。侦破赌博刑事案5起，刑事拘留28人；查处赌博治安案件173起，处理491人，其中治安拘留270人、罚款212人。把赌博游戏机室作为重中之重整治，查获赌博游戏机室28家，缴获赌博游戏机410台，并于5月30日邀请社会各界代表观摩销毁赌博游戏机。查处卖淫嫖娼案件65起，处理69人，其中治安拘留65人。对群众反映较为突出的县城几大菜市扒窃问题，一方面加强巡逻防控力度，另一方面采取便衣蹲点守候与图侦指挥抓捕相结合的方式，实施“精确打击”，共破获扒窃类盗窃刑事案件15起，抓获犯罪嫌疑人12人，逮捕12人。开展打击整治传销违法犯罪专项行动，联合相关部门持续开展统一清查，捣毁传销窝点223个，教育劝返涉传人员1500余人，立传销犯罪案11起，破7起，抓获14人，逮捕8人。开展

5月21日，县公安局在县城金山广场开展110宣传日活动　　　　县公安局　供稿

收枪治爆和收缴管制刀具专项行动，侦破非法储存、买卖爆炸物品案2起；共缴获各类非法枪支和仿真枪270支，收缴管制刀具539把，收缴炸药及爆炸物品一批，拔除了321国道临桂段非法贩卖管制刀具违法活动。

【加强治安管控】 2014年，临桂县公安局检查重点场所350个，消除隐患30处，化解矛盾纠纷260起，管控高危人员66人，收缴非法枪支360支、管制刀具639把。针对娱乐场所开展治安统一清查行动8次，检查KTV85家次、宾馆饭店313家次，桑拿按摩室14家次，网吧42家次，游戏机室15家次，对违反规定的7家宾馆停业整顿，罚款43家。开展废旧金属收购业专项清查行动，共清查印刷业4家、典当业3家、机修业12家、租车业4家、废旧金属收购业42家、其他18家。

【依法办理户籍管理】 2014年，临桂县公安局共办理出生登记9628人，死亡登记896人，迁入登记1457人，迁出登记780人，市内变动1930人。为年满十六周岁办证5293人，办证完成率79%；16周岁无照片人员采集人像1143人，完成率18.5%。完成清理整顿人像比对核查832人，出生证核查922人，漏报补录核查304人，省外迁入迁出核查304人，骗领护照核查14人，漏报补录核查60人。狠抓流动人口出租房管理工作，规范办理居住证，共办理居住证1756人。

【交通安全管理】 2014年，临桂县公安局在全县范围内先后组织开展了“酒后驾驶专项整治”“打非治违”“交通安全大排查大整治”“机动车涉牌涉证违法行为专项整治行动”等一系列专项整治行动，保障交通畅通。全年共出动警力9600人次，纠正各种道路交通违法行为33800人次，其中处罚23600人次，教育10000余人次。共发生立案道路交通事故643起，死亡9人，伤155人，直接经济损失1208600元，与上年同期相比：事故起数上升58.4%，死亡人数上升80%，伤人数上升128%，直接经济损失下降9.4%。共检验机动车12670辆，受理驾驶人考试2829人，办理机动车注册登记5481辆，电动车注册登记20783辆。开展交通安全宣传活动86次，教育6万余人次，悬挂横幅80余幅，张贴标语600份，在报刊上刊登新闻报道66篇。

【消防安全管理】 2014年，临桂县公安局推进消防安全“防火墙”工程，深化“清剿火患”专项行动，确保消防安全四项指数明显下降。全年临桂县共发生火灾58起，直接财产损失110.4万元，死亡1人，未发生群死群伤或造成较大社会影响的火灾事故。

【出入境及往来港澳台管理】 2014年，临桂县公安局加强“窗口”建设，认真做好前台受理及审核工作，共受理、审核公民因私出国境申请7844人，其中办理护照3077人，办理港澳双程4554人，办理赴台申请204人，办理港澳定居9人。加强报备工作，提高管控能力，共录入法定不批准出境人员174人，依法阻止3名法定不准出境人员出境，规劝1名外省嫌疑人自首，抓获2名互联网上通缉的在逃人员。共对辖区内6家有外商企业进行摸底调查，针对这6家企业就境外人员的住宿申报、涉

3月20日，县消防中队进行喷射水雾稀释泄漏天然气演练　　廖　斌　摄

人，羁押18人，其他12人；刑事拘留转捕260人；变动出所593人（投送监狱110人，取保候审、监视居住122人，短刑犯刑满释放123人，寄押出所18人，撤案及其他原因出所217人，执行死刑3人）。开展看守所“五化”建设，完成临桂县看守所讯问室规范化升级改造、监室内规范化改造、会议室智能化改造、民警宿舍标准化改造、庭院美化绿化等工程，建设了民警健身房。

（秦建功）

外事件的处理等方面问题以及相关政策、法律、法规进行解答。对辖区境外人员住宿的宾馆旅店进行培训，强化境外人员临时住宿管理，提高外国人临时住宿的申报率、及时率和准确率，共处理不按规定登记外籍旅客信息的旅馆业行政案件5起。

【县城社会治安防控】　2014年，临桂县公安局按照“县城城区化、周边乡镇一体化、边远乡镇稳固化”的工作构架，有效推进县城社会治安防控体系建设。建立全警大巡逻机制，制定县城网格化巡逻防范工作方案，为加强巡逻防控工作，新招50名巡防队员加强巡警队伍。有效推进天网工程建设，将天网工程建设列入2014年《政府工作报告》，完成10个高清卡口建设，稳步推进天网系统由普清向高清升级。深入推进“一村一警”警务工作，创建“一社区一警”示范点，驻（挂）村警共排查调解治安案件258起，化解矛盾纠纷310起，为民办好事115件。

【监所管理】　2014年，临桂县拘留所严格执法，文明管理，确保安全无事故。全年共收拘违法人员833人，其中女性87人，男性746人；行政拘留816人，司法拘留17人；转刑事拘留所14人，转强制戒毒55人。临桂县看守所坚持安全大检查，实现连续25年安全无事故。全年新收押各类犯罪嫌疑人577人，其中刑事拘留519人，直接逮捕28

检　　察

【概况】　2014年，临桂县人民检察院内设科室13个，设两江、五通、六塘3个乡镇检察室。全院共有检察干警48人。年内，临桂县人民检察院依法惩治刑事犯罪，积极维护社会稳定；发挥职能作用，服务经济发展；加强作风建设，打造过硬检察队伍；强化刑罚执行和监管活动监督；积极开展控告申诉工作，化解社会矛盾；抓好民事行政检察工作，维护公民权利。有2名干警获自治区级表彰，6名干警获市级表彰。

【打击刑事犯罪】　2014年，临桂县检察院共审查批准、决定逮捕犯罪嫌疑人211件369人，提起公诉183件235人，有罪判决率100%。贯彻宽严相济刑事政策，对涉嫌犯罪但不宜采取羁押强制措施、没有逮捕必要的，依法决定不批捕43人。推行刑事和解，对犯罪情节轻微、犯罪嫌疑人真诚悔罪、被害人谅解的决定不起诉24人。积极对初犯、偶犯、未成年人犯罪等案件依法从宽处理的政策，做到依法惩治犯罪。

【维护社会稳定】　2014年，临桂县检察院围绕“美丽临桂”建设，按照桂林市人民检察院印发的

6月24日，县人民检察院在县城金山广场开展法治宣传活动　县人民检察院　供稿

《〈关于充分发挥检察职能为桂林国际旅游胜地建设服务的工作意见〉的工作职能分配》的要求，综合发挥打击、保护、监督、预防职能作用，为新区建设服务。开展破坏环境资源和危害食品药品安全犯罪专项立案监督活动和减刑、假释、暂予监外执行专项检察活动。参与临桂新区建设各项中心工作和专项治理活动，出动检察人员380余人次参与城乡综合环境整治、征地拆迁、打击传销、维护稳定及新农村建设等中心工作。落实检察环节的各项综合治理措施，推动社会治安防控体系的完善，促进平安建设。在执法办案中慎重采取强制措施，严格把握法律政策，区分各种犯罪、尤其是失职渎职犯罪与先行先试工作失误的界限，做到保护创业者、支持改革者、惩治犯罪者、教育失误者、挽救失足者，努力实现法律、政治与社会效果的有机统一。

【提升检察队伍能力素质】 2014年，临桂县检察院加强思想政治建设，不断增强队伍政治意识、大局意识、责任意识，引导干警牢固树立和自觉践行忠诚、为民、公正、廉洁的政法干警核心价值观。自觉主动接受监督，主动向人大及其常委会报告重要工作，配合人大常委会开展专题调研和执法检查3次。加强与人大代表、政协委员的经常联系，邀请代表、委员视察工作2次。推进人民监督员工作，邀请人民监督员对临桂县检察院检察人员八小时以外行为进行监督。

【强化监督管理】 2014年，临桂县检察院全面落实对监管场所实行派驻检察室工作机制，推进派驻检察室规范化建设。扎实开展监管执法活动专项检查工作，重点检查刑罚执行和监管活动中侵犯人权以及违法减刑、超期羁押等问题。与看守所召开安全防范联席会议2次，检察留所服刑65人，检察刑罚执行监督47人次，检察变更强制措施67人，参加狱情分析会12次，找在押人员谈话120次，提供法律咨询70次，口头催办案件56次。结合社区矫正，做好罪犯监外执行的法律监督工作。开展两个月的看守所监管执法专项检察活动，督促公安机关整改。

【开展控告申诉】 2014年，临桂县检察院共受理各类控告、申诉、举报案件线索45件。受理首次控告案件19件29人；受理申诉案件5件5人，其中桂林市检察院交办2件2人，均已办结；受理举报案件线索6件7人，均按时按规定分流到反贪部门查处；受理民事申诉案件6件6人；直接口头答复的11件11人。开展举报奖励1件2人，接待群众法律咨询30余人次，开展法律举报宣传周1次，配合民行、预防等部门开展法律宣传3次，参与政法委组织的政法系统法制宣传2次。所受理的案件线索按规定及时分流处理。检察长接待来访群众12件18人，检察长批办案件10件。开展刑事被害人救助案件9件9人。办结刑事赔偿案件1件1人。主动参与和公诉部门对法院刑事判决书的审查与纠错，纠正法院有错误的判决1件。

【抓好民事行政检察】 2014年，临桂县检察院学习新修改的民事诉讼法和民事监督规则，依法办

12月4日，县人民检察院举行宪法日宣誓活动　　县人民检察院　供稿

理各种民事、行政案件。受理民事、行政案件6件，支持起诉3件，申请抗诉案1件，执行监督案2件，向法院发出检察建议2件，法院采纳2件。

（县人民检察院）

法　院

【概况】　2014年，临桂县人民法院深入开展“司法作风建设年”活动，狠抓执法办案，以争创“办公正案件、做公道法官、创公信法院”的“三公”法院为目标，全年共受理各类案件2478件，审结2400件，法定审限内结案率100%。

【刑事审判】　2014年，临桂县人民法院在刑事审判工作中，严格依法办案，防止冤假错案的产生，运用刑事审判职能，严厉打击各类破坏社会和谐稳定的犯罪分子，全年受理刑事案件222件，审结217件，结案率97.7%。

【民事审判】　2014年，临桂县人民法院在民商事审判中，坚持和发展“枫桥经验”(发动和依靠群众，坚持矛盾不上交，就地解决)，准确把握“调解优先、调判结合、能调则调、当判则判”的要求，坚持自愿合法原则，把调解工作贯彻于民事审判全过程。年内，共受理民商事案件1470件，审结1398件，结案率95.1%。其中调解、撤诉案件683件，调撤率48.9%。

【行政审判】　2014年，临桂县人民法院开展行政审判工作，保护当事人合法权益，规范和促进行政机关依法行政，引入沟通协调机制，做到“诉前沟通、诉中协调、诉后疏导”，积极稳妥化解行政争议。年内，共受理行政案件40件，审结39件，审查非诉行政案件11件，结案率97.5%。

【执行工作】　2014年，临桂县人民法院开展“转变执行作风、规范执行行为”专项活动，加大反规避执行力度，形成党委领导、人大监督、政府支持、法院主办、各界配合的执行联动长效运行机制。年内，共执结案件743件，执结标的金额3541.7万元，并通过法院官方网站曝光了一批拖欠债务的“老赖”。

【立案、信访接待工作】 2014年，临桂县人民法院在立案信访工作中，规定每周一为院领导接待日，开展院领导包案、带案下访活动，变群众上访为领导下访。年内，共接待群众来访咨询986人次，解答法律咨询700多人次，处理群众来信19件；完成诉前调解案件56件；为困难群众减、缓、免诉讼费7.03万元。

【调研、宣传工作】 按照“精简文件简报，切实改进文风”的要求，严把宣传质量关，通过各类媒体宣传法院公正司法新形象，加深公众对法院的了解，消除司法神秘感。全年，共向各级报刊、杂志、网络投稿1200余篇，被采用455篇。另向上级人民法院上报论文、案例分析、统计分析等25篇、信息110条，被自治区高级人民法院、桂林市中级人民法院采用30篇。

【审判管理】 2014年，临桂县人民法院结合实际，制定《关于推进审判流程信息公开平台的实施方案》等一系列方案，完善审判责任分工，优化审判管理工作。实行“审限一支笔”制度，制定《关于案件审理(执行)期限更延审批制度的规定》，由一名审委会专职委员负责案件审限的审批，杜绝久拖不决现象。实行审判质效层层负责制，严把案件审核、签发关，结合开展庭审、裁判文书“两评查”活动，及时发现和解决影响审判质量的问题。全年共组织开展庭审观摩活动95次，评查案件2111件。

【提高法院工作透明度】 2014年11月11日，临桂县人民法院在“公众开放日”，邀请人大代表、政协委员、在校师生等社会各界人士走进法院，参与庭审观摩。安排院领导到中小学上法制课，组织在校师生开展青少年“模拟法庭”活动。通过法院官方网站、官方微博等平台对群众关心的重大案件进行报道，保障人民群众的知情权、参与权、表达权和监督权。年内，共在官方微博上进行庭审直播案件76件，裁判文书上网1266篇。

【信息化建设】 2014年，临桂县人民法院以推进信息化建设提高司法便民、利民工作水平为宗旨，运用信息技术拓展司法为民领域。年内，投入240多万元，全力打造法院执行“110”，建成具有全县联动、查控一体的数字化执行指挥中心。通过建立

10月28日，县人民法院举行青少年“模拟法庭”活动　　县人民法院　供稿

"临桂法院司法政务网""临桂法院阳光司法网",开通在线预立案、在线信访投诉,完成具有审判流程公开、裁判文书公开、执行信息公开的司法公开"三大平台"建设。建成全国法院联网的远程视频接访系统,为涉诉来访群众提供向上反映和解决问题的快速通道,减少越级上访,使问题解决更加高效。年底开通2个高清数字化科技法庭。

6月21日,县司法局在两江镇开展"法进乡村"活动　　县司法局　供稿

【审判监督】　2014年,临桂县人民法院坚持主动接受监督,认真办理人大代表、政协委员的建议和议案。邀请人大代表、政协委员视察和评议法院工作,为人大代表、政协委员到县人民法院督查工作开辟免检"绿色通道"。

(陆湘斌)

司法行政

【概况】　2014年,临桂县司法局大力开展普法依法治理、人民调解、安置帮教、社区矫正、法律服务等工作,设办公室、法制宣传股、法律援助中心、基层工作股、社区矫正工作股、公证处6个股室。编制49人,实有63人,其中在编45人(局机关19人,司法所26人)。公益性岗位人员14人,公证助理员4人。年内,临桂县司法局获自治区"六五"普法中期先进单位,获桂林市社区矫正先进集体荣誉称号;临桂县法律援助中心获2014年桂林市法律援助先进集体、2014年桂林市办理法律援助案件三等奖;临桂镇司法所、两江司法所获桂林市社区矫正先进集体。

【法制宣传教育】　2014年,临桂县司法局着眼于"法治临桂"建设,不断深入普法宣传。投入普法经费15万元,发放多样化法制宣传读物15万册;悬挂法制宣传横幅80多条,展出板报100多块;出动宣传车辆80多(台)辆次;接待咨询人数1000多人次。1月,投入3.2万元,在全县各村委制作法制宣传橱窗221个,张贴法制宣传资料161幅;6月,投入1万多元帮助榕山社区完善社区法律图书角、学习室,建立固定法治宣传栏;7月,投入经费2万多元为临桂义江缘景区建立法制宣传室、不锈钢固定宣传栏。8月,与临桂电视台共同拍摄的《农村土地流转不得改变土地性质》在桂林电视台《午间道〈法治时间〉》播出。开展法进校园活动,通过"关爱助成长,共筑中国梦"、青少年"模拟法庭""送法进校园"等主题活动,发放宣传资料3万多份,受教育4万多人次。

【建立律师参与处理信访疑难积案制度】　2014年,在新区征地、拆迁及处理周边矛盾纠纷中,县司法局派出2名领导、2名律师及3名干警负责法律宣传工作,全年没有出现一件因征地拆迁引起的诉讼案件,做到依法征地,和谐拆迁。

【社区矫正管理】　2014年,临桂县在册接收社区矫正对象154人(缓刑128人、假释18人、监外执行7人,管制1人),累计收监3人、死亡3人。进一步完善全县监控网络,发放社区服刑人员卫星定位手机120部,电子跟踪定位监控率达72%以上,实现人管和技管的高度结合。严格统一管理流程,明确社区服刑人员入矫、日常管理、解矫等各阶段工作内容和要求;建立社区服刑人员一人一

3月5日，县司法局开展社区矫正普法宣传活动　　县司法局　供稿

份的书面档案和电子档案，确保信息登记准确无误；根据社区矫正人员的犯罪类型等具体情况，有针对性地组织开展道德教育、心理教育、法制教育等专题学习；严格执行社区矫正人员思想汇报制度，及时掌握服刑人员的思想动态，有针对性地调整矫治措施；组织社区服刑人员按周轮换不同岗位，参与社区服务劳动；社区矫正工作者定期上门走访，了解社区服刑人员生活，帮助解决心理、就业等方面的实际困难和问题；采取“考察考核、综合评议、严格奖惩”的办法，对社区服刑人员实施定期考核。

【加强人民调解工作】 2014年，临桂县各级调解组织按照“调防结合，以防为主”的工作方针，重点排查和治理因各种因素引发的多发性、易激化矛盾纠纷。全县各级调解组织总共调处各类矛盾纠纷2255件，调解成功2225件，调解成功率98%。排查纠纷613件，预防纠纷740件，防止民转刑案件3起11人，防止群体性上访23件569人，防止群体性械斗2件130人，及时把矛盾化解在基层。

【安置帮教工作】 2014年，临桂县共接收刑满释放人员343名，通过刑满释放人员信息管理系统进行服刑人员信息核实343人，核实率为100%；重点帮教对象33人，均由司法部门从监狱接回，接送率为100%；343人落实安置责任，安置率达100%；建立帮教对象档案343宗，列入帮教对象343人，帮教率100%，重新犯罪率为零。全县建设安置帮教基地1个，用于开展刑满释放人员的安置帮教工作。

【实现法律援助应援尽援】 2014年，临桂县法律援助中心注重对困难群众和特殊群体的引导，帮助依法理性表达诉求，依法维护自身的合法权益。全年共受理法律援助案件521件，办结468件，办结率89.8%，全年无被投诉案件。在抓好案件办理的同时，开展法律咨询活动，共接待咨询656人次，其中来访咨询512人次，来电或通过12348专用电话咨询144人次，代写法律事务文书122份，引导当事人向其他渠道求助35人次。

【拓展法律公证服务领域】 2014年，临桂县抓住临桂新区建设的有利契机，进一步拓展国有土地使用权招投标、保全证据、房屋委托书、征收土地补偿费提存等公证法律服务领域，参与临桂县的投融谈判和招商引资活动，为自治区、桂林市及县重点项目建设提供优质高效的公证法律服务。依法受理、审查并办结公证事项7026件，办理公证事项涉及金额8000多万元，接待来访群众1970多人次。

【加强律师行业管理】 2014年，临桂县有律师事务所5个：广西春良律师事务所、广西中志律师事务所、广西昊旺律师事务所、广西银杉律师事务所、广西宁斌律师事务所，其中广西宁斌律师事务所为2014年新成立。共有执业律师52人。全年办理400余件案件，免费提供法律咨询800人次。

（贲维芹）

武　　装

Wu Zhuang

10月24日，县人武部组织民兵进行高炮训练考核　　贺志辉　摄

中国人民解放军临桂县人民武装部

【概况】 2014年,中国人民解放军临桂县人民武装部(简称县人武部)组织官兵开展思想政治教育工作和活动,提高干部队伍的军事理论水平和指挥能力;依法从严治军,提高正规化管理水平;抓好后勤装备保障工作,完善各类后勤保障方案,提高后勤保障能力;充分发挥桥梁纽带作用,开展双拥共建工作和维稳行动;抓好民兵预备役建设,搞好民兵组织整顿、军事训练和思想政治教育;完成年度的征兵工作;全面推进国防教育的全民普及。年内,全军爱国卫生运动委员会、桂林警备区分别授予县人武部健康营院和新闻宣传工作先进单位。

【思想政治建设】 2014年,县人武部组织官兵开展党的群众路线教育实践活动、"牢记强军目标、献身强军实践""坚定信念、铸牢军魂"等一系列思想教育活动。坚持每月政治理论学习日制度和党委、支部一把手负责制,加强党的创新理论学习,不断推进中国特色社会主义理论体系武装。以能力、先进性和纯洁性建设为主线,按照"五位一体"要求深入推进学习型、创新型、服务型党组织建设,开展主题党日活动和召开专题民主生活会,不断强化党组织功能作用,提高官兵的思想政治素质和理论水平。

【正规化建设】 2014年,县人武部坚持依法从严治军,严格管理部队,确保部队安全稳定。3月,开展"条令月"学习活动,组织官兵学习条令、条例和相关的法律、法规,广泛开展谈心活动,对照条令条例查找存在问题,进行整改。7月,开展"弘扬优良作风,严守政策纪律"专题教育整顿活动和安全隐患排查活动,按照《人武部正规化管理若干规定》《广州军区封闭式管理规定》对干部职工进行教育整顿,部安全、保密委员会定期检查《临桂县人武部正规化管理措施》《值班制度》《后勤管理制度》的落实情况,进行干部职工队伍作风纪律教育整顿,提高干部职工安全防范意识和执行条令条例的自觉性,修订完善各项管理等规章制度,规范教育、训练、工作、生活秩序,提高部队的安全管理和正规化建设水平。

【后勤保障工作】 2014年,县人武部制定完善《财务管理制度》《岗位管理目标责任制》《车辆管理使用规定》,开展节约型人民武装部活动,提高干部职工爱护公物和节水、节电、节油的自觉性;完善《抢险救灾后勤保障方案》《民兵应急分队应付突发事件行动保障方案》,落实专业保障力量,调整充实人员、装备和物资器材,做好非战争军事行动后勤保障准备。

【民兵预备役建设】 2014年,县人武部按照《民兵工作条例》,平时应急服务、战时应战支前的要求,履行动员支前保障和应急维稳核心任务,加强后备力量建设。利用民兵集训、重大节日活动和征兵工作等时机,对民兵进行法制教育和爱国主义教育,增强使命感、法制观念和国防意识。2月,开展民兵组织整顿,优化民兵组织和结构布局,形成民兵参战支前力量体系。10月,抓好基干民兵的军事训练,严格按照《民兵军事训练大纲》规定,组织民兵应急分队进行冲锋舟操作训练和集训,完成冲锋舟的基本常识、一般操作方法、离靠岸、水中打捞等训练内容;完成内务、纪律条令、队列、民兵常识、射击、投弹、战术基础、警棍盾牌操、专业训练等,总评成绩为优秀。

【国防动员与国防教育】 2014年,县国动委各办公室修订完善战时兵员扩编预案和应急防卫作战预案,以及政治、国民经济、人民防空、交通战备、装备保障等动员方案,开展政治动员潜力、兵员潜力、国民经济潜力调查,基本掌握全县战时可动员兵员、转服预备役的退伍士兵、转业军官及各类预编兵员(含专业技术兵)数量和粮油、汽柴油、钢材、水泥等物资的储备量。县乡两级成立国防教育工作领导小组,把国防教育纳入党委宣传工作计划,注重抓好各级党政领导干部的国防教育,结合武装工作会议、军民共建活动、过军事日等时机学习《中华人民共和国国防法》和《中华人民共和国国防教育法》等国防政策法规。注重抓好学校国防教育,县国防教育领导小组把国防教育与青少年学生思想政治教育有机结合,秋季开学时,县人武部、县委宣传部、县教育局对学生进行以爱国主义为核心的国防教育,派出军事教员对中学新生进行军事训练，并举行国防知识讲座，增强学生国防意识。

【征兵工作】 2014 年 7 月，征兵命令下达后，临桂县人民政府专门召开会议，研究部署征兵工作，调整征兵领导小组，各乡镇人民政府、县直属工委也成立征兵领导小组，具体负责乡镇和县直机关征兵工作，签订征兵质量、廉洁征兵和优抚工作责任状。征兵工作领导小组举办“征兵宣传一条街活动”，出动宣传车 60 台次，悬挂横幅 48 条，张贴大小标语 33000 余张，出墙报、板报 3 期共 45 块，印发宣传单 6000 余份，发送手机短信 6 万余条，给外出打工、经商、就学的适龄青年发电、发函 140 余封。实行封闭式体检，三级交叉联审，严把体检政审关。最后召开定兵会，按照“一个主体，两个优先”的原则，拟定应征入伍新兵，并及时将新兵名单向社会公布，每个环节都做到公开、公正、公平，接受社会的监督。年内按质按量完成征兵任务和直招士官任务，无责任退兵。

7月19日，县人武部在县城金山广场进行征兵宣传　　　今日临桂报社　供稿

【拥政爱民】 2014 年，县人武部开展拥政爱民活动，把捐资助学、扶贫帮困作为一项“民心工程、爱心工程”来抓。4—5 月，县人武部两次到南边山乡南新村与村委会制定帮扶方案，确定扶贫项目和对象；协调县扶贫办、新农办、农业局、交通局等职能部门和南边山乡党委、政府为南新村争取扶贫项目。落实团职干部“一帮一”助学制度，开展“二帮一、三帮一”助学活动，组织干部职工与南新小学 6 名贫困生结成助学帮扶对子，共捐助 3000 元学费和生活费，并捐赠了一批学习用品。多次组织官兵和民兵开展学雷锋为民做好事活动，参加植树绿化和城乡清洁卫生活动，完成县举办的重大活动的安全保卫工作。

（贺志辉）

武警临桂县中队

【概况】 2014 年，中国人民武装警察部队临桂县中队（简称武警临桂县中队）加强军事训练，完成监墙巡视通道、AB 门建设。年内，共有 3 人获三等功、4 人入党、9 人被评为优秀士兵，武警临桂县中队被评为广西总队执勤标兵中队、基层建设先进中队。

【加强思想文化建设】 2014 年，武警临桂县中队围绕实现“三个绝对”（绝对忠诚、绝对纯洁、绝对可靠），扎实开展思想政治工作。参加武警桂林市支队“十佳小课”评比，1 次获“优秀政治课”评比第一名、1 次获三等奖。参加驻地缅怀李天佑将军诞辰一百周年文艺晚会，演出节目“练为战”；现代组合舞《父亲》获支队文艺会演第二名。

【军事训练】 2014 年，武警临桂县中队以“训实基础、突出重点、打造亮点”为目标，在抓好基础课目的基础上，突出官兵体能、执勤能力、应急班情况处置、紧急避险等训练。结合昆明“3·1”暴恐案件的严峻形势，抓好战备训练和战法研究，中队营区防袭击经验做法被桂林市支队推荐上报总队推广。

3月26日，武警临桂县中队官兵参加缅怀李天佑将军伟绩文艺晚会演出　　武警临桂县中队　供稿

【强化战备值勤】　2014年，武警临桂县中队推进“四防一体化”建设，着眼能打胜仗，努力提高部队遂行任务能力。学习新的《执勤规定》《正规化执勤等级评定实施办法》，强化官兵依法执勤、正规执勤意识。大力开展应急班建设，选派战士参加支队应急班骨干集训，每周组织战备物资检查和紧急出动演练，确保应急班白天10分钟、晚上15分钟完成出动准备，中队基本具备处置一般突发事件能力。

【从严治警】　2014年，武警临桂县中队学习“条令条例”和“两个规定”，强化官兵纪律意识，突出抓好官兵作风养成。严格落实一日生活制度、“双十二时”查勤等制度，不断规范执勤秩序；以“一会一议”形式，开展隐患排查活动。通过参加上级组织的骨干集训、业务培训和在岗培训，加强干部和骨干事业心、责任感，不断改进管理方法，增强管理工作的科学性和有效性。加强全国“两会”、春节、国庆长假、退伍补兵等重点时段管理，深入开展安全隐患大排查活动，全年中队未发生失密、泄密、违纪违规问题和事故案件。

【后勤保障】　2014年，武警临桂县中队围绕“保中心、保生活”，狠抓后勤规范化建设和管理。搞好种养业技术培训，充分发挥总队种养专业兵集训成果，新开拓菜地400平方米，自产蔬菜500多千克。投入经费改善官兵生活学习设施，新建冲凉房、改良学习室环境、硬化种养区路面等。

（陈　璋）

旅　　游

Lü You

6月26日，临桂县旅游局举办乡村旅游从业人员培训班　　县旅游局　供稿

旅游管理

【概况】 2014年，临桂县旅游局(简称县旅游局)围绕“旅游兴县”战略目标，抓住桂林建设国际旅游胜地契机，以市场为导向，提升旅游服务质量，做大做强旅游业。年内，临桂县共接待国内游客158.16万人次，实现旅游收入7.25亿元；接待入境游客1.43万人次，实现入境旅游收入3761万元。各旅游景县(点)无安全事故发生。

【临桂县旅游质量监督管理所成立】 2014年1月，临桂县成立旅游质量监督管理所，负责全县旅游市场监督管理工作。为财政全额拨款事业单位，隶属于县旅游局管理，核定事业编制3名，实有1人。

【编制完成《临桂县重点旅游片区发展规划》】 2014年，县旅游局与广西师范大学历史文化与旅游学院签订《临桂县重点旅游片区发展规划》编制协议，并与编制专家对县内29个旅游项目开展实地考察和调研。年内，完成规划初稿编制并通过评审。

【加强行业监管】 2014年，临桂县加强对旅游景区(点)、宾馆(酒店)、购物商场等价格的监督管理，组成联合执法组对全县旅游景区(点)、宾馆(酒店)、购物场所等旅游企业的价格执行情况进行检查，完善和推行明码标价、明码实价工作。鼓励和倡导价格诚信，从源头上控制消费纠纷，减少消费投诉，依法整治旅行社“零负团费”经营行为。县旅游、公安、交通、消防、文化体育、安监和卫生等部门对全县各旅游景县(点)进行专项安全检查5次。春节、清明、“五一”、端午、国庆等节假日及汛期，坚持定期检查和零报告制度，消除安全隐患，确保无安全事故发生。依据旅游饭店星级划分与评定标准，加强对太子酒店、华天酒店、金水湾国际大酒店等几家规模较大酒店的日常监督管理，为评定星级饭店做准备。把贯彻实施《旅行社条例》《旅行社条例实施细则》和《广西壮族自治区旅游条例》与旅游市场检查、旅游安全隐患排查结合起来，加大旅游执法和监督检查工作力度，规范旅游市场秩序。

【开展旅游宣传营销】 2014年，县旅游局加大力度，进行旅游宣传营销。利用官方网站，及时更新全县旅游动态、政务公开等信息。编辑《视界·桂林》杂志临桂专版，发放1000余份到全县宾馆酒店，推介临桂旅游资源、旅游文化。拍摄首部临桂风光微电影《醉美临桂》。组织参加第五届桂林国际旅游博览会，对临桂旅游资源进行宣传。

8月28日，临桂县组织参加第五届桂林国际旅游博览会　　县旅游局　供稿

【提高旅游服务质量】 2014年，县旅游局开展行业文明窗口建设，引导旅游行业从业人员遵守工作、服务、社会礼仪，提倡语言、着装、举止文明，展示文明城市、文明市民风采；开展行业诚信建设和文明旅游活动，倡导“重合同”“守信用”等诚信理念；强化对旅游市场的监管，维护旅游消费者和经营者的合法权益；开展旅游行业民主评议监督和满意度测评工作，加强行风建设，提升服务水平。加强旅游行业培训，举办旅游从业

人员培训班1期，培训100多人次，提高从业人员的管理能力和服务技能。

（秦贻文）

旅游设施建设

【概况】 2014年，县旅游局发挥区位优势，以发展特色旅游为重点，抓好旅游资源的开发整合，加强协调服务，引导企业加大投入，推进旅游重点项目开发建设。

【飞虎队遗址公园建设】 2014年，飞虎队遗址公园完成纪念馆穹顶和外墙钢挂装饰工程；公园园林景观完成图纸审核、备案、登记、预算审核，并进行项目标书的编制工作；纪念馆室内设计及装饰装修工程进入项目预算编制工作阶段；办好飞虎队纪念馆项目开工许可证及公园建设规划许可证。

【重大项目进展】 2014年，义江缘景区升级改造项目征地范围内已定红线、现场做了房屋及附着物拍照并张贴征地公告，进行征地等前期工作。抗战文化产业园项目正办理土地预审规划选址、土地预审等工作。

（秦贻文）

旅游景区（点）

【概况】 临桂县旅游资源分为自然资源、人文资源两大景观系统，旅游资源8个主类齐全，拥有47个亚类中的40个，亚类型覆盖度85.1%；有8155个旅游资源单体。2014年，临桂县有星级旅游实体8家，其中国家AAAA级景区1家（义江缘景区），国家AAA级景区1家（十二滩漂流景区），全国农业旅游示范点2家，自治区农业旅游示范点2家，自治区4星级农家乐1家、3星级农家乐1家。

【桂林会仙喀斯特国家湿地公园】 位于会仙镇。是漓江流域最大的喀斯特地貌原生态湿地。湿地公园规划总面积58.68平方千米，包括睦洞河、睦洞湖、分水塘、古桂柳运河以及湿地周边的龙头山、狮子岩等岩溶山地。湿地公园内岛屿星罗棋布，山水相得益彰，风光秀丽。贯穿湿地腹地的古桂柳运河，开凿于唐长寿元年（公元692年），全长15千米，沿河建闸水陡24座，架桥11座。清代官府对运河作了三次大的维修疏浚，凿除碍航之石386处。运河"能航、能排、能灌，农商俱赖"，是古代中原通往岭南粤桂的重要航道，对国家南疆的开发建设起重要作用。1987年列为桂林市文物保护单位。2007年，国家湿地专家考察会仙湿地时评价：会仙岩溶湿地是世界最北的野生稻基地，也是亚洲最完善的岩溶湿地。中共临桂县委、县人民政府划定湿地保护范围，对湿地实施强制保护。通过修复堤围，新建节制闸，修复运河陡闸，提高湿地水面，将湿地面积恢复到12平方千米，保护范围25平方千米。2012年2月，国家林业局发文，同意会仙湿地开展国家湿地公园试点工作，并将公园命名为"桂林会仙喀斯特国家湿地公园"。

【深里河峡谷景区】 位于临桂县南边山乡，距县城50千米。峡谷长2.3千米，四周森林环抱，林木茂密，空气清新，环境幽深险静；河水清澈凛冽，瀑布飞流点缀其间。河床中众多石头形态怪异，其中的金龟石、龙脊图石展示世界罕见之奇观。为旅游、休闲、度假、探险、垂钓、漂流的综合性旅游胜地。

【六塘清真寺】 位于六塘镇西水街。始建于清朝康乾年间（1662—1795年），第三进为同治八年（1869年）重建，第二进（礼拜殿）为光绪十年（1884年）重建。建筑布局为三进五开间，青砖灰瓦，木楹石础，坐西朝东，南北宽21.5米，进深66米，建筑面积1424平方米。殿壁镶嵌以经文装饰的朵尔窗等，独具古代宗教建筑风格，为广西迄今保存完好的规模最大、工艺最佳的清真寺。2009年被列为自治区文物保护单位。

【雄森熊虎山庄】 位于县城沙塘大圆盘南侧，占地25万平方米，是集虎、熊、狮等珍稀动物观赏、野化、科研和繁殖于一体的多元化野生动物基地。山庄有东北虎、华南虎、孟加拉虎、白老虎共1500多头，熊500多头，狮300多头，以及豹、蛇、猴、鸟等世界珍稀动物，为世界最大的黑熊、老虎科研、繁殖、野化、观赏、游乐基地，也是中国东北林业大学野生动物资源学院教学科研基地和广西珍稀濒危野生动物救护研究中心、猫科动物繁育基地。为弘扬野生动物文化，增强人类对野生动物的保护意识和了解野生动物的生活习性，山庄每天设“梦幻剧场”“熊虎盛会”两场表演。

【飞虎队遗址公园】 位于秧塘工业园。1941年，美国陈纳德将军率领第十四志愿航空队(俗称“飞虎队”)支援中国抗日，在国民党军修建的秧塘机场驻扎，并多次与日本空军交战。当年设置在岩洞内的指挥所旧址，基本保持原貌。岩洞石壁上镌刻有中英文的飞虎队指挥所字样。在洞口右前方巨石上还有陈纳德夫人陈香梅题写的“陈纳德将军观战石”和“将军一去，大树飘零，壮志不还，寒风萧瑟”两块石碑。县人民政府划拨17万平方米土地兴建飞虎队遗址公园，2014年，完成纪念馆穹顶和外墙钢挂装饰工程，并进行纪念馆内饰装修和园林景观施工。从2001年起，每年3月都有美国飞虎队的队员及家属、亲属到此缅怀参观。

【李宗仁故居】 位于两江镇马鞍山东麓，距桂林市35千米。全国重点文物保护单位。整座建筑占地5060平方米，为四合院式砖木结构，分上下两层。始建于清宣统三年(1911年)，经3期扩建而成，于北伐战争前完工。故居由安乐第、将军第、学府及三进客厅组成，共分7个院落、113间房。房屋建筑既有雄踞一方的庄园气派，又有桂北民居建筑特色。整个院落楼轩相连，点缀有泉池、百年古杨、山茶、苏铁等珍稀花木。李宗仁在此度过他的童年和少年时代，从政后仍数度居此。

【陈宏谋宗祠】 位于四塘镇横山村的一品峰下。宗祠内有清乾隆皇帝赐陈宏谋诗刻1座，墙壁上镶有陈奇玉(陈宏谋父)墓志铭10座，陈刘氏(陈宏谋母)墓志铭6座，陈宏谋墓志铭16座，陈杨氏(陈宏谋妻)墓志铭6座，另存有陈宏谋墓碑1座。陈兰森(陈宏谋孙)夫人墓志铭1座。共计41座。

【罗山湖景区】 位于桂林国际两江机场北侧2千米处。水域面积130多万平方米，丘陵200多万平方米，湖面丘陵盘旋，形成多个岛屿，四季绿树成林。由香港千岛集团控股有限公司、桂林罗山湖发展有限公司共同投资建设，计划总投资60亿元。水上乐园划分为宝贝水域亲子活动区、山地滑水

李宗仁故居全貌　　县旅游局　供稿

探险区，冲浪漂流休闲区3个大区，有先进的大型设备15个，和一个大型真沙造浪池。2013年7月，罗山湖水上乐园一期开始对外营业。

【田心村】 位于四塘镇。是一个秀峰环抱，碧水绕村流的文化古迹村。村内保存着“承熏门”等多处古石门、古石寨墙，有村头庙遗址、进士鱼鳞纹踏步石、进士故居，以及大量的石制草纸作坊，还有多处摩崖石刻、禁约碑和修建于清乾隆年间(1736—1975年)的古石板路。在田心村，男女老少对于“横山府，池头县；田心村，翰林院；一门九进士，父子三翰林”的民谣耳熟能详。

【义江缘景区】 位于五通镇，321国道旁。为国家AAAA级景区。景区占地105万平方米，有桂林“风情第一村”之称，是以临桂文化为背景，桂西少数民族风情为主题的大型景区。在这里，可以领略桂西北特有的农家风貌、农耕文化和田园风光；可以乘船游览义江特有的山光水色和风情建筑长廊；还可以与壮族歌手对歌，欣赏精彩的苗族歌舞，感受瑶族长发的奇特风俗。此外，景区还有少数民族民间技艺展示、民族风情百家宴和少数民族大联欢，让人多方领略广西少数民族风情。

【十二滩漂流景区】 位于宛田瑶族乡东北部，桂林至龙胜的旅游黄金线上。为国家AAA级景区。漂流河段在义江上游，首尾与321国道相接。漂流全程9.5千米，有66道河滩、12道急滩；全程落差100多米，最高落差3米。峡谷两岸是高耸入云的山崖和原生森林，沿途自然景观令人目不暇接。景区基础设施完善，是漂流、休闲、会议的好去处。

【东宅江瑶寨蝴蝶谷景区】 位于宛田瑶族乡，距县城42千米，为全国农业旅游示范点景区，总面积18平方千米。东宅江瑶寨共60户，200多人，家家户户为吊脚木楼，60多座依山而建的吊脚楼脚楼，整齐地排列在山腰之间，且规模较大。景区群山环绕，亚热带常绿阔叶林生长茂盛，鲜花野果遍布，负离子含量丰富，是集观赏瀑布、森林探险、生态旅游、风俗风情于一体的旅游景区。

【刘三姐茶园景区】 位于五通镇，距县城23千米，紧靠321国道，占地186.67万平方米。茶园文化底蕴深厚，是20世纪60年代电影《刘三姐》采茶片段外景拍摄地。茶园景色宜人，建筑风格独特。主要以茶叶种植、加工、销售及生态农业和旅游观光为经营特色，有现场茶叶采摘、加工展示、

义江缘景区民俗风情表演　　县旅游局　供稿

茶艺表演，可现场体验中国的茶文化。园内还有刘三姐歌舞实景表演，山歌对唱等。景区是临桂县文学艺术创作基地、桂林市摄影家协会创作基地、全国农业旅游示范点。

【红溪景区】 位于中庸乡，距县城35千米，因溪石多为紫砂岩石，在阳光照射下呈鲜红色而得名。此外还有部分蜡黄溪石，呈金黄色。溪水中，红黄两色岩石交相辉映，因此又称"彩溪"。周边有近600多万平方米的亚热带原生森林，各种乔木、藤蔓、蕨类共生，野趣盎然；溪上有20多座小木桥，曲径通幽；溪中有大小瀑布6个，其中最大的红溪金瀑高35米，宽60米，气势磅礴。红溪是桂林唯一拥有彩溪、彩瀑和叠瀑的森林瀑布景区。

【莲花岛景区】 位于中庸乡穴田上观村，处于义江流域的精华地段，距县城30千米。占地167万平方米，其中水域面积100万平方米，是临桂县最大的农家休闲乐园。两岸青山，四面环水，河沟纵横，水质清澈见底，是集观光、休闲、度假、娱乐、会议为一体的农家休闲山庄。

【华岩景区】 位于五通镇境内的华岩山，相传为唐代吕洞宾修炼处。华岩分为下、中、上3层洞天，全长约1千米，平均宽度6米，最宽处50米。洞前有小溪1条，清泉1眼，名绿水溪、桃花泉。传说吕仙骑鹤归来，常饮鹤于此，因此泉边所建石柱凉亭名"饮鹤亭"。第一层洞天外建有庙宇，有和尚住持，香火甚盛。洞左壁镌无名氏诗一首："自别华岩四百年，于今诗迹尚依然。紫霄洞境无知识，绿水桃花天外天。一声霹雳惊催蛰，万类含生斗艳开。谁谓旧词重金玉，何知今日又回来。"乡人传说此诗为吕仙以指甲刻画而成。题诗石壁下有一石臼，相传每日能出米一升，可供一僧果腹。僧人嫌少，将臼凿大，米不再出。第二层洞天面积约2000平方米，顶泛红，似赤云笼罩，故名紫霄洞。内有石乳凝成的仙人床、仙人身躯、仙人趾印及石观音、石龙、石狮、石虎、石象等，惟妙惟肖。另有一石鼓，以脚蹬之，发声轰然。洞壁有摩崖石刻9件、碑刻1件，1986年列为县级文物保护单位。其中宋嘉定九年(1216年)方信孺游岩的诗具有较高艺术价值。第三层洞天在最高层，曾置有泥塑十八罗汉。洞口有一草坪，可供游人憩息。华岩是唐宋后道教、佛教及旅游胜地。20世纪50年代前，每年农历6月16日，乡民及远至湖南、江西等地的善男信女纷至沓来谒拜，摩肩接踵，热闹非凡。

【望情谷景区】 位于宛田瑶族乡的大王山麓，距县城50千米。景区峰高谷深，山势雄伟，森林茂密，动植物资源丰富；溪涧中水流湍急，多级瀑布串联一体，非常壮观。景区集"雄、奇、秀、幽"于一身，令人目不暇接。

【安江坪景区】 位于黄沙瑶族乡和宛田瑶族乡，地处国家级花坪自然保护区腹地，距县城70千米。景区内有广阔的原始森林，有银杉、桫椤、水松、鹅掌楸、银钟树等20多种列为国家一、二、三级保护的珍稀濒危植物，有金钱豹、野牛、黑熊、野山羊等近10种列为国家一、二级保护的珍稀动物。森林中的广福湖泊清澈宁静，被誉为高山上的明珠。在此荡舟垂钓，有如置身世外桃源。九洞岩瀑布群的多级瀑布形态各异，动人心弦。景区中最壮观的当属红滩瀑布，红滩河与笔架河在陶善村委西北部汇合后，从浩瀚的林海冲出，巨大的水流从30多米高的断崖巨石间凌空泻下，注入方竹山底深潭，远观似悬河，近看若雾海，气势磅礴，令人叹为观止。广福湖泊、红滩瀑布、九洞岩三位一体，是一处精华旅游之地。

【吉瓮瀑布景区】 位于宛田瑶族乡吉瓮村旁。瀑布周边群山环抱，河水从高达50米的绝壁上飞流直下，犹如天水倾注人间，又如白练自天宫垂下，美轮美奂，令人神往。

【祥田长寿村】 位于五通镇上祥村委。长寿村背依羊山、榜山和古东山，山上有广阔的竹林，村前屋后种有柑橘、夏橙，景色优美。村中有纵巷道4条，宽约1米。每条纵巷道旁均筑有水沟，沟宽约0.7米。沟水引自后山清泉，长年不涸。纵巷道之间有若干横巷道连通，全村四通八达，往来便捷。村舍清洁卫生，整齐美观。村中于、李、唐、汤、蒋、周、卢、廖等8姓人家团结互助，村风和谐。2002年、2004年先后被评为县级、市级文明村。2014年，全村有1300多人，其中70~89岁的老人120多人，90岁以上寿星16人。

（秦贻文）

城乡建设·环境保护

ChengXiang JianShe·HuanJing BaoHu

2014年5月，建设中的的临桂新区市民广场　　雷金息　摄

城乡建设管理

【概况】 2014 年 1 月 20 日，临桂县住房和城乡建设局(简称“县住建局”)局办公地址迁至县城西城南路临桂城市建设投资发展大厦。内设办公室(行政审批办公室)、人事教育股、计划财务股、政策法规股、建设工程管理股、建设用地规划股、建设工程规划股、市政公用和交通规划股、技术股、房地产业管理股、总工办、安全生产管理股、物业管理股、村镇规划股 14 个股室；下辖房地产管理所、建筑工程质量监督站、建筑规划设计院、村镇规划建筑勘测设计室、城建档案室、城市规划监察大队、住房制度改革委员会办公室、住房保障管理办公室、城乡建设综合管理所、规划建设综合技术服务中心、建筑安装工程劳动保险费管理站、墙体改革办、房改资金管理中心、建筑安装公司、建宇交易中心 15 个企、事业单位。

年内，县住建局优化行政审批，全年受理各类审批事项 1775 件，办结 1512 件，办结率 85.18%。规范建筑市场管理，核发施工许可证 143 本，报建总建筑面积 404.3 万平方米，总投资 59.56 亿元。完成保障性安居工程建设任务，建成保障性安居住房 385 套。年内，六塘镇在桂林市“城镇化示范镇建设”考评中获第一名。

【优化行政审批】 2014 年，县住建局对所承担的 50 项行政审批事项进行全面清理，取消没有法律法规依据、不按照法定程序设定的行政审批事项 6 项，占原有审批事项的 12%。对保留的行政审批事项优化审批流程，按照“依法、规范、简便”的原则，编制、修订审批事项的操作规范和审批流程图，对每一项审批事项的程序提出详细的标准和法律依据，把没有法律依据的环节及材料予以取消。通过优化办事流程，共取消审批前置材料 59 项。把农村建房审批事项下放到乡镇，由乡镇人民政府进行审批；把工程测绘和房地产测绘 2 个事项有序推向市场，实行市场化运作。

【建筑市场管理】 2014 年，县住建局加大建筑施工现场的安全生产监督检查力度，组织开展安全生产大检查活动 6 次，巡查在建项目 979 次，检查施工企业 283 家，检查监理公司 212 家，下发安全隐患整改通知书 403 份，停工整改通知书 111 份，安全生产动态扣分通知书 165 份。加强建筑市场的监管，全年进行施工合同备案 139 项，劳务合同备案 9 项，监理合同备案 142 项，诚信卡锁卡 209 次、解卡 66 次，完成工程预算备案 21 项。做好在建工程项目的质量安全监督，全年共新监督工程项目 133 个，建筑面积 416.19 万平方米，工程总造价 61.52 亿元。规范招投标监督管理，全年共受理工程招标备案手续 162 项，应招标工程的招标率和公开招标工程招标率均达 100%。加强建筑安装工程劳保费管理，全年对 128 个项目收取劳保费 6954.4 万元，对 102 个项目核退劳保费 6541.3 万元。开展拖欠农民工工资治理工作，与相关部门协调出台管理办法，全年共处理拖欠农民工工资投诉件 125 件，清退农民工工资 1200 万元。

【保障性安居工程建设】 2014 年，临桂县公共租赁住房新建目标任务 408 套，落实教育系统 172 套、卫生系统 200 套、县农业技术推广中心两江农技站 6 套、宛田瑶族乡人民政府 30 套；经济适用房建设目标任务 40 套。全年保障性住房建成 385 套。完成年度分配入住目标任务 290 套。

【房地产市场稳步发展】 2014 年，临桂县房地产业在建开发项目 87 个，完成投资 85.7 亿元，商品房预售面积 185.9 万平方米，销售面积 145.6 万平方米，销售金额 64.7 亿元。房地产管理部门共发放房产证 16861 本，期房预告登记 10008 本，转他项权利 5342 本，二手商品房产权登记 1413 本，抵押登记 11601 件，档案查阅 7571 件，商品房销售备案 13233 件。年内，县住建局指导开发商抓好小区物业管理和相关配套设施建设，逐步提高物业管理水平。加强房屋维修基金归集、管理、使用工作，全年共归集房屋维修基金 6289.3 万元，累计 2.4 亿元，拨付 232.4 万元。

【房屋征收和拆违工作】 2014 年，临桂县重点打击违法占地、违法建设行为，坚持“零容忍、零补偿”的态度，采取“第一时间发现、第一时间制止、第一时间完善执法程序、第一时间强制拆除”的措施，依法查处违法建设 545 户，建筑面积 22.4 万平方米；依法强制拆除违法建(构)筑物 337 户，建筑面积 16.5 万平方米。

【旧城改造】 2014 年，临桂县加快旧城改造进度，推行私人联建和城中村改造同步，主要对金水路、榕山路、人民路、金山路、临政路、虎山路、会元路 7 条主干道两侧私人住房进行联合改造，全年实施改造的居民户 108 户。通过市场化运作，结合棚户区改造，推进临桂镇旸谷岭村、秦塘村的基础设施改造和葛家塘村整村搬迁改造工程。其中葛家塘村安置地已平整，施工水电到位，部分村民安置回建房开始动工。

【城镇化建设】 2014 年，为加快构建“生态新城、魅力小镇、美丽乡村”三位一体的新型城镇体系，临桂县编制了《临桂县加快推进新型城镇化工作实施意见》，全面推动新型城镇化科学有序、积极稳妥发展。六塘镇城镇化示范镇建设完成总体规划编制，产业项目和镇区市政基础设施项目基本建成。

【农村规划建设】 2014 年，临桂县开展农村人居环境调查工作和村镇规划集中行动，完成 73 个行政村的调查摸底及基础数据采集、85 个村庄规划地形图测绘基础资料调查和规划初步方案；完成四塘镇岩口老村、会仙镇山尾村传统村落基础资料调查，四塘镇横山村、会仙镇旧村传统村落保护规划的修改。

【农村危房改造】 2014 年，自治区下达临桂县农村危房改造指标为 1750 户。当年实际完成 1967 户，竣工面积 11.8 万平方米，累计完成投资 8852 万元，发放补助资金 3691.13 万元。完成“一户一档”资料整理，网上信息竣工录入率 100%，通过县级验收。

12月4日，改造后的六塘镇商贸街　　秦梓清　摄

【城乡风貌改造】 2014 年，临桂县为列入自治区风貌改造综合整治和外立面改造任务的四塘镇埠塘、东畔 2 个村的村屯综合整治和大江、东畔、埠塘 3 个村 222 户民房进行外立面改造。累计投资 117 万元完成埠塘村篮球场建设和巷道硬化，安装太阳能路灯 40 盏，绿化面积 350 平方米；累计投资 100 万元完成东畔村篮球场建设和巷道硬化，安装太阳能路灯 20 盏，绿化面积 200 平方米。

（何　斌）

市容管理

【概况】 2014 年，临桂县市容管理局（简称县市容局）围绕“强基础、求突破、增亮点”的目标，充分发挥城市管理主力军作用，创新方式、精心组织、多措并举，不断深化“美丽临桂·清洁城乡”活动，扎实推进市政园林建设、卫生保洁、市容综合管理等各项工作。

【市容秩序管理】 2014 年，县市容局坚持管理不断线，“错时工作制”的管理模式，时间和空间上实现无缝隙覆盖。按照“堵疏结合，以疏为主，管罚并举”的工作思路，加强对县城主要干道、广场、金山立交桥、步行街路口等重点路段和节点存在的流动摊点、车辆乱停乱放、路面污染等违章行为的执法管理力度，坚持治理一段，带动一路，管住一块，规范一片。全年出动执法人员 22030 人次，教育纠正超门槛、占道经营行为 8879 起，暂扣违章占道物品311 件，纠正车辆乱停乱放 3640 辆，下达限期整改通知书2166份、限期拆除通知书140份。开展违章小广告、户外广告专项整治行动，将城区小广告治理推向市场，实现公司化、社会化管理。全年审批户外广告336宗（门头招牌204宗、灯箱6宗、指示牌19宗、电子屏26宗、墙体广告34宗、单立柱14宗、灯杆广告9宗、支架广告1宗、落地广告1宗、楼顶广告8宗、临时横幅14宗）。发放温馨提示839份、限期整改通知书746份、拆除横幅750条、清理墙体广告227宗、拆除违规未审批广告牌69宗、拆除破旧广告牌92宗、清理墙柱小广告325家、拆除小灯箱192个。

【渣土运输管理】 2014年，临桂县由县交通、交警、城管等职能部门抽调人员组成渣土运输专职管理队伍，采取绩效考核、工地源头治理、车辆装载规范化管理、道路设点严查严管等方式，加强渣土运输管理。年内，县市容局出动渣土联合执法人员6500人次，查处违章渣土运输车辆486辆（暂扣营运资格证等相关证件306辆，教育督促整改车辆180辆），处理轮胎带泥污染市政路面57起，清理建筑垃圾30075立方米，处罚违规施工企业58家。

【燃气安全管理】 2014年，县市容局坚持把安全生产放在工作首位，贯彻落实《国务院燃气管理条例》，加强燃气行业安全以及燃气市场秩序的监督管理。全年共开展燃气应急演练4次，发放安全使用知识宣传资料1000余份、燃气泄漏应急处理知识宣传资料800余份。检查燃气网点500次，发放各类通知书300份。处理燃气事故6起、损坏燃气管道案件3起，立案1起。年审燃气供应网点64家，取缔1家，整改11家。

【城区卫生保洁】 2014年，县市容局对县城金水路、榕山路、人民路、建设路、虎山路、龙门路、临政路、会元路、世纪大道、工业园区等县城主要街道实行全天候保洁。完成县城7万多住户100多个单位（含厂矿企业），共计2.76万吨垃圾清运工作。投入资金428万元，购置垃圾清运小型钩臂车4辆、全密封式自卸垃圾车1辆、道路清扫车2辆、洒水车1辆、人力三轮车10辆、果皮箱1300个。

【市政设施维护】 2014年，县市容局对县城规划范围内破损的道路设施进行维修、维护，全年共修复沥青路面2.67万平方米、混凝土路面0.49万平方米、人行道青石板0.55万平方米、人行道街砖811平方米、石礅87个、路沿石（树池石）629米，处理溶洞494.50立方米，发放道路挖掘证63份。开展防汛排水工作，全年共疏通雨污管道182次，维修雨洪沟1.19万米，更换雨水井165套、污水井盖88套、水泥井盖85块、过梁53个。加强路灯设施维护，全年共更换灯泡1430个、灯头192个、灯罩215个、触发器23个、镇流器436个，维修和拆换路灯217杆，维修路灯电缆损坏106处，更换烧毁线路7800米。加强对道路、广场、公园绿地的管理养护，全年绿化投入资金3000多万元，新增绿地面积2.8万平方米，修剪路树8450株、修剪植被15.70万平方米、施肥7.65万平方米，补种行道树、灌木1260株、地被1.31万平方米，主次干道的树木除草10.53万平方米、淋水115.98万平方米、路树杀虫3次共11250株，植被杀虫5次共5.35万平方米。年内，完成县城金山广场公厕的升级改造工程，在县城主要路段设置移动公厕8所。

【城区路网建设】 2014年，县市容局组织实施虎

县城西城大道　　雷金息　摄

山路延长线(二期)、新龙路延长线、秧六路东延长线、秧二路、经十二路、纬四路、新农贸市场路7条道路建设(改造)工程,共投资7104万元。其中,虎山路延长线(二期)建设工程,投资260万元,上年开工,年内完工;新龙路延长线建设工程,投资1100多万元,2013年开工,年内完工;新农贸市场道路改造工程,投资470万元,3月开工,年末完成投资380万元;秧六路东延长线建设工程,投资3628万元(含秧二路建设工程资金),2013年开工,年末完成投资500万元;秧二路建设工程,投资3628万元(含秧六路东延长线建设工程资金),2013年开工,年内完工;经十二路建设工程,投资458万元,6月开工,年末累计完成投资430万元;纬四路建设工程,投资1188万元,11月开工,年末完成路基换填施工。

【小区设施改造】 2014年,县市容局组织实施秦塘村、会元居民区、榕山居民区、东坡园小区4项基础设施改造(完善)工程建设,共投资1300万元(其中秦塘村投资480万元、会元居民区投资140万元、榕山居民区投资260万元、东坡园小区投资420万元),4项工程均为2013年开工,年内完工。

【县城管网建设】 2014年,县市容局组织实施桂康片区及翠园雅筑至金水路污水管道和仕通路雨水管道2个工程项目建设,共投资820万元(桂康片区及翠园雅筑至金水路污水管道建设工程投资290万元、仕通路雨水管道工程投资530万元),2项工程均为年内开工,年内完工。组织实施沙塘河穿世纪大道临时排水工程,投资200万元,6月开工,7月完工。

【城市绿化改造】 2014年,县市容局组织实施总投资3430万元的西干渠临桂段、金山路和致远路3条道路(景观)绿化改造工程。其中西干渠临桂段景观绿化改造项目是县人民政府2013年度为民办实事项目之一,投入资金2600万元,上年开工,年末累计完成投资2490万元;金山路绿化改造工程投资200万元,6月开工,7月完工;致远路道路绿化改造工程投资630万元,年底开工,年内在建。

【城市路灯亮化】 2014年,县市容局组织实施县城虎山路延长线路灯工程、机场路红星化工厂至榕山路口对面大龙地产的沿线山体亮化2个工程建设,总投资151万元。其中虎山路延长线路灯工程投资96万元,机场路红星化工厂至榕山路口对面大龙地产的沿线山体亮化工程投资55万元,均为年内开工、年内完工。

【重点工程】 2014年,由县市容局负责实施总投资约5000万元的六塘镇“书记工程”,除污水处理厂项目外,其余6个工程(街道亮化、绿化工程、人行道面层改造、移动公厕、排污排水管网、供水供电通信管线建设)均于年内完工,通过桂林市考评组验收。

(秦梓清)

自来水供应

【概况】 2014年,桂林市自来水公司临桂分中心(简称临桂分中心)设综合营业厅、维修抢修、水费抄收、勘察设计等业务班组,有职工18人。供水范围北至机场路,南至秧塘工业园,西至西城大道西段,东接桂林市区。全年售水量13386995吨(比上年,下同),增加1536053吨,增长12.96%;在线水表64225块,增加9273块,增长17.80%。

【管网建设】 2014年,临桂分中心配合各项目指挥部并提供技术支持,实施临桂新区19条新建道路供水管道工程。至年末,完成万东路、经一路、经二路、凤凰西路、环西路、公园北路、世纪西路、经四路等8条道路供水管道共30千米,完成全部工程进度的61%。在管网改造方面,完成虎山路延长线DN300管道工程250米,新龙路DN400管道工程640米,县城桂康新城小区431米,榕山路圆盘至榕山花园224米的管网改造。

【供水保障】 2014年,临桂分中心加强对临桂新区近20条新建或改建道路的管道巡查。在因施工导致暴管的情况下,按照“先抢修、后处理,重保障、后追偿”的原则,只要出现漏损,及时进行抢修,在最短时间恢复供水,同时在抢修的过程中,尽量不影响道路建设。在全年的管道抢修中,未发生因为抢修不及时造成的投诉。提前完成临桂新区标志性建筑群“一院两馆”水表安装工程,保证“一院两馆”项目的竣工验收。在桂林市政府创业大厦水表安装工程中,及时安排施工单位进场,成为第一个完工的市政配套项目。

【供水服务】 2014年,临桂分中心员工到社区了解、收集和处理社区居民在用水方面存在的问题,加强用水知识的宣传。同时,提升窗口服务质量,对柜台人员进行培训,从仪容仪表、谈吐举止、叫号处理、业务规范等方面进行要求,为客户提供更高效、更优质的服务。9月1日,桂林市自来水公司客户服务中心临桂营业所经过业务整合及升级,改称客户服务中心临桂分中心,并启用新营业厅。

(申建强)

桂林市西城经济开发区

【概况】 2014年,桂林市西城经济开发区下设办公室、土地规划工作部、招商引资项目工作部、基础设施建设管理工作部、企业管理工作部;下辖鲁山工业园、秧塘山水科技园及临桂县各乡镇工业集中区(临桂镇、两江镇、五通镇、会仙镇等4个乡镇工业集中区和四塘乡、南边山乡2个工业小区)。年内,完成工业总产值370.78亿元(比上年,下同),增长8.8%;工业增加值116.6亿元,增长8.8%;完成规模以上工业总产值324.7亿元,增长9.2%,规模以上工业增加值101.4亿元,增长9.3%;完成固定资产投资28亿元。获国家新型工业化产业示范基地、桂林市工业园区发展进步二等奖。

【推进招商引资项目】 2014年,桂林市西城经济开发区秧塘山水科技园新引进项目5个,合同投资总额21.4亿元(东莞市晶和实业集团有限公司家装建材物流项目投资8亿元、北京时代华诚投资有限公司电子商务物流云仓储项目投资6亿元、桂林紫竹乳胶制品有限公司搬迁改造项目投资2.8亿元、桂林市汉威工贸有限公司搬迁项目投资1.6亿元、青少年文化艺术培训中心项目投资3亿元)。向自治区工信委、桂林市工信委争取配套园区建设专项资金1350万元。

【加快基础设施建设】 2014年,临桂县财政累计投入秧塘工业园区基础设施建设资金5000万元;加快推进园区人民路延长线、秧十七路延长线、园区排洪渠(西渠)工程正在施工建设;园区排污管网(桂林三金药业临时排污管网已完工)、航空输油管道迁移等项目开工建设。还将启动秧塘工业园秧二十一路(含一期、二期)、秧二十二路、秧二十五路的规划建设。

【稳步推进项目】 2014年,桂林市西城经济开发区有桂林三金药业、桂林福达曲轴项目、宇川光电、伟文纳米、国际线缆、景恒机器、鸿程机电、广西奥瑞金亨源包装科技有限公司年产24亿个铝制二片罐项目等8个项目建成投产,其中奥瑞金项目于2014年年初启动土地报批及征用工作,并于年底完成项目一期建设并投产,实现项目“当年启动土地报批征用,当年完成建设投产”的快速建设目标。至年末,秧塘工业园有入园工业企业82家,已建成投产工业项目34个,在建工业项目28个,待建工业项目20个;基础设施配套项目16个。

【加强服务监管】 2014年,桂林市西城经济开发区协调县发改、国土、建设、环保、工商、工信等部门,为企业办理行政审批提供多方帮助,使企业在签订开发协议后能立即开展可研、总评设计、环评等各项前期工作,待建设用地指标落实后企业即可进场动工,使项目推进提速了3~6个月的时间,加快了项目建设速度。引导县辖区内金融机构支持园区经济发展,搭建银企合作平台;对园区项目建设过程中存在的强揽工程、强买强卖、蓄意阻工闹事等现象,成立由8名队员组成的秧塘园治安巡防队,采取24小时分组轮班巡逻制,加强日常巡查及警企配合,严厉打击各类违法违规现象,为园区项目建设创造优良的环境。

(苏兰英)

环境保护

【概况】 2014年,临桂县环境保护局(简称县环保局)开展环保专项行动,推进生态县建设,抓好农村环境综合治理。全县环境质量总体保持较好,县城环境空气质量达到国家二级标准，噪声功能区达到国家标准。

【环境质量】 大气环境 2014年，临桂县城环境空气质量整体保持在《环境空气质量标准》二级水平。二氧化硫日平均浓度范围为0.005毫克/立方米~0.039毫克/立方米，优于一级标准(0.05毫克/立方米)。二氧化氮日平均浓度范围为0.011毫克/立方米~0.042毫克/立方米，优于一级标准(0.08毫克/立方米)。可吸入颗粒物(PM10)日平均浓度范围为0.057毫克/立方米~0.148毫克/立方米，优于二级标准(0.15毫克/立方米)。

水环境 2014年，临桂县2条主要河流义江(洛清江上游)和临桂相思江的水质情况为：义江的年均水质符合《地表水环境质量标准》(GB3838-2002)三类水质标准，河流水质为优良，达到该河流三类水功能区标准；临桂相思江由于受县城生活污水未完全处理而排入河流的影响，水质超过了五类水质标准，主要污染因子为总氮、氨氮和阴离子表面活性剂，未能达到该河流四类水功能区标准。

声环境 2014年，临桂县城区域声环境质量处于“较好”等级。县城6个功能区噪声监测中，各类功能区昼、夜间达标率均低于相应功能区标准。

【建设项目环境管理】 2014年，县环保局督促相关企业执行环境影响评价制度和环境保护“三同时”制度，办理建设项目环保审批手续175个，环境影响评价制度执行率100%。办理建设项目环保设施“三同时”竣工验收手续63家，项目总投资128875.3万元，环保投资5667.97万元，全部合格并通过验收。“三同时”执行率和合格率均为100%。

【环境整治】 2014年，县环保局开展重点行业企业环境风险和安全隐患大排查大整治工作。对县城和各乡镇企业进行环境风险排查，主要对使用辐射设备单位的医疗单位及其他企业、涉重金属的康源矿业公司、无审批手续企业排查。督促核技术利用单位依法办理辐射环评手续并取得辐射安全许可证，10家企业补办了环评手续。建议县人民政府依法取缔了无证照的会仙选矿点、中庸废旧轮胎炼油点、会仙废旧轮胎炼油点。依法开展县辖区内地表水环境专项检查，分别对义江、太平河、古桂柳运河、莫边河、大江水库和富合水库水质情况进行调查。通过取样分析和现场察看，除太平河水质因县城生活污水排入受影响外，其余河流水库水质均达到GB3838-2002《地表水环境质量标准》规定的功能划分标准。环保专项行动期间，共出动执法人员800多人次，检查企业200多家，对32家环境违法单位下发《责令改正违法行为决定书》，对3家企业立案调查，并行政处罚2万元。开展高考期间噪声专项整治工作，成立高考环境噪声专项整治行动小组，采取分组定期巡逻的方式，对考点周围加强噪声管制，确保高考期间环境安全、安静。

【加强大气污染防治】 2014年，县环保局形成大气污染联防联控工作机制，开展建设施工及道路扬尘控制工作。9月，对在用机动车辆进行首次核发环保检验合格标志工作，完成年度核发任务。

【排污费征收】 2014年，县环保局依据《排污费征收使用管理体例》和《排污费征收管理办法》，开展排污申报工作，核实排污申报登记企业排放污染物的种类和数量，核定排污费。全年征收排污费1611542元。

【污染减排】 2014年，临桂县COD、NH3-N减排项目2项，分别为西城污水处理厂配套污水管网建设，提高污水处理厂进水处理量，实现COD减排155吨，NH3-N减排12.4吨；临桂新区污水处理工程，COD减排113吨，NH3-N减排14.4吨。6乡(镇)15个农村环境连片整治污水处理设施减排项目，减排COD10.9吨、NH3-N2.3吨项目主体基本完工，基本资料收集归档。规模化畜禽养殖减排项目4项，分别为陈桂春养猪场、邓年喜养猪场、明发生猪养殖专业合作社、秦胜军养猪场。

【环境监测】 2014年，县环保监测站对县城的两个固定监测点进行空气质量监测，酸雨监测做到逢雨必测，对划定的噪声功能区进行例行监测。对小太河和洛清江等4个江河水断面进行监测，分析项目28项，环境质量监测数据464个。为50多家委托单位进行1~2次水污染源监测，出具监测报告单91份，监测数据1488个。为30多家委托单位进行大气污染源监测，出具监测报告33份，大气污染源监测数据480个。为70多家委托单位进行噪声监测，出具噪声监测报告85份，监测数据700多个。

【生态环境建设】 2014年，创建黄沙瑶族乡、六塘镇为自治区级生态乡镇。继续开展2013年农村环境连片整治示范项目工作，主要涉及宛田瑶族乡、黄沙瑶族乡、两江镇、临桂镇、五通镇、会仙镇、四塘镇7个乡镇33个行政村。项目实施主要以农村污水、生活垃圾收集处理为主，总投资2766万元，其中申请中央专项资金1781万元，自治区级补助资金505万元，县级财政配套资金480万元。

【环境宣传教育】 2014年"6·5"世界环境日期间，临桂县组织县内130多家排污单位的分管领导和环保员进行环保业务知识培训，集中学习新颁布的《中华人民共和国环境保护法》，以及环境违法的有关司法解释，行政审批、项目"三同时"验收、环境监测等业务知识。在县城金山广场举行"向污染宣战"大型环保图片摄影展。向群众发放各种环保宣传资料5000余份。

（葛洁桃）

12月5日，县环保局在县城金山广场宣传新颁布的《中华人民共和国环境保护法》

县环保局 供稿

住房公积金管理

【概况】 2014年，临桂县住房公积金期末累计收入82993.79万元（比上年，下同），增加15194.01万元，增长22.41%。其中，住房公积金余额38041.42万元（含个人住房贷款余额34567.81万元），期末累计支取公积金45075.06万元。全县完成公积金归集15194.01万元，增长35.4%。

【住房公积金增值收益】 2014年，临桂县住房公积金业务收入1456.83万元，业务支出758.67万元(其中结算利息给职工710.51万元)。全年增值收益746.32万元，增加222.19万元，增长42.39%。

【严格规范住房公积金政策】 2014年，桂林市住房公积金管理中心临桂管理部(简称临桂管理部)开展公积金扩面征缴工作，并在开展年审工作的同时做好单位缴存基数和缴存比例的调整工作，确保职工住房公积金应缴尽缴，杜绝单位个人住房公积金缴存额过高而"非法避税"的现象，维护住房公积金制度公平。

【内部管理与外部稽核】 2014年，临桂管理部加大内部业务管理力度，发现问题及时整改；加强对受托银行的业务考核和监督，使管理部归集、个人贷款业务的精准度进一步提高。同时，做好公积金逾期贷款的催收、起诉工作，全年贷款逾期率为零，低于自治区0.2‰的考核指标。做好廉政风险防控工作，防范和打击骗取骗贷公积金行为。

（王 群）

交　　通

Jiao Tong

4月，会仙镇开通3条乡村公交线路　　　　刘水英　摄

公路运输

【概况】 2014年，临桂县实施交通建设项目42个，竣工项目23个(经验收评定质量均合格)；计划总投资5.39亿元，完成项目投资2.77亿元；新增公路里程69.62千米；危桥改造项目19个（完工8个、在建10个、未开工1个）。有客运车辆272辆、座位4687个(含出租汽车50辆、座位250个)，货运车辆3315辆、1.82万个吨位。全年完成道路客运量732万人次、旅客周转量3.93亿人千米，与上年同期相比分别增长6%、11.8%；完成货运量705万吨、货物周转量10.04亿吨千米。有道路运输从业户2696户、客运企业6家、车辆维修企业192户、机动车驾驶员培训学校4所。养护公路826.46千米，其中县道113.25千米、乡道381.94千米、专用道6.22千米、村道325.05千米。查处交通运输违法行为423起。全年水上运输、交通工程建设、公路养护、消防等行业安全生产事故均为零。

【公路建设项目】 2014年，临桂县通建制村水泥路建设项目17个，建设里程146.71千米，总投资26336万元，年内开工5个，竣工6个。县乡道联网路建设项目有：六塘至南边山三级沥青路，里程11.60千米，总投资1782万元，2013年开工，年内竣工；五通至黄沙四级混凝土公路，里程26.60千米，总投资1.30亿元，年内开工，在建。

2014年临桂县通建制村水泥路建设项目表

表3

序号	项目名称	公路等级	里程(千米)	总投资(万元)	备注
1	宛(田)黄(沙)线至陶善	四级	6.68	950	2012年开工,年内竣工
2	浔江至步厄	四级	7.99	1263	年内开工,在建
3	五通至保宁	三级水泥混凝土	6.70	1220	年内开工,在建
4	围岭至滩头	四级	20.00	3994	年内开工,在建
5	三塘至硫铁矿	四级	9.00	874	2013年开工,在建
6	六利至富汴	四级	1.03	201	2013年开工,在建
7	南边山至钱村	四级	3.30	224	年内开工,在建
8	江州至安乐至保合	四级混凝土	25.00	5206	年内开工,在建
9	仁义至温良	四级混凝土	14.10	3324	年内开工,在建
10	军洞至永平	四级混凝土	6.40	1042	2013年开工,年内竣工
11	江门至蓬莱	四级水泥混凝土	6.10	1002	2013年开工,年内竣工
12	江州至仁义	四级混凝土	6.40	996	2013年开工,在建
13	321国道至天华	四级混凝土	6.30	570	2013年开工,在建
14	保宁至浔江	四级混凝土	6.00	734	2013年开工,年内竣工
15	浔江至白马	四级混凝土	7.10	1195	2013年开工,年内竣工
16	321国道(旧线)至楠木	四级混凝土	1.31	303	2013年开工,年内竣工
17	黄沙至围岭	四级混凝土	13.30	3238	2013年开工,在建

【交通行政执法】 2014年，临桂县交通运输执法大队出动执法人员2560人次，查处道路运输违法行为283起(含非法营运204起)，路政违法行为超限运输140起，卸载货物2960余吨。清理非交通标志61块，清除堆积物680处6580平方米，制止、消除各种违法行为485起，疏通人为堵塞水沟

7月30日，县交通局执法人员向在公路上晒谷群众宣传法律法规　　县交通局　供稿

3516米，拆除违法建筑物及临时搭棚16处650平方米。年内，临桂县交通运输执法大队采用手机短信、动漫宣传画册、板报等方式宣传《中华人民共和国公路法》《公路安全保护条例》等相关法律法规。全年悬挂宣传横幅25条，张贴宣传标语55幅，发放宣传资料1万多份，发送手机短信10万余条；投资15万元，在县(乡)道设置法律法规宣传牌54块。

【客运站场建设】 2014年，临桂县根据自治区对六塘客运站总投资250万元的建设项目计划，完成主站房两层建筑、场地扩建挖土方、砌浆片石挡土墙等部分160万元的项目建设；完成13个便民候车亭78万元的建设任务。

【交通工程建设措施】 2014年，临桂县制定《2014年临桂县农村公路标准化管理工作方案》，成立农村公路标准化管理工作领导小组，明确目标任务并将责任分解到人；将农村公路标准化内容列入设计文件并实施捆绑招标；实施路基标准化改造；制定实施农村公路标准化考核奖惩办法；基本落实标准化建设资金。

(陈贞贤)

【公路养护综合服务】 2014年，临桂公路管理局管养公路224.8千米，检评179.36千米，优良路率55.2%，差路率6.13%。共清理大小塌方19800立方米；修复损坏波形护栏520米、路肩墙120立方米；埋设涵管20米；更换轮廓桩450根、道口桩70根、公里碑8个、百米桩110个；绿化美化公路30千米；路面保持无坑槽，对影响行车安全的路面病害及时进行修补约9800平方米。加强桥梁技术状况调查，对门家桥、中庸桥、司门口桥、传岭铺一桥、传岭铺二桥、宛田大桥、合峰桥、东长岭桥、下窑二桥及丹桥的缺损部件进行了及时修复。

【提高公路通行能力】 2014年，临桂公路管理局继续开展“路面病害处置年”活动，在完成 90 万元指令性投资的基础上，自筹资金 60 万元超额完成路面修补，路面修复总面积 33657.61 平方米。开展“排水设施整治年”活动，全面提升公路提高公路治水、防水能力，共完成路肩高铲低 560 平方米，国省干线修复损坏路肩墙 100 立方米，机械及人工开挖水沟 50 米，埋置涵管 10 米。开展“养护工程质量年”活动，在把好材料质量关的同时，做到工程质量、进度、安全齐头并进，全年共完成养护工程总投资 144.393 万元。

【路政管理】 2014 年，临桂公路管理局强化重大路政许可项目全程追踪监管力度，加快建立政府主导、部门联动的治超新模式，做到加大与地方联合治超力度，加大追回路产损失赔偿费用力度，加大路政治超赔补偿费使用的监管力度，加大路政与养护联勤联动力度。至年末，共清除路障 59 处 181 平方米，拆除临时搭棚 72 处 389 平方米，拆除非公路标牌 15 块，疏通人为堵塞水沟 181 米，制止违法建房 2 处。查处路政赔偿案件 21 起，办理行政许可项目 9 起，收回路产赔（补）款18.426 万元。无一起案件引起行政复议或行政诉讼，有理投诉率为零。

【践行“清洁临桂”活动】 2014 年，临桂公路管理局通过上路发传单宣传教育等方式，改变公路沿线环境面貌；每月与养护部门开展联合巡查不少于 7 次，发现障碍及时进行清除。完成国道 321 线庙岭立交桥水泥搅拌站运输车辆拉料污染路段、五通镇过境路段苗木交易市场专项整治；开展源头治理，协调桂林市西二环工程、桂林至三江高速公路工程建设单位做好治理车辆拉料污染公路工作。会仙镇出资 15 万余元，在县道良丰至永福公路 K3+000 会仙镇工业园区路段开挖公路排水沟 400 米，并铺设盖板。

【加大治超力度】 2014 年，临桂公路管理局加大联合执法力度，扩大巩固治超成果，共检查车辆 13085 台，查处超限超载车辆 541 台，卸货 5849.17 吨，罚款 73.91 万元。对超限率从 30%至 100%及 100%以上的各种类型车辆分等级细化处罚标准，并按照减免程序进行审批，逐级监督，压缩公路执法人员行政自由裁量空间。与临桂交警、运管部门开展联合执法行动，重点打击外省车辆及桂三高速材料运输车辆。至 10 月底，超限超载车辆后续处理邮寄 370 余封，超限车辆违法通知书处理 16 起，退回 19 封。

【重视隐患排查整治】 2014 年，临桂公路管理局投资 39 万元对国道 321 线 K679+200—K679+400 路段重大安全隐患进行专项整治，弯道外侧进行路面加宽，调整弯道路面超高，修建盖板边沟，在路基外侧设置钢筋混凝土护栏及汽车轮胎防护。对国道 321 线 K646+110 与五通镇水源街交叉十字路口、国道 321 线 K628+800 农贸市场路口、K628+850 十字交叉路口、瓦竹线 K5+500 三岔路口、良永线 K6+300—K6+700 路段、瓦竹线 K4+000 路段等 6 处安全隐患完善安全标志、标线，营造群众出行安全良好的交通环境。

六塘镇迎宾大道　　县交通运输局　供稿

【加大执法宣传力度】 2014年,临桂公路管理局在宛田公路收费站,向违法超限超载司机、车主等发放超限运输长效治理宣传单、宣传册和温馨提示卡等资料2000余份,在办公驻地、管养公路沿线附属设施悬挂横幅15条。深入国道321线临桂五通至宛田路段货运装载源头厂矿、企业、货物运输企业13家,重点宣传全国各地发生车辆违法超限超载运输危及公路、桥梁的重大案件和加强重点货运源头单位监管、实施违法车辆动态监管及后续治理相结合的新措施。

(陈小华)

民用航空

【概况】 2014年,桂林两江国际机场公司(以下简称桂林机场)设有9个机关职能部门及12个二级机构。年末,桂林机场共有职工1599人。年内,桂林机场运输起降59743架次(比上年,下同),增加9800架次,增长19.6%;旅客吞吐量689.77万人次,增加102万人次,增长17.4%;货邮吞吐量3.5万吨,增加2856吨,增长8.7%。航班平均客座率73.4%。至年末,共有33家中外航空公司运营桂林航班,增加1家;飞行航线85条,其中,国内航线73条,国际航线9条,地区航线3条;通航城市56个,增加7个。

【航线拓展】 2014年,桂林机场航线网络布局进一步完善,新增丽江—桂林—厦门、桂林—郑州—长春、桂林—重庆—西宁等航线20条,其中国际3条,国内17条,恢复桂林—无锡、桂林—高雄、桂林—釜山等航线9条,其中国际1条,地区7条,国内1条。

【便民服务】 2014年,桂林机场与17家航空公司、兄弟机场及包机公司合作补贴定期航线30条,补贴航线运输旅客约100.3万人次。打造"空铁联运""空地联运"的立体交通体系,扩大机场辐射范围,联合航空公司推出"地空联运"产品;新增桂林火车站—民航大厦免费摆渡及机场—火车北站往返专线,在机场到达厅设置火车自助售票机;启用空港汽车站,与桂林骏达运输公司等地方运输企业在客运专线、售票服务、站务管理等方面建立战略合作伙伴关系,拓展机场直达周边县市的长途地面运输班线,开通全州、荔浦地面运输专线,加密了阳朔地运班线,至年末,共有6条长途地面直达班线。走访桂林周边市县及高校,组织开展"走基层,惠民众"航空知识推广、"到县下乡进社区"等基层营销宣传活动。

【安全管理】 2014年,桂林机场共安全保障航班起降61292架次,地面安全行车501万千米,发现排除故障54起,查出违禁品5.3万件,未发生航空安全事故征候及以上不安全事件。年内,桂林机场完善安全管理体系(SMS),有序推进安全绩效管理和航空安保管理体系(SeMS)建设,推行微制度改革,完成PBN项目(基于性能导航的进近飞行程序)实地试飞验证,完善航空安保体系。修订完善应急救援预案,强化反恐防暴相关培训,提升反恐防暴处置能力。开展安全宣传教育、安全隐患大检查大整治等10项综合安全治理活动;持续开展鸟害防治及FOD防范工作,加强跑道、停机坪巡视检查、不停航施工管理、飞行区适航管理及净空管理,推出机坪违章曝光台,加强安全风险管控和应急管理。年内,组织开展候机楼应急供电演练、候机楼旅客紧急疏散演练等各类应急处置演练30次,提升应对突发事件处置能力。

【服务保障】 2014年,桂林机场创新服务监督检查方式,量化考核指标,加强首问责任制,施行首看责任制,设立文明督导员,加大"三超"行李把控力度,开展"优化服务保障流程,深化服务品牌建设"服务质量竞赛活动,为旅客创造良好的出行环境。协同桂林市口岸办、海关、空管等驻场单位共同成立服务品质促进委员会、大面积航班延误旅客服务协调委员会,建立服务质量监督共管联合机制。推出国际厅登机口"飞燕"标杆岗、"爱心鞋垫""尊享"值机、温馨短信提醒、为航延旅客提供自助餐服务等一系列新举措,进一步提升旅客服务体验,树立良好对外窗口形象。全年,桂林机场共接到旅客表扬信287封,锦旗40面,旅客满意率100%。

【基础设施建设】 2014年,桂林机场共完成固定

桂林两江国际机场航站楼夜景　　雷金息　摄

资产投资2453.16万元,其中设备投资1193.16万元、基建投资1260万元,完成工程项目34个,在建工程项目5个。主要完成候机楼路面铺设沥青、候机楼天面刷漆和补漏、空港汽车站建设、安检通道改造、值机柜台更新等工程,基本完成摆渡车采购项目及桥载设备替代APU项目的主设备安装工作。

(秦良成)

信息产业

Xin XI Chan Ye

11月，中国电信临桂分公司进行网络升级改造　　中国电信临桂分公司　供稿

邮　政

【概况】 2014年,临桂县邮政局辖五通、两江、六塘3个邮政支局和12个邮政所,17个营业网点。全县11个乡镇155个村(居)委会均通邮(或代邮)。有报刊亭5个,邮政储蓄网点5个,自动柜员机11个台,邮运车10辆。全年邮政业务总收入1733.5万元(比上年,下同),增长10.6%。其中:邮务类业务收入398.1万元,完成年计划的105.8%,增长8.3%;速递物流类业务收入31.3万元,完成年计划的92%,下降24.4%;金融类业务收入1233.7万元,完成年计划的103.6%,增长32.1%。

【邮务类业务】 2014年,临桂县邮政局狠抓时限管理和服务质量,全面加快网点转型,提升服务质量,提高用户满意度,全年无用户有理由投诉。全年函件业务收入98.4万元,完成计划任务的123%,增长26.6%;报刊业务收入80.4万元,完成年计划100.5%,增长26%;集邮收入71.52万元,完成年计划的132.2%,增长3.08%;包裹业务收入11.2万元,完成年计划的100%,增长是10.9%。信息和代理业务收入129万元,完成年计划的99.2%,下降26.6%,下降的原因主要是取消了部分代收款业务。

【速递业务】 2014年,临桂县邮政局代理速递业务发展相对滞后,完成业务收入31.3万元,仅完成年计划的92%,下降24.4%。农资分销业务相对较好,全年完成农资配送业务收入43万元,完成计划任务的95.6%,增长10.8%。

【代理金融业务】 2014年,临桂县邮政局以提高储蓄余额、短信、代理保险、IC卡、电子银行、理财、储转汇七项业务为重点,指导窗口业务营销,统筹安排突出重点,明确营销分工,确保各项业务平稳发展。全年储蓄余额新增1.03亿元,完成目标任务的129%。电子银行和商易通业务发展过慢,全年完成个人网银目标的90%,电话银行的80%;完成商易通25台,完成目标任务的62%。新增绿卡10967张,完成目标任务的109%;IC卡10395张,IC(VIP)卡完成572张。保险业务发展快速,保费累计完成930万元,完成目标任务的150%。

【安全生产】 2014年,临桂县邮政局从源头上控制重大安全生产责任事故的发生,将管理端口前移,加强对邮件处理现场、储汇营业网点、金(票)库等重点部位、邮件收寄验视等重要环节的监督检查力度,全年开展金融资金安全大检查10次。增强员工对事故的预防和应急处理能力,杜绝违规作业、违规收寄等生产过程中的严重违章行为。采用信息化监控管理手段,建立健全事前、事中监督机制,对业务处理过程进行同步监控,对重要岗位人员按期进行轮换,确保储汇资金安全。各金融营业厅配备专职安全保卫人员;与有关人员签订金融案件防控、安全责任书,健全安全保卫台账。业务库安装远程监控系统,制定突发事件应急处理方案。组织有关人员进行消防灭火、网点防抢、防暴枪射击等演练;组织在岗人员学习金融资金安全知识并参加考试,合格率100%;开展了行车安全、邮件投递安全教育。全年无安全责任事故发生。

(蒋路军)

中国电信股份有限公司临桂分公司

【概况】 2014年,中国电信股份有限公司临桂分公司(简称中国电信临桂分公司)下设办公室、客户销售服务中心、网络部及五通、两江、六塘三个中心支局。五通中心支局下辖五通、中庸、宛田、黄沙、保宁5个营业所,两江中心支局下辖两江、渡头、茶洞、庙岭4个营业所,六塘中心支局下辖会仙、六塘、四塘、南边山4个营业所。年末,有在职员工103人(在岗合同制员工46人)。业务收入完成年计划指标的100.04%(比上年,下同),增长21.36%,排名临桂各经营单位之首,在广西75个二类县分公司中排名第一。临桂电信获桂林分公司授予的先进集体称号。

【多渠道拓展业务】 2014年,中国电信临桂分公司通过加强政企渠道、公众渠道、社会代办渠道的建设,移动业务市场占比份额为17.38%。发展社会代办,发展代理商24家,电信网点60家,县域覆盖范围超过中国联通,通过代理网点的扩展,方便电信用户的缴费及各项业务办理。利用网络优势，联合县公安部门完成43家宾馆酒店“安信宝”业务的签约，并完成所有宾馆酒店、网吧的公安技防网项目的实施；树立智慧酒店标杆和翼校通标杆校园。

【整改网络】 2014年，中国电信临分公司从提升网络质量、加大宣传覆盖面等方面着手，整合原有资源，重点推进FTTH迁转及提速包业务，促进宽带业务的稳步增长。针对已开通光网络的区域开展专项营销活动，组织人员进村进小区设点宣传营销，方便用户实现网络升级改造。农村通过引进民营资本投资，全面推进光网建设，力争实现全光网覆盖，率先在桂林启动民营资本运作模式，在临桂会仙引入民营资本建设3个项目。

【通信建设】 2014年，中国电信临分公司完成县城、周边城中村及乡镇的光纤网络建设项目75个，在加快新建小区光纤网络覆盖的基础上，推进老城区网络改造工程。新开通32个基站，其中4G基站20个(含7个3G、4G共有基站)，3G基站12个，基站总数达到120个，无线信号覆盖率达到85%以上。

(鲁艳香)

中国移动通信集团广西有限公司临桂分公司

【概况】 2014年，中国移动通信集团广西有限公司临桂分公司(简称移动临桂分公司)有营业服务网点340个(自营服务厅9个，指定专营店97个，特约代理点234个)，员工88人。GSM基站199个(新增6个)，TD基站64个(新增42个)，4G基站123个(新增123个)；净增客户1.41万户，客户总数24.02万户(其中4G客户1.93万户)，累计话务量8.99亿分钟。营运收入12840万元(其中增值业务收入4404万元)(比上年，下同)，增长6.01%；营运支出3053.27万元；坏账率0.78%；二干光缆长度约120千米。

【拓展集团信息化】 2014年，移动临桂分公司不断更新和完善客户资料，发现潜在需求，结合客户的集团单位性质，针对性地推广手机终端、流量升档、转资费等业务，提升集团客户市场数据业务普及率。抓住集团市场发展的有利时机，狠抓校讯通拓展，提升各学校校讯通普及率，精细化管理水平。新增有线业务59条，IMS1425线、E线通15条、校讯通业务拓展19303户。集团信息化收入66.98万元，有线业务量477.7个，校讯通用户20483户。团客户粘性收入1914.64万元，开展集团整体预存69.63万元。累计开展企业服务日87场。

【聚类市场集团拓展】 2014年，移动临桂分公司安排客户经理对县域内房地产业、餐饮业等聚类集团进行拓展，共走访、拓展C类集团356家，新增集团成员2965户。集群网42家，ADC产品45家，集团彩铃62家，集团专线23条。

【提升网络类指标】 2014年，移动临桂分公司精抓实干、确保网络类指标和KPI指标优秀，关注各项网络运行指标，加快故障处理速度，确保基站(直放站)完好率和故障工单回复历时等。提升网络类月度考核排名，年末从上半年桂林市移动系统的第七跃升至第四。

【加强代理渠道管理】 2014年，移动临桂分公司加强代理渠道贴店指导工作，及时发现问题，沟通并纠正，代理渠道服务质量得到提升。宣传贯彻代理商终端销售酬金及对店员销售进行培训指导，组织代理商参加自治区、桂林市公司组织的大型订货会。

【安全管理和培训】 2014年1月3日，移动临桂分公司组织开展了全体专、兼职驾驶员的安全培训活动，强化了安全行车意识和安全责任。5月18日，移动临桂分公司工程维护部与派出所民警联动，擒获在凤凰林场基站偷盗的不法分子，保障基站正常运转。6月27日，移动临桂分公司、桂林银行临桂支行联合举办“健康进万家——应急救护知识”普及讲座，分公司全体兼职安全员、部门主管和专(兼)职驾驶员参加培训，提升安全生产意识。

(徐曾艳)

中国联合网络通信有限公司临桂县分公司

【概况】 2014年,中国联合网络通信有限公司临桂县分公司(简称联通临桂分公司)有员工39人,2G网上用户19795户,3G网上用户19290户,宽带用户7104户。全年完成通信服务收入2600万元。

【抓好“两网”建设】 2014年,联通临桂分公司围绕“211”能力工程建设,抓好“两网”(通信网、服务渠道网)建设。按照“三滚”规划策略,在临桂县的生活区、商业区、行政区3个主场景实现完善3G网覆盖水平,保证3G主力承载网的支撑能力,根据业务需求完善4G网覆盖水平,分流高数据业务需求及支撑市场发展,按照“4G削峰、3G保底、2G做薄”的思路,打造3G/4G一体化精品网络。

【网络基站建设】 2014年,联通临桂分公司有GSM网络基站116座,覆盖了临桂各大乡镇,行政村覆盖率达到97%;建成投入使用WCDMA网络3G基站153座,主要覆盖了县城及周边高速公路;4G基站39个,后期将全面开展4G网络建设。

【加强渠道网点建设】 2014年,联通临桂分公司加强渠道网点建设,开展乡镇小型厅建设、自建自管厅建设、卖场专项建设以及D类渠道建设等专项渠道建设,各个乡镇均有公司自营或者代理网点,主要行政村及主要人口流动区域通过安放空中充值机等手段,方便用户缴费查询。

【提升服务质量】 联通临桂分公司围绕“诚、细、优”的服务理念,加强企业内部管控,提升服务质量,重点抓好窗口服务工作,结合民主评议政风行风活动,提高服务质量。

(罗 军)

中国铁通集团有限公司桂林分公司临桂经营部

【概况】 2014年,中国铁通集团有限公司桂林分公司临桂经营部(简称铁通临桂经营部),位于机场路芳洲花园。员工总数为20人。自营厅1个,特约代理点3个。全年固定电话6000户(比上年,下同),增加1000户;宽带用户7000户,增加1000户。

【服务出成效】 2014年,铁通临桂经营部推出狠抓服务两个举措,前台微笑服务,牢记文明用语,后台上门一对一服务,杜绝因服务人员引起的投诉。全年零投诉。

【营销维护一体化】 2014年,铁通临桂经营部宣传贯彻上门就是最好的营销方式的理念,零距离接触用户,提高用户对铁通的感知度,满意度,获取更多的用户认可,实现营销维护一体化。

(王 坤)

工业·商业

Gong Ye·Shang Ye

五通镇衣挂厂一角　　周荣华　摄

工 业

【概况】 2014年,临桂县人民政府工业和信息商贸局(简称县工信局)驻秧塘工业园,下设办公室、经济运行股、企业股、商贸股、商务流通管理办公室。在职人员27人。年内,县工信局推动工业新型化进程,规模工业经济增势强劲,重点项目推进迅速,节能减排成绩显著。全年工业产值370.78亿元(比上年,下同),增长10.0%,占全县经济总量的54.32%。其中产值超50亿元的企业2家,超10亿元的企业8家,超亿元的企业45家,上市公司7家。规模工业企业完成产值407亿元,增幅11.6%。

【服务企业工作】 2014年,县工信局与广西金融投资集团签订中小企业借款担保工作协议,解决县内中小企业担保融资困难,共召开3次银企对接会,为金融机构和中小企业搭建交流平台;推荐5家企业到担保公司提供担保贷款,解决中小企业季节性资金周转困难。帮助企业解决招工难问题,县工信局分成10个工作组,在一个月有150人次,分成50批次到11个乡镇宣传动员农村富余劳力和大中专毕业生就近在临桂务工,年内为多家企业在临桂新招工人300多人。组织20多家企业的管理人员到清华大学进修学习,拓展企业家知识面。投资建设临桂县中小企业服务网暨中小企业投融资网。

【开展"一人一企"对口服务活动】 2014年,县工信局列出15家重点企业,由领导和中层干部负责"一对一"的跟踪服务。联系人员每2个月与企业沟通联系1次,每年深入对口联系的企业进行现场服务2次,联系30人次,为企业协调解决16个问题。

【加大重点项目推进力度】 2014年,县工信局加快重点项目建设,牵头联系推进8个重点项目:桂林雄森熊虎山庄搬迁(扩建)工程项目,完成投资1.52亿元,砌围墙600米,熊虎栏舍围网2000平方米;桂林众阳水泥有限公司投产试运行;桂林伟文纳米材料有限公司一期厂房完工,投产试运行;深圳伟天星半导体设备有限公司2栋钢架厂房开始动工;泰乐科技园(5家)企业总平面图全部通过评审,园区3条主要干道规划并完成平整土地;临桂新区物流配送中心建设项目机场路对接口开通,真龙大厦、真龙大酒店基础动工;路虎4S店完成地基和基础建设;加快推进乐和工业园基础建设;加快推进两江镇宝山工业园建设。

【规模工业】 2014年,临桂县规模以上企业61家。规模工业企业总产值407亿元,增长11.6%。规模工业企业增加值117.2亿元,增长10.2%。规模工业企业中产值超50亿元企业2家,超10亿元企业8家,超亿元企业45家。

【扶持技术改造】 2014年,县工信局进一步扶持企业技术改造。通过技术改造扩大生产规模,完成技术改造投资46.82亿元。支持桂林福达集团有限公司、桂林桂冶粉磨机械有限公司、桂林伟文纳米公司、桂林鸿程矿山公司等一批重大技术改造项目的实施。

【工业园区建设】 2014年,县工信局优化结构,整合秧塘、鲁山、乐和、宝山等工业园。以先进装备制造、生物医药、电子信息、新能源新材料,食品饮料等主导产业为依托,推进重点项目和产业集群建设。工业园区年末产值334.57亿元,从业人员23657人。加快推进乐和工业园基础设施建设,投资2289万元建成3条园区主干道及排水排污工程;再获批准用地指标10.8公顷,安排宇博机器有限公司、赛尔科技公司等11家工业企业入园。加快推进两江镇宝山工业园建设,一期征地100公顷已完成,投资4200万元,长2000米的一期路网工程3条道路开工。供水扩建工程开工,安排入园企业有广西龙港环保建材公司、桂林天云矿山机械厂、新城燃具燃气公司等6家企业。

【节能降耗】 2014年,县工信局积极推动节能降耗工作,建立信息汇报制度,县工信局人员到重点耗能企业,实地调研,及时、准确了解能耗情况,对存在的问题及时汇报。安排300万元财政资金用于节能减排工作,协助解决节能降耗技术改造单位实施过程中遇到的困难和问题。规定重点耗能企业建立节能机构,设立能源管理岗位,制订节能考核管理办法,定期开展节能目标考评。严格实行节能降耗奖惩制度。

【安全生产】 2014年，县工信局加大安全生产的监督管理力度，贯彻执行国家有关安全生产的法律法规，落实国务院、自治区、桂林市关于安全生产的各项规定，做好安全生产的各项防患工作。重新调整县工信局安全生产领导小组，制订本年度安全生产工作计划，县工信局企业联系组与每家企业每月开展2次以上安全生产综合大检查和安全生产专项检查活动。年内全县工业企业无重大事故发生。

（黄应宏）

城镇集体工业

【概况】 2014年，临桂县城镇集体工业联合社共有下属企业23家，员工近千人。受全国经济放缓和临桂县多家企业改制搬迁的影响，经济增速下滑，全年工业总产值12731万元，实现税利760万元，分别比上年增长11%和9%。年内，临桂县城镇集体工业联合社加强安全生产的宣传教育和现场管理，没有发生安全生产事故。

【发展二轻经济】 2014年，临桂县各项经济指标完成"保八"的增长，完成柳明钢化玻璃有限责任公司的技改项目和榕山汽配厂、桂林腾达轮胎有限公司的整体搬迁，实现了早投产快增长的目标，仅柳明钢化厂通过技术改革后年产值比上年同期增加3000万元以上，形成以建材、机械加工、电炉设备等为龙头的产业结构。

【化解企业改制矛盾】 临桂县由于二轻企业形成的时间长，遗留问题较多，一直难以落实，极易触发群体性上访事件。2014年，临桂县城镇集体工业联合社深入基层开展调研活动，将收集的群众意见及时反馈，使二轻系统内没有一例越级上访和非正常上访的事件发生。重点抓好临桂县星火汽配厂的改制，做好职工安置及资产处置；五金厂经济纠纷案二审工作，确保国有资产和集体资产不流失；协调五金厂10户回建户上访问题；协助处理世纪新都开发公司的路桥修建及征地工作。

（陈凌宇）

供电与电网建设

【概况】 2014年，临桂供电公司设办公室、财务部、人力资源部、计划建设部、生产设备管理部、安全监管部、市场营销部、监察审计部、党群工作部（与党委办公室、工会、团委合署）9个部门；二级机构设物资仓储配送站、电力调度控制中心、输变电管理所、城区供电所、五通供电所、会仙供电所、两江供电所7个机构。年内绩效考核位列桂林网区第一名，并获桂林网区2014年先进集体。

【电网规划与建设】 2014年，临桂县有220千伏变电站2座（由桂林供电局运行维护），110千伏变电站4座（3座由桂林供电局运行维护，1座属桂林福达公司自有）。临桂县电网有35千伏变电站11座，主变21台，变电总容量11.01万千伏安，有35千伏输电线路17条共226.76千米，10千伏配网线路104条共1760千米，0.4千伏配电线路4934.67千米。供电客户13.53万户。年内，完成2014年临桂电网前期工作计划103个工程项目的可研设计，并对供电所"一所一册"配电网规划和临桂"十三五"（第十三个五年规划）中低压配电网规划报告开展修编。

【农网改造升级工程】 2014年，临桂供电公司完成2013年续建农网改造升级工程的实施和投运，新建及改造配变88台，容量2.51万千伏安，低压导线195.6千米，更换户表10932块，完成投资3542.28万元。2014年第一批农网改造升级工程计划投资4482万元，项目68个，均全部完工，投运67个10千伏项目，提升部分10千伏及以下电网供电能力，解决部分台区过载的问题。

【安全监管】 2014年，临桂供电公司强化安全生产责任落实，构建"党政同责、一岗双责、齐抓共管"的安全生产责任体系，突出抓好人身、电网、设备三大风险联动管理。安全风险体系评审得分73分，超额完成年度目标。落实年度安全措施计划7大项16小项，对39类风险提出104项预控措施。

加强违章处罚力度，抓好外单位施工、应急抢修等现场作业风险管控，全年共派出监督人员2304人次，对1022处生产作业场所进行了监督检查，制止和处罚违章11起，降低违章行为次数，实现安全生产风险的可控、在控。加强电网运行风险控制，做好电网风险预警闭环管理，合理安排电网运行方式，及时修编和演练各类预案，加强电网风险防范，成功抵御强台风等恶劣天气的冲击。加强设备运行风险管控，及时开展风险评估识别，制定预控措施。加强用电安全管理，完善县人民医院、华南蓝天航空油料有限公司两个重要客户“一户一册”资料，并定期对重要客户开展用电检查，及时下发整改通知书并跟踪相关整改情况。与县人民医院联合开展停电应急处置演练，强化公司停电应急处置能力。

【经营管理】 2014年，临桂供电公司加快业扩提速，优化业务流程，受理客户工程288起，容量95.8万千伏安，比2013年263起容量增加77.55万千伏安。注重降本增效，加强预算管控，优化成本投向，重点安排提高供电可靠性、保证电网安全运行、促进增供扩销等方面支出。规范停电管理，统筹安排停电计划，通过强化综合停电管理、推行带电作业、严格考核问责等措施实行综合治理，供电可靠性和电压合格率的各项指标均达到上级要求，公司客户平均停电时间下降幅度较大，配电带电作业次数（客户工程）47次，增加34次。节能减排成效明显，临桂供电公司从线路改造、变压器改造、户表改造、节能办公等方面全面实施节能减排工作，全年综合线损为5.29%，比考核指标低0.03个百分点；电力需求侧管理节约电量203.97万千瓦小时，完成网局下达的全年考核指标的178.92%，节约电力0.39千千瓦，完成网局下达的全年考核指标的178.32%。临桂供电公司“三规范”（即为电网企业提出的规范化供电所、规范化台区、规范化变电站建设）建设中4个变电站、495个台区、1个供电所建设任务通过桂林供电局初步评审。加强信息化建设，“6+1”信息系统建设稳步推进，综合网络覆盖率100%，网络运行率99.9%，网络可用率99.9%。公司信息机房双电源发行、计算资源池建设、终端设备采购、终端维护等4个信息化项目按计划全部完成。

【市场服务】 2014年，临桂供电公司完善配网快速复电机制，开展业扩报装专项治理，主动收集客户意见与建议，全程跟踪业扩办理流程，提高效率和服务水平。加强客户服务管理与信息沟通，发挥95598短信平台及片区经理作用，确保信息及时传递至客户。年内，短信开通率为89.62%，比上年提高22.6个百分点。

（李　礼）

集市贸易

【概况】 2014年，临桂县市场开发服务中心（简称县市场服务中心）下设4个股（室）和6个市场管理所；有编制54名，实有职工46人（不含40名协管员）。全县有24个市场，县城金山、二塘、临政路、桂康、榕山市场天天成圩，黄沙市场

3月3日，临桂供电公司开展便民服务　　临桂供电公司　供稿

5天一圩，其余乡镇市场均3天一圩。集市贸易成交额14.07亿元。年内，县市场中心获2014年度全国十佳市场服务中心，二塘市场获2014年度全国商品交易市场系统先进单位，金山市场、六塘商贸城获2014年度全国转型示范市场。

2014年临桂县集贸市场情况表

表4

市场名称	地址	市场主体结构	建设时间	占地面积（平方米）	年贸易成交额(亿元)
金山市场	县城	钢混	1995年	11568.30	2.38
二塘市场	县城	钢混	1997年	3108.00	1.20
临政路市场	县城	钢架	2012年	11655.00	0.25
桂康市场	县城	钢混	2001年	1250.00	0.95
榕山市场	县城	露天	1993年	210.00	0.70
庙岭市场	临桂镇	钢架	1999年	4260.00	0.95
秧塘市场	临桂镇秧塘村	砖瓦	1955年	1152.00	0.07
五通市场	五通镇	钢架	2005年	14201.00	0.90
黄沙市场	黄沙瑶族乡	钢混	2014年	739.50	0.22
中庸市场	中庸乡	钢架	1990年	3903.95	0.38
保宁市场	五通保宁村	砖瓦	2007年	457.20	0.30
宛田市场	宛田瑶族乡	砖瓦	2008年	2041.00	0.60
两江市场	两江镇	钢架	2009年	12500.00	1.28
茶洞市场	茶洞乡	钢架	2013年	775.70	0.39
罗城市场	两江镇罗城村	钢架	1963年	468.00	0.03
南边山市场	南边山乡	钢架	1997年	2977.00	0.42
塘头市场	南边山塘头村	钢架	1970年	601.26	0.25
六塘市场	六塘镇	钢架	1952年	3695.20	0.95
六塘商贸城	六塘镇	钢混	2014年	3892.00	0.80
会仙市场	会仙镇	钢架	2009年	13320.00	0.95
马面市场	会仙马面村	钢架	2002年	569.00	0.13
四塘市场	四塘乡	钢架	2005年	2500.00	0.20
太平市场	四塘太平村	钢架	1950年	308.39	0.16
界牌市场	四塘界牌村	钢架	2009年	355.85	0.13

【落实"美丽临桂·清洁城乡"各项工作】 2014年，为建立"美丽临桂·清洁城乡"工作长效机制，县市场服务中心加速推进农贸市场升级改造和整治，成立"美丽临桂·清洁城乡"工程工作领导小组，通过划分责任区和责任人，定人定岗，加强对市场秩序和卫生的管理。多次召开专题会议，制定《"洁净临桂"县城市场管理细则》《员工联系制度》《2014年度工作目标管理考核办法》等规章制度，制定县城市场经营户定量评价办法。多渠道开展宣传工作，向市场经营户发放"美丽临桂、清洁城乡"宣传手册850多份，与580多户经营户签订责任状1180份，调动居民和经营户参与创建"美丽临桂、清洁城乡"的自觉性和主动性，建立长效机制。

升级改造后的金山市场一角　　阳树柱　摄

【加强监管】 2014年,县市场服务中心加大监管力度、规范管理、合理安排摊位,繁荣新市场。通过对金山、二塘市场实行招标管理,引进一批有实力、讲诚信的经营户,取得社会效益和经济效益的双丰收。年内,县市场服务中心收取市场摊位费671.49万元(金山所收费394.75万元,二塘所收费143.17万元,六塘所完成收费31.76万元,会仙所完成收费29.23万元,两江所完成收费48.78万元,五通所完成收费23.8万元)。

(黄海秀　曾瑞芳)

【市场升级改造工作】 2014年,县市场服务中心投资2250多万元,对县城金山市场、五通市场、六塘老市场、六塘新市场和7个村委市场进行升级改造,投入4229万元对县城山水市场综合楼进行回购。县城金山市场升级改造于7月完工,并已投入使用,升级改造后的金山市场作为县城最大的四星级农贸市场,布局合理,搭配科学,配有消防自动喷淋系统、LED显示屏、监控防盗、配电房、保安室、农药残留检测室等配套设施,摊台、过道均铺设防滑砖,摊台内设置水电、洗手盆,活禽间配有人畜玻璃隔墙、抽拉式便池鸡鸭笼,所有配套设施充分体现出市场的精细化、人性化管理。乡镇市场中,五通市场、六塘老市场、六塘新市场升级改造完工,并投入使用;乡镇级市场按三星级标准进行改造,采用大棚钢架结构,宽敞明亮,顶棚铺设隔热层,摊台铺瓷砖,鱼行摊台通过人性化设计,将宰杀区和摆设摊分开,环卫设施、指示牌、绿化带、停车场配套齐全。塘头、马面、太平、界牌、秧塘、罗城、保宁7个村级市场升级改造工程于下半年全面铺开,年内基本完工。江州、山口、宛田市场由于长期闲置,不再投入使用,全部拆除。南边山旧市场拆除,进行再建设基础施工;四塘、两江市场改造工程完成招投标。

商务贸易

【概况】 2014年,临桂县商务综合执法大队负责全县的商务工作监测管理和商务综合执法检查等工作,编制8人,实有8人。年内,开展商务执法341次,出动执法人员1143人次,进一步规范了酒类、生猪屠宰市场,确保肉食品安全,成品油市场监管。

【加强生猪定点屠宰管理】 2014年,临桂县有9家生猪定点屠宰场,屠宰生猪、菜牛137149头,比上年增长2.5%。各屠宰场按照屠宰操作规程进行生产、检疫、验收和肉品销售台账管理,执行不合格肉品召回制度、肉品品质检验制度和出场肉品"两章两证"制度,没有收购、储存、宰杀病死猪现象。年内,县商务综合执法大队加大对生猪屠宰的执法检查力度,把经常检查与突击整治相结合,重点打击私屠滥宰行为,整治肉品市场经营秩序,保证上市肉品100%来自定点屠宰场。在元旦、春节、中秋、国庆等重大节日期间,开展肉品市场的重点整治活动,确保食品安全。

【强化酒类流通管理】 2014年,临桂县商务综合执法大队继续加大对酒类流通法规的宣传,全年完成酒类经营备案登记48家。在重大节日期间,检查县城和部分乡镇的超市、批发部、零售店酒类的经营情况15次,重点检查经营散装白酒的来源、贴标、酒类生产质量合格证等情况,确保酒类食品安全。

【限上商贸企业的运行监测】 2014年,临桂县商务综合执法大队做好限额以上商贸批零企业的运行监测工作。10月,与县统计局组成联合检查组,对18家限上商贸企业的统计数字进行了专项检查,督促整改存在的问题。全年18家限上商贸企业完成批发、零售额15.31亿元,完成年度计划的102.59%,增加1.4亿元,增长10.03%。其中:批发完成4.23亿元,完成年度计划的103.3%,增长11.41%,零售完成11.08亿元,完成年度计划的102.32%,增长9.51%。超额完成市、县人民政府下达的限上商贸企业的培育任务。通过调查、摸底、选点,将新开业或到临桂落户经营的桂林通驰汽车销售公司、桂林通拓汽车销售公司、桂林上源汽车销售公司、桂林博骏汽车销售公司4家商贸企业培育成临桂的限上商贸企业。

【市场监管】 2014年,临桂县商务综合执法大队对临桂县30家成品油加油站的资质、安全、设施等情况进行全面的检查,及时整改存在的问题,做好年审工作。加强对进出口企业运行情况进行监测,进出口额完成10830万美元,完成年计划的135.46%,增长65.19%。

8月5日,县商务执法大队在超市检查安全生产　　县商务执法大队　供稿

【参与美食评比和名优会展】 2014年,临桂县商务综合执法大队组织临桂县内餐饮企业参加桂林市商务部门举行的美食评比活动,组织相关企业参加桂林市举办的名优产品展销会,将临桂的名优特产品推向更大市场。

(梁承林)

【民用爆破物品专营】 2014年,临桂县物资总公司(简称县物资总公司)下设临桂县民用爆破器材专营公司、临桂县民爆物品管理站,3个单位均为一套人员;有在编人员8人。县物资总公司主营民用爆破物品,全年经营销售总额498.05万元,增长3.49%;利润总额27.88万元,减少26.62%;交税35.93万元,减少11.69%。年内,县物资总公司投资6万元加强安全生产基础建设,组建安全生产领导小组,对各项安全自查实行监督检查。组织7人参加民爆企业安全生产管理人员培训班,参加培训后合格率100%。

(秦　芩)

烟草专卖

【概况】 2014年,临桂县烟草专卖局(营销部)位于县城中仁路。隶属于桂林市烟草专卖局(公司)。内设综合股、专卖股、内管股3个股室,下辖城区、六塘、两江、五通4个烟草专卖管理所(客户服务站);年末有职工51人。全年销售卷烟19889箱,比上年增长3.3%。查获涉烟违法案件22宗,总案值16.86万元,处予罚款金额1.54万元。受理新办行政许可及证件申请175份。

【卷烟销售】 2014年,临桂县烟草专卖局(营销部)共销售卷烟19889箱，完成年度任务的100.7%，增加639箱，增长3.3%。单箱金额(含税)24883元，增加2209元，增长9.7%，超年度目标任务313元。销售全国性重点骨干品牌卷烟17359箱，增加1143箱，增长7%，占总销量的87.3%。销售8元以上真龙牌卷烟4282箱，增加1380箱，增长47.6%，占总销量的21.5%，完成年度计划的104%。

【加强烟草执法】 2014年，临桂县烟草专卖局(营销部)加强烟草专卖市场稽查力度。全年共查获涉烟违法案件22宗，总案值16.86万元。其中案值5万元以上案件1宗、1万~5万元案件6宗、万元以下案件15宗。查获非法真烟448.7条，案值3.73万元；假冒商标卷烟425条，案值8.16万元；走私卷烟536.4条，案值4.97万元。处予罚款金额1.54万元。协助工商行政管理部门查办无证经营案件85宗，总案值30.17万元，查扣卷烟2662.6条，处予罚款金额8.42万元。

7月17日，自治区烟草专卖局领导在临桂查看零售户终端信息系统使用情况　县烟草专卖局　供稿

【规范办证制度】 2014年，临桂县烟草专卖局共受理新办行政许可及证件申请175份。其中准予办理145份，不予办理30份，办理补办2户，歇业211户，复业211户，注销211户，延续2308户。年内没有出现引起纠纷的案件或当事人不服并要求行政复议、上诉的情况。

(杨红春)

供销合作商业

【概况】 2014年，临桂县供销合作社联合社(简称县联社)完成商品购进总额70102万元，比上年增长16.8%，其中农副产品购进14801万元，增长13.8%；商品销售总额完成77955万元，增长19.5%，其中消费品零售29003万元，增长7.4%；售给农民的农业生产资料28002万元，增长14.2%。完成化肥销售14103吨，增长6.84%，销售额2786万元，增长15.84%；农药销售245吨，增长7.35%，销售额392万元，增长4.26%；烟花爆竹销售额93万元，增长9%。年末，全系统资产总额9536万元，减少4.57%(含资产折旧、拆迁补偿)；所有者权益4242万元，增长9.38%；基层社经营收入4209万元，实现利润23万元。全系统实现总利润362万元，增长8.06%，完成全年计划任务。

【“新网工程”项目建设】 2014年，县联社实施“新网工程”项目建设。五通中心社升级改造项目，总投资3500万元，利用五通中心社办公区建设综合楼6栋，占地111330平方米，建筑面积23000平方米。城区中心社商住小区项目，为原庙岭榨菜厂调整后的土地，占地11667平方米，通过市场运作、联合开发的模式，计划在2年内完成总投资3800万元的集超市、酒店、办公为一体的供销社综合大楼建设，年内完成项目总规划设计和地面物拆除。会仙供销社综合楼项目，利用原会仙供销社加油站用地，由供销社全额投资450万元建设综合楼一栋，占地450平方米，建筑面积2500平方米，年内完成设计方案、土地初探等前期工作，并进行报建。全年新增“新网工程”农资加盟店5家，分布在会仙镇、五通镇、两江镇红卫街、临桂镇水口村委、六塘镇升产街；

改扩建加盟店11家,因经营问题取消加盟店2家。

【配送中心管理及经营情况】 2014年,县联社系统有农资、日用品、烟花爆竹3个配送中心。年内,完善配送服务措施,根据市场需求调整和补充库存商品,做到计划配送不误时,临时配送不误点。工作业务人员采取轮休制,保证配送工作。全年完成化肥销售14103吨,增长6.84%,销售额2786万元,增长15.84%;农药销售245吨,增长7.35%,销售额392万元,增长4.26%;烟花爆竹销售93万元,增长9%。

【为农服务】 2014年,县联社开展"为民惠民放心农资下乡""五个百家""三帮三带"等活动,共发放相关技术资料1300多份,以成本价向农户供应农资商品50吨,并向1000多户困难户发放价值4万多元农资惠民卡和农业生产资料;资助6000元用于五通镇保宁村委牛路村修路;资助3.6万元用于宛田瑶族乡中江村委办公楼建设。

【专业合作社建设】 2014年,临桂县新增农村专业合作社2家。其中会仙镇四益村委刘家村的会仙广深果蔬专业合作社,注册资金150万元,主要产品为葛根,主要销往广东,年内种植面积13.33公顷,带动农户40户,增加收入360万元;会仙镇马面村委灌塘村的广得源果蔬专业合作社,注册资金15万元,主要产品为柠檬,主要销往广东,年内种植面积20公顷,带动农户20户,为农增加收入840万元。至年末,全县共领办农村专业合作社32家,入社社员1874户,农民社员个人股金1404.45万元,供销社入股50万元,带动农户3180户,增收7832万元。

(刘明辉)

粮食贸易

【概况】 2014年,临桂县主要有国有、非国有粮食企业和个体工商户参与粮食流通。全县粮食供给总量53.3万吨(原粮,下同),其中粮食总产量26.3万吨,从外省及县外购进27万吨。

【粮食购销】 2014年,临桂县粮食需求量53.2万

12月17日,县联社领导在会仙镇四益村委刘家村广深果蔬专业合作社调研　　韦培林　摄

吨，粮食消费41.6万吨(人口用粮10.9万吨、饲料用粮27.2万吨、工业用粮3.3万吨、种子0.2万吨)，销往县外11.3万吨。全年粮食总购进27万吨(自治区外购进小麦10.1万吨、玉米14.6万吨，自治区内购进小麦0.4万吨、玉米0.6万吨、大豆1.3万吨)，购进的粮食主要用于转化企业饲料用粮。

【政策性粮食收购】 2014年，临桂县粮食收购储备粮订单粮食2.65万吨(普通早籼稻1.85万吨，优质稻0.6万吨，普通晚稻0.2万吨)，直接补贴种粮农户资金636万元。轮换区县储备粮0.85万吨。

【粮食仓储】 2014年，临桂县国有粮食企业总仓容3.6万吨。年内投资1600万元新建五通库区仓容1.5万吨，完成基础设施建设地面平整和围墙修建工作。

(莫丽君)

石油供应

【概况】 2014年5月，中国石油化工股份有限公司广西桂林临桂石油分公司变更为中国石化销售有限公司广西桂林临桂石油分公司（简称中石化临桂分公司)，下辖西城、临桂、岭上、大律、庙岭、顺风、航空、宛田、五通、两江机场、南边山11家在营加油站。年内新增营运航空加油(气)站1座，开工建设山枣村、西二环路下行加油(气)站2座。

【销售供应】 2014年，中石化临桂分公司成品油销售4.65万吨(比上年，下同)，增加0.38万吨，增长8.85%。其中：汽油销售2.00万吨，增加0.27万吨，增长15.9%；柴油销售2.65万吨，增加0.10万吨，增长4.1%。非油品总销售额405万元，增加65万元，增长19.12%。加油卡销售3.64万张，增加1.62万张；充值总金额2.28亿元，增加0.80亿元。

【安全管理】 2014年，中石化临桂分公司以“安全第一、预防为主、全员动手、综合治理”为方针，全面落实安全责任制。结合HSE(健康、安全、环保)管理工作，成立由公司经理任组长，副经理任副组长，管理人员、加油站负责人为成员的安全管理委员会；下辖加油站也相应成立安全管理小组。加强对员工的安全日常教育工作，全年召开安全会议28次。公司经理与加油站站长，加油站站长与员工分别签订《安全生产责任书》《安全承诺书》及《安全环保责任状》328份。全年没有发生各类安全等级责任事故，达到安全生产事故和伤亡事故为零的管理目标，连续13年无责任等级事故。

(潘桂国)

农业·水利

Nong Ye·Shui Li

5月4日，临桂县在义江缘景区开展渔业增殖放流活动　　县水产畜牧局　供稿

粮油生产

【概况】 2014年,临桂县粮食种植面积4.81万公顷,粮食生产面积与上年持平。油料作物种植面积373.33公顷,比上年减少140公顷,总产量0.08万吨,减少0.03吨。

【水稻生产】 2014年,临桂县水稻种植面积4.36万公顷(早稻面积2.33万公顷、中稻面积0.3万公顷、晚稻面积1.73万公顷)。其中,超级稻2.49万公顷;优质水稻3.93万公顷,优质率90%。早稻总产量14.63万吨,增长3%;中稻总产量1.80万吨,增长1.2%;晚稻总产量13.04万吨,增长3.5%。

【玉米生产】 2014年,临桂县玉米种植面积800公顷,总产量0.37万吨。杂交玉米占比为96%以上;采收生苞销售的甜、糯玉米453.33公顷,平均每公顷生苞产量8700千克,每公顷产值21750元,比干籽玉米多收6750元。

【红薯生产】 2014年,临桂县红薯种植面积1533.33公顷,减少53.33公顷;总产量1.99万吨。农户的红薯生产主要是间种在幼林果园的春薯和收割完早稻后种植的秋薯,管理粗放,产量较低,平均每亩生薯产量1065千克,折合稻谷266千克。

【豆类生产】 2014年,临桂县豆类种植面积1273.33公顷,减少546.67公顷,总产量0.17万吨。主要豆类有:黄豆、绿豆、杂豆(蚕豌豆、饭豆),县内各乡镇在春季旱地种植春豆,收完早稻后在水田种植秋豆(冬种春收的蚕豆除外),但农民普遍对豆类生产投入不足,管理粗放,因而产量历来较低。

【油料生产】 2014年,临桂县油料作物有花生、芝麻、油菜,以花生为主。种植面积373.33公顷,减少140公顷,总产量0.08万吨,减少0.03吨。各乡镇均有种植,以临桂镇、六塘镇、会仙镇、两江镇、四塘镇、南边山乡等居多。

(邱志明)

经济作物生产

【概况】 2014年,临桂县经济作物种植面积3.09万公顷,总产值13.8亿元,由于物价上涨以及市场价格上涨的原因,农副产品价格总体偏高,作物的亩产值比上年增长6%。县域内主要经济作物品种有罗汉果、甘蔗、马蹄、西瓜、香瓜、葛根、淮山等。

【罗汉果】 临桂县是全国罗汉果之乡。2014年,临桂县罗汉果种植区域主要分布在两江镇、五通镇、茶洞乡、中庸乡、宛田瑶族乡、黄沙瑶族乡,种植面积1633.33公顷,比上年略有增加。由于抓好白绢病、病毒病的防控,加强无公害罗汉果标准化栽培技术培训,推广使用扦插苗促进提早挂果,全县罗汉果1.85亿个,生果产量4.8万吨,增加0.2万吨,逐步向公司加农户方向转变。

3月31日,临桂县举行水稻种子发放仪式　　县农业局　供稿

【甘蔗】 2014年,临桂县甘蔗种植区域主要分布在临桂镇、两江镇、五通镇、四塘镇、

中庸乡、宛田瑶族乡,品种主要有果蔗和糖蔗两大类,种植面积613.33公顷,产量5.8万吨,平均亩产6.4吨,增加0.2吨,亩产值增多300元,由于甘蔗市场每斤价位比上年上涨0.2元,蔗农从中得到效益。

【马蹄】 2014年,临桂县马蹄种植区域主要分布在四塘镇、会仙镇、两江镇、五通镇,种植面积1000公顷,增加102公顷;总产量2.25万吨,增加0.15万吨。市场价格比上年上涨,特、大个马蹄实行包装、品牌销售。最有名的是四塘马蹄,以其个大、皮薄、红润、脆甜多汁、化渣爽口而闻名。2014年,临桂县引入新品种——贺州马蹄和安徽马蹄以及组培苗,示范点面积40.6公顷,取得良好经济效益。

【葛根、淮山】 2014年,临桂县葛根、淮山种植技术推广了滴灌及“三避”技术,农业部门示范、推广葛根根腐病的有效防治方法。示范基地以全面实施采用“高垄双行”或“条沟单行”的栽培模式,优质高产栽培模式和滴灌技术收到很好效果。种植面积1022.33公顷,总产量4.15万吨,增加0.25万吨。每吨平均销售价格6000元,农户种植葛根淮山平均每公顷纯收入120000多元。

【西瓜、香瓜】 2014年,临桂县西瓜、香瓜种植面积3583.87公顷,减少149.47公顷;总产量10.94万吨,增加0.30万吨。由于天气等因素影响,市场价格比上年偏低,收益比上年减少。

【水果生产】 2014年,临桂县继续抓好特色优势水果产业发展,投入700万元用于农业产业结构调整,扶持水果产业发展。制定水果产业发展实施方案。重点发展以砂糖橘、贡柑、沃柑和W.默科特为主导的高效水果基地;在海拔300米以上地区发展红阳猕猴桃示范基地。全县新增水果面积1333.33公顷,核心示范面积2000公顷;果园面积11000公顷,增长13.8%。全年水果总产量13万吨,增长18.2%;总产值6.5亿元,增长8.3%。规模化、连片种植均有大幅增长。加大水果交易平台建设和对种植大户、企业和合作社的扶持力度,建设以柑橘为主导品种的四塘镇2000公顷高标准示范基地。

【蔬菜生产】 2014年,临桂县蔬菜种植面积21500公顷,总产量43.3万吨,总产值7.3亿元。有蔬菜基地4个,主要分布在会仙镇、六塘镇、茶洞乡、南边山乡,种植面积366.67公顷,品种以韭菜花、小白菜、大白菜、瓜类、茄果类、莴笋等蔬菜为主。在茶洞乡蔬菜标准园建成1100立方米蔬菜冷冻库;完善南边山乡、茶洞乡共133.33公顷“菜篮子”和洁净工程示范榜样点;南边山乡完成20公顷韭菜花品种改良示范点建设。莴笋种植主要分布在六塘镇、会仙镇、四塘镇、两江镇、临桂镇,种植面积931.23公顷,增加26.27公顷,总产27930吨,增加788吨;平均每千克莴笋1.3~1.6元,莴笋价格比上年增长,增加0.4~0.6元。

8月7日,会仙镇马面村葛根种植基地　　　　县扶贫办　供稿

【食用菌生产】 2014年,临桂县食用菌栽培面积400公顷,每平方米单产8.78千克,总产量35120吨,产值19343.54万元。主栽品种有蘑菇、香菇、反季节香菇、金针菇、平菇、金福菇、木耳等。

在临桂镇、会仙镇、两江镇、茶洞乡建立食用菌生产示范基地，全县建设高标准食用菌生产大棚400多个，其他各种类型的生产大棚1000多个，标准示范面积100公顷。

【技术推广】 2014年，临桂县经济作物加大政策扶持力度，广泛开展推广宣传活动，推广柑橘黄龙病综合防控技术、"三避"技术、果园套种技术、葡萄一年两熟技术，捕食螨、诱虫灯、黄板等标准化生产技术。加大水果交易平台建设和对大户、企业和合作社的扶持力度。主要推广"三避"技术面积8105.21公顷，新品种1132.23公顷，其中番茄266.67公顷。水肥液体配方滴灌技术1691.66公顷(黄瓜160公顷，番茄306.63公顷，菜心100公顷，韭菜花78.5公顷，西瓜1046.53公顷)。

【示范基地】 2014年，临桂县经济作物生产示范基地共18个953.33公顷（临桂镇1个86.67公顷、六塘镇2个80公顷、会仙镇3个200公顷、两江镇2个110公顷、五通镇2个73.33公顷、四塘镇2个82公顷、南边山乡2个100公顷、茶洞乡1个100公顷、中庸乡1个50公顷；宛田瑶族乡1个50公顷、黄沙瑶族乡1个21.33公顷)。主要种植品类有：葱蒜类、叶菜类、茄果类、葛根、淮山、西瓜、甘蔗、马蹄、中草药等。

【宣传培训】 2014年，临桂县加大经济作物的宣传、培训及指导力度，县、乡共举办各类经作培训班57期、培训人数1.39万人次，发放经济作物技术资料3.31万份。走村串户，深入田间地头开展咨询服务，传授农业技术4.43万次。给广大农民增产、增收、增效打下良好的基础。

（龙 平 唐柳松）

农村经营管理

【概况】 2014年，临桂县经营管理站围绕临桂县农民负担监测管理、农村土地承包管理等工作，进一步规范化土地流转，开展农村土地承包经营权确权颁证试点工作，促进农村专业合作社发展，抓好农村经济统计，做好农村经营管理工作。

【农民负担监测管理】 2014年，临桂县加强对减负工作的组织领导，成立6个减轻农民负担工作检查组，督查组成员由县农业局、监察局、建设局、教育局、财政局、发改局等组成。年内，临桂县严格执行各项减免政策和种粮直补政策，全面取消农业税，进一步加强对各种专款专用，不截流、不挤用、不挪用、不抵顶各种涉农收费。全面落实减轻农民负担监督管理"五项制度"(涉及农民负担收费文件审核制、涉农价格和收费公示制、农村公费订阅报刊限额制、农民负担监督卡制、涉及农民负担案(事)件责任追究制)。建立健全农民负担监测、信访举报制度，全年杜绝了加重农民负担现象的发生。

【实行"一事一议"】 2014年，临桂县严格执行"一事一议"等筹资酬劳政策。村内兴办其他集体生产公益事业所需资金，由村民大会民主讨论通过，实行村务公开、民主监督，最后由县经营管理站审核审批，严格把关，实行"一事一议"。

【农村土地承包合同管理和纠纷处理】 2014年，临桂县农村土地承包合同管理部门对辖区内的土地承包合同均登记、造册并实行专人专柜管理。县经营管理站配备农村土地资源管理系统软件，对农村土地承包合同档案实行网络化管理。至年末，全县完成农村土地承包档案录入约6万户。加大对土地纠纷仲裁调处力度，维护农民合法权益，全年农村土地承包经营纠纷调解仲裁委员会共接访80余人次，均予以调解或答复，将纠纷化解在基层。

【规范土地流转】 2014年，临桂县坚持依法、自愿、有偿原则，规范土地流转。农村土地流转面积2674.13公顷(水田1387.33公顷，旱地420.13公顷，荒坡地866.67公顷)，占全县农村承包地总面积的8.8%；全县农村土地流转共涉及农户6557户，占全县农户的7.6%；农村土地转包480.27公顷，占流转土地的17.69%，农村土地出租2080.53公顷，占流转土地的77.8%。

【开展农村土地承包经营权确权颁证试点】 2014年，临桂县将六塘镇列为开展农村土地承包经营权确权登记颁证工作的试点乡镇。至年末，六塘镇

10月15日，桂林市农村土地经营权确权登记颁证试点工作推进会在六塘镇召开
六塘镇人民政府　供稿

农村土地确权颁证试点工作基本完成。全镇农地确权范围包括15个村委，385个村民小组，10253户农户，测量承包地3022.93公顷，确权面积2633.13公顷，调查承包地块75416块，完善承包合同9777份。

【促进农村专业合作社发展】 2014年，临桂县发展合作社72个，建成国家级示范社2个；至年末，共有专业合作社268个（自治区级示范社6个，国家示范社2个），协会2个，市级重点龙头企业8个（自治区级重点龙头企业3个，国家级重点龙头企业1个）。

【农村经济的统计】 2014年，临桂县经营管理站建立和完善各项统计规章制度，组织乡镇业务培训和农村合作经济组织培训。填报半年报、年报预测及年报等各项农村经营管理报表。购置统计资料专柜，进行分类档案化整理。

（周国强　周　劲）

农业植保

【概况】 2014年，临桂县主要农作物病虫鼠草总体发生程度为中等偏重局部大发生4~5级。发生总面积382.08万亩次，防治面积354.71万亩次，占发生面积的92.84%。经防治后挽回损失51890.80吨。

【水稻病虫】 2014年，临桂县水稻主要病虫害发生和危害程度与上年基本持平，总体发生程度为中等偏重局部大发生4~5级，发生面积为197.67万亩次，防治面积188.74万亩次，占发生面积的95.48%，经防治后挽回稻谷损失19095.23吨，没有出现成灾和绝收现象。水稻主要病虫以稻飞虱、稻纵卷叶螟、三（二）化螟、纹枯病、稻瘟病为主，其他病虫有稻象虫、稻曲病、胡麻叶斑病、病毒病等。稻飞虱、稻纵卷叶螟比上年重；纹枯病和稻瘟病发生与上年基本持平；三化螟和二化螟发生比上年稍轻，在历年发生区域有轻度发生；稻象虫在丘陵地带发生，轻于上年；稻曲病比上年轻；病毒病零星发生；其他病虫发生与上年相近。

【果树病虫】 2014年，临桂县果树主要病虫发生和危害程度与上年持平，总体发生程度为中等局部中等偏重发生3~4级，病害比虫害发生重。主要病虫有：柑橘红蜘蛛、潜叶蛾、粉虱、锈壁虱、蚧类、溃疡病、疮痂病、炭疽病等。发生面积42.26万亩次，防治面积38.54万亩次，占发生面积的91.20%，防治后挽回损失8320.62吨。

【蔬菜病虫】 2014年，临桂县蔬菜主要病虫发生和危害程度与上年持平，上半年比下半年发生重，总体发生程度为中等局部中等偏重发生3~4级。主要病虫有菜青虫、蚜虫、小菜蛾、斜纹夜蛾、黄曲条跳甲、黄守瓜、菜螟、豆夹螟等，在叶菜类、瓜类、豆类等发生较多。茄科作物以疫病为主，青枯病、病毒病也有一定程度发生。瓜类作物主要发生霜霉病、枯萎病、病毒病等。叶菜类则以软腐病为主。发生面积47.61万亩次，防治面积45.46万亩次，占发生面积的 95.48%，防治后挽回损失 13324.35 吨。

【农田鼠害】 2014 年，临桂县农田鼠害总体发生程度为中等程度发生 3 级，与上年持平，发生面积 20.45 万亩次，防治面积 15.36 万亩次，占发生面积的 75.11%，防治后挽回损失 2943.21 吨。

【农田草害】 2014 年，临桂县农田草害总体发生程度为中等程度发生 3 级，与上年持平，发生面积 55.46 万亩次，防治面积 50.27 万亩次，占发生面积的 90.64%，防治后挽回损失 6853.14 吨。

【抓好农作物病虫害预测预报】 2014 年，临桂县共发病虫情报 26 期。其中：中长期预报 2 期，预报准确率 95.5%；短期预报 24 期（水稻预报 20 期，水果 2 期，蔬菜 2 期），预报准确率达 97.5%。印发病虫预报资料 8000 多份，病虫情报覆盖全县 99% 的村委。

【做好防治病虫害宣传、培训】 2014 年，临桂县共编写技术资料 16 篇次，印发 2 万多份；举办技术培训班 6 期，培训 550 多人次；开展咨询 45 次，接待群众 3500 多人次；张贴防治标语 200 多条，通过手机短信群发防治信息 16 次，发送信息 30 多条。

【推广绿色防控植保新技术】 2014 年，临桂县建立水稻、罗汉果病虫害绿色防控示范基地 2 个，主要推广技术有频振式杀虫灯、昆虫性信息素、黄板、生物农药等绿色植保防控技术。全县在水稻、蔬菜、水果等农作物上推广应用太阳能杀虫灯 40 盏，瓜果实蝇性诱器 2000 多套，黄板 1 万多张，控害面积 333.33 公顷，有效推广农作物病虫害绿色防控技术，促进生态农业和无公害农产品的生产发展。

（徐成生）

农业机械化

【概况】 2014 年，临桂县落实国家农业机械购置补贴政策，农民购机积极性提高，农业机械装备水平提升。全县农业机械覆盖到农田耕作、抽水排灌、果蔬种植、碾米加工、养殖、土地开垦和植树造林等领域。年内，全县拥有农业机械原值 2.67 亿元，（比上年，下同）增加 0.27 亿元，增长 11.58%；农机总作业值 3.70 亿元，增加 0.13 亿元，增长 3.8%。机耕面积 6.38 万公顷，增加 0.34 万公顷，增长 5.56%；机插面积 0.6 万公顷，增加 0.14 万公顷，增长 31.46%；机收面积 3.03 万公顷，增加 0.53 万公顷，增长 21.04%（其中跨区机收 0.09 万公顷，创收 131 万元）。耕种收综合机械化水平 45.11%，水稻耕种收综合机械化水平 63.50%。

【农机拥有量】 2014 年，临桂县拥有农机总动力 32 万千瓦，增加 2.5 万千瓦，增长 8.49%。各类农业机械拥有量 11.76 台（套），增加 0.42 万台套，增长 3.8%。其中大中型拖拉机 29 台，1210 千瓦；小型拖拉机 2478 台，2.08 万千瓦；耕整机和微耕机 2.84 万台，11.90 万千瓦；小型多功能拖拉机 1200 台，1.93 万千瓦；农用排灌机械 1.46 万台，5.40 万千瓦；机动插秧机 158 台，512 千瓦；联合收割机 220 台，5783 千瓦；机动割晒机 5523 台，7650 千瓦；机动脱粒机 2.28 万台，3.46 万千瓦；农用运输机械 513 台，9020 千瓦；畜牧饲料机械1571 台，3122 千瓦；农副产品初加工机械 2426 台；田间管理机械 37652 台套，2385 千瓦。

【引进推广微滴灌技术】 2014 年，临桂县农机管理中心为解决农民种植秋冬作物的用水灌溉问题，利用农机补贴资金，新安装微滴灌设备 3200 套，用于西瓜、果树、葛根、淮山、蔬菜等经济作物的灌溉。年内，全县共有微滴灌设备 19645 套。

【农业机械化教育培训】 2014 年，临桂县农机管理中心加强农业机械化教育培训，全年共培训各类农机技术人员 1438 人，其中拖拉机驾驶员 205 人、农机修理工 15 人、联合收割机操作手 20 人、插秧机操作手 20 人、耕整机操作手 1178 人。

【农机修理和合作社】 2014 年，临桂县有个体农机修理点 49 个，分布在除黄沙瑶族乡外的 10 个乡镇，从业人员 81 人。农机修理点的修理人员都经过县农机校正规培训，考试合格，有职业资格证书。全年修理各类农机具 4.63 万台次，业务收入486.2 万元。全县有农机合作社 51 家，入社农机驾驶员 316 人，入社机具 672 台(套)，资产总值 926 万元。

7月16日，桂林市水稻生产全程机械化现场会在临桂县举行　　周勇姣　摄

【农机销售】 2014 年，临桂县有个体、私营农机销售点 28 个，分布在除黄沙瑶族乡和茶洞乡以外的 9 个乡镇，从业人员 43 人。主要经营小型拖拉机、耕整机、微耕机、插秧机、小型割晒机、农副产品加工机械、抽水抗旱机械、植保机械以及相关配套农机具和零配件，年销售总额 2700 万元。

【创建平安农机活动】 2014 年，临桂县农机管理中心组织开展"创建平安农机，促进新农村建设"活动。年内，全县有 3 个乡镇(五通镇、四塘镇、会仙镇) 创建为平安农机示范乡镇，30 个村创建为平安农机示范村，300 家农户创建为平安农机示范户。

【农机宣传教育】 2014 年，临桂县农机管理中心以乡镇为单位组织农机驾驶员学习农机安全生产法规，全年共开展学习活动 31 场次，参加学习的农机驾驶员 1100 人次。通过短信平台在节假日、雨雪冰冻期间发送安全行车提示 4000 多条。在"安全生产月"活动中，设立农机咨询平台，展示农机安全知识板报，开展农机安全知识有奖问答，发放农机安全知识宣传资料，多形式多角度宣传农机安全生产法律、法规。

【农机安全检查与专项整治】 2014 年，临桂县农机管理中心对农机进行经常性、季节性、专项性安全检查。组织农机安全监理人员开展安全生产隐患排查，对未检拖拉机、设施农业装备安全、安全生产违法行为、牌证管理等进行专项整治。年内，与驾驶员签订农机安全生产责任状 1186 份，发放农机安全宣传手册 800 份。联合交警、交通等部门路检路查拖拉机 1100 台次，查处各种违章行为 182 起。

【农机购置补贴】 2014 年，临桂县农机管理中心为简化农机补贴的办理程序，主动到乡镇办理农机补贴手续。全年落实农机购置补贴资金 1013 万元，补贴各类农机具 4845 台(套)，受益农户 3149 户，拉动农民直接投入购机资金 3100 万元。

(廖樟生)

林　　业

【概况】 2014 年，临桂县林业局以"美丽临桂·生态乡村"建设为抓手，加强林业生态建设，实施"绿满八桂"绿化造林工程，培育和发展林产业经济，加强森林管理和保护，实现社会效益、生态效益与经济效益增值增效。

【造林绿化】 2014 年，临桂县造林 1786.7 公顷，完成任务的 103%。完成全民义务植树 86 万株；封山育林 4366.7 公顷(荒山造林1366.7 公顷，迹地人工更新造林 420 公顷，面上封山育林 333.3 公顷，石漠化综合治理工程封山育林 2246.7 公顷)；新增育苗 32 公顷，大田育苗2800 万株；完成村屯绿化 55 个，任务完成率 100%。县财政投入 150 万元对宛田瑶族乡、黄沙瑶族乡、南边山乡等重点毛

4月16日，县林业局技术员在宛田瑶族乡庙坪村指导毛竹低改工作

县林业局　供稿

识，减少森林火灾的发生。全年共出动宣传车180台次，悬挂森林防火横幅80条，张贴宣传标语1500条，发放中小学生森林防火宣传作业本68000本，受教育20万人。制作大型固定宣传牌5块，宣传板报4期，编辑防火简报4期。落实野外用火审批制度，共发放野外用火许可证18份。全年发生森林火灾3起，过火面积53.5公顷，受害面积12.1公顷，损失林木120立方米，烧毁幼林0.65万株。未发生重特大森林火灾。

竹发展乡镇实施毛竹低产林改造280公顷。

【林政管理】　2014年，临桂县林业部门强化林地管理和保护，打击和制止毁林开垦，乱征、乱占林地的违法行为。按照国家林业局《征占用林地审核审批管理办法》规定，在做好服务大项目建设的同时，严格审查、审核手续，依法行政，并定期或不定期地深入各乡镇、村委及用地部门督查检查，共受理占用征用林地项目23个，审核占用、征用林地144.11公顷。执行森林采伐限额的规定，办理木材采伐证200余份，批准采伐林木面积640公顷，蓄积45968立方米。

【森林资源保护管理】　2014年，临桂县林业局严厉打击破坏森林资源的违法行为，到各乡镇宣传、贯彻《中华人民共和国森林法》《中华人民共和国野生动植物保护法》等有关林业的法律法规。结合开展代号“春季破案战役”行动，出动车辆59台次，警力207人次，共缴获野生动物3314只，价值20多万元。年内，全县查处各类森林案件85起，其中森林刑事案件13起；发生林业行政案件72起，处理72起，查处率100%，共处理103人，挽回林木损失2481.1立方米，价值55.95万元。

【森林防火】　2014年，临桂县林业局落实森林防火制度，加大森林防火宣传力度，提高全民防火意

【森林病虫害防治】　2014年，临桂县林业局加大对森林监测力度，加强森林病虫害预测预报及防治工作，保障森林生态安全。年内，监测森林29600公顷，完成林业有害生物防治29614.3公顷，投入森林病虫害防治经费40多万元。全年调运检疫木材6.3万立方米、毛竹29.27根、苗木449.6万株。

【农村生态能源建设】　2014年，临桂县林业局做好沼气技术培训工作，推进农村沼气建设。投资81.10万元，完成2013年度中央投资农村沼气项目建设任务331座。开展沼气安全生产督查，在安全生产月活动和科技下乡活动期间，共发放沼气使用安全和综合利用资料8000多份。

【林业产业发展】　2014年，临桂县林业局加强对竹木加工企业的管理，扶持并引导企业规范经营，杜绝安全事故的发生。全县249家竹木加工企业完成工业产值及森林旅游收入9亿元；采挖5厘米以下苗木220万株，产值2200万元，采挖5厘米以上桂花树等活立木6万株，产值3780万元。林木采伐设计面积640公顷，活立木蓄积设计45968立方米。

【集体林权制度配套改革】　2014年，临桂县为解决林改后部分林地界限不清，所有权不明晰的

问题，组织技术人员，对各乡镇、各村委及各自然村，层层排查到村、到户、到实际地块，做好工作计划逐个解决，共查出错漏林权证地 7500 块，面积10333 公顷。全县政策性森林综合保险完成生态公益林 42053.33 公顷、商品林 70378 公顷的投保工作，共投入森林保险资金 265.72 万元。搭建林权流转交易平台，促进林权规范流转，依法办理流转登记 1266.67 公顷，林权抵押贷款额 4950 万元。至年末，全县林下经济产值 5.8 亿元。

（秦全福）

水产畜牧业

【概况】 2014 年，临桂县水产畜牧兽医局内设 6 个股（室），局机关行政编制 12 人，实有人员 16 人，后勤服务事业编制 2 人，实有人员 1 人；局属事业单位 16 个，编制 124 人，实有人员 115 人。年内，水产畜牧部门落实中央、自治区、桂林市新常态下稳增长、调结构、促改革、惠民生的决策部署，调整、优化产业结构，加大产业扶持力度，加快养殖项目建设，稳步推动全县养殖业健康发展。全县水产畜牧业总产值 26.8 亿元，（比上年，下同）增长 4%；肉类总产量完成 9.86 万吨，增长 0.51%；水产品总产量完成 1.56 万吨，增长 6.66%。

【畜禽饲养】 2014 年，临桂县肉猪出栏 44.62 万头，增长 5.99%，年末存栏 25.35 万头，增长 1.24%；牛出栏 2.52 万头，增长 5.86%，年末存栏 5.51 万头，减少 0.36%；肉羊出栏 1.2 万头，增长 8.04%，年末存栏 0.59 万头，增长 6.96%。全县出笼家禽 4016.5 万只，减少 3.51%，年末存笼家禽 1278.1 万只，增加 2.39%；禽蛋产量 16050 吨，增长 3.05%。

2014 年临桂县畜禽生产情况一览表

表 5

品种	当年出栏(头、只)	产量(吨)	年末存栏(头、只)	其中：	
				能繁殖母畜(头)	当年产仔畜(头)
大牲畜	25269	2426	55537	–	–
牛	25201	2419	55102	25610	17971
黄牛	13146	1262	30462	14735	10960
水牛	12055	1157	24640	10875	7011
马	68	7	435	63	38
猪	446202	33466	253501	19902	369540
山羊	12003	181	5904	2730	–
家禽	40165010	60648	12781003	–	–
鸡	34248003	48649	10615601	–	–
专用型蛋鸡	352277	375	504100	–	–
专用型肉鸡	32450900	46614	9245821	–	–
黄羽鸡	30160102	41482	8973030	–	–
兼用型鸡	1444826	1660	865680	–	–
鸭	5752467	11505	2062842	–	–
鹅	164540	494	102560	–	–
兔	98660	437	31710	–	–
蜜蜂	–	–	9950	–	–

续表 5

品种	当年出栏(头、只)	产量(吨)	年末存栏(头、只)	其中:	
				能繁殖母畜(头)	当年产仔畜(头)
蜂蜜产量	–	77	–	–	–
禽蛋产量	–	16050	–	–	–
鸡蛋产量	–	4299	–	–	–
鸭蛋产量	–	11617	–	–	–
鹅蛋产量	–	134	–	–	–
蚕茧产量	–	266	–	–	–

【养殖支柱产业】 2014年,生猪、家禽是临桂县养殖业的两大支柱产业。临桂县利用自治区、桂林市、县产业发展资金,加大对养殖龙头企业、规模养殖户扶持力度,推进全县生猪、家禽养殖标准化建设。至年末,全县有生猪养殖龙头企业2家,生猪规模户1208户;家禽养殖龙头企业5家,家禽规模户3273户。

【草食动物产业】 2014年,临桂县大力发展肉牛、肉羊、肉兔、梅花鹿等污染较小、价值高、效益好的草食动物产业,新增肉牛规模场5个;开展山羊改良及圈养示范,利用产业资金30万元引进努比亚优质种公羊60头免费送给养羊农户进行品种改良,新增规模羊场21个,建立县级山羊圈养示范点9个;新增规模兔场3个;支持桂柳鹿业公司的南方梅花鹿基地项目建设,基地存栏梅花鹿1200多头。

【动物疫病防控】 2014年,临桂县抓好重大动物疫病防控工作,制定《临桂县2014年动物疫病强制免疫计划实施方案》,落实基层免疫补助经费140万元,全县全年猪瘟免疫42.69万头,免疫密度为100%;高致病性猪蓝耳病免疫42.47万头,免疫密度100%;猪口蹄疫免疫42.55万头,免疫密度100%;牛口蹄疫免疫5.13万头,免疫密度100%;羊口蹄疫免疫0.97万只,免疫密度100%;禽流感免疫4689.65万只,免疫密度100%。年内全县未发生重大动物疫情。

10月11日,桂林市永康兔爷有限公司兔舍　　县水产畜牧兽医局　供稿

【鱼类养殖】 2014年,临桂县渔业产值15405亿元;水产养殖总面积2459公顷(池塘1905公顷,山塘水库529公顷,河沟10公顷,其他15公顷),增加27.8公顷,增长1.14%;渔业产品总产量15615吨,增长6.66%(淡水养殖产量13764吨,增长7.3%;淡水捕捞产量1851吨,增长2.15%)。

【水产特色养殖】 2014年,临桂县积极推广水产特色养殖,重点扶持亚冷水鱼养殖,开展中华鳖、全雄黄颡鱼、大闸蟹、泥鳅等名优品种养殖示范推广。全县建有4个国家级水产健康养殖示范场,8个亚冷水鱼养殖示范点、2个大闸蟹养殖示范点,3个泥鳅养殖示范点,2个全雄黄颡鱼养殖示范点。亚冷水鱼养殖主要分布在县内北部的山区和半山区乡镇,以鲟鱼为主,少量为鲑鳟鱼类,实行池塘流水高密度养殖,平均亩产16.6吨。中华鳖养殖面积33.33公顷,年产量200多吨。

【渔业资源增殖和保护】 2014年,临桂县投入资金60万元,于5月至7月在义江、相思江、桃花江、会仙湿地等流域开展渔业资源增殖放流活动,共放流鲤鱼、草鱼、鲣鱼、中华鳖等苗种100余万尾。从2010年起,临桂县已连续5年开展渔业资源增殖放流活动,促进了全县水生生物资源可持续利用,保护县境内水域生态平衡。

【渔政执法】 2014年,临桂县严厉打击电、毒、炸鱼和使用地笼捕鱼等渔业违法行为,维护了渔业生产秩序。发放《中华人民共和国渔业法》宣传资料2000余份,在会仙湿地、义江沿岸码头和村庄共张贴通告20余份;查获电鱼机94台(套),其中大功率电鱼机5台;收缴地笼463个,全长5000余米。

【水产畜牧产业质量安全监管】 2014年,临桂县加强检疫监管,抓好产地检疫和屠宰检疫,实施产地检疫猪44.62万头,牛2.52万头,羊1.2万头,家禽4251.5万只;临桂、六塘等6个乡镇定点屠宰场共实施生猪屠宰检疫13.68万头,牛羊屠宰检疫0.3万头。加强规模养殖场监管,对全县450个规模养殖场进行造册登记、实施动态监管,签订了《临桂县防控重大动物疫病、畜牧产品质量安全责任书》。加强水产畜牧产品质量安全监测,开展兽药、饲料、饲料添加剂、违禁物质及兽药残留专项整治活动。全年完成自治区级抽样送检任务9份,完成桂林市级下达监测任务380份,对辖区内的6个生猪定点屠宰场、7个农贸市场、2个养殖公司以及11个乡镇的516养殖场(户)进行了随机抽检,完成县本级猪(牛、羊)尿样"瘦肉精"快速检测10508份;完成县本级猪肉、猪尿、鱼肉、饲料、禽肉、禽蛋等水产畜牧产品样品实验室定量检测2000份;完成畜禽鱼肉样"瘦肉精"、氯霉素、孔雀石绿、氟喹诺酮、硝基呋喃类等违禁药物残留检测950份、饲料样品违禁药物检测49份,检测结果全部阴性。全县水产畜牧产品没有出现质量安全事故。

【养殖技术培训】 2014年,临桂县强化养殖科学技术培训,开展各类养殖技术培训,提高养殖户的科学养殖和经营管理水平。全年完成农民科技培训12期,共培训农民3500人次,发放科技资料1.2万份,提供科技咨询服务4000多人次,建立科技示范基地1个,科技示范户161户,带动农户805户。

【畜禽养殖业污染治理】 2014年,临桂县加快转变水产畜牧业发展方式,大力发展生态养殖,投入资金400多万元对城乡周边,义江、桃花江、会仙湿地等流域水禽、生猪养殖场开展污染治理。完成养殖业污染治理养殖场265家,4个场通过国家环保部节能减排验收。通过对畜禽养殖污染防治和规范管理,控制和削减畜禽养殖排污总量,养殖环境得到改善。

(王曙彤)

农村扶贫

【概况】 2014年,临桂县扶贫办公室(简称县扶贫办)整合各类扶贫资金2223.18万元,用于改善贫困户和贫困村的生产生活条件。修建村屯道路44条49.55千米;实施农业产业开发面积905.73公顷;培训贫困村劳动力1296人次;"雨露计划"(以提高扶贫对象自我发展能力、促进就业为核心,以政府财政扶贫资金扶持为主、动员社会力量参与的专项扶贫措施)补助困难学生141人(2014级本科学生123人,2013级中职续培生18人)。

【扶贫开发建档立卡信息系统建设】 2014年,县扶贫办完成全县农村扶贫对象识别和建档立卡信息系统建设工作,有"十三五"(国家发展第十三个五年计划)新一轮贫困村30个,分别为:六塘镇清泰村、小江村、岩岭村,南边山乡永平村、钱村、靖远村,会仙镇四益村、燕山村、矮山村,四塘镇新

4月8日，建设中的临桂镇天华村委南场到上山道路硬化工程　　县扶贫办　供稿

村、李家村、自信村，临桂镇麒麟村，两江镇保全村、高塘村、渡头村、高妙村，茶洞乡仁义村、温良村、定安村，五通镇罗江村、蓬莱村、北塘村、西山村，中庸乡穴田村，宛田瑶族乡中江村、柳厄村、平水村，黄沙瑶族乡翻水村、围岭村，共识别贫困人口27302人。

【基础设施建设】 2014年，临桂县投入财政扶贫资金1118.9万元，用于50个基础设施扶贫项目的建设。在两江镇山口村委、茶洞乡江洲村委、宛田乡永安村委等村委修建了村屯路44条49.55千米，新建人饮工程1处、滚水坝和拦水坝各1座，绿化草坪1处，砌方2处。通过基础设施建设，解决6983户30250人行路难、饮水难问题，改善了贫困村的生产生活条件。

【重点产业扶贫】 2014年，临桂县用于重点产业项目的扶贫投资1005万元，其中财政扶贫资金251.83万元，覆盖全县21个贫困村。实施产业开发面积905.73公顷，其中发展种植柑橘、罗汉果、黑皮冬瓜等411.07公顷，低产改造464.67公顷。通过加大对贫困户的产业扶持力度，帮助3126户13166名贫困村民拓宽经济途径。

【扶贫教育培训】 2014年，临桂县投入农民实用技术培训资金4.18万元，培训贫困村劳动力1296人次。发放“雨露计划”补助资金65.1万元(2014年普通高校本科学历教育补助资金61.5万元，补助学生123人；2013级职业学历教育续培生补助资金3.6万元，补助学生18人)。

【小额信贷扶贫】 2014年，临桂县发放扶贫贴息贷款2550万元，发放贴息资金30万元，用于桂林莱茵生物科技股份有限公司发展生产。

(文志芳)

水利水电

【概况】 2014年，临桂县水利局以体制机制创新为动力，加强水资源节约、保护和管理，深入开展水政水保执法及教育宣传，依法加强水利管理，不断加强党风廉政建设和水利队伍建设。

【水利建设】 2014年,临桂县水利固定资产投资3亿元,在主汛期前完成了大庙门、赖家冲、勾头山、薄江、鹅塘岭5座水库的除险加固主体工程,确保水库安全度汛。完成中央小型农田水利专项县工程,总投资1411万元,恢复有效灌溉面积520公顷,改善灌溉面积460公顷,新增灌溉效益251.2万元。2013—2014年,总投资7600万元的中央小型农田水利重点县工程,涉及会仙、六塘、南边山3个乡镇,年末完成项目投资65%。

【农村饮水安全】 2014年,临桂县向上级争取农村饮水安全工程76处,总投资1966.07万元,其中中央投资964万元,自治区投资238万元,县财政配套及群众自筹794.07万元,计划解决饮水不安全人口2.5135万人,已全面完工。六塘镇进行供水管网工程建设,经过3个月施工,完成投资1100万元,解决饮水不安全人口9886人。

【饮水工程】 2014年,临桂县四塘镇新村村委的自然村普遍缺水,特别是上泉村,因地势偏高,农业生产用水十分困难。通过向上争取项目资金等方式,帮助村民新修建电灌站5座,修建三面光渠道约4千米,解决了新村村委近30年的用水难的问题,为该村生产、生活用水提供了保障。

【冬修水利建设】 2014年,临桂县冬修水利建设累计完成投资9021万元,其中中央投资2887万元,自治区投资1874.35万元,市县投资1655.41万元,群众投劳折资2604万元。完成清淤河道427千米,渠道防渗65.3千米,新增恢复灌溉面积700公顷,改善灌溉面积13933.33公顷,新增节水灌溉面积593.33公顷。

【小型农田水利建设】 2014年,临桂县继续执行小型农田水利建设以奖代补政策,同时完善相关奖励标准,出台了《临桂县2014—2015年度冬春水利建设以奖代补项目实施方案》。县政府预计从土地出让收益中安排1063元用于2014年以奖代补项目建设,完成渠道三面光建设157.47千米。通过政府采购2500吨水泥用于其他非国管水利工程建设。

【中小河流域治理】 2014年,临桂县争取义江河五通镇沙角至大洲段防洪治理工程、两江镇古岭至下山尾段防洪治理工程两处项目,共投资4109万元,项目建成后,直接保护人口2.83万人、农田793.33公顷。

【防汛抗旱】 2014年,临桂县制定用水调度计划,为春旱作准备,寻找水源;在汛期前开展安全大检查;落实行政首长负责制、岗位责任制、汛期值班制等多项制度;完善县、乡两级防汛预案;抓好防汛抢险队伍训练和防汛物资储备工作。进入汛期后,抓好水库安全度汛和抗灾救灾工作,全县所有水库都有2人以上人员值守,乡管水库都有1名乡镇干部带班值守,国管水库都有1名水管所领导带班值守,没有离岗脱岗情况。

【推进水政水保执法】 2014年,临桂县加大水政水保执法力度,调处水事纠纷8起,查处非法采砂案件6起,有效治理了义江河道非法采砂现象。对全县在建项目水土保持方案编制情况进行排查,要求未编制实施方案的在建项目补齐相关手续。加大水利相关法规宣传力度,在“世界水日”“中国水周”及“12·4”法制宣传等活动中,开展形式多样的水法律、法规宣传活动。全年未发生由水事纠纷引发的上访及群体性事件。

【加强水电站管理】 2014年,临桂县高度重视水电站防汛度汛和安全生产工作,把电站防汛工作纳入全县防汛工作体系,落实电站两个责任人(行政责任人及直接责任人),与每个电站业主签订安全生产责任书,落实安全生产责任,每个水电站制定一套防汛应急预案。组织电站业主和管理人员进行生产资格认证和再教育培训,做到每个电站工作人员都持证上岗。

(县水利局)

水库移民

【概况】 2014年,临桂县水库移民工作管理局(简称县水库移民局)内设办公室、后扶安置股、法规信访股,编制18人,实有干部职工19人。年内,获桂林市水库移民系统为民办实事工作优秀单位。

【落实水库移民后期扶持普惠政策】 2014年，县水库移民局采取直补到人和项目扶持两种方式，为全县大中型水库移民7231人分季度兑现水库移民后期扶持资金433.8万元。由于全县粮食补助政策定于20世纪80年代，为了还利于民，减少中间环节，县水库移民局改变原有的粮食补助方式，由发放粮食转为直接发放粮食补助款，共补助粮差款108.24万元。

【推进水库移民新村建设】 2014年，临桂县有六塘镇麻衣庙村和顺九厄村2个移民新村新建项目，项目利用后期扶持结余资金44万元，采用择址重建、原址重建、旧房改造相结合的方式建设，惠及水库移民44户、191人。财政专项投资36万元，用于临桂镇柘村、南边山乡白竹湾村和上木枧村3个水库移民新村续建项目的巷道硬化，惠及169户、764人。

【水库新村提升改造项目建设】 2014年，县水库移民局按公园化、生态化理念对水库移民新村实施提升改造工程。六塘镇东计岭移民新村经过改造后被桂林市委、市人民政府命名为“2014年度桂林市魅力新农村”；四塘镇大江水库移民新村与铁路沿线风貌改造办协作，整合资金191万元，完成住房外墙装饰33户，庭院建设34户；南边山乡马蹄桥、白竹湾村水库移民新村提升改造工程获自治区扶持资金48万元，年底完成设计工作。

【实施移民增收工程项目建设】 2014年，县水库移民局在六塘镇东计岭村召开现场会，开展“恭听问计，推进水库移民收入倍增”专题调研活动，请移民代表发言，传授致富经验，帮助移民增收。四塘镇大江村8.33公顷茂谷柑种植项目申报水库移民连片水果种植增收项目，增收19.8万元，水库移民微型企业六塘镇小江村五宁果园场和小江村顺利夏橙种植场项目获批资金6万元。

【移民村屯道路建设】 2014年，县水库移民局对临桂镇金凤村、柘村、下全村水库移民、南边山乡上木枧水库移民和新堡里水库移民5条村屯道路实施道路设施建设项目，总投资245万元，总长7.02千米，受益人数1366人，年底全部完工。

【接待水库移民来访】 2014年，县水库移民局做好移民上访工作，做到责任到人，分工到乡镇、村委、自然村，同时不定时到移民村下访，了解移民生产生活中存在的问题，做好移民的思想工作。年内共接待水库移民来访34批次、67人次，内容涉及交通运输、危房维修、土地纠纷、安全饮水、后期扶持等移民遗留问题。县水库移民局均根据相关政策，对所提出的问题作了答复，大部分上访事件得到了解决。全县水库移民没有发生赴邕（南宁）进京（北京）上访和群体性事件。

（羽　宇）

3月26日，县水库移民局召开“恭听问计，推进水库移民收入倍增”现场会
何玉冰　摄

财政·税收

Cai Zheng·Shui Shou

4月13日，税法宣传大篷车八桂行走入临桂活动现场　　　　县地税局　供稿

财　政

【概况】 2014年，临桂县财政局内设机构18个股室，下辖非税收入管理局、民族资金管理局、国库支付中心、财政投资评审中心、中华会计函授站临桂函授站5个单位。在职职工71人，11个乡镇财政所干部职工51人。年内，临桂县组织财政收入24.29亿元，(比上年，下同)增加3.2亿元，增长15.2%；公共财政预算收入16.24亿元，增加2.29亿元，增长16.39%。组织财政收入和公共财政预算收入均位列广西县级第一。公共财政预算支出28.76亿元，增长14.66%，实现当年财政预算的收支平衡。

【多举措促增收】 2014年，临桂县财政局坚持“保增长”与“优结构”两手抓，财政收入实现了平稳较快增长。在预算执行中，注重与税收征管部门、经济管理部门的联系沟通和协调，密切关注经济发展和财政收入态势，及时解决经济运行和收入征管中出现的问题，确保收入渠道畅通。将非税收入全额纳入预算管理，加强对专项收入、国有资产经营收益、行政性收费和罚没收入的征管。加强与县发改、经贸、招商、税务等部门的沟通，及时做好税收工作的提前介入，对新引进的大项目做好税收增长的评估，做到“招商”与“引税”的衔接。

【支持经济发展】 2014年，临桂县财政通过全面落实各项财政扶持政策，有效实现经济发展与财政增收的良性互动。按照县人民政府关于“一个速度、两个推进、三个提升”的工作思路，做好政策扶持、财政奖励、创业助企平台建设，助力民营经济快速发展。全年落实中小企业项目扶持资金2252万元，补助2013年注册的微型企业148户资金444万元；拨付农业保险、水库移民、粮食直补资金5646.9万元。通过与保险公司协调，及时赔付森林、育肥猪、能繁母猪保险资金35万元，增强了农业防灾抗损能力，降低了农业风险。以重点企业和中小企业为服务重点，指导企业用足用活财政扶持政策，对10余家企业的产业项目向上申报资金扶持，申报资金8000万元。

【支持教文卫发展】 2014年，临桂县优化支出结构，加大投入力度，支持为民办实事项目建设，确保教育、科技、社保等重点领域得到优先保障。教育经费投入5.66亿元，占全县公共财政预算支出的19.69%，增长8.04%，拨付免费高中教育资金1270万元，率先在桂林市实施高中免费教育政策，加快教育园区和乡镇幼儿园建设，促进教育布局调整。实施文化下乡、农民科技培训和农民工活动室建设，文化经费投入2759万元，增长3.53%，有效推进基层文化阵地建设和群众文化体育活动，提高基层群众文化生活品质。医疗卫生经费投入3.29亿元，比上年增长21.19%，及时提高基本公共卫生服务补助标准，保障人民群众享受便捷的医疗服务。

【加大城乡社会保障体系建设】 2014年，临桂县大力促进社会就业、困难群众救助和社区建设等民生改善事业，社会保障和就业支出2.22亿元，增长8.05%。实施城乡低保和社会救助保障动态增长机制，城乡居民基础养老金由原来每月70元提高到90元；城市低保对象一类人员低保补助由每人每月360元提高到390元，二类人员由270元提高到300元，三类人员由200元提高到215元；农村低保对象一类人员低保补助由每人每月195元提高到215元，二类人员由140元提高到145元。

【保障城乡统筹发展】 2014年，临桂县农林水事务经费支出3.55亿元，增长8.82%。加大对水利基础设施建设、农业产业化、农村基础设施和各项惠农补贴及畜牧、林果、蔬菜、新农村建设等投入力度。城乡社区事务经费支出3.27亿元，增长202.12%，实施大县城、小城镇、新农村的梯次建设和统筹推进。住房保障支出4067万元，进一步改善困难群众的基本生存条件和居住环境。

【深化财政改革】 2014年，临桂县财政局深化部门预算改革，统筹预算内外财力，加强预算执行力度，深化财政预算公开，提高预算编制的科学性、完整性、严谨性和透明度。规范行政事业单位票据管理和公务卡改革，全面启用票据管理系统，从源头上预防和治理乱收费，保证政府非税收应收尽收、应缴尽缴；公务卡改革覆盖到所有预算单位，减少预算单位现金支付，提高公务消费透明度。深化国库集中收付制度改革，依托县乡财政网络，国库集中支付改革向乡镇延伸，乡镇所有预算单位及财政性资金全部纳入县财政国库集中支付改革范围。配合审计监督，以县乡债务和经济责任审计为契机，对审计过程中发现的各类问题，及时查找原因，强化改进举措，确保财政管理工作的规范性和科学性。盘活财政存量资金，对各预算单位结余结转资金进行清理，摸清结余资金规模和底数，分析结余资金形成原因，共收回历年结余结转财政资金 18494 万元。

【财政管理】 2014 年，临桂县财政局加强对财政资金分配、使用、绩效评价全过程的监管，提高资金使用效益。强化预算资金约束，严格控制一般性支出，压减出国(境)、公务车辆购置及运行、公务接待等费用，控制行政成本，确保出国经费、车辆购置及运行经费、公务接待费年度支出零增长。加大财政监督检查，开展会计信息质量检查、内部监督检查和"吃空饷"专项治理扫尾工作，并对县直 20 个单位、2 个乡镇开展重点抽查。有效控制挤占、挪用和截留资金行为，提高财政监管水平。强化国有资产监管，推进行政事业单位资产动态管理，规范国有资产配置、使用及处置行为，提高闲置资产盘活利用率。

【规范财政投资评审】 2014 年，临桂县完成建设项目预算评审 437 个，送审金额 148920 万元，核减金额 21736 万元，核减率 14.39%，有效地控制了建设项目工程造价，节约政府投资，提高财政资金使用效益。

【开展财政资金绩效评价】 2014 年，临桂县财政局确定涉及交通、教育、医疗卫生、文化、农村公益事业等社会公众普遍关心的项目，总金额 1.9 亿元进行绩效评价，通过绩效评价判断财政支出决策是否科学，结构是否合理，管理是否规范，效果是否达到预期，有效提升项目资金使用效益。

【规范政府采购管理】 2014 年，临桂县财政局扩大政府采购规模，组织政府采购活动 1002 次，完成采购预算 88831.2 万元，实际采购支出 83939.7 万元，增加 52310.9 万元，增长 165.39%，节约采购资金 4891.5 万元，平均节约率 5.51%。

（李明军）

国家税务

【概况】 2014 年，临桂县国家税务局(简称县国税局) 内设 11 个机构、1 个事业单位信息中心、3 个分局。在职干部职工 87 人，其中研究生学历 4 人，本科学历 48 人，大专学历 35 人，中共党员 70 人。年内，县国税局获自治区国税系统信息宣传工作优秀单位、桂林市国税系统政务信息工作一等奖、桂林市国税系统信息宣传工作标兵单位。

【税收收入】 2014 年，县国税局累计入库税收收入 5.38 亿元，(比上年，下同)增加 8385 万元，增长 18.45%；完成地方口径税收 5.06 亿元，增加 7304

10月17日，自治区财政厅副厅长范世祥(左三)在黄沙瑶族乡调研　县财政局　供稿

万元，增长17.11%。增值税30125万元，增加3852万元，增长14.66%；消费税19万元，减少1万元，下降5%；企业所得税完成21929万元，增加4179万元，增长23.54%；车辆购置税1755万元，增加356万元，增长25.45%。

【强化税收征管】 2014年，县国税局坚持"应收尽收，坚决不收过头税、坚决防止和制止越权减免税"的收入原则，堵漏增收，推进税源专业化管理，合理压缩管理层次。年内，优化整合股、室、中心职能，将16个内设机构按职能分工，整合成6个部门，从机关整合9人充实到基层一线，使征管一线人员达到71%。运用税收执法信息管理系统的风险提示，使日常税收征收管理出现的疑点数据得以及时核查，错误得以及时纠正。县国税局多次深入企业，召开座谈会，解决企业实际问题。

【纳税服务】 2014年，县国税局新建24小时自助办税厅，提供预约和延时服务。举办7期纳税人学校培训班，加强与纳税人的沟通；通过短信服务平台、企业QQ群、公告栏等形式向纳税人发送涉税短信6万多条；回答纳税人涉税问题3万多个，利用电子显示屏播放涉税信息800多条；在公告栏张贴税收文件600多份，使纳税人对税法的遵从度明显提高。

【税务稽查】 2014年，县国税局加大专项检查整治力度，建立健全岗位职责，规范执法程序，深入开展打击发票违法犯罪，辅导企业开展自查，查出问题企业33家、立案10家，调减亏损企业5家，调减申报亏损额316万元，查补税款717万元。

【落实减免税政策】 2014年，县国税局共减免税款1508万元(增值税762万元，企业所得税746万元)，为加快小微企业发展，对小微企业减免税额150万元(增值税税146万元，企业所得税4万元)，为加快西部地区发展，依照国家西部开发税收优惠政策，减免企业所得税85万元。

(李熊新)

地方税务

【概况】 2014年，临桂县地方税务局(简称县地税局)设7个股室、1个直属机构、4个分局；编制人数为行政编85人(实有80人)、事业编1人(实有1人)，后勤服务人员控制数6人(实有6人)。负责征收管理营业税、企业所得税、个人所得税等13个税种和教育费附加、工会经费、残疾人就业保障金等6项收费、基金。年内，组织各项收入首次突破15亿元大关。县地税局获自治区地税系统政务信息工作先进单位二等奖、桂林市地税系统政务信息工作先进单位二等奖、桂林市地税系统税收宣传工作二等奖。

9月24日，桂林市国家税务局领导到县税务局进行工作调研　　县国税局　供稿

【实现税收新增长】 2014年，县地税局开展税收调研，完善税收征管措施，健全综合治税机制，通过堵塞漏洞、打击违法、科技管理，实现收入新增长。全年累计入库收入15.61亿元，(比上年，下同)增加1.25亿元，增长8.73%。其中入库市级收入15.24亿元，增加

1.23亿元，增长8.6%；入库县级收入15.03亿元，增加1.21亿元，增长8.76%。费(金)收入4276万元(工会经费360万元，残保金132万元，水利建设基金1742万元，地方教育附加2042万元)。

【税收征管】 2014年，县地税局落实《广西壮族自治区税收保障办法》，建立起"政府领导、财税主管、部门配合、社会参与"的社会综合治税体系，有序推进"营改增"(营业税改增值税)。2014年1月，将铁路运输业、邮政服务业共计5户纳税户移交国税，涉及税收13万元；6月1日，将邮政业、电信业10户"营改增"纳税人工作移交国税。对广西地税信息系统9325户纳税户户籍信息进行全面清理。对全县401户工商新增登记户、235户工商变更登记信息户、45户工商变更股权登记户、46户工商注销税务登记户的信息进行比对核查。对辖区内的个体户开展漏征漏管及非正常户认定工作。加强企业所得税预缴、汇算清缴，全年企业所得税入库税收1.4亿元，增长6.8%；推进土地增值税清算，土地增值税入库税收1.35亿元，增长7.1%；强化耕地占用税征管，耕地占用税入库1.05亿元，增长58.98%；加强高收入者个人所得税管理，年个人所得12万元以上自行申报人数151人，应纳税额551.43万元，应补税款2.95万元；加强辖区内采石场行业管理，资源税入库税收141万元，增长79.37%；建筑业入库税收4.15亿元，增长39.77%。131家企业被纳入重点税源监控名单，增幅26%，其中自治区地方税务局A类监控51家，自治区地方税务局B类监控71家。成立重大项目税收清理工作组，对全县154个重大项目开展全面的税收清理。

【依法治税】 2014年，县地税局为15家享受所得税优惠政策企业减免所得税额793.12万元，146户纳税人享受小微企业起征点提高政策，年减税184万元；全年共办理退税86户，退税金额243万元。对辖区内部分餐饮企业开具发票情况进行重点检查，共检查餐饮企业10家，受票纳税人20户；大力推行机具开票，严格控制手工发票，严格限制定额发票，全县推广使用国标税控机160台，网络发票用户45户。组织27家企业开展自查，筛选47家企业为专项检查对象，累计查补入库税款、滞纳金、罚款共6201万元，增加4138万元，增长2倍。开展"规范执法年"

4月1日，县地税局到临桂仁桥房地产公司调研　　肖　英　摄

活动，进行行政执法检查、工作纪律检查和纳税人回访。

【优化服务】 2014年，县地税局开展便民办税春风行动，在县城及乡镇办税厅全部实行“一机双屏”办税，落实《全国县级税务局机关纳税服务规范》，核定行政审批事项及涉税服务事项目录、工作规范41项，清理减少审批及涉税服务事项4项。开展2012—2013年度纳税信用等级评定工作，共评定信用等级A级企业9家，B级企业62家。4月，县地税局深入企业、项目建设一线，送政策、送税法，配合自治区地税局开展税法宣传大篷车八桂行走入临桂活动；举办税收知识问答，以电视、报纸、互联网、微信等媒体为传播手段，宣传税收政策；通过“政务公开日”“地税开放日”“法制宣传日”等活动开展税收宣传活动及举办纳税人学校培训班。

（肖 英）

金　融

Jin Rong

7月18日，广西临桂农村商业银行股份有限公司揭牌　　临桂农商行　供稿

中国人民银行临桂县支行

【概况】 2014年,中国人民银行临桂县支行(简称人行临桂县支行)继续贯彻执行稳健的货币政策,加强窗口指导,加大合理运用货币政策工具力度,开展调研监测,反映货币政策效应,引导辖区金融机构优化信贷结构,增加有效投入,促进临桂县经济金融协调、可持续发展。年末,临桂县金融机构各项存款余额162.93亿元,(比上年,下同)增长17.55%;贷款余额137.18亿元,增长26.04%。

【落实货币政策】 2014年,人行临桂县支行履行央行职责,继续贯彻执行稳健的货币政策,构建银企信息交流的平台,加强窗口指导,及时做好货币政策传导工作;组织召开经济金融运行分析会,引导辖内金融机构合理信贷投放,优化资金配置。针对临桂经济快速发展,信贷支持小微企业和"三农"资金需求量增大的实际,向临桂农村商业银行发放支农再贷款5000万元。

【金融管理服务】 2014年,人行临桂县支行实行"两管理(开业管理、营业管理)、两综合(综合执法检查、综合评价)"并重,整合金融管理资源和手段,加强对金融机构的运营管理,指导辖区银行业机构开业。督促金融机构落实重大事件报告制度,促进银行业强化自律意识,增强依法合规经营自觉性。成立金融消费权益保护中心,并以其为依托,做好金融消费权益保护工作。9月,组织辖区银行业金融机构开展"金融知识宣传月"活动,向群众宣传金融知识。对中国银行桂林市临桂支行进行综合执法检查,强化金融监督管理,规范金融机构经营行为,促进辖区金融业安全稳健运行。

【经济金融运行监测与分析】 2014年,人行临桂县支行加强对辖区经济、金融运行态势和趋势的监测分析,对法人金融机构存款准备金的日常监测;做好临桂农村商业银行贷款利率定价监测,开展对临桂农村商业银行贷款利率浮动情况调查,形成分析报告,做好信息反馈。做好金融统计和调查研究工作,分析和研究辖区经济金融运行情况,对经济金融运行中的热点、难点问题及时提出对策建议,为上级决策提供参考。

【推进征信管理】 2014年,人行临桂县支行开展"信用村"创建工作,与临桂农村商业银行合作新建7个"信用村"。以信贷登记咨询系统为平台,加强征信体系建设,督促金融机构运用系统进行贷前查询,贷后信息入库,及时更新完善企业信息。至年末,发放贷款卡75张,提供信用报告查询企业39户、个人196户,办理贷款卡年审206户。建立信用档案农户59396户,占辖内农户总数的67.33%,评定信用农户数47510户,占辖区农户总数的53.85%。纳入中小企业信用档案475户,办理贷款卡中小企业428户,其中取得银行授信意向中小企业428户,取得银行融资中小企业331户,融资162.02亿元。开展机构信用代码专项宣传活动,按制度规定,加强机构信用代码证的新增、作废、挂失、补发、换发等工作。至年末,新增机构信用代码证433张,机构信用代码证变更换发102张,机构信用代码证挂失换发8张。

【发展便民金融业务】 2014年,人行临桂县支行协助农行临桂县支行、临桂农村商业银行在农家超市、村委办公楼、村卫生室等村民居住集中、人流量较大的地方,设立金融便民服务点,提供银行卡小额取款、转账、余额查询等服务,方便农户领取新农保养老金、粮油补贴、低保等小额补助资金,使农户能享受到便捷的金融服务。至年末,全县161个村委会中,除6个村委会因网络信号未覆盖无法设立服务点外,其他村委会全部设有服务点。其中农行临桂县支行设立助农取款服务点112个,临桂农商行设立便民服务点165个。年内,全县便民服务点共发生取款33658笔,1268万元。

【履行国库监管职责】 2014年,人行临桂县支行履行国库监管职责,强化国库资金风险管理,加大国库柜面监督力度及加强对国库资金出口监管。对辖区国库经收处办理国库业务开展检查工作,促进国库经收处提高核算质量和服务水平。坚持"服务为本"理念,提高国库服务质量,组织召开财税库工作联席会议,加强对贯彻执行国家新的财政税收政策的探讨、交流。制定措施,保证财税库

9月24日，人行临桂县支行开展金融知识宣传活动　　刘　旭　摄

信息交流平台的运行。

【加大反洗钱工作力度】 2014年，人行临桂县支行开展反洗钱宣传活动，强化金融机构反洗钱的紧迫感与责任感，夯实反洗钱工作的社会基础，提升反洗钱工作整体水平。通过各种形式组织辖区金融机构及本行反洗钱工作人员学习反洗钱方面的法律规定、监管政策和内控要求，加大反洗钱培训力度，强化对反洗钱工作的认识，提高反洗钱工作人员的综合素质和技能水平，降低洗钱风险发生的可能性。对辖区金融机构公民身份联网核查、银行客户实名制相关业务进行现场检查，规范反洗钱相关业务行为。

【加强货币金银工作】 2014年，人行临桂县支行督促辖区银行业金融机构严格执行《中国人民银行假币收缴、鉴定管理办法》，按照操作规程要求，做好假币收缴管理工作。加强人民币管理，对金融机构人民币管理工作进行有效监督、检查，组织辖区银行业金融机构开展反假货币宣传活动，提高公众人民币反假意识。

（褚良辉）

中国银行业监督管理委员会桂林监管分局临桂办事处

【概况】 2014年，中国银行业监督管理委员会桂林监管分局临桂办事处（简称临桂银监办）贯彻落实国家宏观调控政策，引导辖区银行业金融机构调整信贷结构，提升综合竞争能力，优化金融服务质量，支持县域经济建设。至年末，临桂辖区金融机构各项业务稳步增长，资产总额198.07亿元，（比上年，下同）增长13.39%；各项存款余额162.93亿元，增长17.55%；各项贷款余额137.18亿元，增长26.04%，不良贷款率0.82%，全年实现盈利4.63亿元。年内，机构编制4人。

【日常监管】 2014年，临桂银监办共办理银行业金融机构行政许可事项17件，其中，机构设立、变更和终止事项8件；董事和高管任职资格事项9件；开展审慎监管谈话11次。派出现场检查组1个，对辖区银行业机构开展现场检查1次，投入工作量980人次，检查机构1家，检查业务金额

12.47亿元，提出整改意见4条。

【小企业和“三农”金融服务】 2014年，临桂银监办督促辖区银行业金融机构贯彻执行国家小企业金融服务工作的各项要求，改善小企业金融服务工作，持续加大涉农贷款投放力度，确保支农信贷支持力度不减弱，涉农贷款增速不低于各项贷款平均增速。年内，辖区银行业金融机构农村中小企业贷款32.82亿元，增长37.73%；涉农贷款余额81.16亿元，增长24.23%。

【送金融知识下乡活动】 2014年，临桂银监办组织辖区银行业金融机构设立“宣传服务站”，通过开设宣传台、摆放宣传展板，悬挂宣传标语、发放宣传手册等方式，向群众宣传推广金融知识、接收咨询、答复疑问。加大对民间融资、非法集资、金融诈骗等方面的风险宣传，推进“送金融知识下乡”活动。

（湛年香）

中国工商银行股份有限公司桂林市临桂支行

【概况】 2014年，中国工商银行股份有限公司桂林市临桂支行（简称工行临桂支行）位于临桂县城人民路99号。内设营业部、客户经理部及综合办公室，下辖临桂金山支行（县城世纪东路临桂大世界一楼）和金水支行（县城金水路金水湾境界住宅小区一楼8号）两个二级支行，设有城西（县城人民路155号）、榕山路（县城榕山路53号正大花园）、榕山北（县城榕山路240号）、南城百货（县城金水路29号）4个离行式自助银行。年内，工行临桂支行围绕“结构调整、效益提升、改革创新、内部管理”工作思路，结合县域经济特点和本行实际，开展存贷款业务、结算业务、电子银行业务和有关代理业务，支持地方经济发展。

【业务发展】 2014年，工行临桂支行继续实施“以资产业务为重点，房地产项目和中小企业贷款为突破口，推动各项业务跨越式发展”的三年发展规划，参与当地金融行业市场竞争，在竞争中求发展。至年末，各项存款余额148656万元，（比上年，下同）增长7530万元，其中个人存款增长3685万元，对公存款增长3845万元；各项贷款余额111752万元，增长10323万元（剔除上划贷款），其中个人贷款增长14985万元；全年实现中间业务收入844万元，增长36%；营销信用卡分期付款1800万元，增长260%；发放牡丹灵通卡12210张，增加1703张。

7月17日，工行临桂支行开展青年员工效能提升活动　　工行临桂支行　供稿

【经营管理】 2014年，工行临桂支行围绕“效益提升、风险防控、从严治行”工作方针，结合开展党风廉政建设和“走基层、抓案防、促管理”主题教育活动，加强员工思想教育，确保各项业务的持续发展和经营业绩的提高。全年不良贷款余额仅为38万元，不良贷款率0.04%，下降0.02个百分点，资产质量达到总行先进水平，实现经营利润4095万元，增长13.7%。在实现效益提升的同时，实现全年安全无事故和零案件目标。

（黄保强）

中国农业银行股份有限公司临桂县支行

【概况】 2014年，中国农业银行股份有限公司临桂县支行（简称农行临桂支行）位于桂林市上海路26号。机关内设综合管理部、运营财会部、风险管理部、公司业务部、个人金融部（含三农组）和支行营业室，辖支行营业室、榕山支行、金山支行、义宁支行、人民支行、两江支行、新世纪支行、西城支行和六塘支行等9个营业网点（二级支行）和2个离行式自助银行（县城世纪东路、金水路），有员工117人。

【存款业务】 2014年末，农行临桂支行各项存款余额32.72亿元，比年初增长2.16亿元，完成年度计划的105.3%，各项存款增量分别排自治区75个县域支行的第16位，桂林分行各支行的第二位。其中对公存款余额12.76亿元，增量5598万元，完成年度计划的103.67%，排桂林分行各支行第三位；储蓄存款余额19.96亿元，增量1.6亿元，完成年度计划的105.93%，排桂林分行各支行第一位。

【贷款业务】 2014年末，农行临桂支行各项贷款余额26.68亿元，较年初增长6.9亿元，完成年度计划的266.05%，各项贷款增量均排自治区75个县域支行第一；其中个贷增量1.77亿元，增长22.29%，排桂林分行各支行第一。不良贷款较年初增加30万元，不良贷款余额控制在上级行计划内。

【业务发展】 2014年末，农行临桂支行对公日均理财余额54322万元；第三方存管比年初增加331户；企业短信通比年初新增56户；小微企业贷款客户新增5户；跨境人民币结算量328.28万元；国际结算量1523万元；个人电子银行新增28603户；个人加权贵宾客户新增1361户；自主理财产品日均余额12872万元；IC借记卡发卡量25887张；个人手机银行新增7266户；个人短信通新增21305户。

【经营管理】 2014年，农行临桂支行营业网点“三化三铁”创建和安全保卫“三化三达标”取得成效。加强对员工行为和劳动纪律管理，行风行纪好转，连续4年被桂林分行内控评价评为一类行，业务经营安全运行。开展第一次道德讲堂活动，通过道德模范人物现场讲述，全行员工受到教育。农行临桂支行被自治区分行评为“金钥匙春天行动”理财业务杰出奖，同时被中国农业银行总行评为“文明单位”。

（蒋翔燕）

中国建设银行临桂支行

【概况】 2014年，中国建设银行股份有限公司桂林临桂支行（简称建行临桂支行）有员工42人，设支行营业部、人（民）大（道）支行、世纪大道支行（6月26日开业）3个网点，自助银行5个，有自动柜员机（ATM）14台、自动查询终端2台、95533电话银行、网上银行等高科技“无人网点”和“无形柜台”为客户提供24小时高效快捷服务。除开展存款、贷款、结算等传统业务外，还推出了全方位、多层次、本外币一体化的金融服务，可为客户提供各种形式贷款，实现资金安全存放和快捷划转，设计各种理财方案，提供代

11月27日，农行临桂县支行举办“道德讲堂”活动　　农行临桂县支行　供稿

◎金融

发工资、代收代扣固定话费和手机话费、代收保险公司续期保费、代缴工商规费、代缴税款、代收学杂费等服务。

【内部管理】 2014 年,建行临桂支行贯彻上级行"综合金融服务推进年"总体要求,坚持"内控先行,稳健经营"的管理理念,加大对柜员业务操作的规范化管理和监督,内抓管理、外树形象,不提高员工的金融服务水平;抓好信贷资产质量管控,将风险防控任务落实到人;加强员工行为管理,杜绝飞单、高息融资、民间借贷等风险发生,确保各项业务正常开展。

【业务发展】 2014 年,建行临桂支行秉承"客户至上,注重细节"的服务理念和"不断创新,追求卓越"的企业文化,履行服务国家、服务社会、服务客户的承诺。年末,支行各项存款余额 18.48 亿元,(比上年,下同)增加 3.2 亿元,其中对公存款余额 9.24 亿元,增加 2.11 亿元;储蓄存款余额 8.57 亿元,增加 1.01 亿。各项贷款余额 22.06 亿元,增加 7.97 亿元,其中公司类贷款余额 15.67 亿元,增加 6.11 亿元; 个人住房按揭贷款余额 6.39 亿元,增加 1.18 亿元。

(周胜德)

中国银行临桂县域机构

【概况】 2014 年,中国银行临桂县域机构有营业网点 2 个(临桂支行、西城开发区支行),有员工 28 人,其中,管理人员 4 人,普通职工 24 人。年内,中国银行临桂县域机构围绕中总行"担当社会责任,做最好的银行"的战略目标,履行金融机构支持地方经济发展的责任, 调整优化业务结构和客户结构,加强风险、内控建设和精细化管理,实现各项业务的持续健康增长。年末,中国银行临桂县域机构共设立自助终端 11 台,95566 电话银行、网上银行为客户提供 24 小时便捷服务。本外币各项存款余额 2.71 亿元,贷款余额 6.72 亿元。

【服务实体经济】 2014 年,中国银行桂林分行西城开发区支行、临桂支行重点支持临桂新区房地产、公路建设等行业的发展。结合中行"中银 e 社区""沃金融"等新产品推介,加大个人住房、商铺投资贷款的投放力度。临桂县域机构各项贷款较上年新增 2.05 亿元,增长 43.9%。其中,西城开发区支行、临桂支行个人贷款新增 1.37 亿元,公司类贷款新增 4080 万元。

6月24日建行桂林世纪大道支行开业　　建行临桂支行　供稿

【开展金融知识宣传】 2014年，中国银行临桂支行和西城开发区支行根据银监会的要求,结合中行业务特点,开展金融知识公益宣传活动。临桂支行和西城开发区支行在县城金山广场、奥林匹克社区、佳和花园、长岛16区等社区多次开展“走进社区、走进千家万户”“学雷锋便民服务”“学会假币鉴别,远离假币危害;安全用卡,防范用卡风险”“防范电信诈骗和金融诈骗”“珍爱信用记录,诚信教育宣讲”等公益宣传活动，提高市民金融安全防范意识,构建和谐金融环境。

(张琳明)

5月22日,中国银行临桂支行员工帮助市民识别假币　　张琳明　供稿

交通银行桂林新城区支行

【概况】 2014年,交通银行股份有限公司桂林新城区支行(简称交行新城区支行)位于县城金水路23号,在职员工11人。有自助银行1个、自动柜员机4台、95559电话银行2部、网银自助终端机2台等为客户提供24小时便捷的金融服务。年内，交行新城区支行发挥自身优势，创新金融产品、金融工具和金融制度,形成了产品覆盖全面、科技手段先进的业务体系。可为客户提供公司业务、私人业务、国际业务、中间业务及房贷业务等金融服务，还开通有养老保险及医疗保险缴纳及代扣、水电费代扣业务、网银及自助网银交纳电视、手机、电信费等特色业务。

【业务发展】 2014年,交行新城区支行坚持“客户为中心”的经营理念,注重为客户提供全面、专业及周到的金融服务,注重管理机制、产品、流程优化、服务管理等方面的创新。在客户服务方面,坚持标准化服务,打造“人工网点+自助银行+客户经理”的三位一体的服务渠道,推动经营管理水平提高。至年末,各项存款余额9.6亿元;年内,为县内中小企业放贷3200万元,投放个人房贷100多户,个人房贷贷款余额累计4.7亿元。

【内控管理】 2014年,交行新城区支行坚持稳健经营的经营管理理念,加强员工业务操作培训,并加强对操作规范性、合规性及标准性的监督和管理。加强干部员工风险教育,将风险防范理念、职责传导至每个岗位。开展各风险防控预案的演练,提升干部员工的风险防范意识，确保全年业务的正常开展。

(李　金)

桂林银行临桂支行

【概况】 2014年,桂林银行临桂支行(简称临桂支行)有临桂支行、西城支行2个营业网点,社区支行1家,员工40人;有自动柜员机(ATM)6台,自助查询终端2台,96299电话银行、网上银行为客户提供24小时便捷服务。年内,临桂支行按照总行建设一流“精品”城商行目标,以服务“三农”为重要发展方向,为县域经济发展做贡献。年末,临桂支行各项存款余额18.78亿元,比年初增加4.86亿元,其中,储蓄存款余额9.01亿元,比年初增加1.14亿元;全年新增发卡量25626张;各项贷款余额16.94亿元,其中企业贷款余额16.19亿元。

【内控管理】 2014年，临桂支行以“制度执行年”活动为平台，推进内控及结算管理工作，把加强内控工作作为提高全支行管理水平，规范业务经营，提高员工综合素质的重要手段来抓。建立柜台员工在岗培训制度，每月组织员工学习风险管理、理论知识、业务技能等。年内，共组织现场内控检查12次，针对检查中发现的问题进行总结分析，确保各项业务依法合规，安全高效运行。全年业务平稳运行，未出现结算案件及重大违规事件。

8月22日，广西临桂农村商业银行向黄沙瑶族乡宇海村捐赠24万元

临桂农商行　供稿

【社区支行建设】 2014年3月初，县城榕山路社区支行正式对外营业。社区支行以“便民、惠民、亲民”为宗旨，打造“500米服务圈”“家门口的银行”，推出“你下班我营业”的错时、延时服务，并加强与周边社区合作及沟通联系，获得居民认可。年内，榕山路社区支行与居民开展“小小银行家系列活动”“关爱健康养生沙龙系列活动”等各类活动40多场。至年末，社区支行存款余额1.2亿元，其中理财3722万元，如意宝304万元，承兑汇票保证金92万元，定期存款3194万元，协议存款3981万元，活期存款677万元；新开卡2012张；营销POS机商户8户；对公企业开户13户。

（何义前）

广西临桂农村商业银行

【概况】 2014年7月18日，广西临桂农村合作银行改制组建为广西临桂农村商业银行股份有限公司(以下简称临桂农商行)。内设人力资源部、财务会计部、计划信贷部、市场开发部、电子银行部、资产风险管理部、稽核监察部、法律合规部、安全保卫部、统计信息部和办公室10部1室，下设1个营业部、18个支行、4个分理处，共23个对外营业网点，在职职工264人。

2014年，临桂农商行获自治区90家农合机构综合业务考评第一名，桂林农合机构业务技能比赛团体第二名，桂林银监分局监管统计工作二类机构一等奖，桂林市文明单位；2个营业网点(营业部、新世纪支行)获桂林市银行业机构文明优质服务网点；3个营业网点(营业部、新世纪支行、西城支行)获桂林市青年文明号；3名员工获桂林市银行业“百佳服务明星”。

【业务管理】 2014年，临桂农商行的业务品种有：信贷业务、开办承兑汇票、存款业务、代收代付、新农保金融服务、保险代理、资金存取汇划支付结算业务、电子银行业务。至年末，临桂农商行共设自动取款机（ATM)27台、存取款一体机(CRS)14台、自助服务终端9台，桂盛通POS特约商户466户，设立便民服务点166个。年内，临桂农商行贯彻执行桂盛卡全球ATM机取款免费，柜面卡(折)区内通存通兑零手续费的惠民活动。

【存款业务】 2014年6月11日，临桂农商行各项存款在桂林辖区县域金融机构中率先突破60亿元。年末，存款余额60.59亿元，比年初净增加10.29亿元，增长20.44%。存款存量、增量市场分别占临桂县金融机构的37.19%和42.27%，连续8年(2007—2014年)保持临桂县金融行业第一位。

【贷款业务】 2014年，临桂农商行各项贷款突破40亿元，余额43.56亿元，比年初增加8.92亿元，增长25.75%。其中：涉农贷款余额38.66亿元，比年初增加8.18亿元，占贷款总额的88.74%；小微企业贷款余额16.90亿元，比年初增加6.11亿元，增长56.64%,高于各项贷款增速30.89个百分点,实现“两个不低于”(对于小企业信贷投放,增速不低于全部贷款增速,增量不低于上年),支持了临桂新区“三农”(农民、农业、农村)和小微企业经济的发展。贷款总量市场份额占临桂县银行业金融机构的31.76%,居全县同行业第一。

【企业效益】 2014年,临桂农商行财务总收入4.23亿元,经营利润2.02亿元,(比上年,下同)增加9457万元,增长28.82%。缴纳税款4245万元,其中企业所得税2997万元。资本充足率20.25%,超过最低监管要求12.25个百分点;拨备覆盖率312.50%,高于监管标准162.50个百分点;拨贷比3.00%,高于监管标准0.5个百分点;存贷款比例71.89%,控制在75%以内。

【经营改革】 2014年3月19日,广西临桂农村商业银行股份有限公司创立大会暨第一次股东大会召开。7月18日,广西临桂农村商业银行股份有限公司在原广西临桂农村合作银行的基础上挂牌成立,注册资本人民币5亿元,成为桂林辖区注册资本最多,存贷款规模最大的农村商业银行。成立后的农村商业银行,及时向广西银行业监管局申请了办理公务卡业务,并获批准。年内,临桂农商行新增真龙园支行、城北支行、庙岭新街分理处3个营业网点。

【金融惠农】 2014年,临桂农商行发放春耕备耕生产贷款共1.67亿元,发放农户小额信用贷款1.31亿元,特色种养业贷款0.77亿元,青年创业贷款4.14亿元,计生贴息贷款0.05亿元,“美丽临桂·清洁城乡”贷款0.61亿元;新评定“信用村”7个,惠及6个乡镇,456户农户。开展了5次“送金融知识下乡”活动,面对面、手把手向农户传授金融知识。

(屈显娟)

深圳农村商业银行广西临桂支行

【概况】 2014年,深圳农村商业银行广西临桂支行(简称深圳农商行广西临桂支行)坚持“服务中小微企业、服务‘三农’、服务个人”的市场定位,在各项业务拓展中有特点、有创新。至年末,贷款余额15.88亿元,比2011年12月31日(在临桂创办开业当年)增长148.1%。年初,获2012—2013年度桂林市银行业机构十大“优秀企业”称号。2014年2月25日,广西临桂支行同心分理处在象山区开业,网点增至3个。

【贷款业务】 2014年,深圳农商行广西临桂支行融入桂林经济发展,致力于打造特色鲜明的社区零售银行,为城乡居民、中小企业提供优质的金融服务。至年末,贷款余额15.88亿元,其中中小企业贷款余额10.15亿元,占总贷款余额的63.92%;涉农贷款、县域贷款余额7.33亿元,占总贷款余额的46.16%。

【惠民减负】 2014年,深圳农商行广西临桂支行加大对农户购房按揭贷款的金融支持,帮助农民改善居住环境、提升生活品质、推进城镇化建设。与山水凤凰城、花样年·麓湖国际、漓江大美、兴进臻园、雁山新城、万达、宜和云天、都市丽景等17个项目楼盘建立按揭合作关系,为农户和居民购房者提供按揭贷款便捷服务。在农户按揭贷款方面,实行贷款利率优惠,除利息外零费用,贷款条件相对宽松等政策;成立按揭小组提供贴心服务,农户只需提供个人资料,其余手续由开发商和银行协调完成,简化流程、提高效率;形成特色化、差别化和多样化信贷服务,切实惠民减负。至年末,共审批通过按揭贷款1471笔,发放金额超4.5亿元,其中农户按揭贷款1089笔,总发放金额38253万元。

(蒙瑞海)

中国人民财产保险股份有限公司临桂支公司

【概况】 中国人民财产保险股份有限公司临桂支公司(简称人保财险临桂支公司)是国有控股的中国人民财产保险集团下属的业务经营子公司,属股份制企业。主要职能是转移风险、分摊损失和提供经济补偿,为企业和个人提供优质的保险业务。2014年,人保财险临桂支公司领导班子3人,业务骨干4人,内勤人员3人,理赔人员5人,营销人员16人。

【业务发展】 2014年,人保财险临桂支公司保费收入2520.3万元,(比上年,下同)增加480.9万元,增长23.58%;赔款1315.2万元,直接赔付率52.18%,增长6.68%。其中:机动车险保费收入1560.8万元,赔款761.91万元,赔付率48.82%;非车险保费收入400.75万元,赔款136.05万元,赔付率33.95%;农险保费收入77.86万元,赔款29.77万元,赔付率38.24%。

【拓宽管理渠道】 2014年,人保财险临桂支公司结合临桂支公司实际情况,制定了保费管理、单证管理、理赔及出单管理、财务管理、劳动纪律等多方面的经营目标责任制考核办法。为了巩固车险续保率,专门制订了车险续保奖惩管理办法,脱保罚,新增奖,调动员工的积极性,并实行团队管理。把团队业绩与个人业绩绑在一起,任务指标量化到个人及团队,罚个人,奖团队,奖金由团队自主安排,使整个支公司的业务能力得到提升。利用车险业务平台,搭售驾意险、家财险、随车行李货运险等,推动非车险业务发展。对全体员工宣传上级公司奖励政策,鼓励员工承保车险业务时,赠送或搭售驾意险、家财险等。

【车险服务】 2014年,人保财险临桂支公司把稳定车险和拓展家用车市场作为业务工作的重中之重,确保续保业务及时回笼,实行脱保一台扣款20元和新增一台奖励20~60元的考核制度,减少业务的流失,保证主要险种的市场份额占有率。和政府相关部门、汽车销售商建立友好合作关系,收集新车信息,充分把握市场主动,填补因竞争等客观原因带来的业务不稳定因素。把展业过程中流失的业务分解到相关部门,加大公关力度,主动进攻,上门听取意见和建议,改善服务手段,逐个突破,全面争取回流。

【提高服务质量】 2014年,人保财险临桂支公司只要接到报案,无论事故大小,无论白天黑夜,坚持第一时间赶到现场,掌握第一手资料。严格按照快速赔付流程,为客户提供力所能及的方便。坚持双人查勘,双人定损,限时赔付,不断提高服务质量;坚持24小时值班制度,积极参与“三个中心”(财务中心、理赔中心、承保中心)建设,以提升服务水平;加强考核、加大督查力度,对理赔过程中出现各种问题一经查实,决不姑息。

【做好防灾防损工作】 2014年,人保财险临桂支公司实行分管领导负责制,理赔部门主动与各业务部门联系,及时拟订了重大客户防灾防损工作预案、夏季防汛安全检查办法、冬季防火防爆安全检查办法,做到提前把握,提前介入。会同相关业务部门对预案执行情况进行检查落实,对可能出现的问题及时采取措施,以减少损失,增强防范风险的能力。

(曹小美)

中国人寿保险股份有限公司临桂支公司

【概况】 2014年,中国人寿保险股份有限公司临桂支公司(简称人寿临桂支公司)下设5个农村服务网点,业务覆盖全县161个行政村,公司员工14人,销售人员145人。年末,人保临桂支公司总保费收入5085万元;长险首年保费收入1799万元;首年期交保费收入814万元,(比上年,下同)增长73%;短期险保费收入472万元,增长11%。全年累计为全县提供各类保险保障服务6万人次,市场占有率59.5%。

【拓展民生保险业务】 2014年,人寿临桂支公司在全县范围内拓展农村小额保险、计划生育家庭爱心保险、民政低保、村干保险、大学生村官保险、老年人保险、教师综合险、学生险及企业年金等政策保险业务。其中计划生育家庭爱心保险、学生险业务5.9万人次,承保260万元。

【高效理赔】 2014年,人寿临桂支公司配备具有医学背景的核保、理赔人员,配备专用的理赔查勘车。全年处理理赔案件924件,支付赔款205.51万元,接收理赔电话服务258件。

(唐斐菲)

行 政 管 理

Xing Zheng Guan Li

8月27日，临桂县举行国家级美丽乡村建设标准化试点启动仪式　　县质监局　供稿

宏观经济管理

【概况】 2014年，临桂县完成地区生产总值215.61亿元(不变价为198.71亿元)，(比上年，下同)增长9.1%，增速低于桂林市下达预期目标3.9个百分点。其中：第一产业增加值37.49亿元，增长3.5%；第二产业增加值138.61亿元，增长10.9%；第三产业完成增加值39.51亿元，增长7.7%。组织财政收入24.30亿元，增长15.2%，完成桂林市下达任务的100.2%。城镇居民人均可支配收入32018元，增长10.3%，完成桂林市下达任务的99.4%；农民人均纯收入11330元，增长13.4%，完成桂林市下达任务的101.3%。全社会固定资产投资240.43亿元，增长10.7%，完成桂林市下达任务的91.5%。社会消费品零售总额34.61亿元，增长13.0%，完成桂林市下达任务的96.8%。每万元地区生产总值能源消耗下降3.8%，化学需氧量和氨氮分别减少排放330吨和68.1吨，完成上级下达的节能减排指标任务。

【专项规划编制】 2014年，临桂县发展和改革局(简称县发改局)编制完成《临桂县"十三五"规划基本思路研究报告》和重点行业、领域基本思路研究报告初稿；完成《临桂县"菜篮子"工程建设规划(2014—2016年)》《重点旅游片区发展规划》等专项规划编制。年内，获桂林市"投资和项目建设工作先进单位"二等奖。

【统筹城乡工作】 2014年，临桂县贯彻《桂林市统筹城乡综合配套改革试点总体方案》及《桂林市统筹城乡综合配套改革试点实施方案》精神，制定《临桂县统筹城乡综合配套改革试点总体方案》和《临桂县统筹城乡综合配套改革试点实施方案》，加快秧塘工业园、宝山工业园建设，打造特色效益农业、农民集中居住、新农村、城中村改造等示范点，启动重点特色镇建设，推进城乡统筹一体化。

【推进重大项目建设】 2014年，临桂县实施重大项目县领导跟踪服务制，推进重大项目57个，年度计划投资70.25亿元，实际完成投资70.73亿元。年内，信和信·桂林国际智慧健康旅游产业园、保利文化产业园、临桂宝山工业园道路一期路网工程等项目相继开工建设；桂林罗山湖体育旅游开发、桂林福达集团有限公司年产25万根发动机曲轴建设、桂林国际电线电缆集团有限责任公司环保特种线缆及电缆料及铜导体生产线技术改造、广西奥瑞金享源包装科技有限公司年产24亿只铝制二片罐、桂林医学院临桂校区建设等项目顺利推进；广西桂林(临桂)宇川光电科技有限公司半导体LED照明项目、桂林(临桂)景恒机器有限公司数控磨床生产线等一批重大产业项目建成投产。

【深化服务业综合改革】 2014年，临桂县贯彻执行关于加快推进服务业综合改革试点工作的相关政策，培育服务业重点企业11家、房地产企业4家。年内，桂林世外人间生态养生建设、信和信·桂林国际智慧健康旅游产业园、临桂新区物流配送中心、桂林罗山湖体育旅游开发、桂林雄森熊虎山庄扩建、桂林五通农民画6个项目被列入年度自治区层面的重大项目。

【深化医药卫生体制改革】 2014年，临桂县对照《桂林市深化医药卫生体制改革2014年重点工作任务》，推进县级公立医院综合改革，制定《临桂县县级公立医院综合改革试点工作实施方案（试行）》和绩效工资改革、医疗服务价格调整、财政补偿、人事制度改革、城乡居民医药价格调整医保支付等相关配套方案。年内，安排县级公立医院综合改革补助资金131.94万元，其中自治区财政资金71.94万元，县级财政资金60万元。临桂县将乡镇卫生院标准化建设列入县人民政府为民办实事之一，会仙、四塘、临桂、中庸和茶洞5个乡(镇)卫生院的业务用房建设纳入中央预算内投资项目。基本医疗保障制度不断完善，年度全县新农合参合40.08万人，参合率99.91%。

【推进节能减排工作】 2014年，临桂县万元生产总值能耗下降0.83%，超额完成730%，提前完成"十二五"目标任务。重点耗能企业娃哈哈桂林分公司年度节能目标0.24万吨，实际完成1.03万吨。公共机构实现人均用水、用电和车辆用油下降比例均在4%以上；单位建筑面积用水、用电下降比例在3.5%以上。完成两江、五通2个镇的污水处理厂，六塘镇垃圾转运站，南边山乡垃圾转运站

4个项目前期工作。年内，争取国家和自治区节能减排资金2390万元。

【项目管理】 2014年，县发改局开展整治“体外循环，两头受理”活动，对行政审批事项、审批流程进行梳理，确保审批事项全部进驻政务中心，启动马上办结机制。年内，审批各类项目350个，总投资184.8亿元，完成储备千万元以上项目99个。核准项目25个，总投资72.21亿元；备案项目38个，总投资67.46亿元；审批建议书54个，总投资23.86亿元；审批可行性研究报告37个，总投资6.87亿元；审批初步设计及概算197个，总投资14.48亿元。临桂县积极申报项目，争取国家资金。全年共争取到各类国家资金1.17亿元，其中教育类项目资金661万元，卫生、计生类项目资金520万元，农口类项目资金5739.22万元，农网改造、农村危房改造等其他项目资金4780.8万元。

【易地扶贫搬迁工程】 2014年，临桂县完成2012年第一批和第二批易地扶贫搬迁工程，搬迁安置贫困农户291户、1650人，新建住房13520平方米，沼气35座，总投资1107万元。上年易地扶贫搬迁工程总投资373万元，年内完成全部投资计划和建设内容。完成全县生态移民搬迁工程调查摸底工作，统筹推进年度生态移民搬迁工程。完成《广西扶贫生态移民工程总体规划(2014—2020)》临桂部分基础数据及相关材料的收集工作。

（李顺林）

人力资源和社会保障

【概况】 2014年，临桂县人力资源和社会保障局(简称县人社局)抓好就业服务和社会保险两项重点工作，扩大社会保险征缴面，推进城乡居民社会保险体系建设，促进就业再就业，维护劳动者合法权益。

【人事管理】 2014年，县人社局与县委组织部联合制定《临桂县新录用公务员到基层服务锻炼实施方案》。完成全县机关事业单位工作人员年度考核、统计和11个参照公务员管理单位的上报工作。做好公务员招录、登记和任职管理工作，全年录用公务员47人。

【专业技术人才队伍建设】 2014年，全县各级专业技术资格证书注册1846本，其中送自治区、桂林市注册1445本，在县本级注册401本。审核审批职称外语、计算机免试25人。办理事业单位岗位变动537人。组织事业单位专业技术人员参加低碳经济公需科目学习考试，合格5222人。全年办理调动287人。

【工资福利管理】 2014年，县人社局严把政策落实关，全面完成机关事业单位各类工作人员的工资福利审批工作。全年办理全县机关事业单位工作人员考核称职(合格)以上工资正常晋升审核审批工资调资8944人，增资额39.4万元；办理职务晋升、岗位变动等各种调资2210人，增资额33.8万元；办理撤县改区调资13269人，增资额969.5万元；办理机关事业工作人员到龄退休手续218人；重新核定工作调动人员工资203人；办理机关事业单位工作人员及离退休人员死亡后遗属生活困难补助手续666人。

【人事人才服务】 2014年，县人社局共办理人事代理业务394人，比上年下降67.6%；办理人事代理续缴业务434人、档案托管业务245人；办理大中专毕业生转正定级手续256人、人才流动手续384人；代办职称手续19人。年内，临桂县报到毕业生278人。

【就业服务】 2014年，临桂县共召开各类招聘会39场，参与招聘企业180余家，提供就业岗位7000余个，达成就业意向3500余人。全年新增城镇就业4979人，完成任务的110.64%；城镇失业人员再就业1125人，完成任务的112.5%；就业困难对象再就业人员301人，完成任务的115.7%；城镇登记失业率3.48%，低于4.5%的控制数；农村劳动力转移就业新增6320人，完成任务的107.12%；开展各类职业技能培训班24期，培训人员1105人；取得职业资格鉴定合格971人，完成任务的100.62%；支出培训、鉴定补贴资金83.59万元，完成任务的189.98%。年内，县人社局向社会公开招聘中小学教师60人。

【社会保险征缴】 2014年，县人社局继续实施"阳光社保"工程，开展社会保险宣传，社会保险规范、透明运行，覆盖面不断扩大。

城镇职工社会养老保险。2014年，临桂县收缴养老保险费1.43亿元，完成任务的101%，收缴率达99%；为企业离退休人员发放基本养老金1.26亿元，发放6606人；办理养老保险关系转移接续手续457人。

城镇基本医疗保险。2014年，临桂县城镇基本医疗保险参保57989人(职工医保29111人，城镇居民医保28878人)，完成任务的105.8%；职工医保基金收入6399万元，完成任务的104.9%；职工医保基金支出5135万元。

工伤保险。2014年，临桂县工伤保险参保22119人，完成任务的100.5%。基金收入388万元，完成任务的117.6%；基金支出471万元。

生育保险。2014年，临桂县生育保险参保16456人，完成任务的102.9%。基金收入281万元，完成任务的124.9%；基金支出179万元。

失业保险。2014年，临桂县失业保险参保14782人，完成任务的113.7%。失业保险费征收1181万元，完成任务的236.2%，享受失业保险金待遇3660人，月发放失业保险金385万元(含失业人员医疗补助金)。

机关事业单位社会保险。2014年，临桂县机关事业单位社会保险基金收入695万元，支出676万元，滚存结余2617万元。

城乡居民社会养老保险。2014年，临桂县城乡居民基本养老保险参保22.4万人，签订三方代扣代缴协议15.1万人，缴纳保费14.28万人，收缴保费1591.9万元，基金余额9672.2万元，待遇发放6.42万人，总额5763.7万元，续保率92.41%，待遇发放率100%。

【劳动监察】 2014年，临桂县进行书面材料年审企业378家，13463人；劳动用工备案企业392家，12262人。劳动保障监察采集录入信息1702家，完成任务的119.7%。年内，县人社局接到劳动者投诉举报案件92起，涉及劳动者963人，立案92起，结案92起，为劳动者追回工资1037.64万元。督促用人单位为162人补缴社会保险费45.13万元。

【劳动人事争议仲裁处理】 2014年，临桂县劳动人事争议立案21件，涉案21人，涉案金额22.75万元，依法仲裁裁决15件、调解6件。依法案外调解劳动争议案件32件，涉案32人，涉案金额8.3万元。受理工伤认定申请113例，认定工伤113例。

【定点零售药店与医疗机构管理】 2014年，县人社局组织工作组对全县医保定点零售药店进行抽查，督促药店对照存在问题及时整改。年内，受理医保定点零售药店申请27家，批复20家。

(邓莲英)

物　价

【概况】 2014年，临桂县物价局(简称县物价局)设办公室、价格综合、商品价格管理、收费管理4个股室，有物价检查所、价格认证中心两个二层机构。年内，县物价局加强价格宏观调控，抓好市场价格监督管理和服务，获自治区物价局授予价格监督检查工作先进集体。

【市场监管】 2014年，县物价局加强价格监测，落实专人对粮、油、肉、蛋、菜、液化气等居民生活必需品及重要商品的监测和预警预报，并对监测

5月6日，临桂县召开城乡居民社会养老保险工作会议　县人社局　供稿

材料进行综合分析，编辑《市场价格动态简报》12 期。元旦、春节、“五一”“十一”等重要节日期间，加强对液化石油气、医疗卫生、交通运价、旅游价格和市场粮油、肉禽蛋、蔬菜和副食品等重要商品价格的监管，确保节日市场物价基本稳定。

12月4日，县物价局向经营者提供免费标签　　县物价局　供稿

【价格调控】 2014 年，县物价局拟定《临桂县价格调节基金征收管理暂行办法》报县人民政府批准执行，同时加强价格调节基金征收政策的宣传，加大价格基金征收范围，为政府调控市场物价提供资金保障。全年征收价格调节基金 238.16 万元。

【收费管理】 2014 年，县物价局落实国家财政部、发展和改革委员会关于取消 314 项行政事业性收费的通知，取消“医疗评审费”“卫生监督管理费”“拖拉机特殊检验费”和“自行车保管费”4 项收费项目；落实自治区物价局文件，调整医疗服务项目价格 10 项；落实桂林市物价局、财政局关于降低部分行政事业性收费和经营服务性收费标准的通知，降低“城市市政建设配套费”收费标准 1 项；与县住建局联合下发《关于重新规范我县房地产中介服务收费管理有关问题的通知》，并送到各中介服务机构。开展收费年审和换发证工作，审验行政事业性、社会团体等单位 56 个，年审率 100%；变更换发收费许可证 35 个。核实各高中学校应获高中免费教育补助资金额并报送县财政局。对全县公有住房、廉租房的租金标准进行测算，提出新的租金标准报县人民政府批复。对公有住房建筑成本费用进行审核、测算，为县人民政府调整公有住房出售价格提供参考建议。

【价格管理】 2014 年，县物价局做好开通农村公交线路票价的前期调查工作；对大江、小江、笪基岩等水电站的发电运行成本进行核算；对十二滩漂流、雄虎山庄娱乐城、蝴蝶谷、红溪、义江缘休闲山庄等旅游景区(点)的收费情况进行实地核查，做好桂林罗山湖水上乐园、桂林会仙湿地公园和临桂莲花岛景区门票价格的调研、审核、申报等前期准备工作；开展医疗收费项目和标准执行情况调查，与县人民医院和县妇幼保健院共同测算涉及医疗收费的 47 个项目的费用；提高妇产项目价格 2 项、中医服务项目价格 4 项，各类病房床位价格提高 30%；继续加强液化气价格管理，要求液化气站执行提价备案制度，稳定液化气市场价格。

【价格检查】 2014 年，县物价局在春、秋季学期开学初，通过巡查和重点抽查相结合的方式，对学校的收费情况进行检查，对少数学校存在的食堂开支项目不规范等问题进行督促整改，对个别学校存在的乱收费问题进行重点查处。把涉农价费专项检查作为一项常规性工作开展，着重抓好事前防范和提前介入，及时提醒和规范各单位的收费行为，减少价格违法行为的发生。对住建、交通等涉企收费部门的收费情况进行重点检查，对个别单位扩大范围和提高标准收费的价格违法行为予以立案查处。对大型商场、超市、医疗机构、零售药店、旅游景点、农贸市场等场所的明码标价进行巡查；免费发放商品标价签并进行现场指导，提高明码标价率。把群众关注的教育、医疗、建设、国土、电力、供水等 17 个行业的价格和收费标准进行清理、汇总，制作价格信息便民服务手册 1 万份，发放给群众；制作价格政策服务公示牌 420 块，张贴到县城各社区、乡镇和村屯，进行收费政策宣传。

【价格举报】 2014 年，县物价局受理群众投诉和咨询 43 件，投诉的问题主要集中在物业服务收费、停车收费、医疗收费,交通客运等方面。接举报后,县物价局及时核实并回复,举报案件办结率100%。

【价格服务】 2014年,县物价局做好各项价格服务工作。全年完成价格鉴定、认证共200件,认证总金额4204.59万元。其中刑事案件涉及标的鉴定161件,317.46万元;行政案件4件,11.96万元;接受委托价格认证35件,3875.16万元。开展旅游景点、物业等有关单位申请调、定价的商品和服务价格的成本认证、监审工作,为上级价格主管部门价格决策提供依据。

(沈 怡)

工商行政管理

【概况】 2014年,临桂县工商行政管理局(简称县工商局)内设12个机构,下辖10个工商所。编制84人(局机关20人,工商所64人),机关事业后勤编制6人;实有在职人员71人(公务员68人,工勤人员3人)。2014年5月4日,临桂县举行流通环节食品安全监管职责移交和人员划转,县工商局5名公务员正式划转到临桂县食品药品监督管理局。年内,县工商局创建的老年人消费教育基地被指定为自治区消费教育基地示范点,"12315消费者申诉举报中心"被自治区工商局评为"12315文明窗口示范点"。

【注册管理改革】 2014年,临桂县根据国务院《注册资本登记制度改革方案》和自治区人民政府《广西工商登记制度改革工作方案》的要求,从3月1日,全面实施工商登记制度改革。启用新版营业执照,改革注册资本登记制度,取消公司最低注册资本限额、取消公司股东首期缴付注册资本数额及缴付比例限制、取消公司注册资本的构成比例要求、取消公司股东(发起人)缴足出资的期限规定、取消一人公司一次缴足全部出资等,统一执行注册资本认缴登记制度,由原来的"实缴制"改为"认缴制",降低企业创业成本。8月1日,放宽企业经营场所登记地址限制,允许"一址多照""一照多址""商务秘书公司住所托管""住改商"等。9月1日,执行"先照后证",改变过去"先主管部门审批、后工商登记"模式,变成"先领取营业执照再办理相关证件",降低市场主体准入门槛,至2014年12月31日分四批取消了148项工商登记事项的前置审批。10月1日,全面实施企业和个体工商户年度报告公示,以及企业即时信息公示制度,废除企业年度检验制度,暂停个体工商户验照。每年1月1日至6月30日为年报申报时间,企业必须通过"全国企业信用信息公示系统(广西)"向工商部门报送年度报告并向社会公示,个体工商户可以通过企业信用信息公示系统报送年度报告或到辖区工商所报送纸质材料。

【工商登记】 2014年,临桂县新登记各类企业668户,(比上年,下同)增长9.69%;新增注册资本(金)17.61亿元,增长17.02%;新登记农民专业合作社57户,增长50%;新增注册资金0.68亿元,增长36.75%;新登记个体工商户1323户,下降11.98%;新增资金数额0.869亿元,下降13.45%。至年末,全县有各类企业3254户(内资企业674户,私营企业2580户),注册资本(金)129.86亿元;农民专业合作社270户,注册资金2.805亿元,社员2266人;个体工商户9985户,资金数额4.514亿元,从业人员19268人。年内,县工商局为企业办理动产抵押登记40件,融资4.25亿元;办理股权出质登记37件,融资6.24亿元。

【市场管理】 2014年,县工商局严厉打击制售假冒伪劣商品、从事传销、无照经营、商标侵权、虚假宣传等违法行为,维护市场经济秩序。全县共立案查处无照经营48起,发出限期整改通知书32起,引导办理营业执照212户。开展农资商品质量定向监测2次,抽检化肥、农药17个品种批次,其中10个品种批次合格,合格率58%,对检验不合格的7个品种批次的化肥进行了立案查处。全年共计立案查处各类违法农资案件9起,查获不合格化肥17吨,全部予以下架,罚没款29193元。年内,全县工商系统还开展了婴幼儿配方乳粉、电源插头、烟草市场、校园周边环境、"黑网吧"、儿童用品、小旅馆消防安全、合同格式条款等领域专项清理工作,查处各类经济违法案件87件。开展"红盾护农"(加大农资市场巡查监管工作力度;深化专项整治,严厉打击销售假冒伪劣农资等违法行为;健全和完善农资市场监管信息化系统数据建设,全面提高监管系统应用水平；提高可追溯监管能力和提升农资市场监管效能，大力推进“放心农资示范店”的创建活动，全力确保农业生产用上放心农资）清理规范农资经营主体，督促和指导农资经销店落实“两账两票一卡一书”（农资商品进、销货台账，农资商品进、销货发票，农资商品销售信誉卡，签订农资商品质量承诺书）责任，组织重点品种、重点时段农资专项打假行动，开展农资商品质量定向监测，净化农资市场，全县221户农资经营户100%建立了“两账两票一卡一书”。

【开展打击整治传销行动】 2014年，县工商局与县公安、法院、检察院、银行、通信、交通运管、文体、供电、供水等部门通力协作，组织开展5次大规模集中整治行动，对传销窝点实施不间断的清理整治。共清查出租房3698间，捣毁以“连锁销售”“拜佛诵经”“移民经济”“商务商会”等为幌子的窝点176个，清理遣散传销人员633人，解救受骗群众63人，停水停电108户，行政立案查处传销人员79人，罚没款34万元，刑事拘留15人，报捕9人，逮捕9人，判刑6人，遏制了传销活动在临桂县的蔓延。

【合同管理】 2014年，县工商局开展整顿监管合同格式条款工作，以电信通讯、银行和物业管理等服务行业为重点，整治经营者利用合同格式条款“免除自身责任”“加重消费者责任”和“排除消费者权利”等侵害消费者合法权益的违法行为，整治“霸王条款”，维护合同公平，保护消费者合法权益。全年共立案查处5起合同违法案件，分别对5家物业服务公司利用合同格式条款免除经营者责任、排除消费者依法应当享有的公平交易权利的违法行为进行了处罚。

【商标管理】 2014年，县工商局推荐申报的桂林鸿程矿山设备制造有限责任公司的“鸿程”商标被认定为广西著名商标（有效期自2013年12月至2016年12月），全县共拥有广西著名商标7个。全年临桂县申请注册商标75件，注册成功75件，全县拥有有效注册商标454件。2014年5月1日，新颁布的《中华人民共和国商标法》正式实施。县工商局依法对“傍名牌”“假名牌”等商标侵权行为加大巡查，严厉打击侵犯注册商标专用权行为，切实维护商标权利人的合法权益和公平竞争的市场秩序。共查处商标侵权案件8起，对侵犯“日头火”（餐饮）、“长城”（酒类）、“伟昌”（建材）等注册商标的8家商户给予了罚款和没收产品。

【广告管理】 2014年，县工商局审批登记户外广告87例。立案查处违法广告案件7起，分别是擅自发布户外广告4起、发布虚假广告2起、发布国家禁止内容广告1起。

【消费者权益保护】 2014年3月15日，新修改的《中华人民共和国消费者权益保护法》正式实施。县工商局依托网络、报刊、信息公示栏等媒介以及“3·15”消费者权益日、“4·26”知识产权宣传周等大型宣传活动，广泛向社会公众宣传新《消费者权益保护法》。发挥“一会两站”（消费者协会分会、消费者投诉站、消费者申诉举报联络站）和“12315”消费者申诉举报网络的作用，使“12315”网络进村、入户、到田间，方便消费者就近申诉举报。年内，全县共建立“一会两站”174个，接待消费者来电来访155人次，受理消费者投诉44件，调解成功42件，调解成功率95%，为消费者挽回经济损失5.31万元。

（刘兰荣）

3月15日，县工商局在县城金山广场开展消费者权益日活动

县工商局　供稿

统 计

【概况】 2014年,临桂县统计局(简称县统计局)下属临桂县农村社会经济调查队和临桂县统计局普查中心2个事业单位;共有行政编制7个,事业编制14个,实有21人。年内,县统计局获自治区统计系统集体二等功。

【抓好企业一套表联网直报工作】 2014年,县统计局实施工业、能源、科技、贸易等各项常规统计专业年报和月季度定报数据联网直报采集统计以及投资、服务业、劳动力、人口抽样调查等专业报表和调查数据的收集、审核、录入、汇总和上报工作。全县纳入全国"企业一套表"联网直报平台的166家"四上"企业均完成联网直报工作,联网直报率100%。

【经济普查】 2014年,临桂县开展第三次全国经济普查工作,组织安排134台PDA和294名PDA操作员、普查员、普查指导员,从2014年1月1日开始,在全县范围内开展经济普查入户登记工作。3月底完成登记普查,入户登记普查个体经营户18559户,比核查底册新增1720户;单位4248个,比核查底册单位新增116个,并通过PDA成功上报国家平台。5月底完成对所有个体户和单位漏录、行业代码纠错、重名重码单位修改等各项指标的核实、修改和补充,5月25日通过自治区验收。

【统计服务】 2014年,县统计局参加政府调研活动、《政府工作报告》数据提供和审核工作;参与桂林市、县人民政府的各种经济工作调研活动,报送相关材料,对存在问题进行研究,及时提出有针对性的对策建议。及时收集、整理和印发统计主要数据、各类统计资料。全年共编印《临桂信息月报》10期1700份、《统计工作专报》12期,报送各类统计信息20余篇。

【开展教育培训工作】 2014年,县统计局抓好统计从业人员继续教育。全年组织统计从业资格考试65人,统计专业资格考试18人,统计继续教育270人。邀请桂林市统计局各专业科室领导及业务骨干,为全局干部职工、乡镇统计员和企业统计员进行授课和业务培训。全年共召开各类专业培训会议20余场,提升统计人员的专业素质和业务技能。10月,县统计局组织县内3个乡镇统计分管领导、统计员到恭城县实地参观学习基层统计站建设经验和做法,并多次邀请桂林市统计局业务骨干到县内进行专门培训,为全县加强基层统计组织建设拓展了思路。

【开展统计法制宣传】 2014年,县统计局通过发放法制宣传单、开展问卷调查等方式,对《中华人民共和国统计法》《统计违法违纪行为处分规定》《经济普查条例》进行宣传。组织执法人员对全县166家"一套表"联网直报企业(工业62家、贸易25家、重点服务业20家、房地产投资企业52家、建筑业7家)和41个亿元以上投资项目报表报送工作中是否存在违法违规、不规范报送和统计基础工作规范进行专项检查。

【统计基层基础建设】 2014年,县统计局加大统计基础设施建设投入力度,投资10万元,为每个乡镇统计站新配置了两台新电

1月10日,临桂县召开第三次经济普查入户登记动员暨PDA培训会议
秦小玲 摄

脑,3~4 套办公桌椅,2 组档案柜,两块制度版面。

(诸葛宁)

审　　计

【概况】 2014 年,临桂县审计局(简称县审计局)完成年度审计项目 12 个,查出问题金额 2960.36 万元(违规金额 833.14 万元,管理不规范金额 2127.22 万元);上缴财政 82.6 万元,归还原资金渠道 75 万元,应调账处理 2802.76 万元。出具审计报告和专项审计调查报告 62 篇,提出审计建议 26 条,其中采纳审计建议 26 条。投资审计项目 57 个,送审金额 24384.77 万元,核减工程造价 1979.88 万元,核减率 8.12%。

【财政预算执行审计】 2014 年,县审计局开展同级财政预算执行情况审计。对 2013 年度县级财政预算执行的情况做出的审计评价为:“乡财县管乡用”财政体制改革稳步推进,财经纪律、依法治税和税收征管不断加强,部门预算、国库集中支付、政府采购、集中管理非税收入等制度进一步健全,财政依法聚财理财的水平进一步提高。年内,完成宛田瑶族乡和中庸乡两个乡的财政决算及其他财政收支情况审计项目。

【专项资金审计】 2014 年,县审计局完成对县总工会、扶贫办、就业服务中心的财政财务收支审计。对“美丽广西·清洁城乡”专项资金进行调查审计。对 2014 年度县城镇保障性安居工程跟踪审计调查,摸清县城镇保障性住房资金使用的合规性和项目建设的真实性,客观评价资金使用效益,分析产生问题的原因,提出改进、完善的对策和建议。

【固定资产投资审计】 2014 年,县审计局独立开展或组织审计中介机构配合实施的建设工程审计项目 57 个,送审金额 24384.77 万元,核减工程造价 1979.88 万元,核减率 8.12%。有效控制了工程建设中的高估冒算、偷工减料、损失浪费等现象,规范建设单位基本建设程序,促使建设资金真实、合法、有效使用。

(阳永宏)

国土资源管理

【概况】 2014 年,临桂县国土资源局(简称县国土局)坚持围绕“开创四个新局面、抓好十项重点工作”的部署,严格规范管理,做好用地报批,服务经济发展;依法供地用地,强化监管力度;试行“审管分离”,确保提速增效;推进旅改试点,服务胜地建设;创新开垦模式,确保耕地红线;加大执法力度,维护管地秩序。全年完成土地登记 7741 宗,其中国有土地登记 7333 宗,办理国有土地使用权抵押登记 418 宗,面积 576.56 公顷,抵押金额 57.64 亿元。

【做好用地报批】 2014 年,县国土局做好用地预审和年度用地指标计划的安排、衔接和报批工作。年初,与发改、工信、招商、旅游、西城办等部门对接,对全县项目用地情况进行调查摸底,掌握用地需求,拟定年度新增建设用地安排方案。全年申请办理农用地转用和土地征收共 24 个批次,申请用地面积 212.86 公顷,其中,新增建设用地指标 199.74 公顷(农用地 174.73 公顷),占用耕地 101.16 公顷(水田 86.84 公顷,旱地 14.33 公顷)。其中获批文 2 个批次,报自治区厅审核 20 个项目,报桂林市 2 个项目。

【加大土地供应管理】 2014 年,临桂县国有建设用地共供地 54 宗,总面积为 85.72 公顷,出让金总额 7.03 亿元。其中以挂牌出让方式供地 25 宗,面积 46.47 公顷,土地出让合同价款 5.26 亿元;协议出让方式供地 6 宗,面积为 0.95 公顷,土地出让成交价款 160.87 万元;以划拨方式供地 20 宗,面积 34.44 公顷,有偿划拨价款 1.76 亿元;置换用地 3 宗,面积为 3.87 公顷。与上年同期相比,经营性用地出让面积下降 20.84%,出让金价款下降 36.72%,且流拍和退地各有一宗,出现地产和房产销量下滑现象。工业用地出让面积 46.89 公顷,上升 28.2%;做好农宅用地审批工作,共审批村民住宅建设用地 1007 宗,面积 5.60 公顷。

【开展园区用地清查】 2014 年,县国土局开展临桂县产业园土地利用情况调查工作。7—9 月,对临桂县管辖范围内桂林市西城经济开发区、临桂镇乐和工业园、两江镇宝山工业集中区、会仙镇工业集中区、临桂县鲁山工业区5个工业园区进行调查，掌握各工业园区土地批准、征收、供应和开发建设等土地利用情况，并编制《临桂县产业园区土地利用情况调查报告》报自治区国土资源厅审查。

6月25日，县国土局在金山广场开展第二十四个全国土地日宣传活动
梁小芳　摄

【试行“审管分离”】　2014年，县国土局结合行政审批职能整合与权限下放，认真梳理审查、审核、审批事项，简化收件材料，优化办事流程，共梳理出行政许可事项15项、非行政许可审批事项13项，并按照“事随人走，集中办事，简政服务”要求，逐项分步纳入行政审批集中办理。制定行政审批规章制度，保障审批事项的高效办结，并适时根据运行情况和发现问题完善健全工作制度，实现一个口子进，杜绝多头受理，提速工作，提高服务质量。

【推进旅改试点】　2014年，县国土局完成《临桂县2014—2018年统筹推进重大旅游建设项目清单（第一批）》的编制，10个项目被列入市级新项目清单。重大旅游项目中，辖区内的罗山湖景区项目完成调规和用地申报，中庸乡红溪景区项目上报自治区。完成《临桂县低效用地再开发专项规划（2014—2018年）》的编制，6月19日经桂林市国土资源局组织专家评审通过，9月11日获县人民政府批复后，上报市国土局备案。

【确保耕地红线】　2014年，县国土局继续将耕地和基本农田保护的责任逐级分解，完成耕地47903公顷和基本农田37801公顷的保护，保证了耕地数量不减少，质量有提高，连续5年被自治区抽检达标。实施耕地开垦，保证占补平衡，执行国家国土资源部对建设用地报批、耕地占补平衡“以补定占，先补后占，占优补优，占水田补水田”的政策；向市局申请立项耕地开垦项目6个，项目实施面积393.3公顷，立项预计新增耕地面积327.36公顷；完成耕地开垦面积13公顷，并验收。

【维护管地秩序】　2014年，县国土局与县公安局国安大队成立联动工作小组，对违法占地和非法开采进行严厉打击。建立和完善发现、报告、查处机制，推进执法关口前移，基本做到及时发现、及时制止、及时处理，有效遏制土地、矿产违法行为，维护国土资源管理秩序。年内立案查处违法案件4宗，收缴罚没款18.85万元，立案查处到位率100%；简单处理案件7宗，罚款0.6万元；卫片执法检查查处案件37宗，罚款58.43万元。参加县人民政府组织拆除违法地基48处、违法房屋25座，违法临时棚、铁棚共158个，涉及面积约8万平方米。

【开展农村宅基地和集体建设用地登记发证二期工作】　2014年，县国土局完成外业测绘任务，面积24.9平方千米，测绘图斑（自然村）280个，宗地数43500宗，已申请自治区进行外业预检。内业上图工作完成35000宗，占总工作量的80%。年内，临桂县土地登记全部进入电子政务系统办理和审批。

【加强矿政管理】　2014年，县国土局完成矿产开发年度检查，全县41个矿山均接受年检，收取矿产资源补偿费179.81万元。开展了“打非治违”，将临桂镇麒麟村委白鹤东村和五通镇板屋村委零号公路旁列入重点巡查区域，扣押非法作业的挖掘机3台，罚款5万元。

【地灾防范工作】　2014年，县国土局做好地灾防治的巡查、宣教、演练工作，抓好地灾防治日常制度的落实，发现问题及时排除到位。上半年全部完成2013年以前的地灾治理项目并通过桂林市国土资源局验收。

【信访处理】 2014年，县国土局共收到信访案件76件次，办结70件次，接待群众300多人次。做到"件件有着落，事事有回应"，协助县政法部门及相关乡镇有效处置群体性事件2件，避免群体性械斗2件，为群众避免经济损失近千万元。

（蒋梦婷）

质量技术监督

【概况】 2014年，临桂县质量技术监督局（简称县质监局）内设办公室、综合管理股、特种设备安全监察股、法规监督股4个职能股室，下辖临桂县计量检定测试所、临桂县产品质量检验所2个二层机构。年内，县质监局服务全县经济发展，落实"质量惠民"政策，组织开展专项整治和质监服务活动。全县新办组织机构代码证559家，变更、换证558家，年检399家。全年县内未发生重特大食品和特种设备安全事故。

【计量器具监督管理】 2014年，县质监局开展县内加油站、超市商品量、定量包装生产企业、贸易市场的专项检查。开展对用于贸易结算、安全防护、医疗卫生、环境监测方面的计量器具的强制检定，做好强检数据库登记更新工作。年内，对加油站、煤气站、超市以及医药、化工、建筑、食品行业等120余家企业进行计量器具的强检和周检。完成18个加油站点195台加油机，3家煤气站在用的压力表、灌装秤及1146只压力表的检定工作；配合桂林市计量所完成78家食品加工企业在用计量器具的强检工作。全年检测各类计量器具3391台件。其中加油机362枪，天平280台件，砝码40套，压力表1146只，衡器1563台件（含集贸市场免费检定977台件）。免费检定单相电能表27850块、三相电能表1050块。

【产品质量安全监管】 2014年，县质监局重点开展农资、建材、重要工业产品、食品等系列监督检查和服务工作。全年出动执法车辆176辆次，执法人员528人次，检查企业178家397次；监督抽查产品102批次，合格95个批次，不合格7个批次，合格率93%；立案查办各类违法案件25起，涉及货值75万元，为企业和消费者挽回经济损失20多万元。做好获证企业证后监管，加强日常巡查检查工作。

【计量专项监督检查】 2014年4月、8月和9月，县质监局分别对辖区内生产企业、流通环节的月饼、酒精饮料、茶叶、化妆品、保健食品、加工农产品6类定量包装产（商）品净含量及包装进行计量监督专项检查，共抽查生产企业和流通销售单位29家，抽查产品46批次，抽查结果合格率100%。9月，对辖区内出租车公司在用的出租车计价器检定情况进行检查。对出租车公司50台在用的出租车计价器强检率100%，合格率100%，无漏检情况。

【特种设备安全监察】 2014年，县质监局实行日常监督与专项监督检查相结合，对特种设备进行

3月，县质监局开展"农资打假下乡"活动，到各乡镇农资经营网点检查农资产品购销情况
县质监局　供稿

安全监察。辖区内共有特种设备1597台(不含液化气瓶和管道), 其中锅炉78台、压力容器242台、电梯979台、起重机械246台,场(厂)内专用机动车辆52辆。另有液化气瓶5.2万只,压力管道企业34家,大型游乐设施和客运索道2家。特种设备定期检验率100%,定检不合格经整改后复检合格100%。年内,县质监局举办《特种设备安全法》宣传贯彻培训2期,《特种设备安全法》培训进企业1期, 培训特种设备使用单位管理人员和操作人员160人次。

【"质量兴县"工作】 2014年,县质监局作为临桂县"质量兴县"工作牵头部门,根据辖区经济发展现状和产业特点,引导企业学习和参照《卓越绩效评价准则》标准的要求强化生产和管理。配合桂林市"质量兴市"办公室在桂林福达股份有限公司举办推广先进质量管理办法企业交流会。桂林福达股份有限公司继2013年获首届桂林市"市长质量奖"之后,又被自治区人民政府授予第二届 "主席质量奖",为辖区企业树立了质量管理先进典型和质量标杆。

【"美丽乡村"标准化试点】 2014年4月,临桂县获批国家级美丽乡村建设标准化试点。6月,制定《临桂县美丽乡村建设标准化试点工作实施方案》,确定以临桂县六塘镇岚岩村为重点开展国家级美丽乡村建设标准化试点工作。8月27日,举行国家级美丽乡村建设标准化试点项目启动仪式。10月,开始制定2014—2015年美丽乡村建设标准化试点工作计划,争取《徒步旅游管理规范》和《村庄河道水源管理规范》2项广西地方标准立项, 对民间徒步旅游管理和农村河道水源保护管理工作进行规范。并以短信的形式向全县各单位干部职工发送短信4000多条,同时制作宣传牌和横幅进行宣传。年内,试点的产业发展规划和重点项目落实并按标准进行建设改造。

(陈新民)

食品药品监管

【概况】 2014年, 临桂县食品药品监督管理局(简称县食药监局)设6个股室;编制19人,后勤服务人员控制数3人,实际人数23人。年内,县食药监局全面履行系统机构改革后对 "四品一械"(食品、药品、保健食品、化妆品和医疗器械)的监管,开展食品药品专项整治。全年县内未发生重大食品药品安全事故。

【食品药品企业日常监管】 2014年5月,县食药监局正式承接食品生产、食品流通环节监管职责。至年末,全县共有食品生产企业81家,食品生产小作坊420家;食品流通企业1878户;餐饮服务企业1663家;保健食品化妆品企业312家,美容美发店127家;药品生产企业5家,药品批发企业3家,药品零售连锁公司1家,药品零售连锁门店61家,药品零售门店88家,药品医疗机构284家;医疗器械生产企业1家,医疗器械经营企业154家。年内县食药监局共检查食品经营企业(涵盖食品种植、养殖、生产、流通及餐饮)2597户,对存在食品安全问题或隐患的213户进行警告、限期整改、没收不合格产品或罚款的行政处罚。查办食品违法案件61件,涉案金额600多万元,罚款11.59万元,收缴不合格食品和用于生产加工食品的原材料150千克。检查食品生产企业226家次。

【完成食品药品监督管理所建设】 2014年10月,临桂县按照"一乡镇一所"原则,挂牌成立11个乡镇食品药品监督管理所,并配工作人员。督促各乡镇成立乡镇食品安全委员会及其食品安全委员会办公室机构,逐步履行基层食品生产企业、加工小作坊、流通环节、餐饮消费环节监管和药品安全监管职责, 对乡镇食品药品的安全性实施统一监督管理。

【食品药品安全宣传】 2014年,县食药监局加强食品药品法律法规和常识宣传培训, 开展大型食品安全宣传周启动仪式和食品安全宣传月、食品药品保健食品化妆品安全知识科普宣传、"12331"食品药品投诉举报宣传、"3·15" 消费者权益日宣传、政务公开宣传、"6·26"禁毒宣传、"12·4"法制宣传、"护卫舌尖上的安全"等食品宣传活动。举办全县食品生产企业负责人食品安全培训班、全县医疗机构药品医疗器械化妆品不良反应相关知识培训班和全县药品医疗器械保健食品化妆品相关知

3月31日，县食药监局在县城金山广场开展食品药品安全投诉举报宣传日活动　　骆志华　摄

识培训班，发放宣传资料3万多份，培训资料5000多份，宣传展板40多版。

【行政审批】　2014年，县食药监局发放食品生产许可证11个，生产许可证副页9份；发放食品流通许可证221户（内资企业26户，个体工商户195户）；发放餐饮服务许可证132户，累计发放餐饮服务许可证506户；新开办药品零售（连锁）企业6户，药品零售（连锁）企业变更3户，药品零售（连锁）企业换证及GSP认证95户；发放保健食品备案55户。

【食品安全专项整治】　2014年，县食药监局加强食品安全专项整治，协助桂林市政协做好减少或停止使用一次性筷子提案专题调研。县食药监局组织成员单位开展元旦、春节等重大节假日食品安全专项整治9次；开展校园周边环境、肉制品等专项整治行动20余次；开展季节性、重大会议食品专项整治6次；对辖区内餐饮服务特别是农村集体聚餐的食品安全保障工作进行指导和监督。完成复合膨松剂、糕点、腐竹、桶装饮用水、白酒、干米粉、糕点、大米等食品品种检验298批次，合格率94%。开展十大节日食品生产整治，开展鲜湿米粉零点整治隐患排查，出动执法人员9人次；开展白酒生产安全隐患排查，出动监管人员28人次；开展“护卫舌尖上的安全”食品生产经营整治大行动，食品生产加工小作坊专项整治，食品标签标识专项整治，派出执法人员537人次，车辆179台次；开展食品标签标识整治，派出执法人员126人次，检查食品生产企业81家；开展食品生产加工小作坊专项整治，摸底排查小作坊110家；开展糕点（月饼）专项整治，派出执法人员31人次，检查6家糕点（月饼）生产企业13家次。联合县工商局对肉类、豆制品、水果等109个品种的食品农药残留、甲醛、硼砂、双氧水、吊白块等抽检和风险监测，其中不合格样品2个，风险监测2个，合格率99%。开展食用明胶和使用明胶生产加工食品专项整治、硫黄熏蒸辣椒排查整治、肉及肉类专项整治、查处问题螺蛳和螺蛳肉、活禽和禽类食品安全监管工作专项整治。开展“红枫行动”（红酒市场专项整治行动）红酒市场专项整治、“六一”“端午”两节期间市场专项整治、第四十五届世界体操锦标赛期间专项整治等11次专项整治，派出执法人员1090次，车辆297架次，检查各类经营户606户次，未发现违法销售现象。

【加强学校食堂安全监管】　2014年，县食药监局重点加强对县内学校食堂监管，建立学校监管档案，开展食品安全知识进学校活动。重点检查学校食堂安全管理制度、餐饮从业人员持证上岗情况及食品加工操作规范化、环境卫生、原料贮存、索票索证、清洗消毒、食品留样管理等。结合食物中毒的季节特点，督促学校食堂做到“三个严禁”（严禁采购来源不明和野生的蘑菇、严禁在后厨投放灭鼠饵药、严禁购买使用腐烂霉变的食品原料）。同时利用快速检测设备抽取检测样本12个，对农药残留、餐具洁净度等5个项目进行检测，合格率100%。督促学校建立健全食品安全事故处置应急预案，提高应急处置能力。

【“两考”期间学校师生餐饮安全监管】　2014年高考、中考期间，县食药监局成立以局长为组长，分管领导为副组长的“两考”期间餐饮监管工作领导小组，开展对“两考”考点食堂工作人员的培训和对“两考”期间餐饮安全进行全程监管。派出检查人员36人次，重点检查食堂工作人员的餐饮操作流程、采购票证、上岗证件情况。“两考”期间，全县未发生餐饮安全事故。

【餐饮服务食品安全专项检查】 2014年,县食药监局结合“护卫舌尖上的安全”行动,开展春季开学期间、中高考期间及学校集体聚餐期间专项检查;开展学校食堂监督检查,建立学校监管档案,开展食品安全知识进学校活动。开展创建桂林医学院(临桂校区)申请为自治区餐饮服务食品安全示范单位。开展米粉店快餐店专项整治、西式快餐店肉及肉制品专项检查、散装白酒和散装食用油专项整治。

【餐饮服务食品监督抽检工作】 2014年,县食药监局加强监督抽检、快速检测工作。全年餐饮服务食品安全抽检和风险监测工作全部完成,抽检、快速检测和风险监测等13大类203个样品,抽检样品合格率98.5%,快速检测样品134个,合格率100%。

【药品安全专项整治】 2014年,县食药监局开展基本药物抽检12批次,合格率100%;药品日常、专项监督抽检17批次,有4批次不符合规定。开展儿童鱼肝油专项检查、终止妊娠和促排卵药品专项检查、基本药物配送企业监督检查。开展药品零售(连锁门店)企业换发药品经营许可证、药品经营质量管理规范认证证书工作。实行药品不良反应医疗器械不良事件报告制度,全年上报药品不良反应201例;医疗器械不良事件53例。开展打击“两非”(非法鉴定胎儿性别和非法选择胎儿性别终止妊娠)检查,发现1家医疗机构和1家药品零售企业问题,并立案处罚。完成药品生产、批发企业药品电子监管工作,及时处理35个药品电子预警。

【特殊药品专项整治】 2014年,县食药监局加强特殊药品的监管工作。开展食品药品安全法律法规的普法工作和“6·26”禁毒宣传活动;开展含麻黄碱等特殊药品复方制剂销售管理;开展兴奋剂生产经营专项治理;开展含特殊药品复方制剂经营管理专项检查。

【开展医疗器械专项整治】 2014年,县食药监局开展医疗器械“五整治”(医疗器械虚假注册申报、违规生产、非法经营、夸大宣传、使用无证产品)专项检查,开展定制式义齿使用环节产品监督专项检查,对一次性无菌医疗器械、植(介)入类医疗器械等进行重点检查。

【保健食品专项整治活动】 2014年,县食药监局加强对保健食品经营企业监督检查。派出车辆40辆次,执法人员160人次,检查保健食品经营企业37家次,检查和复查合格的覆盖率均达100%。建立化妆品经营企业档案25家。

【化妆品专项整治活动】 2014年,县食药监局与县卫生局、工商局联合对美容美发经营场所进行综合整治,检查美容美发场所25家,派出车辆25辆次,派出执法人员112人次。做好化妆品不良反应的上报工作,建立临桂县人民医院为化妆品不良反应监测哨点。化妆品不良反应上报7例。

【查处违法案件】 2014年,县食药监局立案查处违法案件22起。其中无证生产食品3起,检验不合格食品10起,抽检不合格样品3起,销售劣药3起,无证经营1起,非法渠道购进1起,超范围经营1起,共处罚金额6.3万元。全年无举报投诉、行政复议现象发生。

(蒋晓莲)

安全生产监督管理

【概况】 2014年,临桂县安全生产监督管理局(简称县安监局)位于县城临政路48号。下设办公室、工矿商贸企业监督管理股、危险化学品监督管理股和综合监督管理股4个股室。实有职工14人。

年内,县安监局联合相关部门加大安全事故隐患的排查防范力度,开展安全生产大检查和“六打六治”(打击矿山企业无证开采、超越批准的矿区范围采矿行为,整治图纸造假、图实不符问题;打击破坏损害油气管道行为,整治管道周边乱建乱挖乱钻问题;打击危化品非法运输行为,整治无证经营、充装、运输,非法改装、认证,违法挂靠、外包,违规装载等问题;打击无资质施工行为,整治层层转包、违法分包问题;打击客车客船非法营运行为，整治无证经营、超范围经营、挂靠经营及超速、超员、疲劳驾驶和长途客车夜间违规行驶等问题；打击“三合一”“多合一”场所违法生产经营行为，整治违规住人、消防设施缺失损坏、安全出口疏散通道堵塞封闭等问题）打非治违专项行动，全县安全生产各项考核指标均保持在控制指标内，安全生产形势稳定。

4月3日，县安监局组织开展烟花爆竹“打非治违”专项行动

县安监局　供稿

【安全生产事故指标控制】 2014年，临桂县共发生各类生产安全事故45起，死亡16人，受伤37人，直接经济损失157.57万元。其中生产经营性道路交通26起，死亡5人，受伤23人，直接经济损失35.15万元；建筑行业7起，死亡5人，受伤9人，直接经济损失45.32万元；工矿商贸6起，死亡6人，受伤5人，直接经济损失54.1万元；城乡火灾6起，无人员伤亡，直接经济损失23万元。各项考核指标仍在控制指标数17个之内，安全生产形势稳定。

【安全生产大检查】 2014年，县安监局在节假日和汛期、高温季节等重点时期和特殊时段对非煤矿山、烟花爆竹、危险化学品、道路交通、建筑施工、民用爆炸物品、消防等重点行业领域开展安全生产大检查活动。年内，共开展专项检查1357家次，其中非煤矿山企业135家次，烟花爆竹批发零售企业360家次，危险化学品企业和经营单位276家次，建筑施工企业289家次，监理公司226家次，地质灾害隐患排查71家次。下发建筑施工企业安全隐患整改通知书142份、停工整改通知书81份、安全生产动态扣分通知书91份。发现并查处烟花爆竹零售点一证多点经营2家、异地经营4家，限期更换经营地点3家，限期整改31家，查处违规无证销售27家，查处销售非法生产烟花爆竹5家。发现地质灾害隐患点18处。配合县交通局对管养的公路、桥梁、涵洞进行全面检查，对存在的隐患及时整改。汛期配合县水利局对所辖的21座水库和9座在建水库开展安全生产检查。

【安全事故隐患排查整改防范】 2014年，全县共排查出市、县、乡、村四级安全隐患115项（其中列入市级重点督办安全隐患1项、县级重点整改安全隐患10项、乡及村级安全隐患104项），县安监局严格实行挂牌督办制度，所列安全隐患均按期完成整改并销号。年内，全县14家非煤矿山企业和3家烟花爆竹批发企业均安装了数字化视频监控设备，进行远程监控，以防范安全隐患和事故的发生。

【“六打六治”打非治违专项行动】 2014年，临桂县集中开展“六打六治”打非治违专项行动的部署，开展联合执法，落实防范措施。加强烟花爆竹行业监管力度，对全县烟花爆竹零售点、批发公司、生产企业进行全面检查，共查处一证多点经营1家，未经批准异地经营2家，限期更换经营地址2家；检查非煤矿山企业41家，发现存在超界开采2起，无证盗采2起；对危险化学品零售企业开展“打非治违”专项行动5次，发现制度不健全1家，警示标志不全2家；由县交通运输局、县公安交警大队、县安监局、县农机局等部门联合成立4个检查组，共出动执法力量4350人次，纠正各种道路交通违法行为2万多人次，其中处罚11600人次，教育10900人次。检查道路运输企业4家、水路运输企业2家、公路建设施工企业2家，检查拖拉机756多台次，查处各种违章178人次；联合县住建局等部门检查建筑企业46家，检查施工企业55家次，下发限期整改通知书10份、下发停工通知书2份；联合县公安消防大队、县住建局等部门，以人员密集场所、高层建筑、建设工程施工工地、“三合一”“多合一”场所为重点，开展消防安全联合执法检查，共检查场所60多处，查出安全隐患120项，整改119项，整改率99%；对辖区涉爆企业、场所进行普遍清查，治安部门突击检查重点场所，出动警力108人次，检查民爆物品从业单位45家，发现安全隐患16起，整改安全隐患16起；联合县工信局、卫生局、人社局、总工会等部门成立职业卫生专项检查组，深入各乡镇重点企业开展专项检查2次，对县16家木制品制造企业、3家产品加工企业、14家非煤矿山（采石场、地采）企业、1家涂料制造企业、5家松脂厂、1家水泥厂（在建）、1家烟花爆竹生产企业进行检查，查出隐患16项，责令立即整改15项，限期整改1项，指导企业制作警示标志牌28张。

【安全生产宣传教育】 2014年6月，县安全生产委员会办公室以“强化红线意识，促进安全发展”为主题进行宣传活动，共展出安全宣传板报150块、挂图80幅，悬挂横幅160条，张贴标语130张，发放宣传资料3.8万份。年内，县安监局举办非煤矿山、烟花爆竹、危险化学品、工商贸企业、竹木加工等重点行业领域企业负责人、安全管理员培训班和县第一届安全生产业务知识培训班共8期，培训人员1800人，从业人员持证上岗率达99.9%。

（蒋指全）

招商引资

【概况】 2014年，临桂县招商促进局（简称县招商局）编制10人，实有12人，其中大专以上学历10人，中专学历2人。单位地址位于临桂县城秧塘园区城投大厦八楼。年内，县招商局获桂林市招商引资工作利用外资优秀奖和桂林市投资促进局工作目标考核优秀奖。

【引资力度】 2014年，临桂县引进内资实际到位资金78.75亿元，完成72亿元目标任务的109.38%，（比上年，下同）增长15.64%。大口径实际利用外资3962.79万美元，完成3300万美元目标任务的120%，增长0.8%。全县引进市外境内新建或增资、续建项目66个，协议投资总额195亿元。

【东盟博览会成果】 2014年9月16—19日，临桂代表团赴南宁参加第十一届中国—东盟博览会，与投资商共签订总投资8亿元的“东莞晶和家装建材物流项目”、总投资6亿元的“桂林市中辰电子商务物流云仓储项目”、总投资80亿元的“宝能·欢庆城项目”（临桂新区）、总投资230亿元的“宝能·凤凰小镇”4个项目。

【强化宣传】 2014年，县招商局加大对外开放宣传力度，策划制作新的招商宣传片和招商宣传册，聘请专业拍摄团队进行外景摄影及编排。多方位多渠道扩大宣传面，向世界、国内500强企业邮寄资料200多份，拓展在网络和媒体宣传力度。

【加强重点项目跟踪】 2014年，县招商局加强对重点项目的跟踪力度，确保项目按进度推进。实行临桂县领导联系重大项目制度，“一个项目、一名领导、一个机构、一个目标、一抓到底”的“五个一”工作机制，县招商局对列入自治区、桂林市、临桂县范围内的重大重点项目采取“一对一”或“多对一”方式进行跟踪服务，积极联系帮助企业协调解决项目建设过程遇到的问题和困难，确保项目有序推进。桂林奥瑞金项目实现当年引进、当年建设、当年投产；华能分布式能源项目也开工建设。

【强化项目服务】 2014年，临桂县成立“项目服务”领导小组，制定活动方案，深入企业一线调研，了解企业的生产经营状况及存在问题，合力解决企业用地难、招工难和融资难等问题。实施“走出去”“请进来”战略，严格制定年度招商引资工作计划，有目的、有方向、有组织的进行项目对接洽谈活动，充分利用经贸洽谈会、招商推介会、南宁东盟博览会等重要大型会议对外大力推介和宣传临桂。

（银　华）

教　　育

Jiao Yu

9月9日，临桂县召开教育发展大会　　黄思远　摄

基础教育

【概况】 2014年,临桂县有各类中小学、幼儿园160所,专任教师4164人,在校生66370人。其中:幼儿园64所,专任教师427人,在园幼儿14781人,每万人口在园生296人;小学77所,小学教学点59个,专任教师1976人,在校学生31584人,每万人口在校生632人;初中15所,专任教师1189人,在校学生13373人,每万人口在校生267人;普通高中4所,专任教师569人,在校学生6632人,每万人口在校生133人。学前教育三年毛入学率82%,九年义务教育巩固率95%,高中阶段教育毛入学率86.5%。

【基本办学条件】 2014年,临桂县各类中小学占地面积:小学82.42万平方米,生均26.10平方米;初中42.47万平方米,生均31.76平方米;普通高中33.93万平方米,生均51.17平方米。校舍面积:小学24.69万平方米,生均7.82平方米;初中15.55万平方米,生均11.63平方米;普通高中12.55万平方米,生均18.93平方米。

【学前教育】 2014年,临桂县有各类幼儿园64所,其中市级示范幼儿园2所(佳佳幼幼儿园和金水湾幼儿园),市级一类幼儿园1所(县幼儿园),县级示范幼儿园1所,县一级幼儿园10所,县二级幼儿园7所,县合格幼儿园16所,新建未评估的幼儿园27所。全县公办幼儿园14所,在园幼儿7839人,占在园幼儿总数的53.03%;民办幼儿园50所,在园幼儿6942人,占在园幼儿总数的46.97%。全县学前三年适龄幼儿18023人,在园幼儿14781人,学前三年入园率82%,比上年增长4.4%。年内,全县幼儿园有教职工842人,其中园长68人,专任教师427人,保育员177人,保健医生18人,其他149人。

【推进学前教育第一期三年行动计划】 2014年,临桂县启动实施第二期学前教育三年行动计划,扩大学前教育资源,完成3所闲置校舍改建幼儿园和4所小学附属幼儿园改建工作,抓好新建两江镇中心幼儿园的准备工作。审批5所民办幼儿园,引导和扶持3所民办幼儿园(佳佳幼儿园、小红帽幼儿园、六塘ABC幼儿园)获自治区多元普惠性幼儿园,并对2013年发挥示范作用的一批县级示范民办园给予奖励性补助,补助资金77万元。加强对学前教育保教常规的管理,加大幼儿师资和保育人员培训力度。

【义务教育】 2014年,全县有完全小学77所,小学教学点59个,其中寄宿制小学21所,共有教学班864个,在校生31584人,小学学龄儿童入学率100%,辍学率为0;初中15所,全部为寄宿制学校,有教学班264个,在校生13373人,初中入学率100%,年辍学率0.82%。执行九年义务教育免试就近入学制度,严格实行"零收费"和"两免一补"(免杂费、免书本费、逐步补助寄宿生生活费)政策。加大"控辍保学"(控制学生辍学、流失,保证义务教育阶段学生入学就读,接受义务教育)力度,全县九年义务教育巩固率为95%。将示范性普通高中临桂中学学区生招生比例提高至40%,全县接收外来务工人员随迁子女3668人。抓好"全国中小学生学籍信息管理系统"应用培训,实现全县中小学学籍管理规范化、信息化和制度化。

【高中教育】 2014年,临桂县内有高中4所,全部为寄宿制学校,其中完全中学1所(两江中学),

2014年春季学期起,临桂县全面推行高中免费教育　　韦桥送　摄

高级中学 3 所(临桂中学、临桂县第三中学、五通中学),临桂中学为自治区示范性高中。全县高中有教学班 121 个，在校生 6632 人（寄宿生 6007 人)。8 月,为优化高中布局结构,将六塘中学合并到临桂三中。年内，临桂县推进普通高中课程改革，临桂中学通过自治区示范性普通高中复查验收。春季学期起,全面实施免费高中教育,在桂林市 12 县首批基本实现十二年义务教育。

【改善办学条件】 2014 年，临桂县总投资 1020 万元(上年度校舍维修改造项目)的 2 所学校 2 栋教学楼竣工,新增校舍面积 6950 平方米;2014 年度校舍维修改造项目 2 所学校 2 栋楼房开工建设,年内完成投资 700 万元;投入 1500 多万元,完成宛田和黄沙两个民族乡学校及六塘镇镇区内中小学的标准化改造；启动县城范围内临桂实验小学建设,开工建设桂康小学,年内完成投资 800 万元；配合临桂新区启动临桂环湖小学和新龙中学建设。年内,自治区、县两级财政共投入资金 530 万元,为 2 所学校添置教学仪器,为 29 所中小学配备学生电脑 534 台及图书,为 18 所中小学配备“班班通”设备 73 套及电教器材；投入县级资金 145 万元，为临桂中学等 7 所学校配备教学办公电脑 467 台;投入 200 多万元,购置学生课桌椅 1 万余套和寄宿制学生床铺 377 套。抓好五通镇中心小学标准化实验室和六塘镇中示范性图书馆创建工作。投入 40 万元为全县 15 所寄宿制学校安装 80 盏太阳能路灯,年内全部完工。

宛田民族初中学生宿舍楼　　今日临桂报社　供稿

【德育工作】 2014 年,临桂县教育局组织全县中小学生开展清明节祭扫革命烈士墓活动、首个纪念烈士日活动,以及“学雷锋践行社会主义核心价值观大行动”“我的中国梦”“感恩教育”“勤劳节俭教育”“爱学习、爱劳动、爱祖国”等主题教育活动。4 月 29 日,县教育局在临桂一中组织举行临桂县 2014 年师生文明素质提升行动暨“小手拉大手”活动启动仪式。遴选选手参加市教育局组织的“践行社会主义核心价值观,我文明我行动”演讲比赛获特等奖，参加市委宣传部组织的决赛获学生组二等奖。9 月,组织师生代表队参加桂林市校园中华经典诵读大赛,获个人奖 3 个,集体奖 1 个。10 月 31 日,县教育局在县城第二小学举办全县中小学第四届中华经典诵读大赛,全县 36 所学校的学生代表参加决赛。年内,组织全县中小学开展以“美丽中国·美好家园”为主题的青少年爱国主义读书教育活动,举办青少年“美丽中国,美好家园”征文比赛,77 名中小学生获奖。遴选优秀选手参加桂林市小学生讲故事和中学生演讲比赛,1 人获中学组特等奖,1 人获中学组二等奖,2 人获小学组三等奖。全县推荐区、市级优秀学生 753 名,评选出先进班集体 100 个。全县新增自治区级乡村少年宫 1 所,市级乡村少年宫 5 所。年内,贯彻实施《桂林市中小学德育工作评估办法》和《桂林市中小学德育工作评估细则》,远辰实验小学获桂林市德育示范学校。临桂一中获自治区级文明单位。

【推进安全教育】 2014 年,临桂县教育局和各学校均成立了以“一把手”为组长的校园安全工作领导小组，建立安全管理岗位责任制，形成层层负责的安全工作网络。完善学校安全常规管理制度、安全工作目标考核制度和安全隐患督办制度，强化安全宣传教育,大力开展各类安全教育活动。3 月,围绕“全国第十九个中小学生安全教育日”主题活动,开展了“五个一”安全教育活动。5 月 8 日,与县地震局联合下发了《关于开展 2014 年全县“5·12”防灾减灾日期间学校防震减灾宣传教育工作的通知》,在全县各学校开展“防灾减灾”主题宣传教育活动，发放主题宣传资料 6

万多份,并发放《中小学生交通安全挂图》等资料3000多份。年内,通过全面集中检查及不定期督查和各校的自查,共发现一般安全隐患20多项,对发现的安全隐患立即下发整改通知书,限期进行整改,并将督查情况在全县教育系进行了通报。

【培养学生综合素质】 2014年,临桂县教育局制定并下发《临桂县教育局2014年学校体育、卫生、艺术与国防教育工作计划》,督查学校开展阳光体育运动,全面实施大课间体育活动制度,保证学生每天锻炼一小时情况。引领学校实施体育、艺术"2+1"工程。县教育局举办了全县中小学生独唱比赛、教职工才艺展示活动、中小学生田径运动会、教育系统教职工第二届气排球比赛;组织3所学校参加桂林市中小学学生篮球赛,临桂中学获高中女子组第四名;临桂一中参加桂林市中小学田径运动会获初中组第三名;组队参加桂林市第十六届重点中学学生篮球赛,男队获第二名,女队获第四名;组织3所学校学生参加桂林市中小学生现场书画比赛,5人获二等奖;组织师生参加桂林市中小学教师艺术论文及师生卫生交通文明主题书画、漫画大赛,3人获绘画组一等奖;县城二小参加桂林市第九届童声合唱比赛获二等奖,县教育局获优秀组织奖。

【强化食品卫生安全管理】 2014年,临桂县教育局结合"洁净临桂"工程,强化全县学校环境卫生工作,督导学校贯彻落实《学校卫生工作条例》《中华人民共和国食品安全法》《中华人民共和国传染病防治法》,联合卫生防疫部门开展了学校传染病防控和食品卫生安全知识宣传教育、检查及培训等活动数10次,发放资料500多份。县教育局为全县10所寄宿制中小学实施"春苗营养计划"厨房改造计划。年内,佳佳幼儿园获自治区卫生优秀学校,临桂中学获全国环境教育示范学校。

【落实学生资助项目】 2014年,临桂县完成的学生资助项目有:学前幼儿入园补助项目,发放入园补助资金9.4万元,惠及幼儿187人次,资助率10%。义务教育阶段家庭经济困难寄宿生生活费补助项目,发放补助资金712.16万元,惠及学生1.28万人次,资助率55%,资助标准每名学生每学期小学500元、初中625元。普通高中助学金项目,发放助学金317.65万元,惠及学生4236人次,资助率30%,资助标准每名学生每学期一等生1000元、二等生500元;普通高中库区移民子女免学费项目,补助资金8.01万元,惠及学生178人次;普通高中免学费项目,2014年春季学期起,对全县所有公办普通高中的临桂籍应届高中学生免除其全部学费、住宿水电费、课本费,补助资金1270万元,惠及学生12497人次。中等职业学校免学费项目,2014年春季学期,发放补助资金1.35万元,惠及学生36人,补助标准每名学生每学期750元。资助贫困大学新生路费和短期生活费项目,发放资金101.17万元,惠及大学新生962人。办理生源地信用助学贷款合同2417份,发放助学贷款1333.38万元;奖励优秀学生61人,发放奖金7.6万元;资助残疾学生171人,发放资金12.4万元,资助率100%。

【专任教师师资】 2014年,临桂县专任教师学历情况:高中在职研究生学历25人,本科学历509人,大专学历27人,高中阶段及以下学历8人;初中研究生学历3人,本科学历860人,大专学历295人,高中阶段及以下学历31人;小学在职研究生5人,本科学历574人,大专学历954人,中师、中专学历410人,高中及以下学历17人;幼儿园本科学历76人,专科学历248人,高中学历101人,高中以下学历2人。职称情况:高中副教授及相当职称137人,讲师及相当职称308人,助教及相当职称115人,助教以下职称3人,未定职称6人;初中副教授及相当职称123人,讲师及相当职称839人,助教及相当职称221人,助教以下职称5人,未定职称1人;小学副教授及相当职称9人,讲师及相当职称1489人,助教及相当职称392人,助教以下职称19人,未定职称61人;幼儿园讲师及相当职称23人,助教及相当职称42人,助教以下职称25人,未定职称265人。

【教师队伍建设】 2014年,临桂县加强师德师风建设,贯彻落实《中小学教师职业道德规范》,各学校与教师签订师德师风承诺书,年终进行师德专项考评,并加强对师德考评结果的应用。年内,公开招聘录用教师65名(高中5名,小学41名,幼儿12名,特殊教育学校7名);从乡镇学校公开选调50名教师进入县城5所中小学任教;与桂林高

11 月 21 日，县教育局举办道德讲堂　　县教育局　供稿

等师范专科学校签订 20 名小学全科教师定向培养协议；选派 83 名教师开展支教走教挂教活动，充实农村学校教师队伍，推进县域内师资合理配置。年内，采取集中培训、分学科培训等形式，举办教师继续教育集中培训 23 期，参加培训 3300 人次；选送中小学校长 10 人次，幼儿园园长 6 人次，幼儿园教师 20 人次，学科教师 60 人次参加"区培计划"和"国培计划"培训。7 月，历时近 3 年的临桂县中小学(幼儿园)骨干教师培养工程结束，经考核 104 名教师获"临桂县中小学骨干教师"称号，其中 28 名教师获"临桂县中小学骨干教师培养工程优秀学员"。年内，推荐评选自治区八桂优秀乡村教师 3 名；市级优秀教师 33 名，优秀班主任 19 名，优秀教育工作者 6 名；县级优秀教育工作者 40 名，优秀班主任 101 名，优秀教师 160 名，十佳校长 10 名，支教工作先进个人 10 人，见义勇为模范 1 名。

【教研活动】 2014 年，临桂县共立项 126 个教育科研课题，其中自治区级课题 6 个；146 个市、县级课题通过结题验收，结题率 95%。组织教师参加自治区中小学教育教学信息技术优秀作品评选活动，选送论文 8 篇、课例 3 个、叙事报告 2 个、教育软件(PPT)14 个、微课 1 个，28 个选送作品在市级评选中全部获奖。组织教师参加自治区、市级优秀教育教学论文评选，913 篇论文获奖，其中自治区级一等奖 36 篇，市级一等奖 73 篇。组织教师参加桂林市第三届实验技能操作大赛和桂林市信息技术课堂应用观摩展示活动，14 名选手全部获奖，县教育局获优秀组织奖。组织 11 个学科的 100 多名中青年教师开展优质课竞赛；举办全县性科研课题培训班 2 期，培训人员 340 人次。

【中考】 2014 年，临桂县中考报名 2594 人(应届生 2589 人，往届生 5 人)，参考率 72.61%。笔试设临桂县第一中学、六塘中学、会仙中学、两江中学、五通中学 5 个考点，88 个考场；体育测试考点设在各参考学校。普通高中计划招生 2350 人(指令性计划 1974 人，指导性计划 376 人)；普通高中实际招生 2298 人，完成计划的 97.8%。总分等级获 6A 的临桂县户籍考生 4 人，其中临桂县第一中学 2 人，会元学校 1 人，宝贤中学 1 人。

【高考】 2014 年，临桂县普通高考报名 3088 人(理科综合 1722 人，文科综合 1366 人)。全县共设临桂中学、临桂三中 2 个考点，104 个考场。本科人数 1845 人，上线率 60.51%。其中一本上线 260 人，二本上线 1211 人(含艺体生)，三本上线 1845

5 月 22 日，县教育局教研室组织举办小学英语新教材课例观摩暨主题培训活动　　赵文红　摄

人(含艺体生166人)。全县理工类最高分661分,文史类最高分629分。本专科共录取2737人,录取率90.36%。本科录取1537人,录取率50.74%,其中一本录取178人,录取率5.88%。临桂中学有2名考生被录取为空军飞行员,获“2014年广西区空军招飞工作一等奖”。2014年,全县成人高考报名1187人(报考高起专692人,报考专升本495人),比上年增加318人。全县设临桂一中1个考点,40个考场。

(蒋电生)

职业教育

【概况】 2014年,临桂县有桂林市职业教育中心学校临桂分校1所、高等职业教育学校1所,乡级农村成人文化技术学校11所,村级农村成人文化技术学校161所。

【中等职业教育】 2014年,桂林市下达临桂县中职送生任务数1781人(全日制1394人,非全日制387人),临桂县实际完成中职送生2264人(全日制送生1257人,完成计划数的90.2%;非全日制送生1007人,完成计划数的260.2%)。县教育局获“桂林市中等职业教育送生工作先进单位”称号。桂林市职业教育中心学校临桂分校有教职工61人,在校生200多人,3月学校搬迁至秧塘工业园致远路新校区,8月与桂林市卫生学校合并。

【高等职业教育】 桂林山水职业学院位于县城人民路318号,招收3年制高职大专生和3年制中职学生。2014年,学院有6个系26个专业,教职工176人(其中专任教师104人)。生源来自全国14个省区,在校学生2286人。

【成人文化技术学校】 2014年,临桂县有农村乡级成人文化技术学校和村级成人文化技术学校专职干部35人,专兼职教师158人。全县举办各种技术培训班325期,接受培训38530人次(农业先进实用技术培训19324人次,农村致富骨干培训3323人次,绿证培训1932人次,职业技能培训4251人次,农村劳动力转移培训6377人次,乡镇企业职工及非农产业农民工在岗培训3323人次)。在受训农民中,出现了一批木材加工、蔬菜生产、温氏养殖和罗汉果、淮山、葛根、百香果、夏橙,蜜橘种植及鱼苗培育等科技示范户。

(蒋电生)

民办教育

【概况】 2014年,临桂县有民办幼儿园50所,民办小学1所,民办初中1所,民办完全中学1所。

【民办幼儿园】 2014年,临桂县有佳佳幼儿园、金水湾幼儿园、小红帽幼儿园、海洋果果幼儿园等民办幼儿园50所。在园幼儿6942人,教职工727人(园长56人,专任教师372人,保育员163人,保健医生14人,行政和后勤管理人员122人)。

【民办小学】 2014年,临桂县有金水小学1所民办小学,学校位于县城金水路29号,教学班19个,在校生1100人,教职工40人。

【民办中学】 2014年,临桂县有会元学校1所民办初中,学校位于县城会元路161号,教学班17个,在校生993人,教职工54人。有首都师范大学附属桂林实验中学1所民办完全中学,首都师范大学附属桂林实验中学是桂林市直属的广西规模最大的民办中学,学校位于县城临政路45号,教学班48个,在校生2200人,教职工210人,其中专任教师140名,特级教师3名。

【民办培训机构】 2014年,临桂县有培正培训学校、新天地文化语言培训学校、李彦舞蹈艺术培训学校、百分艺术学校等11所民办教育短期培训机构,全部位于县城。有教职员工100多人,全县参加短期培训学员8469人次。

(蒋电生)

科学技术

Ke Xue Ji Shu

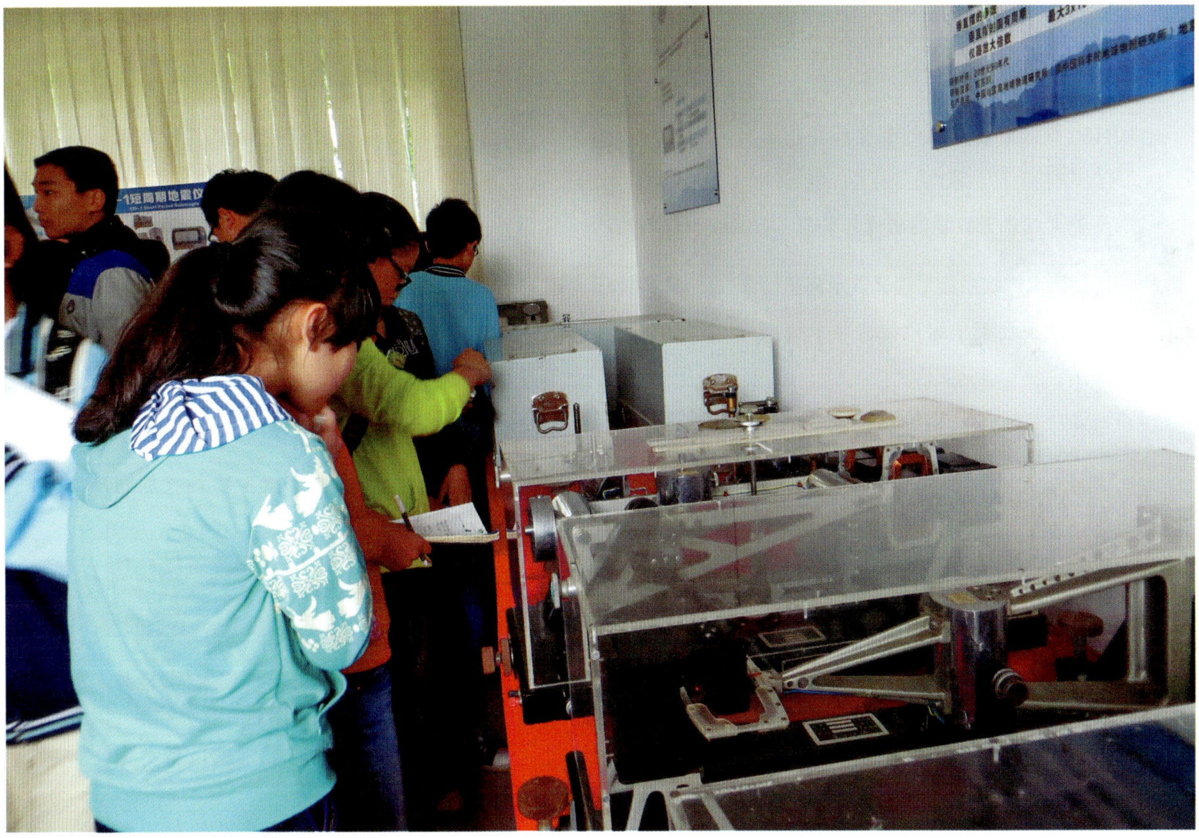

5 月 15 日，县地震局组织学生代表参观桂林市科普示范教育基地　　县地震局　供稿

科技管理

【概况】 2014年,临桂县科学技术局(简称县科技局)联合农业局、工信局、畜牧水产局等部门共实施科技项目44项，投入科技经费2287.95万元。协助自治区、桂林市社科联组织“2014年全区社会科学普及十月大行动启动仪式暨临桂县金山广场科普宣传”活动，开展各种科技活动472场次，发放科普图书资料7.2万份。全年申请专利249件,其中发明专利207件;授权专利50件,其中发明专利5件;累计有效发明专利99件,每万人口发明专利拥有量2.02件，名列桂林市12县第一。年内,获自治区知识产权示范县。全年实施上级各类科技计划项目22项，争取资金671万元。桂林鸿程矿山设备制造有限责任公司、桂林福达曲轴有限公司、桂林福达股份有限公司等企业被认定为自治区高新技术企业。

【科技项目实施】 2014年,全县实施科技项目44项,其中自治区21项,桂林市级23项。

2014年临桂县科技局科技项目实施情况表

表6

序号	项目(课题)名称	下达部门	下达文号	承担单位	科技经费(万元)
1	混合动力客车专用离合器开发	自治区科技厅	桂财教〔2014〕86号	桂林福达股份有限公司	80
2	HL315RD液压凿岩钻机研发	自治区科技厅	桂财教〔2014〕86号	桂林市华力重工机械有限责任公司	50
3	HR180摆式磨粉机高效节能环保技术研究与应用	自治区科技厅	桂财教〔2014〕86号	桂林桂冶粉磨机械有限责任公司	50
4	三金姜素红景天胶囊的研究与开发	自治区科技厅	桂财教〔2014〕86号	桂林三金药业股份有限公司	30
5	临桂县知识产权强县工程试点示范建设	自治区科技厅	桂财教〔2014〕86号	临桂县科技局	30
6	高保坍水泥混凝土绿色制造技术集成应用示范	自治区科技厅	桂财教〔2014〕87号	桂林鲁山混凝土有限责任公司	30
7	新型多功能齿科临床治疗仪的产业化	自治区科技厅	桂财教〔2014〕87号	桂林市啄木鸟医疗器械有限公司	30
8	罗汉果药用功效成分的分析与鉴定	自治区科技厅	桂财教〔2014〕87号	桂林莱茵生物科技股份有限公司	10
9	配备磁感应充电座且光强恒定的LED光固化机的研发	市科技局、财政局	市科〔2014〕39号	桂林市啄木鸟医疗器械有限公司	15
10	180DST离合器新产品开发	市科技局、财政局	市科〔2014〕39号	桂林福达股份有限公司	10
11	智能麻花钻头自动修磨机的研制	市科技局、财政局	市科〔2014〕39号	桂林电子科技大学、桂林怡鹏机械设备有限公司	10
12	新型高抗磨高铬铸铁材料的研发及产业化应用	市科技局、财政局	市科〔2014〕39号	桂林鸿汇机械设备有限责任公司	10
13	三金片谱效相关质量控制评价体系研究与示范	市科技局、财政局	市科〔2014〕39号	桂林三金药业股份有限公司	15
14	固本腰肾贴膏临床研究	市科技局、财政局	市科〔2014〕39号	桂林华润天和药业有限公司	10
15	应用色谱分离与膜分离技术从蔗糖糖蜜和甜菜糖蜜中提取棉籽糖	市科技局、财政局	市科〔2014〕39号	桂林莱茵生物科技股份有限公司	10
16	桂北食用菌栽培料常压灭菌技术研究与示范	市科技局、财政局	市科〔2014〕39号	桂林健成生物科技开发有限公司	8

续表 6

序号	项目(课题)名称	下达部门	下达文号	承担单位	科技经费(万元)
17	新型多功能齿科临床治疗仪的出口示范	市科技局、财政局	市科〔2014〕39 号	桂林市啄木鸟医疗器械有限公司	8
18	桂林西城经济开发区企业孵化与科技创新平台建设	市科技局、财政局	市科〔2014〕39 号	临桂县科技局、桂林西城经济开发区	20
19	年产 6 万台高速涡轮牙科手机、接插式带光手柄超声洁牙机等口腔医疗器械生产线技术改造项目	市科技局、财政局	市科〔2014〕69 号	桂林市啄木鸟医疗器械有限公司	50
20	年产 300 套全自动模具生产线技术改造项目	市科技局、财政局	市科〔2014〕69 号	桂林福达重工锻造有限公司	85
21	年产 300MW(一期 140MW)太阳能光伏电池及组件生产线技术改造项目	市科技局、财政局	市科〔2014〕69 号	桂林众阳光能科技有限责任公司	90
22	标准化植物提取物加工生产线改造项目	市科技局、财政局	市科〔2014〕69 号	桂林莱茵生物科技股份有限公司	30

2014 年临桂县农业局科技项目实施情况表

表 7

序号	项目名称	下达文号	科技经费(万元)
1	2014 年基层农技推广体系改革与建设补助项目	桂农业函〔2014〕228 号	52.5
2	水稻高产创建示范片建设	桂财农〔2014〕17 号	50
3	优势水果无病健康苗木繁育基地建设	自治区财政厅桂财农〔2014〕17 号	30
4	“清洁田园”示范工程项目	自治区财政厅桂财农〔2014〕17 号	10
5	农产品质量安全产地准出试点监测	自治区财政厅桂财农〔2014〕17 号	20
6	2014 年测土配方施肥	临财农函〔2014〕51 号	24
7	2014 年土壤有机质提升	临财农函〔2014〕105 号	100
8	2013 年退耕还林成果培训	临发改字〔2014〕1 号	78.95

2014 年临桂县工信局科技项目实施情况表

表 8

序号	项目名称	项目实施单位	下达文号	科技经费(万元)	备　注
1	年产 300 套全自动模具生产线技改	桂林福达重工锻造有限公司	市工信投资〔2014〕306 号	85	桂林市第二批工业发展专项资金项目
2	年产 300MW(一期 140MW)太阳能光伏电池及组件生产线技改	桂林众阳光能科技责任有限公司	市工信投资〔2014〕306 号	90	桂林市第二批工业发展专项资金项目
3	标准化植物提取物加工生产线技改	桂林莱茵生物科技股份有限公司	市工信投资〔2014〕306 号	30	桂林市第二批工业发展专项资金项目
4	纳米复合自修复产品安全生产及自动化控制系统建设	桂林伟文纳米材料有限公司	市工信投资〔2014〕306 号	38	自治区第二批中小企业专项资金项目
5	芦丁等天然植物提取物产业化工程	桂林振达科技生物责任有限公司	桂工信科技〔2014〕292 号	400	自治区战略性新兴产业专项资金项目

续表 8

序号	项目名称	项目实施单位	下达文号	科技经费(万元)	备　注
6	年产 3000 吨桂林米粉生产线建设	桂林市福林食品有限责任公司	桂工信企业〔2014〕278 号	70	自治区农产品加工企业扶持资金项目
7	年深加工 320 吨休闲食品扩建	桂林市临桂县蒙氏食品开发有限公司	桂工信企业〔2014〕277 号	50	自治区中小企业发展专项资金项目
8	年产 50000 吨果蔬精深加工	桂林腾达农业科技有限责任公司	桂工信企业〔2014〕277 号	100	自治区中小企业发展专项资金项目

2014 年临桂县水产畜牧兽医局科技项目实施情况表

表 9

序号	项目名称	下达部门及文号	科技经费(万元)	起止时间
1	2014 年基层农技推广体系改革与建设补助项目	自治区农业厅、农垦局、水产畜牧局、农机局、财政厅（桂农业发〔2014〕31 号）	40（水产畜牧业）	2014 年 1 月至 2014 年 12 月
2	生猪标准化规模养殖场(小区)建设项目	自治区发改委、水产畜牧兽医局、财政厅(桂发改投资〔2014〕1100 号)	70	2014 年 9 月至 2015 年 6 月
3	畜禽渔标准化健康扶持项目(“菜篮子”产品生产扶持项目)	自治区水产畜牧兽医局	100	2014 年 6 月至 2014 年 12 月
4	2014 年广西农民专业合作组织发展资金项目	自治区财政厅(桂财农〔2014〕84 号、桂财农〔2014〕100 号)	79	2014 年 6 月至 2015 年 2 月
5	临桂县 2014 年度巩固退耕还林成果专项资金建设项目	临桂县发改局(临发改字〔2014〕11 号)	79.5	2014 至 2015 年

2014 年临桂县科协科技项目实施情况表

表 10

序号	项目名称	下达部门及文件号	科技经费(万元)	起止时间
1	科普惠农兴村计划项目	自治区财政厅(桂财教〔2014〕146 号)	20(表彰资金)	2014 年度

【绩效评价制度】 2014 年，县科技局通过抽查，对科技项目实施过程及完成结果进行综合考评与评价，并将绩效评价的结果作为项目承担单位和项目负责人申请科技计划项目立项以及下年度项目安排的重要参考依据。绩效评价内容包括资源的配置，成本、费用的预算和费用的控制等项工作。

【工业科技】 2014 年，县科技局实施“工业强县”战略，推动工业科技进步，支持先进装备制造、生物医药、电子信息、新能源新材料、食品饮料、新型建材化工、新型农产品加工 7 大主导产业，以及高新技术企业、科技创新平台、企业研发中心的发展。年内，桂林鸿程矿山设备制造有限责任公司等 5 家企业被定为自治区高新技术企业。秧塘山水科技园科技孵化创业中心有在孵化企业 13 家，毕业 4 家，孵化企业产值累计 1.5 亿元。

【农业科技】 2014 年，临桂县建立农业科技示范基地 48 个，引进示范推广农业新技术、新产品 35 项(个)，农业科技成果在农村经济发展中得到推广应用，全县特色产业产值 27.8 亿元。

【实施“超级稻优质高产栽培技术示范和创建全国粮食高产示范县工程”项目】 2014 年，临桂县建立四塘、会仙、临桂镇国家级万亩超级稻示范区2处，建立会仙镇、临桂镇自治区级超级稻示范区2处，全年实施2000公顷，引进优质超级稻新品种6个，示范推广测土配方施肥、水气平衡栽培等技术5项，项目区每公顷增产粮食682.5千克，共增产粮食1365吨，农民增收382.2万元。

12月11日，县科技局技术人员下乡指导猕猴桃冬季清园、柑橘抗寒保果工作
县科技局　供稿

【实施"测土配方施肥"项目】 2014年，临桂县在11个乡镇实施"测土配方施肥"项目3.73万公顷，项目区每亩增产粮食187.5千克，共增产粮食7000吨，农民增收1960万元。实施"蔬菜三避高产栽培技术"和"茄瓜类蔬菜嫁接栽培技术试验示范"等项目。

【蔬菜新品种和新技术】 2014年，临桂县开展辣椒、茄子、番茄、黄瓜等蔬菜新品种和茄瓜嫁接等新技术10多项，建立蔬菜高效栽培示范点7个，示范栽培面积200多公顷，总产值3020多万元。其中，在六塘镇洋田、诚桂和会仙镇新民建立示范基地，开展黄瓜、茄子等蔬菜嫁接苗栽培技术试验示范6.8公顷。黄瓜嫁接苗3.1公顷，每公顷产88972.5千克，比普通苗增产14.52%，新增产值9.36万元；茄子嫁接苗3.7公顷，每公顷产94878千克，比普通苗增产14.39%，新增产值7.38万元。年内，全县无公害蔬菜复种面积2.08万公顷，总产值8.62亿多元。

【引进奴比亚种公羊】 2014年，临桂县引进奴比亚种公羊对当地山羊进行品改。县畜牧水产局从云南石林等地引进奴比亚种公羊60头，对5个乡镇21个养羊场的2000多头母羊进行品种改良。改良后杂交优势明显，杂交山羊个体大。

【葡萄无公害"三避"技术示范和二次结果栽培技术】 2014年，县科技局与广西农科院、桂林市科技情报所合作，开展葡萄无公害三避技术示范和二次结果栽培技术示范，建立示范基地2个，葡萄三避技术示范应用面积30多公顷，二次挂果栽培技术试验示范10多公顷，辐射带动200多公顷，实现新增优质葡萄产量83吨，新增产值770多万元。

【农业技术培训】 2014年，县科技局完成农村农民实用技术、技能培训29630人次，培训进城务工农民工775人次，培训科技带头人276人次、农村科技服务人员65人次、基层科技管理人员33人次。

【项目经费管理】 2014年，县科技局获批自治区级项目8个，科技经费230万元。项目经费纳入单位财务统一管理、单独建账、专款专用，经费支出按照合同经费预算执行，核算符合财务制度的规定。县级财政拨付的应用技术研究与开发项目经费管理通过实行日常监督检查与专项监督检查相结合的方式，对项目实施有效的监督管理。

（朱小文）

防震减灾

【概况】 2014年，临桂县地震局设办公室和震灾防御股；有编制7人，实有8人。年内，开展地震监测预报、地震灾害预防、地震紧急救援防震减灾三大工作体系建设，推进防震减灾工作与经济社会融合式发展。获2014年度全国县级防震减灾工作先进单位、2014年度自治区县级防震减灾工作一等奖、2014年度桂林市县级防震减灾工作综合评比特等奖。

【地震观测点建设管理】 2014年6—12月，临桂县地震局到临桂镇、五通镇、六塘镇3个站点进行GPS定位和仪器测试，初步完成新建地震基本站选址勘察工作。新增临桂镇金凤移民新村鸡鸭宏观观测点。加强对南边山乡大江水库、县气象局、雄森熊虎山庄娱乐城、会仙湿地和五通镇深水井5个固定地震宏观观测点的管理和维护。

【健全监测网络】 2014年，临桂县各乡镇均成立防震减灾工作领导小组，设立地震宏观观测点，落实分管领导、工作人员和村委联络员，负责本行政区域的异常情况收集、核实、上报工作。对南边山乡大江水库、县气象局、雄森熊虎山庄娱乐城、会仙湿地和五通镇深水井5个固定地震宏观观测点的观测员进行培训指导，建立观测日志制度。

【抗震设防管理】 2014年，临桂县完成地震安全性评价项目12个，抗震设防行政审批项目131个，把好建设工程地震安全审批关。5月，县地震局在加强对临桂镇金凤村、六塘镇东计岭农村民居地震安全示范点管理的基础上，新设立六塘镇麻衣庙和顺九厄两个农村民居安全示范点，逐步扩大示范点范围，影响带动农村民居建设。

【创建环湖社区奥林匹克花园地震安全示范社区】 2014年10月，临桂县地震局筹备和创建临桂镇环湖社区奥林匹克花园地震安全示范社区。经过两个月的建设，地震应急物资储备室、地震科普图书室、应急避难场所、应急标志牌、地震科普宣传栏等基础设施相继建成。年底，环湖社区奥林匹克花园获自治区级地震安全示范社区。

【防震减灾宣传教育】 2014年，临桂县地震局修订《临桂县地震应急预案》并以县政府办公室名义下发。5月13日，在临桂县第一中学举行地震应急避险演练活动，并邀请专家指导；15日，组织临桂县第一中学70多名学生代表到桂林市科普示范教育基地现场进行参观学习，普及学生的地震科普知识和提高防震减灾意识。12月11日，在临桂县环湖社区奥林匹克花园进行社区居民地震应急疏散演练，社区地震应急救援队伍参加演练救援。通过地震应急演练活动，进一步提高全社会地震应急意识和自救互救能力。以“5·12”全国防灾减灾日、政务公开日、全国“安全生产月”、科技活动周、十月科普大行动等活动为契机，举办形式多样、内容丰富的防灾减灾系列活动，制作宣传展板4块，横幅6条，发放宣传资料共计4万多册，并在临桂电视台播放公益宣传片和在《今日临桂》刊登地震科普知识，受教育群众数万人次。

(秦德息)

气　象

【概况】 2014年，临桂县气象局有在职职工16人，在编9人，外聘7人。其中工程师5人，助理工程师7人。

【气象灾害】 2014年，临桂县年降水量略偏少，虽然暴雨日数较历年偏多，局部范围出现了强度较大的暴雨天气过程，造成一定范围内的气象灾害，但受灾影响较小。9月后雨量略偏少，没有出现严重干旱天气现象。

【气象业务】 2014年，临桂县气象局发布《气象服务信息》66期，《专项服务材料》11份，《重大气象专报》8期。发布和解除灾害天气预警信号183次，通过预警信息最大限度降低气象灾害带来的损失。

(屈红梅)

文化体育·卫生

WenHua TiYu·Wei Sheng

12 月 17 日，CCTV−7《乡村大世界》走进临桂节目征选暨 2015 年“临桂春晚”节目海选在县城影剧院举行

县文体局　供稿

文化体育

【概况】 2014年，临桂县文化体育局(简称县文体局)位于临桂县虎山路154号。内设办公室、计划财务股、市场管理办公室、竞赛训练股4个股室；下设文物管理所、文化馆、图书馆、文化市场综合执法大队、业余体校、非物质文化遗产保护传承中心6个二层机构，年末共有在职人员69人。年内，县文体局坚持文艺“二为”(为人民服务、为社会服务)方向，“双百”(百花齐放、百家争鸣)方针和“三贴近”(贴近实际、贴近生活、贴近群众)原则，在推进公共文化体育服务基础设施建设、开展群众文体活动、文艺创作演出、文物保护和利用、文化市场监管、文化产业发展等方面都取得可喜成绩。

【文体基础设施建设】 2014年，临桂县实施文化惠民工程，投入资金1352万元新建23个村级公共服务中心，50个村级篮球场，完成自治区下达的农民建身工程项目任务；完成50个农家书屋的书籍配送，实现全县161个农家书屋宽带网络全覆盖；完成六塘镇城镇化示范镇综合文化站建设。

【群众文化活动】 2014年春节期间，临桂县组织开展临桂“春晚总动员”、临桂春节联欢晚会、“唱响临桂”乡村歌手新年演唱会、新春广场综合文艺演出等一系列新春文化活动20多场次。以群众文化活动“季季赛”为平台，策划举办了以“魅力临桂·五彩缤纷”为主题的临桂县第三届广场舞暨首届民族健身操健身舞大赛，以“美丽临桂·我的梦”为主题的临桂县美术书法比赛，以“美丽临桂·清洁城乡·唱响临桂”为主题的城乡歌手大赛和临桂县第八届村屯(社区)彩调大赛，以“品味书香——让阅读成为习惯，让思考伴随人生”为主题的世界读书日演讲比赛等群众文化活动。完成了庆祝宛田、黄沙瑶族乡成立30周年文艺演出和临桂县缅怀(李天佑)将军伟绩革命传统教育文艺晚会等演出活动。深入乡镇、学校、社区、厂矿、部队等基层单位开展文艺演出300多场次。协助国家文化部开展2014年“春雨工程”之全国文化志愿者边疆行巡演广西桂林专场以及湖南优秀美术、书法、摄影作品展等活动。组织举办广西农民书画邀请赛。承办桂林市“文化致富工程”两委干部暨村级公共服务中心文化志愿者培训班、桂林市戏剧创作改稿笔会等活动。

【文艺创作演出】 2014年，临桂县组织参加各类比赛，获全国金奖2个，铜奖1个；自治区级一等奖4个，市级一等奖4个。其中，原创节目的歌曲《一壶三花醉漓江》《瑶乡美》分别获“大音中国音乐盛典·千名音乐人唱响庐山”大型展评活动作曲金奖和“中国梦·音乐情”——复兴之路原创词曲展评活动作曲金奖；小品《画心》获“中华颂”第五届全国小戏小品曲艺大展铜奖；彩调《我是你爸爸》参加自治区举办的“中国梦”小戏小品曲艺舞蹈电视大赛和第四届广西彩调艺术节彩调大赛专业组比赛均获一等奖；舞蹈《飞》《苗花》参加第三届全区基层群众文艺会演分别获一等奖、二等奖；选派山歌手参加自治区“三月三”山歌擂台赛，获自治区级“山歌王”1个。

【文化馆图书馆免费开放】 2014年，临桂县文化馆、图书馆坚持每周对公众提供免费开馆时间56小时以上，常设瑜伽、少儿艺术、社区文化艺术、老年人艺术、硬笔书法、安居防火知识等公共文化免费培训项目。利用学生节假日，举办舞蹈、彩调、民族乐器等各类培训班，培训学员300多人次。到乡镇文化站、农家书屋(点)进行业务辅导及培训200多次。

【文物保护和利用】 2014年，临桂县完成对六塘清真寺大门及内部部分建筑、白崇禧故居的维修和褚村寨墙暗道及部分墙体保养维修，配合完成广西省立桂林师范旧址整体维修的各项工作。完成桂柳运河调查报告；开展第一次全国可移动文物普查工作；进行文物普查、文物认定培训。完成陈宏谋文化公园(横山村传统古村落)修建性详细规划和大岩遗址公园控制性详细规划编制初稿。组织有关专家和工作人员进一步做好非物质文化遗产项目挖掘、收集、筛选和申报工作，做好自治区级彩调传承基地和板凳龙基地建设。

【文化市场监管】 2014年，临桂县对网吧、电玩、歌舞娱乐场所业主进行法律法规知识培训，组织开展文化市场法律法规和安全生产的宣传教育活动，发放各类宣传资料1万多份，提高人民群众保护知识产权、维护合法权益的意识。开展“每周一小查、每月一大查”的执法检查活动,全年共出动执法人员 2900 多人次,检查文化市场、新闻出版市场经营单位 900 余家(次),联合工商部门取缔黑网吧 1 家,办理一般程序行政处罚案件 2 件,简易程序 6 件,发现并纠正处理安全事故隐患 60 多处,对未按实名制登记上网的 5 家网吧进行了停业整顿处罚。联合公安、工商、广电等“扫黄打非”工作领导小组成员单位开展“清源 2014”“净网 2014”“秋风 2014”“固边 2014”等“扫黄打非”专项行动。收缴非法音像制品 500 多张、色情淫秽光碟 360 多张,非法出版物 540 多册,涉传书刊 20 多本,取缔无证经营书刊点 2 处,处罚音像制品零售出租店 1 家。

【文化产业发展】 2014 年,临桂县完成《临桂县特色文化产业项目专项规划(2013—2020)》,以近期、中期和远期“三步走”的 10 个产业项目打造临桂特色文化产业。桂林五通农民画旅游休闲产业项目被文化部确定为全国 2014 年度特色文化产业重点项目,入选国家 2014 年度特色文化产业重点项目库。临桂县被文化部命名为 2014—2016 年度“中国民间文化艺术(民间绘画)之乡”,获得 CCTV-7 免费录制、播放 85 分钟《乡村大世界》走进临桂“中国民间文化艺术(民间绘画)之乡”大型综艺宣传节目资格。桂林刘三姐茶园度假村有限公司、临桂县义江旅游开发有限公司责任公司、桂林下边村食品有限公司分别获“第五批自治区级文化产业示范基地”项目。

【群众体育活动】 2014 年,临桂县成立了群众体育工作委员会,以贯彻落实《全民健身条例》为契机,组织开展“五一”职工运动会、“兰坤”杯篮球联赛、“农商行”杯气排球赛、教育系统第二届职工气排球赛以及首届民族健身操、健身舞大赛等群众体育赛事 12 次,参与人次近 5 万人次。成立临桂县足球协会,举办 5 人制、7 人制足球比赛,推进“足球进校园”活动。组织参加桂林市“大众杯”篮球赛,获第四名。

【竞技体育】 2014 年 8 月,临桂县承办广西青少年蹼泳锦标赛和游泳锦标赛,来自广西 14 个设区市的 821 名运动员参加比赛。年内,临桂籍运动员粟迎获世界青年举重锦标赛 77 公斤级冠军。临桂县运动员共获自治区级体育赛事金牌 24 枚,银牌 25 枚,铜牌 16 枚。

【体育后备人才培养】 2014 年,临桂县出台体育人才培养奖励机制办法,激励业余体校有潜力的在训运动员注册登记,全年向自治区体校、跳校、体工队和桂林市体校输送 16 名优秀运动员。

(秦鹏彪)

今日临桂报社

【概况】 2014 年,今日临桂报社以“三服务”(为中心工作服务、为全县的经济建设服务、为丰富群众的精神文化生活服务)为出发点,着力挖掘新闻资源,深入报道临桂县各领域的发展动态,反映社情民意,提升报纸质量,为建设临桂新区和桂林国际旅游胜地营造良好的舆论氛围,充分展现临桂经济社会发展的全貌。

【出版发行】 2014 年,《今日临桂》每周星期一、星期四出版 2 期。全年发行 93 期,392 个版面,共 500 多万字。每期印刷 1 万份,全部为赠阅,除向行政机关事业单位赠阅外,在县城部分超市、药店增设赠阅点,方便市民阅读。年内新增了扩大版,推出大开报。

【版面设计】 2014 年,《今日临桂》一般为 4 个版面:一版为要闻版,主要报道本县近期重大新闻;二版为综合新闻版,主要登载县内经济社会中的成绩、经验、先进典型、好人好事等方面的消息和通讯,以及理论学习、工作研究等方面的文章;三版以文艺副刊为主;四版选登各类文摘及实用技术等,主要报道国内外最近发生的重大事件,增强报纸的可读性。全县“两会”期间和服务其他县里中心工作时,报纸扩充至 8 个版面。

【新闻宣传】 2014 年,今日临桂报社记者在《广西日报》《桂林日报》《桂林晚报》等各级报刊上发表反映临桂各方面建设成就的稿件 100 多篇。加强与《广西日报》《桂林日报》领导、编辑、记者的联系,共同策划有一定分量和影响力的报道,多层次、多渠道、全方位地宣传临桂。

（杨 浩）

广播影视

【概况】 2014年，临桂县广播电视局（简称县广电局）深入贯彻落实党的十八大精神和十八届三中全会关于全面深化改革的部署要求，坚持正确导向、提高舆论引导能力建设。坚持依法行政，确保安全播出，全面推动县广电事业建设和产业发展。年内，县广电局编制20人，实有18人；下辖临桂县广电新闻中心1个全额拨款事业单位，编制15名，实有7人。

【年度宣传重点】 2014年，县广电局围绕县委、县人民政府中心工作，以服务临桂新区建设、服务建设桂林国际旅游胜地为大局，主动做好新闻宣传工作。全年新闻中心采制的新闻节目被广西电视台采用36篇（《广西新闻》采用17篇），桂林电视台采用383篇（《桂林新闻》采用170篇，《身边》栏目采用140篇，《午间新闻》栏目73篇）。县电视台《临桂新闻》栏目共播出电视新闻1239条，开办了《党的群众路线教育实践活动》《社会主义核心价值观》《“美丽临桂·洁净乡村”》《宛田、黄沙两个瑶族乡建乡30周年成就回顾展电视新闻系列报道》等电视新闻专栏，制作各类专题片25部。超额完成农村电影放映任务（共放映故事片1907场，科教片100场）。

【建设公共服务体系】 2014年，县广电局完成1500户广播电视户户通直播卫星覆盖工程建设，落实售后服务点，保证用户故障设备能得到及时维修和更换。完成农网五通、中庸、宛田、两江、四塘、六塘、会仙7个乡镇分前端机房的双向升级改造工作和7个乡镇站小C设备的安装和调试工作，7个乡镇具备开展双向和宽带业务的能力。对9个村点的分配网进行了数转双向升级改造，并完成40个村点的数转工作，数转用户4200多户。年内，全县数字电视用户33229户，农网数转用户10229户。农网模拟用户7732户，光缆线路总长度950千米，主干电缆1010千米，数字电视基本节目75套，数字电视付费节目52套。

【村村通广播电视工程】 2014年，县广电局建立健全村村通长效管理机制，确保群众收听收看好广播电视节目。完成村村通广播电视无线覆盖工程——宛田瑶族乡和南边山乡2个无线发射台站的建设任务，广西广电网络临桂分公司向县政府争取项目资金40万元，架设光缆26千米，年内完成最偏远也是最后一个乡镇黄沙瑶族乡的有线数字电视光纤联网工作。

（傅荣艳）

卫 生

【概况】 2014年，临桂县有公办医疗卫生机构158家，其中综合医院1家，乡（镇）卫生院11家（中心卫生院4家），妇幼保健院1家，疾病预防控制中心1家，卫生监督所1家，诊所、卫生室、医务室等143家。有卫生工作人员2805人，其中卫生技术人员2005人（执业医师590人，执业助理医师201人，注册护士775人）。医疗机构床位759张。诊疗总人数236.27万人次，病人入院治疗3.46万人次。

【医疗费用报销】 2014年，临桂县门诊报账60.88万人次，门诊医药费报销金额1874.95万元；家庭账户报销2343人次，报销金额5.95万元。住院报账34468人次，住院总费用21155.67万元；住院医药费报销金额12373.30万元。顺产补偿2595人次，补偿金额108.25万元；慢性病补偿47782人次，补偿金额1213.95万元。

【新型农村合作医疗】 2014年，临桂县新农合筹款标准为每人390元，其中国家、自治区、桂林市、县财政补助每人320元，参合农民每人缴纳70元。全年全县参加新型农村合作医疗40.08万人，参合率99.91%，比上年提高0.6个百分点。新农合基金总额为1.56亿元，有69.60万人次受益，基金使用率76.79%，住院补偿率58.80%，受益率173.63%，统筹区域住院补偿率75.19%。

【乡村卫生服务一体化管理】 2014年，临桂县将实施一体化管理工作作为农村卫生体制改革的一项重要内容,制定下发《临桂县乡村卫生服务一体化管理办法(试行)》《临桂县乡村卫生服务一体化管理乡村医生聘用办法(试行)》和《临桂县村卫生室实施国家基本药物制度工作方案(试行)》,明确全县乡村卫生服务一体化管理工作的具体内容。县人民政府投资100万元用于村级卫生室的基本医疗设备、办公用品的采购,改善村级卫生室的就诊环境。按照"三制、四有、六统一"(乡村医生聘用制,乡村医生绩效考核制,乡村医生养老保险制度;看病有登记,用药有处方,收费有发票,转诊有记录;统一机构设置,统一规划建设,统一人员管理,统一业务管理,统一器械、药品采购配送,统一财务管理)的原则,做好村级医生的聘用、培训、绩效考核等工作,并根据考核结果与村卫生室结算补助资金。在条件成熟的行政村卫生室先行试点,积累经验再全面稳步铺开。

【县级公立医院综合改革试点】 2014年,临桂县全面推进县级公立医院综合改革试点工作,成立县级公立医院综合改革试点工作领导小组,制定出台县级公立医院综合改革试点工作方案,以及绩效工资改革、医疗服务价格调整、财政补偿、人事制度改革和城乡居民医药价格调整医保支付5个配套文件,并已实施。全年两所县级公立医院业务总收入18625.45万元,(与改革前同期比,下同)增长17.7%;门急诊人次38.55万人,增长19.25%;出院人次1.86万人,增长4.79%。

【提高医疗服务质量】 2014年,临桂县重点抓好医疗质量检查和安全管理督导工作,确保医疗安全。加大病历质量和处方质量检查力度。建立健全矛盾纠纷排查化解机制,探索医患纠纷第三方调处机制,把不安定因素化解在始发阶段,构建和谐医患关系。做好无偿献血工作,临床用血做到"三统一"(统一规划设置血站、统一管理采供血、统一管理临床用血)管理要求。

【医疗培训】 2014年,临桂县全面加强县、乡、村三级医疗机构的基本建设和人才队伍建设。组织县、乡、村三级医疗机构人员参加深化医药卫生体制改革全员网络培训、全科医生规范化培训、乡村医生在岗培训等培训800余人次。基层医疗卫生机构基本条件和医疗服务水平得到提升,逐步实现"小病不出村、大病不出乡、看病更方便"。

【加强食品卫生综合协调】 2014年,临桂县协助相关部门做好重大节日和重大活动食品安全监督工作。县人大、县政协会议等活动期间,县卫生监督所派出卫生监督员对会议的食宿安全进行全程卫生监督,确保重大活动的举办。

【传染病防控】 2014年,临桂县开展传染病防治监督工作。针对冬春季节传染病特点,重点监督检查医疗卫生机构手足口病等传染病的防控工作,对全县263家医疗机构和43家学校、托幼机构的手足口病等传染病防治工作进行督查。县卫生局以登革热、埃博拉、手足口病、艾滋病等传染病防控为重点,加大传染病防控工作,对县、乡、村三级医务人员进行培训,同时印发传染病防治宣传资料30万份。通过采取有效的防控措施,全县无甲类传染病发生。加强国家免疫规划实施,各级接种单位保证每个儿童按时享受到预防接种服务,同时开展乙脑疫苗、流脑等新增疫苗查漏补种工作。

【艾滋病宣传】 2014年,临桂县加大艾滋病防制宣传工作力度,提高广大群众对艾滋病的防病意识。通过临桂有线电视台、《今日临桂》报设置专栏对艾滋病防治工作进行宣传报道。利用"6·26"国际禁毒日、"12·1"世界艾滋病日、"12·4"全国法制宣传日等宣传日活动,在广场、农贸市场等人群比较聚集的场所,用悬挂横幅、发放宣传资料等多种形式向群众开展艾滋病防治知识宣传。在新农合就诊卡、病历本上印有艾滋病防治知识内容;利用中国移动、中国电信每月发送艾滋病宣传短信,每次发送20万户;利用春节农民工返乡期间在农村开展艾滋病防治知识宣传。在临桂县城大型工地、主要公路沿线设置大型公益广告牌及大型标语。

【妇幼保健】 2014年,临桂县拨付20万元"降消"(降低孕产妇死亡率、消除新生儿破伤风)项目配套资金给各项目成员单位,保障"降消"项目的顺利开展。举办2期县"降消"项目培训班,培训人员110人次;对乡、村督导3次。全年孕妇活产数6668人,住院分娩活产数6668人,住院分娩率100%,婴儿死亡率5.70‰,5岁以下儿童死亡率

6月7日，临桂县开展医师定期考核　　罗　璇　摄

7.95‰。发放农村孕产妇住院分娩补助6199人，其中正常产补助6064人，危重补助135人，农业户籍产妇6060人。无孕产妇死亡，无新生儿破伤风发生。全年共发放叶酸5860人，发放率100%，叶酸服用依从5689人，依从率97.08%。全年全县婚检率100%，产前筛查率87.26%，新生儿疾病筛查率91.77%。

【基层医疗卫生机构综合改革】 2014年，临桂县招聘大中专毕业生安排到乡镇卫生院工作，加大乡镇卫生院人才培养力度，安排专项经费培训乡镇卫生院技术人员，重点选拔技术苗子和业务骨干到上级医疗单位进行有针对性的实用技术培训。实施基层医疗卫生单位岗位设置和绩效工资制度，实行以聘用合同和岗位职责为依据，以工作数量和质量为重点、以服务对象满意度为基础的工作人员考核办法。全县11个乡镇卫生院均实施绩效工资。全县所有乡镇卫生院都执行一般诊疗费并同步落实医保报销政策。

【基本公共卫生服务逐步均等化】 2014年，临桂县健全各级基本公共卫生服务项目组织和管理制度，推进基本公共卫生项目和预防保健等工作在基层医疗卫生机构的全面开展。共建立城乡居民健康档案40.61万份，建档率90.06%；建立电子档案40.57万份，规范化电子建档率89.98%。各项目实施单位均开展高血压、Ⅱ型糖尿病及重性精神疾病患者的筛查工作，高血压筛查人数10.84万人，筛查率24.03%；高血压纳入管理人数2.76万人，管理率40.78%。血糖筛查人数6.20万人，糖尿病筛查率13.74%；糖尿病管理人数8009人，管理率25.37%。为全县65岁及以上常住居民新建健康档案3.83万人。

【基层卫生基建项目建设】 2014年，临桂县卫生系统启动会仙镇中心卫生院、南边山乡卫生院、中庸乡卫生院等标准化建设。预计总投资1825万元，设备配备225万元；扩建业务用房4400平方米，新建公共租赁住房70套（建筑面积3520平方米）；争取上财政资金612万元，县财政资金413万元。其中：会仙镇中心卫生院预计投资850万元，扩建业务用房2820平方米，污垃电项目，公共租赁住房36套（建筑面积1800平方米）；南边山乡卫生院预计投资430万元，扩建业务用房1010平方米，污垃电及大门、庭院建设项目，公共租赁住房18套（建筑面积960平方米）。中庸乡卫生院预计投资320万元，扩建业务用房570平方米，污垃电及庭院建设项目，公共租赁住房16套（建筑面积760平方米）。

（罗　璇）

【爱国卫生】 创建文明卫生村　2014年，临桂县各级政府投入资金110万元，群众自筹83万元，全县创建自治区级卫生村3个，分别是六塘镇小江村村委东计岭村、临桂镇天华村村委田边村、五通镇五通村村委龙盘厂屯；创建桂林文明卫生示范村2个，分别是四塘镇蜡村村委东畔新村、宛田瑶族乡瓮洲村委瓮洲新村。

除“四害”工作　2014年，全县除“四害”（鼠、蚊、蝇、蟑）工作坚持“治本为主，标本兼治”的原则和以环境治理为主的综合方针，实行政府主导，市场为辅，专群结合，群防群治，有害灭害，无害防害的长效机制，在春、秋两季分别组织开展以灭鼠为重点的除“四害”工作，控制生物病媒传播。全年共投放鼠药2000千克、蟑螂药1500余包、蚂蚁药1000包。

（李松成）

社会事务

She Hui Shi Wu

4月15日，临桂县召开民政工作会议　　　　县民政局　供稿

民政事务

【概况】 2014年,临桂县民政局提高社会事务管理工作能力，确保城镇低保对象和五保供养人员的保障资金到位,完善城乡社会救助体系,做好自然灾害救助工作,全面落实优抚、双拥政策,做好新增社区(环湖社区)建设工作。

【社会救助】 2014年，临桂县城镇低保对象81468人次,民政部门发放城镇低保资金2192.77万元,每月每人平均补助271.54元;农村低保对象259872人次，发放农村低保资金3134.96万元,每月每人平均补助120.31元。城乡低保人员信息系统录入13487户28442人。全县资助205名低保家庭子女上大学路费8.95万元,发放困难助学金24.44万元,累计发放33.39元。确保全日制大学的贫困家庭子女上学有路费、短期有生活费。

【五保供养】 2014年,临桂县五保供养人员2880人,累计发放五保供养经费1036.8万元,每人每月平均300元。年内,投资198万元(上级安排资金165万元,县配套资金33万元),新建四塘太平(太平、大约、自信、面村、腊村5个村委联建)、五通江门(江门、蓬莱、白马、步厄、杨梅、罗江6个村委联建)2个联合五保村,年底完成主体工程建设。

【城乡医疗救助】 2014年，上级安排临桂县城乡医疗救助配套资金155万元，上年结转654.48万元。全年农村医疗救助55974人次（住院救助3827人次、门诊救助264人次、参合救助31097人次)，发放救助金1370.32万元（住院救助1147.36万元、门诊救助14.11万元、参合救助208.85万元)。

【救灾救济】 2014年，临桂县民政局做好受灾群众的救济工作，政府招标采购救济物资197.3万元，全部发放到受灾和困难群众手中。做好住房恢复重建工作,制定下发了《临桂县2014年因灾倒损住房恢复重建实施方案》，发放倒房重建补助资金47.4万元,完成重建户37户;做好农房政策性保险理赔,全年理赔农房334户,支付理赔款117.64万元。

【优抚、双拥工作】 2014年,临桂县给义务兵家庭、烈属、因公牺牲军人家属、病故军人家属、在乡伤残军人、带病回乡退伍军人、在乡老复员军人等发放优待金193.8万元。春节、“八一”期间给优抚对象发放慰问金、慰问品和困难补助共176.5万元。看望驻地部队官兵,赠送慰问金和物品28万元。年内,接收退役士兵139人,办理部队转移地方伤残军人3人,带病回乡退伍军人1人。

【调整基层和社区待遇】 2014年1月,临桂县提高村(居)委干部待遇,村(居)党支部书记兼村(居)委会主任每月补贴1200元、支部书记或主任每月补贴1150元、副主任每月补贴1120元、委员每月补贴1090元，村定员半额每月补贴560元，离任村干部每任期满1年每月给予养老补贴12元、村定员半额每任期满1年给予养老补贴6元。制定《社区专职工作人员管理暂行办法》及《临桂县社区专职工作人员福利待遇方案》,规范绩效奖金、职称津贴,社区干部福利待遇每月最低1970元,为社区专职工作人员缴纳社会保险。春节前发

1月6日,临桂县举办公开招聘社区工作人员培训班　今日临桂报社　供稿

放村(社区)干部慰问金41.24万元。

【社区建设】 2014年,临桂县新增环湖社区并确定其管辖范围,县城区由原来的4个社区增至5个。完成全县第七届村民委员会、第五届社区居民委员会(其中金山社区为第二届、环湖社区为第一届)换届选举工作。全县161个村民委员会、3个居民委员会、5个社区居民委员会当选支书、主任、副支书、副主任及委员共881名,妇女担任村(社区)干部201名,均选举了村务监督委员会和社区居务监督委员会,且村民委员会及社区居民委员会成员中至少有一名女性。

【社会救助工作】 2014年,临桂县民政局启用"全国收养登记管理信息系统",规范收养登记程序,建立健全收养登记工作制度,办理儿童收养登记1例;启用"全国儿童福利信息管理系统",做好孤儿保障金发放工作,全县符合审批条件的孤儿25人,发放孤儿保障金91人次,15.2万元。开展"接送流浪孩子回家"专项行动,未发现有街头流浪未成年人;做好社会流浪乞讨人员的救助,共救助流浪乞讨人员88人次,救助金额14.6万元。

【变更区划建制】 2014年12月19日,《广西壮族自治区人民政府关于同意桂林市永福县三皇乡等6个乡改为镇建制的批复》文件,同意临桂县南边山乡和中庸乡由乡建制改为镇建制,其所辖行政区域、隶属关系、政府驻地均保持不变。

【婚姻登记】 2014年,临桂县民政局共办理结婚登记4691对,其中初婚人数8318人,再婚人数1064人,再婚人数中复婚人数110对;离婚登记849对,补发结婚证576对,补发离婚证69份,出具(无)婚姻登记记录证明2004份。

(赵清华 胡芳 彭全红 唐靖 李政起 唐向阳 温桂庆)

人口和计划生育

【概况】 2014年,临桂县人口和计划生育工作面对机构改革和人口计生政策的调整完善,坚持"三个不变,四个到位"的工作方针。至年末,全县出生人口6930人,出生率13.59‰,其中政策内出生6545人,符合政策生育率94.44%,比责任指标高4.44%;计生出生人口性别比为106.90,妇保出生性别比106.23,比责任指标低2.77个点;人口自然增长率7.35‰,比责任指标低1.15‰;奖励扶助政策兑现率100%;全县168个村(社区)全部开展诚信计生活动,无因计生工作方法不当而引发的恶性案件和群体性事件。

【经费保障】 2014年,临桂县保持对乡镇和县直部门的人口计生工作经费投入到位,县本级财政投入计划生育事业费3150万元,人均经费63.3元,保障各级计生工作有序开展。优化阵地设施,全县各级投入17万余元,加大17个村级"幸福家园"和新家庭文化书屋建设力度,任务完成率100%,为育龄群众创造了良好的服务平台。

【加大流动人口监管】 2014年,临桂县建有流动人口信息库52070人,其中流入人口9040人,流出人口43030人,入库率100%。成年育龄妇女流出18626人,已婚育龄妇女流出10829人,建档10829人;流入成年育龄妇女4566人,查验流动人口婚育证明4339人,验证率95.03%;流入已婚育龄妇女3097人,建档3097人,建档率100%。依托县计划生育技术服务站、乡镇服务所,免费为流动人口提供国家规定的计划生育基本服务项目,为流动人口提供免费孕情环情检查、避孕药具,实现流动人口免费药具全覆盖。为流入育龄妇女开展孕情环情检查不少于3次,参加孕情环情检查2628人次,通过PADIS系统提交户籍地;流入已婚育龄妇女免费接受环检率100%;流入人口免费服务率100%。

【严格计划生育审查】 2014年,临桂县在干部任用、评先评优、人大代表、政协委员、村支两委换届候选等资格审核中,严格落实"一票否决"制度,共审核单位300个,审核个人2000人。严格按法定程序执法,按照"一案一卷"的分年度建立永久性档案,对申领二孩生育证的名单在乡村公示栏公示,在二孩生育证审批发放过程中没有乱收费和"搭车"收费现象,没有错批和违规审批二孩生育证。

【实施惠民计生套餐行动】 2014年,临桂县对新增的75名奖励扶助对象和17名特别扶助对象进行资格审查,并全部落实兑现;审核864人终身只生育一孩或婚后终身无孩职工增加5%或10%退休金并落实资金63.63万元;为5588户领证的独生子女户和双女结扎户15864人缴纳了新农合金额78.41万元;为参加高考独生子女和实行计划生育的双女结扎户255人加分,467人参加中考加分。

【提供便民服务】 2014年,临桂县开展"五送一问"(送政策法规、送避孕药具、送生育关怀、送健康检查、送爱心救助,问计于民)活动,为群众健康检查2万多人次,走访计生特困家庭159户,发放爱心救助金10万余元。开展免费孕前优生健康检查项目,动员新婚夫妇进行婚前健康检查、地贫筛查及持证待孕的妇女进行免费孕前优生健康检查。到11月30日,全县有5901人接受免费孕前优生健康检查,完成率98.4%。

【实施"三位一体"工程】 2014年,临桂县实施"三位一体"(政策帮助、困难救助、社会扶助)的计生家庭援助工程,引导群众自觉实行计划生育。推行爱心保险活动,全县参保人数7009人,保费21.027万元,共有26人及时得到保险公司的理赔,赔付率100%。开展农村实行计划生育家庭小额贴息贷款工作,享受区市贴息贷款的计生家庭166户,到期贷款金额313.57万元,共为农户贴息19.31万元。

【创新诚信计生内涵】 2014年,临桂县168个村(社区)全部开展诚信计生活动,诚信计生村(社区)委推开面100%,成立诚信计生小组4780个,60275名育龄妇女参加诚信计生活动,参与率94.6%。在全县继续开展诚信计生示范县、乡、村(社区)、诚信小组四级联创活动,诚信计生"双争"和开展创建"五好"诚信示范小组活动。培育410个"五好"诚信示范小组和410个"五好"诚信示范小组长。全县5个乡镇无政策外多孩出生,59个村委无政策外生育。落实桂林市诚信计生生育关怀公益金,全县共有62户家庭领取扶助金,扶助金额14.1万元。

【加大信息化建设】 2014年,临桂县投入资金31万元,完善县乡两级信息化硬件建设,加强乡镇信息统计员业务培训,提高广西PADIS系统和市人口计生管理系统信息化工作水平。数据库信息准确率达95%以上,全员数据库信息变更及时率100%。县计生部门与县公安、卫生、民政、人社、教育、住建等部门密切配合,实现信息资源共享,实时通报信息2万条次,坚持及时核查、及时通报、及时处理,每月统一调取全县出生上户名单和出生医学证明发放名单,与出生库进行比对,有效防控违法生育行为。

【开展宣传培训】 2014年,临桂县开展"婚育新风进万家"活动,利用春节、元旦等节日广泛开展人口文化宣传,推进新型生育文化建设。全县各乡镇的辖区内喷绘计生宣传画21幅、刷新宣传标语180条,宣传墙报66期,完善宣传专栏48个。围绕"单独两孩"政策的落实,进行专版、专题、专刊宣传,印制3万个环保袋、1万盒手抽纸盒发送给一、二孩生育对象及诚信计生户;举办6期培训班,参加培训305人次。加大宣传,在《中国人口报》刊登报道10篇,《人口与计划生育杂志》刊登报道3篇,《广西人口》刊登报道5篇,广西人口计生网刊登报道

3月2日,县计生局在五通镇开展计生政策宣传活动　　黎　锋　摄

53篇，桂林人口计生网刊登报道93篇。全县共调整充实乡镇计生工作人员3名、村(社区)计生专干10余名，对全县258名计生专干进行业务培训。

(余桂萍)

老龄工作

【概况】 2014年，临桂县老龄工作委员会办公室(简称县老龄办)以实现"六个老有"(老有所为、老有所养、老有所乐、老有所医、老有所学、老有所教)为目标，开展老年人工作。年内，全县60岁以上老年人74435人，其中百岁以上老年人42人。11个乡镇成立了老年机构；168个村(社区)委建立了老年协会，占全县村(社区)委的100%。

【文体宣传活动】 2014年，县老龄办发挥老年协会和老年文艺团体的作用，开展老年文化演出活动，春节期间及重阳节，全县22支老年艺术团共演出3天，演出节目50多个，演员600多人，观众6万多人次。年内，县老龄办组织举办了1场老年人书画展活动，参展作品100多件。组织老年文艺艺术团参加桂林市第十二届老年人文艺调演暨离退休干部文艺汇演，枫叶红艺术团获优秀奖。通过在县城和乡镇挂横幅、贴标语，在电视台播放敬老祝词等形式，加大了《老年法》宣传力度，发放新《老年法》宣传资料6000多份。

【关爱老年人工作】 2014年，县老龄办做好高龄老人补贴的发放核查工作，全县申报高龄(80岁以上)补贴人数10838人，发放高龄补贴723.56万元。为老年人免费办理广西壮族自治区老年人优待证1534本。开展老年健康教育活动，全年发放老年保健资料1万多份，举办老年保健讲座2场、听众600多人次；建立老年人健康档案，为老年人免费体检2万多人。重阳节、春节期间，慰问80周岁以上老人、困难、残疾、空巢老人997人，发放慰问品、慰问金价值22万多元。全县各单位、各行业慰问老年人共计1285人，发放慰问金

10月1日，临桂县重阳老年文艺汇演在县金山广场举行　　蒋开华　摄

(品)折合人民币25万多元。做好第六届全国敬老爱老助老主题教育活动评选表彰和桂林市“三奖”推荐评选工作，六塘镇清泰村委熊炳发获“全国孝亲敬老之星”称号，宛田瑶族乡宛田村石文萍和黄沙瑶族乡翻水村委会翻水村莫朝发分别获桂林市敬老好儿女美德奖和老有所为奉献奖，黄沙瑶族乡民政社会事务管理所获桂林市老龄工作先进集体。

【老年协会建设】 2014年，县老龄办抓好村级老年协会的创建，筹集价值7万多元资助乡镇老龄协会，完善各协会工作职责、制度及娱乐设施。年内，完成茶洞乡徐村、黄沙瑶族乡滩头村、两江镇粟村、两江镇油麻街、五通镇西山村、五通镇竹林村6个自治区示范性基层老年协会建设，完成两江镇一山村的全国示范性老年协会规范化建设工作，每个协会获自治区扶持资金3万元。

【信访处理】 2014年，县老龄办接待并调解涉老纠纷7件，协调有关部门及时处理解决老年人来信来访中反映的问题，做到件件有回音，事事有落实，调解率100%。

【百岁老人】 2014年，全县共有60岁以上老年人74435人，其中百岁以上老年人42名(女性37名、男性5名)，最高寿星是临桂镇二塘村委会南村陈送妹(女)，111岁。

(蒋开华)

2014年临桂县百岁老人名录

表11

姓名	性别	出生年月	地址	姓名	性别	出生年月	地址
褚嫂嫂	女	1914.12	茶洞花岭村委褚村189号	秦坤嫂	女	1914.12	六塘广洞村委广洞村
李养弟	女	1912.07	会仙陂头村委陂头村	李长嫂	女	1912.12	六塘广洞村委雷田村
万息珍	女	1914.03	会仙村委街上2队	朱七嫂	女	1913.06	六塘清泰村委社贝村2号
李田嫂	女	1913.08	会仙山尾村委峡里村	李大嫂	女	1910.01	六塘镇岩岭村委神山底(桂环城南一48)
莫三嫂	女	1913.12	会仙陶淑村委下神洞	霍珍嫂	女	1903.03	南边山东山村委牛路村
李连息	女	1912.06	会仙新民村委老屋	廖华榕	男	1913.01	南边山军洞村委鸡司桥廖家13
兰田嫂	女	1914.03	两江宝山村委下樟村39号	于有嫂	女	1914.12	南边山南新村委南边山村66号
谢有嫂	女	1913.10	两江村委建新村44号	何成嫂	女	1912.08	南边山南新村委窑门9号
李七成	男	1914.01	两江罗城村委靠山村60号	龙仁嫂	女	1910.11	南边山钱村村委新村33号
唐福嫂	女	1913.07	两江谢家村委谢家村65号	银进妹	男	1903.06	南边山钱村村委尧村
秦喜弟	男	1909.04	两江油蔴村委油麻街116	黄仁嫂	女	1910.04	南边山升平村委上木枧16号
姚顺弟	女	1911.02	临桂大律村委山枣二组	蒋双秀	女	1912.03	南边山塘头村委堡里村73号
陈送妹	女	1903.03	临桂二塘村委南村	刘连妹	女	1913.05	四塘横山村委油塘尾52号
龙千嫂	女	1914.03	临桂凤凰村委山上村	赵秀荣	女	1913.01	宛田楠木村委上楠木村33号
吴凤娥	女	1909.02	临桂虎山社区人民路28号3单元201室	李桂英	女	1914.02	宛田瓮洲村委瓮洲村55号
游礼妹	女	1913.12	临桂上全村委上全村	何满妹	女	1914.10	五通白马村委一组68号
龙年德	女	1913.09	临桂水口刘家地金水路33号	陆良花	女	1912.10	五通板屋村委下欧村21号
龙福地	女	1911.07	临桂秧塘村委秧塘街	李发嫂	女	1913.01	五通仁和村委仁和村6号
滕秋姣	女	1914.03	六塘诚桂村委岗上村15号	阳为嫂	女	1910.09	中庸村委中庸村
周昆嫂	女	1914.08	六塘船岭村委大乌岭12-2	莫三嫂	女	1911.01	中庸三联村委桐木村137号
张德嫂	女	1914.10	六塘村委羊明街42号	李建成	男	1914.04	中庸三联村委玉兰坡

乡　　镇

Xiang Zhen

六塘镇东计岭移民新村一角　　县水库移民局　供稿

临 桂 镇

【概况】 临桂镇位于临桂县人民政府驻地。地理位置坐标介于北纬 25°05′14″~25°08′56″、东经 110°07′34″~110°09′53″之间。东邻桂林市秀峰区甲山街道办，南界四塘镇，西连五通、两江镇，北靠灵川县定江镇。镇人民政府驻庙头街。辖 5 个社区、16 个村委会、146 个自然村，30211 户，98323 人。世居民族有壮族、汉族。居民说二塘、庙头话，通用桂柳官话。

临桂镇地处平原。总面积 213.43 平方千米。耕地面积 4474.53 公顷(水田 4208.27 公顷，旱地 266.26 公顷)。较高的山为侯山，主峰海拔 581 米。主要河流有潦塘河(桃花江)流经凤凰、乐和、庙头、塔山村委会，境内长 28.17 千米。还有金陵、木叶寨、古窑里、南场水库和青狮潭水库西干渠灌溉农田。两江国际机场路、桂(林)柳(州)高速公路、桂(林)梧(州)高速公路、万福路、321 国道、省道 20171 线、贵广高铁、湘桂铁路过境。旅游景点有：雄森熊虎山庄、原秧塘机场美国飞虎队指挥所遗址、水仙岩、桃花潭、大岩史前遗址等。农贸市场有金山、二塘、榕山、桂康菜市和庙岭、秧塘圩。

2014 年，临桂镇农业总产值 11.8 亿元，水稻种植面积 503.33 公顷，蔬菜种植面积 239.13 公顷，水果种植面积 333.33 公顷，猪肉产量 4.92 万吨，禽肉产量 9.24 万吨，鱼类产量 0.33 万吨。工业总产值 278 亿元(含镇境内县属企业)，全社会固定资产投资 24.6 亿元，财政收入 2.96 亿元，农民人均纯收入 10200 元。

【生态建设】 2014 年，临桂镇投入资金 60 万元，对光里、古平和小陂头村进行“普惠制”新农村建设。统一规划设计，完成水口蒋家村 30 户房屋的整村搬迁。新建能源沼气池 35 个，完成改厨 1129 户、改厕 1105 座。投入资金 150 万元修建自然村道路 28 条，共计 20 千米，巷道硬化 9.6 千米。

【乡镇企业建设】 2014 年，临桂镇解决啄木鸟医疗器械、贵广铁路、乐和工业园建设、桂林海吉星食尚港一期、贵广铁路 220 千伏外部高压线、桂林市山口生活垃圾焚烧发电工程(一期)等重大项目的征地难题，全年新征地 133.33 公顷。

【“美丽临桂·清洁乡村”工程】 2014 年，临桂镇专门抽调 12 名干部组成三个督查组，加大巡查力度；组建环卫城管队伍，确保城镇卫生整洁，达到“四净六无”。完善交通安全组织机构、管理办法、宣传措施、工作台账和事故应急处置预案，交通秩序良好。完成镇区立面改造 640 户，投入资金 175 万元建成镇区垃圾中转站并投入使用。制作固定宣传标语 147 条，召开各类分析整改通报会 81 次，发放宣传资料 15000 份。全年清洁田园 1000 公顷，旱地 400 公顷，清洁沟渠 1.2 千米，水塘 86 个，整治各类公共场所 15 处，清理各类广告 1280 余条。

6月24日，临桂镇干部职工参加清洁乡村活动　　临桂镇人民政府　供稿

【惠民工程】 2014 年，临桂镇发放农村低保户低保金 282 万元，城镇居民最低保障金 1089 万元，失地农民过渡费 826 万元，增加扶贫建档立卡 558 户，2172 人；发放大米 14.19 吨，救灾物资 1468 件，医疗救助金 94 万元。全镇农业人口参加新农合 50483 人，参合率 99.5%。完成广播电视户户通 132 户设备的发放、安装。

【体育文化建设】 2014 年，临桂镇新建篮球场 5

个,服务群众体育事业发展;建设文化室和村级公共服务中心。组织2支队伍参加临桂县广场舞大赛,分别获一等奖、三等奖;组织队伍参加临桂县彩调大赛,获二等奖。

(徐明成)

南边山乡

【概况】 南边山乡位于临桂县南部。地理位置坐标介于北纬24°50′00″~24°58′27″、东经110°10′48″~110°20′28″之间。东、南邻阳朔县,西接永福县,北靠六塘镇。乡人民政府驻南边山(狮子口)圩,距县城44千米。辖13个村委会,139个自然村,8794户,30994人。世居民族有壮族、汉族、回族、瑶族。居民说桂林官话及当地平话。

南边山乡地处架桥岭山区及丘陵地带,地势西高东低。总面积159.7平方千米,耕地面积1790.07公顷(水田1359公顷,旱地431.07公顷)。较高的山峰有香草岩、金鸡岭、架桥岭、凉帽山等,其中香草岩主峰海拔1174米。主要河流有大江、古里河。大江水库是县内最大的水库,总库容4160万立方米。另有塘头、竹篙岭、赖家冲、五喜庙4座小型水库。公路有县城至南边山、六塘路口至南边山军洞(县道)和南边山狮子口至升平、永忠、靖远、东山、五敬村委公路(乡道)。名胜古迹有双凤桥、大江水库、深里河峡谷、经家祖屋、秦家大院等。主要特产有柑橙、金橘、猕猴桃、韭菜花、葛根、淮山、腐竹等。有南边山圩和塘头圩两个农贸市场。

2014年,南边山乡农业生产总值3.28亿元,工业生产总值1.07亿元;全社会固定资产投资27262万元;组织财政收入534万元(地税222万元,国税312万元)。农民人均纯收入11160元。

2014年12月19日,自治区人民政府下文,批复同意南边山由乡建制改为镇建制。

【农业产业结构】 2014年,南边山乡粮食播种总面积2736公顷,产量1.59万吨,其中早稻播种1158公顷,中稻播种98公顷,晚稻播种1059公顷。在塘头、玉联、富汴3个村委继续推广超级稻种植,核心示范面积66.66公顷,周边辐射600公顷,每公顷产量6450千克。水果种植总面积952公顷,其中金橘185公顷;在升平、永平发展红阳猕猴桃70多公顷;在东山、玉联村委发展茂谷柑89.4公顷,在塘头、富汴等村委发展砂糖橘117公顷,新增种面积130多公顷。蔬菜春种面积619公顷,以南新村委的韭菜花、莴笋为主,其中韭菜花种植167公顷;东山、五敬种植葛根、淮山548公顷,产量12476吨。全乡生猪出栏27216头,肉牛出栏653头,肉羊出栏651只;家禽出笼385443羽,禽蛋产量498吨;肉类总产量2751.77吨;水产品总产量450吨。

【基础设施建设】 2014年,南边山乡利用"以奖代补"水利渠道建设政策,投入321.33万元,完成永忠八河口、升平牛厂等多个自然村的水利渠道"三面光"49.4千米;申报"五小水利"工程,经县批准项目28个,资金3800多万元。落实千村公路通畅项目,完成通永平、富汴、钱村3个村委水泥路建设13.7千米,实现全乡村委会通水泥路全覆盖;推进进村道路和村屯内巷道硬化工作,完成玉联祖山门、钱村浪石圩等26条长21.7千米进村道路硬化;完成升平新屋里、永忠南登等30个村屯的巷道硬化工作,长18.3千米,全乡自然村屯

8月,南边山乡市场进行升级改造 南边山乡人民政府 供稿

巷道硬化率80%。投入150万元对集镇进行绿化、美化和硬化。8月，启动农贸市场升级改造工程。

【扎实推进新农村建设】 2014年，南边山乡以建设美丽乡村为目标，多方筹集资金，完成东山村委石板山新农村建设示范点，安装太阳能路灯30盏，道路硬化6500米，房屋立面改造23座，绿化4250平方米，水渠三面光650米。投入70万元，完成永平韩家、玉联牛牯岭肖家2个普惠制新农村建设工作，风貌改造7000多平方米。投入1565万元，完成222户危房改造工作。

【"美丽南边山"工程】 2014年，围绕"美丽乡村"工作目标，由集镇到村委、由公路沿线村屯到山区村屯，发挥挂点领导干部示范带头、保洁员履行职责和群众的主体作用，开展"三清"活动，保持"家园、田园、水源"的清洁。在东山村委石板山、南新村委巴砖村建设"三化"示范点。全年投入210多万元，新增环保垃圾箱150个，增添村屯垃圾清运斗车250辆，新配垃圾收集大桶950个；更换村屯"美丽"宣传栏51块，发放宣传资料5000多册；保洁员培训50多次；开展大清理活动15次，清理各类垃圾900多吨。

【社会事业全面发展】 2014年，南边山乡新型城乡居民社会养老保险三方代扣协议签约人数9870人，签约率93%，参保率90.1%，共发放养老保险金432多万元。全年有845户、1196人纳入低保范围，发放最低生活保障补贴169.2万元；民政救助资金70多万元；并及时向288名困难群众发放了春冬两季救济救灾物资；给重度残疾人149人发放补贴5.36万元。投入12万元完成塘头、南新农村幸福院建设项目。开展诚信计生，全乡人口自然增长率为6‰。出生人口384人，出生率12.77‰，计生率95.05%，其中男孩193人，女孩191人，男女性别比为101。计划生育已婚育龄妇女参与率达到95%以上。

【村"两委"换届】 2014年7月，南边山乡开展村级"两委"换届选举工作。本次选举采用提名、差额选举的办法共选出村支部书记13人，13个支部成员共73人，其中3个村委选举产生新的支部书记，10个村委选举出新的副支部书记。支委共有女性10名，35岁以下的支委成员9名。至9月底，全乡13村级党组织、13个村委会换届选举工作全部结束。

（阳健康）

六 塘 镇

【概况】 六塘镇位于临桂县南部。地理位置坐标介于北纬24°55′50″~25°02′34″、东经110°10′11″~110°20′34″之间。东北接桂林市雁山区，东南连阳朔县，南邻南边山乡，西界永福县，北依会仙镇。镇人民政府驻六塘街，距县城38千米。辖15个村委会和1个居委会，111个自然村，12978户，45359人。世居民族有壮族、汉族、回族。

六塘镇地处丘陵平原。总面积107.64平方千米。耕地面积2747.5公顷（水田2187公顷，旱地560.5公顷）。主要河流有大江河。境内有小江、东计岭、大陂口水库，总库容1101万立方米。有雁（山）六（塘）公路与桂（林）阳（朔）公路相连，另有乡镇公路与阳朔县金宝乡、葡萄镇相通。桂（林）梧（州）高速公路从境内通过。名胜景点有六塘清真寺、济湘桥、何家桥、廖家花园及江背和上岚岩村枫树林、十八洼溶洞和全国最大的间歇冷泉犀牛泉等。农贸市场有六塘圩。

2014年，六塘镇镇粮食产量20072吨，蔬菜产量73109吨，水果产量6061吨，猪肉产量2790吨，禽肉产量1330吨，鱼类产量545吨。全社会固定资产投资7.2亿元，农民人均纯收入6778元。

【乡镇企业】 2014年，六塘镇加大招商引资力度，发展壮大柚子湾旅游工业集中区。加强软环境建设，从立项、报批、建厂等各个环节全程做好服务，使企业尽快投产，早出效益。年内引进桂林市凯利矿业有限公司和中石化等一批项目。

【基础设施建设】 2014年，六塘镇投资10万元对清泰、船岭等山区道路进行修复，完成观音山、岚岩村、皇望至何家桥等6条10.9千米的水泥路建设和迎宾大道、六利公路扩建。完成保联桥、大江桥危桥改造；新建三塘、清泰、大村3个便民候车亭和清泰、小江、岚岩3个村级公共服务中心，

11月30日，六塘镇商贸城开业　　今日临桂报社　供稿

落实门前“三包”责任，推行市政、环卫管理片区和清扫面积的定人、定责、定岗、定酬制度。各村成立理事会，制定村规民约，在全镇108个自然村聘请168名村级保洁员，全镇生活垃圾实行“村收—镇运—镇处理”，实现“美丽六塘·清洁城乡”活动“无缝对接、全面覆盖”，被评为全县“洁净临桂”“美丽乡村”工作第一名。

【社会保障事业】 2014年，六塘镇落实农村“五保”供养政策和特困户救济工作。全镇农村低保对象841户，1550人，全年发放低保资金219万元；发放城镇低保金20.2万元。落实危房改造任务230户。投入10多万元，在广洞和船岭村委建成两所幸福院，每个幸福院均配备娱乐室和起居用品。

均完工验收。完成水渠三面光17.5千米，“以奖代补”项目15处，奖励资金117万元。投资2000万元，修建六塘、保联、诚正、诚桂、道莲、羊田、小江村委“五小”水利工程，完成渠道三面光1.5千米和两处电灌站以及观音山、莲花塘、小山塘水系及岚岩堰坝水系建设。投资100万元，完成云塘、汉山、道村、大园里、顺九厄等自然村的自来水工程。实施“一事一议”财政奖补项目38处，奖补资金500.7万元。

【小城镇建设】 2014年，六塘镇新型城镇化示范镇建设总投资2.8亿元，共分为规划编制、产业发展、集镇建设三大块28个项目。其中，投资2100万元新建一个四星级农贸市场，投资600万元实施老市场的拆旧建新，投资5000万元新建宽23.5米、3.7千米的迎宾大道；在主要路口和公共场所安装高清探头16个，实现镇区天网工程全覆盖。新建1座客运站、1处占地1000平方米的开放式文体活动中心，1座垃圾中转站，1座垃圾无害化处理站，3座高标准公厕，新安装固定垃圾箱160个，镇区街道“绿化、亮化、美化”工程全部完工，街道硬化率100%；公共绿地25860平方米，主要道路绿化普及率100%，城镇功能配套基本完善，镇区人居环境明显改善。

【“美丽六塘”工程】 2014年，六塘镇完善清扫、保洁、清运、管理、执法、监督“六位一体”的管理模式，实现城镇管理的常态化、规范化。在镇区继续

【科教文卫事业】 2014年，六塘镇投资1100多万元，完善六塘镇中学基础设施建设，六塘中心小学搬迁至原六塘中学校址，新办1所机关幼儿园，为14所村级小学增添教学设备；完成清真寺、湖南会馆修缮工作；将镇中心卫生院建设成为一级甲等标准化卫生院。全镇新农合参保率99.86%，新农保参保率93.79%。实施计生法律法规，完善“三位一体”工作机制，强化人口计生服务，年内出生人口540人，其中二孩出生213人。

（杨槟郢）

会仙镇

【概况】 会仙镇位于临桂县南部，地理位置坐标介于北纬25°03′14″~25°05′09″、东经110°09′45″~110°10′51″之间。东与桂林市雁山区交界，南和六塘镇相连，西邻永福县罗锦镇，北抵四塘乡。镇人民政府驻会仙圩，距县城40千米。辖16个村委会、147个自然村，14048户，54594人。世居民族有壮族、汉族、回族、瑶族。居民说会仙话，通用桂柳官话。

会仙镇地处石山平原。总面积16928公顷。耕地面积4772.67公顷（水田3985.33公顷，旱地787.33公顷）。境内有大竹山、大庙门、大布岩、沟头山4座水库，总库容79万立方米。有良(丰)永(福)、良(丰)马(面)、界牌至南边山公路，桂(林)梧(州)高速公路。旅游景点有会仙湿地、七星坪大草坪、相思埭遗址、白崇禧故居、铜桥、八仙湖等。农贸市场有会仙圩和马面圩。

2014年，会仙镇农业总产值4.67亿元，(比上年，下同)增长5.0%；工业总产值20.25亿元，增长20.0%；工业增加值7.49亿元，增长18.0%；全社会固定资产投资7.61亿元，增长47.0%。

【工业园区建设】 2014年，会仙镇工业园竣工投产项目46个，在建项目3个。实现税收2200万元，安排就业人员4000多人。年内投入资金400万元，对工业园区进行升级改造。

【惠农政策全面实施】 2014年，会仙镇发放农村低保资金345.62万元，城镇低保资金11.70万元，大病救助和临时救助资金79.40万元，高龄补贴资金99.50万元，城乡居民基本养老保险资金739.06万元，农业生产资料综合补贴资金719.55万元，粮种补贴资金136.19万元，退耕还林补贴资金36.37万元，农机补贴资金273.05万元，生态公益林补贴资金106.47万元。兑现“五保”供养资金143.63万元。完成795户扶贫对象的建档立卡工作，发放扶贫对象贷款贴息资金3万元。完成改厨改厕1200户，发放厨改厕补贴资金240万元。

【基层组织建设】 2014年，会仙镇完成村“两委”换届工作。新一届村“两委”班子支书、主任“一肩挑”13人，占总数的81%；7个村班子配备35岁以下年轻干部，占总数的43.8%；共有26名女性进入村“两委”班子。新一届村“两委”成员中党员人数98人，占总数的81%；有3名村“两委”班子成员具有大专学历，有52名村“两委”班子成员具有高中以上学历。

（李志凤）

四　塘　镇

【概况】 四塘镇位于临桂县中部。地理位置坐标介于北纬25°04′27″~25°14′31″、东经110°03′12″~110°13′23″之间。东邻会仙镇，南连永福县苏桥乡，西接两江镇，北界临桂镇。镇人民政府驻四塘圩。距县城12千米。辖15个村委会，111个自然村，11706户，45939人。世居民族有汉族、回族。居民说平话，通用桂柳官话。

四塘镇地处平原、丘陵。总面积166.45平方千米。耕地面积3957.8公顷(水田3390.8公顷，旱地567公顷)；森林面积4667公顷，森林覆盖率40.05%。主要河流有相思江；有焦额底、绕江、马桥、长江、池头水库，总库容1263万立方米。湘桂铁路、省道306线、桂(林)柳(州)和桂(林)梧(州)高速公路过境。旅游景点有横山陈氏宗祠。特产有腐乳、马蹄。农贸市场有四塘、太平、界牌等圩。

2014年，四塘镇农业总产值4.8亿元；粮食种植面积4658公顷，产量2.62万吨；水果种植面积1121公顷；蔬菜种植面积1999公顷；水产养殖面积316公顷，产量2223吨；生猪存栏2.65万头，牛存栏0.48万头，家禽出栏232.15万只。工业总产值13.9亿元，全社会固定资产投资6.48亿元，财政收入2200万元，农村人

6月30日，会仙镇组织村民开展为期一个月的烹饪职业技能培训并进行结业考评　　吕贤 摄

均纯收入8680元。

【发展特色农业】 2014年,四塘镇在新村、界牌、李家等村建立柑橘类示范区,种植面积436公顷;在大湾、太平、土桥、界牌等村建立马蹄示范区,种植面积620公顷;在新村、绕江、腊村等村建立秋西瓜及葡萄示范区,种植面积1058公顷。示范区内建有水果专业合作社、水果交易平台各4个。

【城镇建设】 2014年,四塘镇做好临桂新区项目征地工作,完成重大项目征地26.87公顷,拆除违章建筑7万平方米。四塘镇投入资金1170多万元,对集镇区进行改造升级,立面改造镇区沿街建筑101栋;铺设排水、雨水、污水管道6.3千米。在镇区及四(塘)会(仙)路沿线种植景观树200株,安装路灯120盏。镇区街道人行道均铺设大理石地板。

【新农村建设】 2014年,四塘镇投入资金500多万元,完成6个普惠制新农村建设。实施埠塘村高标准新农村示范点建设工程,建设完成环村公路、入村主道、第一条步道、村名牌坊、篮球场、景观湖及污水处理站等工程,40盏太阳能路灯投入使用,第二条步道绿化工程年内在建。

【为民办实事】 2014年,四塘镇加快农村医疗卫生服务体系建设,新建岩口、大湾2个标准化村级卫生室。实施"绿满八桂"造林绿化工程,完成造林86.67公顷。完成危房改造181户,竣工验收97户。岩口老村获自治区级文明卫生村称号。新建村级篮球场5个、村级活动中心2个、沼气池50座。

【"美丽四塘"活动】 2014年,四塘镇投资560多万元,为111个自然村配备村屯保洁员163名,镇区配备保洁员35名;建立"户集、村收、镇运、县处理"的垃圾处理体系,垃圾日产日清,无害化处理率100%。开展集中整治行动24次、"三清"(清洁家园、清洁田园、清洁水源)志愿服务13600多人次。清理垃圾500多吨。完成改厕783座,改厨789座。

【落实惠农政策】 2014年,四塘镇发放农资综合直补金661.1万元,粮食直补金64.8万元,水稻良种补贴151.8万元,农机购置补贴138.2万元,退耕还林补贴23.6万元。实施县"一事一议"建设项目30个,总投资926万元(上级奖补资金527万元,群众自筹23万元,集体资金、社会捐资及其他资金376万元)。建设完成竹枝脉、池头村主道硬化4.4千米。

【社会事业】 2014年,四塘镇坚持把维护社会稳定摆在重要位置,接待群众来信来访258人次,排查矛盾纠纷30件,成功化解25件,化解率83%。完成全镇15个行政村贫困人口识别工作,对贫困户逐户进行建档管理,制定切实可行的扶贫计划。全面普及九年义务教育,小学入学率100%,初中入学率98%,小学毕业率100%。

(秦柔曼)

两 江 镇

【概况】 两江镇位于临桂县西南面。地理位置坐标介于北纬25°07′50″~25°22′05″、东经109°54′16″~110°06′26″之间。东与临桂镇、四塘乡交界,南和永福县相连,西同茶洞乡接壤,北与五通镇毗邻。镇人民政府驻两江街,距县城19千米。辖27个村委会及两江街居委会、228个自然村,20689户,82372人。世居民族有壮族、汉族、回族。居民说两江、渡头方言,通用桂柳官话。

两江镇地势东西高,中部低,除二圳村委会属山区外,余属丘陵。总面积262.5平方千米。河流有义江、丹桥河。另有罗山、东宅、薄江、幸福、青松、鸭公井、塔底水库,总蓄水量2188万立方米。省道306线、桂(林)柳(州)高速公路和五通至两江公路过境。桂林两江国际机场坐落境内,并建有机场专用高速路与桂林市区相连。境内李宗仁故居是桂林市旅游定点单位,也是全国重点文物保护单位。农贸市场有两江、山口圩。

2014年,两江镇水稻种植面积9866.67公顷,粮食总产量5.6万吨,蔬菜种植1400公顷,总产量5.3万吨,总产值8000万元;全年新增水果种植面积866.67公顷(以砂糖橘为主),挂果面积800公顷,总产量3.6万吨,总产值2.5亿元。工业总产值7.1亿元,增长8.01%。第三产业总产值1.3

亿元。组织财政收入1722万元，其中国税收入514万元，(比上年，下同）增长28%；地税收入1308万元，增加18%。社会固定资产投资11.8亿元，增长41.47%。农民人均收入11289元，增长13%。金融机构存款余额6.54亿元，其中农行存款余额2.4亿元，邮政储蓄存款余额0.35亿元，农村商业银行两江支行存款余额3.79亿元。

【项目建设】 2014年，两江镇完成义江国际生态旅游、两江国际机场航站楼改扩建、罗山湖体育旅游开发、凤凰体育运动休闲旅游等项目建设征地任务333.33公顷。引进桂林银龙新能源有限公司、中石油两江加油站、亿发衣架厂、顺风竹木制品厂、康利佳衣架厂等一批规模企业，形成以木材加工厂为主的产业群，可提供2300多个就业岗位。

【基础设施建设】 2014年，两江镇投入小城镇建设项目和管理资金500多万元。对省道306线镇区段两旁进行立面改造；完成镇污水处理厂0.8公顷的土地征收和镇区2500米的管网建设。完成落阳新村、斋头老村、新村3个普惠制新农村建设；完成古定村委、城联村委和罗城村委3个新家庭文化屋和幸福家园村级服务室；投入帮扶资金14.4万元，对山口、宿棠两个贫困村委进行扶贫项目建设。

【落实惠农政策】 2014年，两江镇实施财政奖补“一事一议”项目33个，争取自治区财政奖补资金519万元，完成29个村32千米的村道硬化及2个人饮工程，全镇镇区街道硬化率100%，自然村村道硬化率85%。加大农村水利设施建设力度，对鸭公井水库等进行除险加固，组织以奖代拨兴修水利3.5千米，完成高塘大妙门村等12处人畜饮水工程，落实中央投资3600万元，完成涵盖罗山水库、城联水轮泵、东宅水库等罐区973.33公顷的渠道建设项目。

【改善民生】 2014年，两江镇完成危房改造212户，补助资金433万元。推进农村“三改一池”工程，完成改厨2230间，改厕2700座，发放“三改”资金560万元；完成沼气池50座，发放补助约12万元。

【社会保障】 2014年，两江镇办理农村低保户2415户，保障人口4729人，发放保障金715万元；办理城镇低保户226户，保障人口1020人，发放保障金327万元；办理农村五保户495人，发放五保生活费201万元；全年累计发放各类抚恤金50万元，发放救灾资金14.2万元，农村临时救助26万元，医疗救助154万元。全年办理发放优抚医疗救助金9万元；发放义务兵优待金41万元；农村大病救助3423人次，发放救助金140万元；城镇大病救助1230人次，发放救助金14万元；发放低保助学金8万元；发放自然灾害生活救助金4.6万元；发放80岁以上高龄补助金114万元。全年共办理农村社会养老保险22691人，缴费金额为246.62万元，发放60岁以上农村养老保险金1050万元；新增就业人数600人，城镇登记失业率4%，农村劳动力转移就业新增人数1100人。代缴新农合2482人，代缴金额12.41万元；办理独生子女户、双女结扎户爱心险559人。

（沈丽琼　谢新明）

茶洞乡

【概况】 茶洞乡位于临桂县西部。地理位置坐标介于北纬25°11′57″~25°23′30″、东经109°63′44″~109°54′14″之间。东与五通镇交界，南和两江镇相连，西、北同永福县毗邻。乡人民政府驻茶洞街，距县城28千米。辖11个行政村，104个自然村(组)，6251户，21452人。世居民族有壮族、汉族。居民说茶洞方言，通用桂柳官话。

茶洞乡地势北高南低，茶洞、护山、花岭、定安、富合5个村委会地处丘陵，其余6个村委会属山区。总面积219.54平方千米。耕地面积2585.1公顷(水田1114.6公顷、旱地1470.5公顷)；森林面积8622.9公顷，森林覆盖率为39.3%。海拔千米以上的山有石人界、莫皇殿、石鼓界、高峰界、九江界、闪腰尾等。主要河流为北江河；有富合水库，总库容103万立方米。乡境有两江至茶洞、茶洞至永福县龙江乡和茶洞至温良公路。旅游景点有古花岭圩、仁义川岩等。主要特产有罗汉果、百香果、夏橙、南方蜜橘、韭菜花、中华鲟、竹鼠等。是全国著名的罗汉果之乡。农贸市场有茶洞圩。

2月27日，茶洞乡茂谷柑喜获丰收　　　　茶洞乡人民政府　供稿

2014年，茶洞乡农业总产值3.15亿元；粮食种植面积2032公顷，产量1.31万吨；水果种植面积992公顷，产量1.07万吨；蔬菜种植面积861.3公顷，产量1.80万吨；水产品产量283吨；生猪出栏1.90万头，肉牛出栏1100头，羊600只；家禽出笼173.2万只。工业总产值9662万元，全社会固定资产投资2.5亿元，财政收入304万元，农民人均纯收入11030元。

【基础设施建设】 2014年，茶洞乡争取县“一事一议”项目立项，硬化（新修）道路16.62千米、滚水坝72米、防洪河堤240米、蓄水池2个、水池主管道500米、水利渠道“三面光”2100米、护河堤124米。年内，投资1400万元的茶（洞）两（江）（扩建）公路和投资1000万元的江（洲）仁（义）（新建）公路工程完工，里程分别为8千米和6.5千米。

【新农村建设】 2014年，茶洞乡投资20万元实施茶洞村委屯寨村普惠制新农村建设，立面改造民房5000多平方米。投资30万元，对江洲村委龙江口村进行示范改造。继续实施登云高标准示范新农村建设，拆除泥砖住房41座，灰房25座，平整土地5000平方米，拆旧建新民房30座（23座封顶，7座在建），完成立面装修50座，硬化环村道路160米，环村绿化600平方米，建成景观凉亭、景观水车、公厕各2座，拱桥、戏台、文化室、祠堂各1座，篮球场一个，安装太阳能路灯20盏。

【“美丽茶洞”活动】 2014年，茶洞乡104个自然村均聘请村屯保洁员。全年清运垃圾282吨，清洁水源45处，清理农业生产废弃物4.5吨，清理田园面积4.8公顷，配备垃圾桶5000多个。登云高标准示范新农村建成临桂首个LG-A110多位一体新型农村生活垃圾焚烧炉。

【乡村旅游】 2014年，茶洞乡乡村旅游发展迅速。花岭褚村的千亩油菜花基地，褚村古城墙、古民宅、古民巷吸引众多游客。江洲、仁义等村委的徒步路线受到广大徒步爱好者的青睐。以花岭褚村、江洲龙江绿色生态、休闲放松游为代表的一批乡村旅游项目正逐步兴起。

【落实惠民政策】 2014年，茶洞乡共有7105人参加新型城乡居民社会养老保险，参保率98%；符合发放条件的3301人，发放率100%。发放农村低保金224.35万元、救灾大米14.52吨、救助棉被235床、棉衣220件、高龄补贴金39.72万元、重阳节慰问金3900元。年内，完成改厨454座、改厕518座。

（李慧琳）

五　通　镇

【概况】 五通镇位于临桂县北部，地理位置坐标介于北纬25°19′48″~25°29′19″、东经110°08′32″~110°54′47″之间。东接临桂镇的灵川县公平乡、临桂镇，南连两江镇，西邻黄沙瑶族乡、茶洞乡，北靠中庸乡、宛田瑶族乡。镇人民政府驻五通街。辖22个村委，1个居委，139个自然村，15660户，61812人，人口自然增长率8.25‰。世居民族有汉族、瑶族、壮族、苗族。

五通镇地势东、西高，中南部低；西北部为山区，余为丘陵。总面积263.72平方千米。耕地面积4668公顷（水田3868公顷，旱地800公顷）。海拔千米以上的山有围岭界、马颈界、光头岭、祖庙界。主要河流有义江河、浔江河、祖庙河等。贵(州)广(州)高速铁路在五通镇区设立1个县级站;有321国道和县道五(通)潭(下)公路、五(通)两(江)公路、五(通)保(宁)公路过境;年内在建桂(林)三(江)高速公路。旅游景点有国家级AAAA景区的义江缘景区,国家农业旅游示范点刘三姐茶园。农贸市场有五通永业新城市场、山货街老市场、第二市场和保宁圩市场,其中五通农贸市场是临桂西北部乡镇农产品的集散地,年成交额近10亿元。

2014年,五通镇农业总产值7.6亿元,粮食总产量4.01万吨,水果产量1.91万吨,蔬菜4.78万吨,猪肉0.41万吨,禽类产量0.98万吨。工业总产值7.1亿元,全社会固定资产投资6.7亿元,财政收入1545万元,农民年人均纯收入8467元。农民画产值2.28亿元。全年接待游客52万人次,营业收入7200万元。

【发展特色产业】 2014年,五通镇耕地流转面积320公顷,新增水果种植面积279.33公顷。重点发展以砂糖橘、金橘、百香果为主的无公害水果种植。在白马、步厄、蓬莱3个山区村委试点种植猕猴桃。以伍家、保宁村为重点,向周边村辐射发展马蹄种植。在浔江、大塘村成立生姜合作社,生姜种植面积133.33公顷,成为桂林市生姜主产地之一。

位于321国道旁的五通镇政务服务中心　　周荣华　摄

【水利设施建设】 2014年,五通镇把江门、仁和、西南、大塘、三友等村水利设施纳入县五小水利工程治理项目;把义江河流域五通段纳入专项治理工程,并完成规划。水利以奖代补项目完成水渠三面光1.9千米;千亿斤粮食水利项目完成渠道三面光15千米。完善18个村面上拦水坝和水利设施修复工程。

【项目建设】 2014年,五通镇完成"中国农民画第一村"项目第一期主体工程建设;五通茶场的苗木市场项目建设完工。完成桂(林)三(江)高速五通段的征地任务;浔(江)保(宁)、浔(江)白(马)、江(门)蓬(莱)、五(通)黄(沙)公路和五通二桥开工建设。

【小城镇建设】 2014年,五通镇投资150万元,对新321国道镇区段的商住楼进行风貌改造;投资35万元,对镇区文化体育休闲场所进行改造,建成灯光篮球场、戏台,配备健身器材等设施。

【"美丽五通"工程】 2014年,五通镇配有自然村保洁员196名,发放保洁员补助款60多万元。除步厄、白马、蓬莱3个山区村委的垃圾实行村收集、村处理外,19个平原村委的垃圾均实行村收集,镇运输、处理。年内,镇区聘请城管人员5名、交警协管员3名,重点整治镇区老街道、市场及321国道沿线的堵、脏、乱、差现象。通过招标,由专业公司承包镇区、321国道五通段沿线、通村公路及义江河五通段的环境卫生。全年完成"三改"(改水、改厨、改厕)1155户。

【新农村建设】 2014年,作为临桂县高标准新农村建设示范点的五通镇新寨村新农村建设项目竣工;马鞍村第一期工程有24户入住新房,第二期43户完成主体工程,第三期36户开工建设。投资120多万元对江门村委周村进行村前景观、立面墙体改造。完成大塘、塘尾岭、罗江、都碧、中间洞、茅山、大塘底、周家坪、船岭、板屋等10个自然村人饮工程;建设屋基、渠龙、上房、仑山、水车、华岩坪、贲家山、新寨(北塘)、杨梅(浔江)、泉水妙、东板、峰镜、松林13个自然村进村(环村)水泥道路及峰镜至浔江、大塘至大塘口的连村水泥公路,总长17000多米。

【落实惠农政策】 2014年,五通镇共发放农村低保金323.5万元,城镇低保金42.6万元,五保供养金166.7万元,临时救助金19.8万元,倒房重建补贴15户18万元,农村危房改造176户,发放危房改造补贴281万元。兑现农资综合补贴715万元,良种补贴829.6万元,退耕还林补贴24万元,农机补贴125.8万元,扶贫对象贷款贴息3.2万元。全年新型农村合作医疗参加人数53382人,参加率99%;新农保参保人数18466人,参保率87.6%。争取"一事一议"财政奖补资金483万元,带动社会捐资870多万元,完成27个"一事一议"项目。

【基层组织建设】 2014年,中共五通镇党委争取资金110万元,新建泗江、仁和2个村委办公楼,对板屋、大塘、西塘、北塘4个村委办公楼进行维修。年内,举办各种培训班、学习会20次,接受培训的党员1600人次;有62人向党组织递交了入党申请书,发展新党员15名。

【农村文化建设】 2014年,五通镇建设华岩坪、邓家、赵家、新寨(西山)4个村级公共文化服务中心,配备灯光篮球场、戏台、文化活动室及健身器材等设施。组建塘底、五通村2支彩调队,春节巡村演出80多场次;举办春节村级农民篮球赛,有12个自然村组队参赛;举办首届"义江杯广场舞联谊赛",全镇16支村级广场舞队伍参加。年内,五通农民画引领文化致富模式获第二批国家公共文化体系示范项目正在实施。

(周荣华)

中庸乡

【概况】 中庸乡位于临桂县北部,地理位置坐标介于北纬25°24′43″~25°30′11″、东经110°00′46″~110°06′54″之间。东与灵川县青狮潭镇交界,西、南与五通镇相连,北界宛田瑶族乡。乡人民政府驻中庸圩,距县城32千米。辖7个村委会,48个自然村。世居民族有汉族、壮族、回族、瑶族。居民说义宁平话,通用桂柳官话。

中庸乡地处丘陵、平原。乡境东、西部为山脉,中部为丘陵、平原。总面积85.04平方千米,耕地面积1847.79公顷(水田1816.58公顷,旱地31.21公顷)。义江境内流程8千米。321国道过境。旅游景点有红溪、古榕水寨、莲花岛、怡水苑等。

2014年,中庸乡农业总产值1.50亿元,主要经济作物有夏橙、柑橘、苗木、罗汉果、金钱草等。种植夏橙、砂糖橘等柑橙类100公顷,培育绿化苗木120公顷;生猪出栏1.69万头,家禽出栏83.18万只;渔业产量383吨。工业总产值0.70亿元。固定资产投资2.09亿元。财政收入404.21万元(国税收入210.34万元,增长15.79%;地税收入193.87万元,增长37.4%)。人均纯收入7685元,其中农民人均纯收入7360元。

【农业惠民及培训】 2014年,中庸乡发放农资综合直补资金250多万元、农机补贴资金20多万元。投资374.84万元为11个村实施"一事一议"项目。邀请桂林市、临桂县农业专家到乡开展夏橙管理、母猪养殖等技术培训5次,培训农民1800多人次。

【发展社会事业】 2014年,中庸乡城乡居民社会养老保险参保人数9100人,参保率97.5%,保险金发放率100%;参加新型农村合作医疗农民报账36572人次,发票总额1164.69万元,补偿总额657.83万元。发放城乡低保金95.37万元、临时困难救助金4.31万元、医疗救助金42.17万元、拥军优属义务兵优待金17.16万元、五保供养金50.10万元。完成危房改造149户。

【新农村建设】 2014年,中庸乡以下峰山村高标准新农村建设为示范,推进全乡社会主义新农村建设。完成12个自然村巷道硬化工程。实施泗林、于村2个普惠制新农村建设。投资300多万元,建设面积8000平方米的穴田村委泗林村农村生态公园。

【"美丽中庸"活动】 2014年,中庸乡48个自然

中庸乡泗林公园一角　　　　吴雪　摄

村共聘请保洁员80名，建垃圾池60个，确保每村均有专(兼)职的环卫人员、固定的垃圾收集点、垃圾清运工具、处理垃圾专用场地。中庸市场新建公厕4个，下峰山建成四星级旅游公厕2座。完善中庸街区和农贸市场基础设施建设，规范交通管理和经营秩序，提升街区形象。

【中庸义江绿道建设】 2014年，中庸义江绿道一期工程开工建设。工程南起高田村委于村百年古榕，北至穴田莲花岛景区，规划建设有自行车道、徒步亲水步道、田园采摘区、竹林烧烤区、露营生活区、农耕文化体验区、自行车服务区等综合功能。投入资金300万元，建设长度4.2千米。

【变更区划建制】 2014年12月19日，《广西壮族自治区人民政府关于同意桂林市永福县三皇乡等6个乡改为镇建制的批复》文件，同意中庸乡由乡建制改为镇建制，其所辖行政区域、隶属关系、政府驻地均保持不变。

（倪燕华　肖红丽）

宛田瑶族乡

【概况】 宛田瑶族乡位于临桂县北部，地理位置坐标介于北纬25°30′20″~25°40′47″、东经109°55′00″~110°07′47″之间。东临灵川县兰田瑶族、公平乡，南连中庸乡、五通镇，西与黄沙瑶族乡相邻，北接龙胜各族自治县。乡人民政府驻宛田村委林家村，距县城40千米。辖15个村委会，138个自然村，6054户，22670人，人口自然增长率6.13‰。世居民族有瑶族、壮族、苗族、汉族等，瑶族人口11381人，占全乡人口的50.2%。居民说桂柳官话、瑶话、壮话、义宁平话，通过桂柳官司话。

宛田瑶族乡地处山区。总面积342.32平方千米，为县内土地面积最大的乡镇。耕地面积11478公顷(水田面积7802公顷，旱地面积3676公顷)；森林面积10万公顷，森林覆盖率85%。海拔千米以上的山有大竹山、叭吓界、深湾界、横岭界、阴棚界、四马槽界、岩岭坳等。主要河流有义江、流丰河、合作河、中江、平水江等。321国道及宛(田)黄(沙)公路过境。旅游景点有东宅江蝴蝶谷、桂林十二滩漂流、王能望情谷、红滩瀑布、吉瓮瀑布、永安梯田等。

2014年，宛田瑶族乡农业总产值1.47亿元，粮食种植面积1650公顷，产量8499吨；水果种植面积462公顷，产量1941吨；蔬菜种植面积809公顷，产量14398吨；养鱼24公顷，产量238吨；年末生猪、牛存栏数分别为0.87万头、0.49万头，出栏数分别为1.59万头、0.13万头；家禽全年存栏数34.5万只，出栏数76.67万只。造林面积300公顷，毛竹低产改造面积133.33公顷。出产木材3651立方米、毛竹57.4万根。工业总产值2.98亿元。全社会固定资产投资总额2.58亿元。财政收入333万元。农民人均纯收入6523元。城乡居民年末储蓄余额6650万元。乡镇企业283家，从业人员4106人。

【为民办实事】 2014年，宛田瑶族乡争取上级资金426万元，完成县“一事一议”项目27个，自然村道路硬化15个，硬化里程13.1千米；投入资金300万元，对集镇街道进行硬化、美化、亮化。年内，完成江北、塔背等自然村人饮工程；小河口、上叭吓、毛竹山等自然村新修道路 4.9 千米；修复平寨自然村防洪堤 1.35 千米；瓮洲、江北村安装太阳能路灯 32 盏。

【“美丽宛田”活动】 2014 年，宛田瑶族乡投入资金 300 多万元，对宛田、瓮洲、中江、小河、洞头 5 个村委进行农村环境连片示范整治。聘请村屯保洁员 142 名、集镇保洁员 12 名。自然村建设小型垃圾池 148 个，配备大型垃圾桶 900 个。全年清理垃圾 260 多吨，清理河道 25 千米，清洁田园 333.33 公顷。完成改厨、改水、改厕 600 多户。

【惠农工程】 2014 年，宛田瑶族乡发放农村低保金 206.25 万元、城镇低保金 17.44 万元、五保供养金 61.25 万元、临时救助金 10.98 万元、农村医疗救助金 60.56 万元；兑现农资综合补贴资金191 万元、良种补贴资金 29 万元、农机补贴资金 33.26 万元。完成扶贫对象建档立卡 462 户，发放扶贫对象贷款贴息资金 3.30 万元。投入资金 180 万元，完成危房改造 155 户。

【瑶乡“禁风节”】 农历正月 20 日，为当地瑶族居民传统节日“禁风节”，庙坪街上商贩齐聚，民族特色首饰、日用百货、生产用具、服装鞋帽等商品琳琅满目，瑶民们着民族盛装，敲锣舞狮，唱山歌，跳“长鼓舞”，演彩调。国内外游客纷纷慕名而至。

【30 周年乡庆】 2014 年 10 月 17 日，宛田瑶族乡举办瑶族乡成立 30 周年庆典大会，对宛田瑶族乡成立 30 周年所取得的成绩进行总结。群众自编、自导、自演展示民族风情的文艺演出，并对少数民族单位、贫困党员群众代表进行慰问。

【新农村建设】 2014 年，宛田瑶族乡投入资金 900 多万元，实施集镇高标准示范点和王能、岭背坪、林家、大脚迹等村的新农村建设项目；投入资金 600 多万元，完成瓮洲村中央景观公园、巷道硬化、停车广场及 44 户农户房屋风貌改造工程；投入资金 25 万元，实施江北普惠制新农村建设。

【教育与卫生】 2014 年，宛田瑶族乡投入资金 1450 万元，实施教育基础设施建设，新建民族初中教学楼、教师公租房、学生宿舍楼、运动场。投入资金 250 多万元，实施宛田卫生院标准化及职工公租房建设，进行医技楼改造，完成院内绿化、硬化工程。

（陈孝敏）

黄沙瑶族乡

【概况】 黄沙瑶族乡位于临桂县西北部，地理位置坐标介于北纬 25°32′03″~25°26′25″、东经 109°58′38″~109°50′39″之间。东靠宛田瑶族乡，南连五通镇，西与永福县龙江乡、融安县板榄乡相邻，北接龙胜各族自治县三门镇、花坪自然保护区。乡人民政府驻黄沙村委，距县城 78 千米。辖 5 个村委会，66 个自然村，1615 户，5469 人。世居民族有瑶族、壮族、苗族、汉族等。居民说瑶话、桂柳官话和义宁平话。

黄沙瑶族乡地处山区。总面积 202.89 平方千米。耕地面积 1316 公顷（水田 187 公顷，旱地 1129 公顷）；森林面积 17422.5 公顷，森林覆盖率 98%。海拔千米以上的山有广

宛田新农贸市场　　宛田瑶族乡人民政府　供稿

黄沙瑶族乡民族广场　　　　黄沙瑶族乡人民政府　供稿

福顶、雨档岭、熊罢岭、小厄头岭、宇庙岭、川崖岭、祖庙岭、雨落岭、五里界、太阳岭、钟家界等。主要河流有黄沙河、滩头河。公路有宛(田)黄(沙)、黄(沙)滩(头)公路。旅游景点有九滩瀑布、九洞岩瀑布、鸡公岩、安江坪景区等。农贸市场有黄沙圩。

2014 年,黄沙瑶族乡农业总产值 5763 万元,工业总产值 5898 万元,全社会固定资产投资 2415 万元,财政收入 243 万元,农民人均纯收入 5783 元。

【发展特色农业】 2014 年,黄沙瑶族乡注重发展特色农业,建立猕猴桃示范基地面积 4 公顷,全乡 5 个村委均种植猕猴桃,新增猕猴桃种植面积 34.87 公顷。金橘、蓝莓种植面积 38.11 公顷。中草药材金银花、黄柏、佛手、七叶一枝花、灵香草等种植面积 66.67 公顷。为发展土鸡养殖,为困难群众免费发放土鸡苗 1 万只。

【基础设施建设】 2014 年,黄沙瑶族乡完成县“一事一议”项目 11 个。投资 2180 万元,修复宛(田)黄(沙)公路。投资 2827 万元,建设完成黄沙至围岭水泥路。投资 6000 万元,开工建设五通至黄沙公路。投资 130 万元,建设完成宇海路延长线。投资 30 万元,保障水毁村级公路及时疏通。

【30 周年乡庆建设项目】 2014 年,黄沙瑶族乡重点乡庆建设项目全部完工。投资 200 多万元的上黄沙村高标准新农村建设项目,立面改造民房 24 户,建设完成太阳能路灯、门楼、滨江廊檐、生态河堤、景观小桥、观光亭、绿化等工程;投资 500 万元的黄沙主街瑶乡风貌改造项目,立面改造民房 200 多户,修复棕树湾村瑶寨吊脚楼 100 多座;投资 150 万元的民族休闲广场建设项目,建设完成滨江路入口小广场、停车场和农贸市场(重建)。10 月,举办黄沙瑶族乡成立 30 周年庆祝活动。

【社会保障】 2014 年,黄沙瑶族乡参加农村养老保险 1857 人,发放养老保险金 818 人,发放率 100%。完成农村就业转移 50 人、新增城镇就业 25 人。至 10 月,全乡发放城镇低保4 户、4 人次、1.51 万元,农村低保 237 户、718 人次、106.76 万元,医疗保障资金 10.95 万元;发放用于春荒救济的大米 12.06 吨、服装 89 件(套)、蚊帐 14 床。

【新农村建设】 2014 年,黄沙瑶族乡投入资金 40 多万元,完成棕树湾、韦家、朱家、中方田、下方田和下槽 6 个村组的普惠制新农村和上围岭生态村建设。

【“美丽黄沙”活动】 2014 年,黄沙瑶族乡完成黄沙、翻水和滩头 3 个村委共 10 个自然村的巷道硬化工程。新建简易垃圾焚烧池 9 座;完成新型环保垃圾处理站的选址和征地工作;完成改厨、改厕任务 200 座。聘请乡村保洁员 47 名。

(郭　进)

附　录

Fu Lu

风貌改造后的黄沙瑶族乡街道　　黄沙瑶族乡人民政府　供稿

临桂县2014年国民经济和社会发展统计公报

临桂县统计局

（2015 年 1 月 16 日）

2014 年，临桂县主动适应经济发展新常态，坚持稳中求进工作总基调，全力推进临桂新区和桂林国际旅游胜地建设，全力以赴稳增长、促改革、调结构、惠民生，加快打造“实力临桂、魅力临桂、活力临桂、人文临桂、和谐临桂”，全县经济社会呈现稳中有进、稳中提质、稳中向好的发展态势。

一、综合

综合实力迈上新台阶。初步核算，2014 年全县实现地区生产总值 216.67 亿元，按可比价计算，增长 9%。人均生产总值 44161 元(按户籍人口计算)，增长 9.1%，第一产业增加值 36.56 亿元，增长 3.5%；第二产业增加值 138.61 亿元，增长 10.9%，其中工业增加值 119.71 亿元，增长 9.6%；第三产业增加值 41.50 亿元，增长 7.1%。第一、二、三产业对经济增长的贡献率分别为 6.2%、79.7%、14.1%，分别推动 GDP 增长 0.6、7.2 和 1.3 个百分点。工业对全县经济增长的贡献率为 61.74%，拉动 GDP 增长 5.6 个百分点，是推动临桂经济增长的强劲主动力。三次产业结构为 17.4:64.4:18.2。

全社会固定资产投资完成 240.43 亿元，增长 10.7%；财政收入完成 24.3 亿元，同比增长 15.2%；单位从业人员在岗职工年平均工资 44852 元，同比增长 10.3%；城镇居民人均可支配收入 32018 元，同比增长 10.3%；农民人均纯收入 11330 元，同比增长 13.4%；社会消费零售总额 34.83 亿元，同比增长 13%。

二、农业

农业生产持续稳定增长。全县农林牧渔业总产值 61.63 亿元，按可比价格计算增长 3.65%。其中，农业产值 31.82 亿元，同比增长 5.1%；林业产值 2.62 亿元，同比增长 12%；渔业产值 1.69 亿元，同比增长 6.6%；农林牧渔服务业产值 1.6 亿元，同比增长 7%；牧业产值 25.18 亿元，同比增长 0.52%。

全年农作物总播种面积 8.23 万公顷，增长 0.21%，其中：粮食播种面积 4.83 万公顷，减少 1.65%；经济作物播种面积 0.55 万公顷，增长 4.77%；其他作物播种面积 2.85 万公顷，增长 2.62%。主要农产品产量稳定增长。粮食总产量 26.35 万吨，同比减少 0.06%，水果产量 10.84 吨，同比增长 13.76%；蔬菜产量 43.24 万吨，增长 3.6%。

全年肉类总产量 9.8 万吨，下降 0.2%；生猪出栏 44.6 万头，增长 6%；家禽出栏 4016.5 万只，下降 3.5%。水产品产量 1.56 万吨，增长 6.7%。

2014 年主要农产品产量及增长速度

表 12　　　　单位：万吨

产　品	产　量	比上年增长%
粮　食	26.35	-0.06
水　稻	24.33	0.13
玉　米	0.42	-26.5
豆　类	0.76	81
薯　类	0.81	-22.2
油　料	0.12	14.53
花　生	0.115	13.39
糖类(甘蔗)	6.86	-1.63

三、工业和建筑业

工业生产快速发展。全部工业总产值 370.78 亿元，同比增长 10%。工业增加值 119.71 亿元，按可比价计算，增长 9.6%。工业增加值占 GDP 的比重为 55.63%，占比同比下降 0.7 个百分点。其中，规模工业总产值 364.16 亿元，增长 10.08%；规模工业增加值 117.19 亿元，增长 10.2%。

主要工业产品产量保持增长态势。

2014 年主要工业产品产量及增长速度

表 13

产品名称	计量单位	产　量	比上年增长%
大米	吨	15639	–5.6
饲料	吨	253757	–10.5
其中：配合饲料	吨	253757	–10.5
软饮料	万吨	354.44	1.0
其中：包装饮用水类	万吨	232.34	–7.5
人造板	立方米	559928	30.1
纸制品	吨	21723	–7.1
单色印刷品	令		
多色印刷品	对开色令		
涂料	吨		
钢化玻璃	万平方米	705.62	18.6
塑料制品	吨	22383	–6.5
商品混凝土	万立方米	566.36	18.9
铁合金	吨		
钢绞线	吨	51780	27.8
齿轮	万吨	39.95	–6.2
电力电缆	千米	51104	36.3
太阳能电池	万千瓦时	36	38.9

全年规模工业主营业务收入 362.4 亿元，增长 9.39%；规模工业销售产值 358.28 亿元，增长 9.96%；产品销售率为 98.39%。盈亏相抵后实现利润总额 60.89 亿元。

全年资质以内建筑企业总产值 3.43 亿元，增长 6.2%。全社会建筑业增加值 18.9 亿元，比上年增长 23.1%。

四、固定资产投资

全社会固定资产投资总额 240.43 亿元，比上年同期增长 10.7%。其中，城镇固定资产投资 218.18 万元，同比增长 5.9%；农村投资 22.24 亿元，同比增长 99.3%；在城镇固定资产投资中，基本建设投资 77.4 亿元，同比增长 28%；更新改造投资 46.82 亿元，同比增长 8.8%；房地产投资 93.97 亿元，同比下降 8.3%。

全年商品房施工面积 506.53 万平方米，同比下降 18.6%，商品房销售建筑面积 128.07 万平方米，下降 22.4%；商品房销售额 54.99 亿元，下降 13.8%。

五、贸易经济

消费品市场繁荣，社会消费品销售快速增长。全年实现社会消费品零售总额 34.84 亿元，比上年增长 13%；按消费形态看，批发业商品销售额 28.66 亿元，同比增长 12.6%；零售业商品销售额 37.56 亿元，同比增长 15.1%；住宿业营业额 0.51 亿元，同比增长 9.3%；餐饮营业额 6.01 亿元，同比增长 12.9%。

六、交通、邮电、旅游

全年交通运输、仓储及邮政业增加值 4.4 亿元,比上年增长5.7%。

2014年末,全县道路通车总里程达827.04千米,其中三级公路69.55千米,四级公路576.20千米,等外公路181.30千米。客、货运输量增长较快,其中客运周转量39326万人千米,增长6%;货运周转量100406万吨千米,增长11.8%。通村公路畅通率提高到90.1%。新建和升级改造26条149.67千米的贫困村村屯道路,建设独立桥梁14座564.9米。(交通局)

全年邮电业务总量2.56亿元,比上年增长12.3%。其中,邮政业务总量0.17亿元,增长12.8%;电信业务总量2.39亿元,增长12.3%。

年末固定电话用户2.47万户,移动电话31.69万部,互联网上网户数19.37万户。

全年接待国内外游客159.6万人次,增长30.48%。其中,国内游客158.16万人次,增长30.2%;入境游客1.43万人次,增长46%。实现旅游总收入7.62亿元,增长24.6%。其中,国内旅游收入7.25亿元,增长23.7%;境外旅游收入3761万元,增长30.05%。(旅游局)

七、金融

年末金融机构各项存款余额162.93亿元,同比增长17.55%。各项贷款余额137.18亿元,同比增长26.04%。

2014年末金融机构存贷款及其增长速度

表14 单位:亿元

指　　标	绝对值	增长%
各项存款余额	162.93	17.55
#储蓄存款	94.15	16.22
单位存款	61.44	18.04
各项贷款余额	137.18	26.05
#中长期贷款	96.76	26.25
个人贷款	45.73	24.3
单位贷款	50.87	28.27
#短期贷款	40.27	29.49
个人贷款及透支	13.68	39.73
单位贷款及透支	26.58	24.91
贸易融资	0	-100

八、教育和科学技术

全县年末共有小学77所,在校小学生31584人,其中女生14507人,小学教职工人数1980人,其中专任教师1762人;初级中学15所,在校初中生13373人,其中女生6168人,初级中学有教职工1210人,其中专任教师1131人。全县有普通高中4所,在校生6632人,其中女生3629人,教职工569人,专任教师497人;全县境内共设幼儿园64所,入园人数14781人,教职工839人,专任教师427人。(教育局)

九、文化、卫生、体育

年末全县共有非物质文化遗产保护传承中心及文化馆各1个,年内演出场次超过330场,共获国家级金奖2个、铜奖1个,区级一等奖5个、二等奖4个、三等奖4个、优秀奖2个,市级一等奖2个、二等奖4个、三等奖4个、优秀奖5个。剧院1个,公共图书馆1个,藏书108593册。文物管理所1个,博物馆1个,藏品237件。(文体局)

年末广播综合人口覆盖率96.8%;电视人口覆盖率98%,县区有线电视用户2.8万户。(广电局、广电网络公司)

年末全县共有各类卫生医疗机构507所。其中,综合医院3所,疾病预防控制中心1所,妇幼保健院(所、站)1所,乡镇卫生院13所。卫生机构(含民营)床位759张。全县卫生技术人员2805人,其中执业医师(含执业助理医师)791人,注册护士(师)775人。(卫生局)

全年向上级输送各类运动员16人。获得国际比赛金牌1枚,区级比赛金牌24枚、银牌25枚、铜牌16枚。开展民族健身操大赛、篮球赛、气排球赛等群众体育赛事12次,参与人次达49400多人。群众健身活动蓬勃开展,各族人民体质不断提高。(文体局)

十、人民生活和社会保障

城镇居民人均可支配收入32018元,比上年增长10.3%。其中,工资性收入比上年增长5.43%,转移性收入增长7.2%,经营性收入增长35.46%,

财产性收入增长10.97%。农村居民人均纯收入11330元,比上年增长13.4%。

就业形势基本稳定。城镇新增就业4979人,农村劳动力转移就业新增人数6320人,城镇登记失业率控制在3.48%以内。(人社局)

覆盖城乡的社会保障体系不断完善。年末全县城镇企业职工基本养老保险在职参保人数21424人,收缴城镇企业职工基本养老保险基金14255万元。参加新型农村社会养老保险人数22.03万人,收缴新型农村社会养老保险基金1549.42万元。城镇居民社会养老保险人数0.38人,收缴城镇居民社会养老保险基金42.07万元。稳步推进城镇职工和居民医疗保险制度改革,参加城镇基本医疗保险人数57989人,其中参加城镇企业职工基本医疗保险职工人数29111人;城镇居民医疗保险人数28878人。参加新型农村合作医疗参保人数400801人。(人社局)

扎实推进社会救助工作。年末列入城镇最低生活保障人数80754人(次)、农村最低生活保障人数259155人(次),共发放城镇最低生活保障资金2192.77万元、农村最低生活保障资金3134.96万元。全年优待优抚对象为9000多人,优待优抚总额为1543万元。全年优抚医疗救助296人,城镇医疗救助6858人(其中住院救助188人,资助参加医疗保险6670人),农村医疗救助28330人(其中住院救助3903人,资助参加新农合24427人),优抚医疗门诊补助和医疗救助123万元,城镇医疗救助金119.54万元(其中住院救助32.83万元,资助参加医疗保险86.71万元),农村医疗救助金692.46万元(其中住院救助570.33万元,资助参加新农合12.14万元)。救助突发困难家庭2215户,发放临时救助金179.66万元。(民政局)

十一、环境和安全生产

年末县域拥有污水处理厂2个。(环保局)

2014年末,能源消费总量950668吨标准煤,比上年增长8.24%。

万元地区生产总值能耗比上年下降0.83%。规模以上工业万元增加值综合能源消耗比上年下降2.94%。

2014年,全社会用电量为6.7亿千瓦时,同比增长15.9%。其中,居民用电2.19亿千瓦时,工业用电3.24亿千瓦时。

全年发生火灾事故6起,比上年增加3起。发生道路交通事故26起,比上年减少49起;造成23人伤亡,比上年减少42人。(安监局)

全年发生安全生产事故45起,比上年减少41起。(安监局)

2014年临桂县主要经济指标完成情况表

表15 单位:元

指标名称	计量单位	指标完成	
		总量	增速%
生产总值(GDP)	亿元	216.67	9
#一产	亿元	36.56	3.5
#二产	亿元	138.61	10.9
规模以上工业	亿元	117.19	10.2
#三产	亿元	41.52	7.1
规模工业总产值	亿元	364.2	10.1
农业总产值	亿元	61.63	3.65
全社会固定资产投资	亿元	240.43	10.7
社会消费品零售总额	亿元	34.83	13
城镇居民可支配收入	元	32018	10.3
农民期内现金收入	元	11330	13.4

续表 15

指标名称	计量单位	指标完成	
		总量	增速%
财政收入	亿元	24.30	15.2
存贷款余额	亿元	300.11	21.43
#存款余额	亿元	162.93	17.55
#贷款余额	亿元	137.18	26.04

（县统计局）

2014年临桂县部分居民基本生活消费品市场价格动态表

表16　　单位：元

商品名称	规格/单位	1月	2月	3月	4月	5月	6月	7月	8月	9月	10月	11月	12月
早籼米	金优/500克	2.20	2.20	2.20	2.20	2.20	2.20	2.20	2.20	2.20	2.10	2.10	2.20
晚籼米	9113/500克	2.40	2.50	2.60	2.60	2.60	2.60	2.60	2.60	2.60	2.50	2.50	2.60
面粉	富强粉/500克	2.40	2.50	2.50	2.50	2.50	2.50	2.50	2.50	2.50	2.50	2.50	2.50
大豆油	金龙鱼/5升	59.90	59.90	59.90	59.90	59.90	59.90	59.90	59.90	59.90	59.90	59.90	45.80
花生油	鲁花/5升	129.90	129.90	129.90	129.90	129.90	129.90	129.90	129.90	132.00	132.00	129.90	139.90
猪肉	精瘦肉/500克	12.00	12.00	11.00	11.00	11.00	12.00	13.00	13.00	12.50	12.50	12.00	12.00
	前腿、后腿肉/500克	11.00	10.00	9.00	9.00	9.00	9.00	9.00	10.00	11.00	11.00	11.00	11.00
	五花肉/500克	11.00	10.00	10.00	10.00	10.00	10.00	10.00	11.00	11.00	11.00	11.00	11.00
牛肉	无骨/500克	35.00	35.00	35.00	35.00	33.00	33.00	32.00	33.00	34.00	35.00	33.00	35.00
活鸡	果园鸡/500克	8.00	8.00	8.00	9.00	11.00	12.00	10.00	10.00	10.50	12.00	12.00	12.00
鸡蛋	散装/500克	6.00	6.00	6.00	6.00	6.50	6.00	6.00	6.00	6.50	6.50	6.50	6.50
活草鱼	500克	6.50	7.00	6.50	7.00	7.00	6.50	7.00	6.50	6.50	6.00	7.00	6.00
大白菜	500克	0.60	0.50	1.00	1.00	0.80	1.50	1.50	1.50	1.80	1.30	1.00	0.80
白萝卜	500克	0.50	0.50	0.60	1.00	0.80	0.80	1.00	1.00	1.00	1.00	1.00	1.00
西红柿	500克	2.50	2.50	2.50	2.00	2.00	2.00	2.00	1.50	2.00	1.50	2.00	1.80
土豆	500克	2.00	2.00	1.80	2.00	1.50	1.80	1.80	1.80	1.80	1.50	1.70	1.80
青椒	500克	2.50	2.50	2.20	1.50	1.50	2.00	1.50	1.50	1.50	1.80	2.50	2.50
蒜苔	500克	4.50	5.00	5.00	4.00	3.50	3.00	2.50	/	4.50	3.50	5.00	5.00
豆腐	500克/2块	1.50	1.50	1.50	1.50	1.50	1.50	1.50	1.50	1.50	1.50	1.50	1.50
苹果	红富士/500克	6.00	6.00	6.00	6.00	6.00	6.50	6.50	6.00	4.50	5.50	5.50	5.50
香蕉	500克	2.50	2.50	2.50	3.00	3.00	2.80	2.80	3.00	3.50	3.50	3.00	3.50
白糖	500克	4.00	3.50	3.50	3.50	3.50	3.00	3.50	3.50	3.50	3.50	3.50	3.50
液化气	罐/14.5千克	125.00	122.00	120.00	120.00	120.00	115.00	115.00	110.00	110.00	110.00	110.00	110.00

（县物价局）

索　　引

Suo Yin

群山环抱的宛田瑶族乡王能村　　　　宛田瑶族乡人民政府　供稿

说 明

1.本索引采用分析索引方法，按索引词首字汉语拼音音序排列，首字音序相同，按第二字音序排列，依此类推。

2.凡类目、分目标题作索引词的均用黑体字标明。

3.索引词后标的阿拉伯数字表示内容所在页码；数字后的拉丁字母 a、b 分别表示左、右栏；索引词后括注“图”、“表”字样的为图或表。

4.索引词后第二个及其后的页码表示“参见”内容的所在位置，缩后两格排印的索引词为相关主索引词的“附见”。

5.“特载”的全部和“大事记”、“附录”中的部分内容未作索引。

A

艾滋病宣传　207b
爱国卫生　208b
安江坪景区　116b
安全管理　129b　144b
安全管理和培训　133b
安全监管　137b
安全生产　132b　137a
安全生产大检查　189a
安全生产监督管理　188b
安全生产事故指标控制　189a
安全生产宣传教育　190a
安全事故隐患排查整改防范　189a
安置帮教工作　106a
按时完成自治区、桂林年鉴供稿任务　78a
案件查办　85b

B

百岁老人　214b
版面设计　205b
办信工作　65a
帮扶活动　88b
保健食品专项整治活动　188b
保密工作　65b
保障城乡统筹发展　160b
保障性安居工程建设　118b
编制完成《临桂县重点旅游片区发展规划》　112a
变更区划建制　226a
变更区划建制　211a
便民服务　129a

C

财政　160a
财政管理　161a
财政预算执行审计　183a
参与美食评比和名优会展　141b
参政议政　93b
餐饮服务食品安全专项检查　188a
餐饮服务食品监督抽检工作　188a
残疾人就业　94b
草食动物产业　154a

茶洞乡 222b
查处违法案件 188b
产品质量安全监管 185b
车险服务 174a
陈宏谋宗祠 114b
成人文化技术学校 196a
城区路网建设 120b
城区卫生保洁 120a
城市路灯亮化 121a
城市绿化改造 121a
城乡风貌改造 119b
城乡建设管理 118a
城乡医疗救助 210a
城镇化建设 75b 119a
城镇集体工业 137a
城镇建设 221a
出版发行 205b
出入境及往来港澳台管理 100b
处理涉法事务 76b
传染病防控 207b
创建环湖社区奥林匹克花园地震安全示范社区 202a
创建平安农机活动 151a
创新诚信计生内涵 212a
慈善救助 82b
从严治警 110a
促进农村专业合作社发展 149a
促进现代服务业发展 75a
村村通广播电视工程 206b
村"两委"换届 218a
村(社区)"两委"换届选举 59b
存款业务 169a 172b

D

打击违法犯罪 99a
打击刑事犯罪 101b
打造机关食堂服务品牌 78b
大力发展旅游业 75a
代理金融业务 132a
贷款业务 169a 172b 173b
党的群众路线教育实践活动 58b
党风廉政建设 84b
党建服务民生发展 58b
党史编纂 63b
党史工作 63b
党史宣传教育 64a
党史资料征集 63b
党校工作 63a
党员发展、教育工作 68b
党政机关、直属事业单位、党派团体和部分中央、自治区、桂林市直属单位及其领导人 43a
档案服务 77b
档案工作 77a
档案基础业务 77b
档案资料整理 77b
德育工作 193b
地方税务 162b
地方志工作 77b
地理概况 39a
地貌 39b
地情咨询服务 78a
地灾防范工作 184b
地震观测点建设管理 202a
地质 39b
第十五届人民政府第二十八次常务会议 74a
第十五届人民政府第二十九次常务会议 74a
第十五届人民政府第二十六次常务会议 74a
第十五届人民政府第二十七次常务会议 74a
第十五届人民政府第三十次常务会议 74a
第十五届人民政府第三十二次常务会议 74a
第十五届人民政府第三十三次常务会议 74a
第十五届人民政府第三十一次常务会议 74a
电网规划与建设 137b
调研监督工作 71b
调研宣传 60b
调研、宣传工作 104a
调整基层和社区待遇 210b
定点零售药店与医疗机构管理 178b

东盟博览会成果　190b
东宅江瑶寨蝴蝶谷景区　115b
冬修水利建设　157a
动物疫病防控　154b
动物资源　40b
豆类生产　146b
督查督办　65b
多举措促增收　160a
多渠道拓展业务　132b

E

2014 年临桂县百岁老人名录(表)　214
2014 年临桂县部分居民基本生活消费品市场价格动态表(表)　234
2014 年临桂县分乡镇人口及按年龄分组情况表(表)　41
2014 年临桂县工信局科技项目实施情况表(表)　199
2014 年临桂县集贸市场情况表(表)　139
2014 年临桂县科技局科技项目实施情况表(表)　198
2014 年临桂县科协科技项目实施情况表(表)　200
2014 年临桂县农业局科技项目实施情况表(表)　199
2014 年临桂县水产畜牧兽医局科技项目实施情况表(表)　200
2014 年临桂县通建制村水泥路建设项目表(表)　126
2014 年临桂县行政区划情况表(表)　42
2014 年临桂县畜禽生产情况一览表(表)　153
2014 年临桂县主要经济指标完成情况表(表)　233
2014 年末金融机构存贷款及其增长速度(表)　232a
2014 年主要工业产品产量及增长速度(表)　231
2014 年主要农产品产量及增长速度(表)　230b

F

发展便民金融业务　166b
发展二轻经济　137a
发展社会事业　225b
发展特色产业　221a　224a　228a
法院　103a
法制宣传教育　105a
反腐倡廉　84a
防汛抗旱　157b
防震减灾　201b
防震减灾宣传教育　202b
房地产市场稳步发展　118b
房屋征收和拆违工作　118b
飞虎队遗址公园　114a
飞虎队遗址公园建设　113a
扶残助学　93b
扶持技术改造　136b
扶贫教育培训　156b
扶贫开发建档立卡信息系统建设　155b
扶贫助残　94a
扶弱助困活动　89b
服务保障　129b
服务出成效　134b
服务企业工作　136a
服务“三农”工作　74b
服务实体经济　170b
妇女儿童文化娱乐　90a
妇女岗位建功活动　89b
妇女维权工作　90a
妇幼保健　207b

G

改善办学条件　193a
改善民生　222a
干部培训　63a

甘蔗　146b
高等职业教育　196a
高考　195b
高效理赔　174b
高中教育　192b
葛根、淮山　147a
工商登记　180b
工商行政管理　180a
工业　136aa
工业科技　200a
工业园区建设　136b　220a
工资福利管理　177b
公安　99a
公路建设项目　126b
公路养护综合服务　127b
公路运输　126a
供电与电网建设　137b
供水保障　121b
供水服务　122a
供销合作商业　142b
共青团临桂县委员会　90b
固定资产投资审计　183a
关爱老年人工作　213b
管网建设　121b
广播影视　206a
广告管理　181b
广西临桂农村商业银行　172a
规范办证制度　142a
规范财政投资评审　161b
规范涉密人员管理　66a
规范土地流转　148b
规范性文件审查　76b
规范政府采购管理　161b
规模工业　136b
桂林会仙喀斯特国家湿地公园　113a
桂林市西城经济开发区　122a
桂林银行临桂支行　171b
国防动员与国防教育　108b
国家机关工作人员任免　70b
国家税务　161b
国土资源管理　183b
果树病虫　149b

H

航线拓展　129a
合同管理　181a
红薯生产　146a
红溪景区　116a
宏观经济管理　176a
后勤保障　110b
后勤保障工作　108b
华岩景区　116a
化解企业改制矛盾　137a
化妆品专项整治活动　188b
环境保护　122b
环境监测　123b
环境宣传教育　124a
环境整治　123a
环境质量　123a
黄沙瑶族乡　227b
会仙镇　219b
惠民工程　216b
惠民减负　173b
惠农工程　227a
惠农政策全面实施　220a
婚姻登记　211a

J

机构编制　66b
机构编制调整　66b
机关事务管理　78a
基本办学条件　192a
基本公共卫生服务逐步均等化　208a
基层卫生基建项目建设　208b
基层医疗卫生机构综合改革　208a
基层组织建设　220b　225a

基础教育 192a
基础设施建设 63b 129b 156a 217b 218b 222a 223a 228a
绩效管理与考评 64b
绩效评价制度 200a
吉篦瀑布景区 116b
集市贸易 138b
集体林权制度配套改革 152b
计量器具监督管理 185a
计量专项监督检查 185b
技术推广 148a
加大城乡社会保障体系建设 160b
加大反洗钱工作力度 167a
加大流动人口监管 211b
加大土地供应管理 183b
加大信息化建设 212b
加大执法宣传力度 129a
加大治超力度 128b
加大重点项目推进力度 136a
加快工业发展 74b
加快基础设施建设 122b
加强大气污染防治 123b
加强代理渠道管理 133b
加强党风廉政建设 68b
加强服务监管 122b
加强干部队伍建设 60b
加强货币金银工作 167a
加强监管 140b
加强矿政管理 184b
加强律师行业管理 106b
加强渠道网点建设 134a
加强人民调解工作 106a
加强生猪定点屠宰管理 140b
加强食品卫生综合协调 207b
加强水电站管理 157b
加强思想文化建设 109b
加强网络保密管理 66a
加强行业监管 112a
加强学校食堂安全监管 187b
加强烟草执法 142a
加强政府法制信息平台建设 76b
加强治安管控 100a
加强重点项目跟踪 190b
价格调控 179a
价格服务 180a
价格管理 179a
价格检查 179b
价格举报 179b
监督制度建设 86b
监所管理 101a
检察 101b
建立健全保密制度 66b
建立律师参与处理信访疑难积案制度 105b
建设公共服务体系 206a
建设项目环境管理 123a
建筑市场管理 118a
健全监测网络 202a
践行“清洁临桂”活动 128a
交通安全管理 100b
交通工程建设措施 127a
交通行政执法 126a
交通银行桂林新城区支行 171a
教师队伍建设 194b
教研工作 63a
教研活动 195a
教育与卫生 227b
接待水库移民来访 158b
接访工作 65a
接访下访活动 98a
节能降耗 136b
今日临桂报社 205b
金融管理服务 166a
金融惠农 173a
经费保障 211b
经济金融运行监测与分析 166a
经济普查 182a
经济作物生产 146b
经营改革 173a
经营管理 138a 168b 169b
竞技体育 205a

纠风惠民落实到位　85b
纠正"四风"活动　84a
纠正行业不正之风　86a
旧城改造　119a
救灾救济　210a
就业服务　177b
居家无障碍改造工程　94b
举办妇女干部培训班　90a
聚类市场集团拓展　133b
卷烟销售　141b
军事训练　109b

K

开展保密法制宣传　66a
开展财政资金绩效评价　161b
开展打击整治传销行动　181a
开展党的群众路线教育实践活动　68a
开展妇联换届工作　89a
开展关心下一代工作　67b
开展家庭教育活动　90a
开展教育培训工作　182b
开展金融知识宣传　171a
开展控告申诉　102b
开展联谊活动　93b
开展旅游宣传营销　112b
开展农村土地承包经营权确权颁证试点　148b
开展农村宅基地和集体建设用地登记发证二期工作　184b
开展青年活动　90b
开展社会治安整治行动　99b
开展社科知识普及　96b
开展统计法制宣传　182b
开展文明创建活动　61b
开展宣传培训　212b
开展"一人一企"对口服务活动　136a
开展医疗器械专项整治　188a
开展园区用地清查　183b
开展职工文体和劳动竞赛活动　88b
抗震设防管理　202a
考试保密管理　66a
科技管理　198a
科技项目实施　198b
科教文卫事业　219b
科普宣传活动　95b
客运站场建设　127a
矿产资源　40a

L

劳动监察　178a
劳动人事争议仲裁处理　178b
老干部工作　67a
老龄工作　213a
老年协会建设　214a
李宗仁故居　114a
历史沿革　38a
立案、信访接待工作　104a
莲花岛景区　116a
联谊工作　82a
粮食仓储　144a
粮食购销　143b
粮食贸易　143b
粮油生产　146a
两个阵地建设　67b
两江镇　221b
"两考"期间学校师生餐饮安全监管　187b
林业　151b
林业产业发展　152b
林政管理　152a
《临桂年鉴(2013)》出版　78a
《临桂文艺》出版　93a
临桂县残疾人联合会　93b
临桂县村(社区)"两委"换届选举工作布置会　57a
临桂县党的群众路线教育实践活动动员大会　56a
临桂县党的群众路线教育实践活动再动员再部署

会议　56a
临桂县党的群众路线教育实践活动总结大会　57b
临桂县第十五届人大常委会会议　70a
临桂县第十五届人民代表大会第五次会议　70a
临桂县妇女联合会　89a
临桂县归国华侨联合会　93a
临桂县教育发展大会　57a
临桂县科学技术协会　95a
临桂县老科学技术工作者协会成立　95a
临桂县旅游质量监督管理所成立　112a
临桂县2014年国民经济和社会发展统计公报　230
临桂县年中经济工作会议　57a
临桂县农村土地承包经营权确权登记颁证试点工作动员会　56b
临桂县社会科学界联合会　96a
临桂县文学艺术界联合会　91b
《临桂县志(1991—2012)》通过终审验收　77b
临桂县总工会　88a
临桂县总工会十三届九次全委(扩大)会议　88a
临桂县总工会十三届十次全委会议　88a
临桂镇　216a
刘三姐茶园景区　115b
“六打六治”打非治违专项行动　189b
六塘清真寺　113b
六塘镇　218b
路政管理　128a
旅游管理　112a
旅游景区(点)　113a
旅游设施建设　113a
履行国库监管职责　166b
罗汉果　146b
罗山湖景区　114b
落实公众评议　65a
落实惠民政策　223b
落实惠农政策　221a　222a　225a
落实货币政策　166a
落实减免税政策　162b
落实老干部生活待遇　67b
落实“美丽临桂·清洁城乡”各项工作　139a
落实申报少数民族发展资金项目　62a
落实水库移民后期扶持普惠政策　158a
落实学生资助项目　194a

M

马蹄　147a
“美丽茶洞”活动　223b
“美丽黄沙”活动　228b
“美丽临桂·清洁乡村”工程　216b
“美丽六塘”工程　219a
“美丽南边山”工程　218a
“美丽四塘”活动　221a
“美丽宛田”活动　227a
“美丽五通”工程　224b
“美丽乡村”标准化试点　186a
“美丽中庸”活动　225b
民办教育　196b
民办培训机构　196b
民办小学　196b
民办幼儿园　196b
民办中学　196b
民兵预备役建设　108b
民事审判　103a
民用爆破物品专营　141b
民用航空　129a
民政事务　210a
模拟事业单位分类　67a

N

纳税服务　162a
南边山乡　217a
内部管理　170a
内部管理与外部稽核　124b
内控管理　171b　172a
年度宣传重点　206a

农村扶贫 155b
农村规划建设 119a
农村经济的统计 149a
农村经营管理 148a
农村生态能源建设 152b
农村土地承包合同管理和纠纷处理 148b
农村危房改造 119a
农村文化建设 225a
农村饮水安全 157a
农机安全检查与专项整治 151a
农机购置补贴 151b
农机销售 151a
农机修理和合作社 150b
农机宣传教育 151a
农机拥有量 150b
农民负担监测管理 148b
农田草害 150a
农田鼠害 150a
农网改造升级工程 137b
农业产业结构 217b
农业惠民及培训 225b
农业机械化 150a
农业机械化教育培训 150b
农业技术培训 201b
农业科技 200b
农业植保 149a

P

排污费征收 123b
培养学生综合素质 194a
配送中心管理及经营情况 143a
破获大案要案 99b
葡萄无公害“三避”技术示范和二次结果栽培技术 201a

Q

气候 40a
气象 202b
气象业务 202b
气象灾害 202b
企业效益 173a
强化保密管理 66a
强化监督管理 102b
强化酒类流通管理 141a
强化食品卫生安全管理 194a
强化税收征管 162a
强化项目服务 190b
强化宣传 190b
强化战备值勤 110a
强化政治理论学习 61a
侨务工作 62b
青年就业创业 90b
青年文明号工作 91a
青年志愿服务行动 91a
青少年科普教育 95b
青少年权益保护工作 91b
青少年思想教育 90b
清理整治违法占地违法建设专项工作督查 77a
确保耕地红线 184a
群众体育活动 205a
群众文化活动 204a

R

燃气安全管理 120a
人大代表议案和建议办理 71a
人口 41b
人口和计划生育 211a
人口年龄结构 41b
人口统计 41b
人力资源和社会保障 177a

人事管理 177a
人事人才服务 177b
日常监管 167b

S

森林病虫害防治 152b
森林防火 152a
森林资源保护管理 152a
商标管理 181a
商务贸易 140b
社会保险征缴 178a
社会保障 95a 222b 228b
社会保障事业 219b
社会管理综合治理 98a
社会救助 210a
社会救助工作 211a
社会事业 221b
社会事业全面发展 218a
社区建设 211a
社区矫正管理 105b
社区支行建设 172a
深化财政改革 160b
深化服务业综合改革 176b
深化廉政教育 85a
深化医药卫生体制改革 176b
深里河峡谷景区 113b
深圳农村商业银行广西临桂支行 173a
审查“三大纠纷”处理决定 76b
审计 183a
审判管理 104a
审判监督 105a
生态环境建设 124a
生态建设 216a
十二滩漂流景区 115b
十月科普大行动 95b
石油供应 144a
实名制管理和域名注册 66b
实施“测土配方施肥”项目 201a
实施“超级稻优质高产栽培技术示范和创建全国粮食高产示范县工程”项目 200b
实施惠民计生套餐行动 212a
实施康复项目 94a
实施“美丽临桂·清洁城乡”工程 75b
实施“千村万户文艺惠民工程” 93a
实施“三位一体”工程 212a
实施阳光家园计划项目 94b
实施移民增收工程项目建设 158a
实现法律援助应援尽援 106b
实现税收新增长 162b
实行“一事一议” 148b
实用技术培训 95b
食品安全专项整治 187a
食品药品安全宣传 186b
食品药品监管 186a
食品药品企业日常监管 186b
食用菌生产 147b
示范基地 148a
市场服务 138b
市场管理 180b
市场监管 141a 178b
市场升级改造工作 140a
市容管理 119b
市容秩序管理 119b
市政设施维护 120b
事业单位登记管理 67a
试行“审管分离” 184a
收费管理 179a
蔬菜病虫 149b
蔬菜生产 147b
蔬菜新品种和新技术 201a
水产特色养殖 154b
水产畜牧产业质量安全监管 155a
水产畜牧业 153a
水稻病虫 149b
水稻生产 146a
水果生产 147b
水库新村提升改造项目建设 158a
水库移民 157b

水利建设　157a
水利设施建设　224b
水利水电　156b
水资源　40b
税收收入　161b
税收征管　163a
税务稽查　162b
司法行政　105a
思想政治建设　108a
四塘镇　220b
送金融知识下乡活动　168a
速递业务　132a

T

台务工作　62b
特殊药品专项整治　188a
特种设备安全监察　185b
提案工作　81b
提高法院工作透明度　104b
提高服务质量　174a
提高公路通行能力　127b
提高旅游服务质量　112b
提高医疗服务质量　207a
提供便民服务　212a
提升代表履职水平　72a
提升服务质量　134b
提升检察队伍能力素质　102a
提升网络类指标　133b
体育后备人才培养　205b
体育文化建设　216b
田心村　115a
通信建设　133a
统筹城乡工作　176a
统计　182a
统计服务　182b
统计基层基础建设　182b
统一战线工作　62a
土地资源　40a
推广绿色防控植保新技术　150a
推进安全教育　193b
推进高标准新农村建设　59a
推进基层党建工作　59a
推进基层党组织建设　68a
推进节能减排工作　176b
推进旅改试点　184a
推进水库移民新村建设　158a
推进水政水保执法　157b
推进学前教育第一期三年行动计划　192a
推进瑶族乡乡庆建设项目　62b
推进招商引资项目　122a
推进征信管理　166b
推进职能转变和机构改革　66b
推进重大项目建设　176a
推行高中免费教育　58a
拓宽管理渠道　174a
拓展法律公证服务领域　106b
拓展基层平安建设活动　98b
拓展集团信息化　133a
拓展民生保险业务　174b

W

完成食品药品监督管理所建设　186b
完善干部监管　60a
完善能耗体系建设　78b
完善用人制度　60a
宛田瑶族乡　226a
网络基站建设　134a
望情谷景区　116b
为民办实事　221a　226b
为民办实事项目工作督查　77a
为农服务　143a
维护管地秩序　184a
维护侨益　93b
维护社会稳定　101b
卫生　206b
未成年人思想道德建设　61b

位置面积 39a
委员视察 81b
文化产业发展 205a
文化馆图书馆免费开放 204b
文化市场监管 204b
文化体育 204a
文史资料征集及编印 82b
文体基础设施建设 204a
文体宣传活动 213a
文物保护和利用 204b
文艺创作演出 204b
文艺活动 91b
稳步推进网格化试点 99a
稳步推进项目 122b
稳增长促改革调结构惠民生政策落实情况督查 77a
污染减排 123b
五保供养 210a
五通镇 223b
武警临桂县中队 109b
武装工作 68b
物价 178b

X

西瓜、香瓜 147a
县城管网建设 121a
县城社会治安防控 101a
县级公立医院综合改革试点 207a
县级绩效考评 64b
县领导接访 65b
县直机关工委 67b
限上商贸企业的运行监测 141a
乡村旅游 223b
乡村卫生服务一体化管理 206b
乡镇企业 218b
乡镇企业建设 216b
祥田长寿村 116b
项目管理 177a
项目建设 222a 224b
项目经费管理 201b
消防安全管理 100b
消费者权益保护 181b
销售供应 144b
小城镇建设 219a 224b
小额信贷扶贫 156b
小企业和“三农”金融服务 168a
小区设施改造 121a
小型农田水利建设 157a
协会活动成果 92a
新农村建设 221a 223a 224b 225b 227b 228b
“新网工程”项目建设 142b
新闻宣传 205b
新型农村合作医疗 206b
信访处理 185a 214b
信访工作 65a 72a
信访积案化解服务大行动 98a
信访文体工作 95a
信息工作 72b
信息化建设 104b
刑事审判 103a
行政复议和应诉 76a
行政监察 85b
行政区划 42a
行政审判 103b
行政审批 187a
雄森熊虎山庄 113b
畜禽饲养 153b
畜禽养殖业污染治理 155b
宣传工作 61a
宣传培训 148a
学前教育 192a
学习活动 67b

Y

烟草专卖 141b

严格规范住房公积金政策　124b
严格计划生育审查　211b
严肃政治纪律　84a
养殖技术培训　155b
养殖支柱产业　154a
瑶乡“禁风节”　227a
药品安全专项整治　188a
业务发展　168b　169b　170a　171a　174a
业务管理　172b
一个速度、两个推进、三个提升　58a
医疗费用报销　206b
医疗培训　207a
依法办理户籍管理　100a
依法维护职工合法权益　88a
依法行使重大事项决定权　71a
依法行政　76a
依法治税　163b
移民村屯道路建设　158b
义江缘景区　115a
义务教育　192b
易地扶贫搬迁工程　177a
引进奴比亚种公羊　201a
引进推广微滴灌技术　150b
引资力度　190a
饮水工程　157a
营销维护一体化　134b
拥政爱民　109a
优抚、双拥工作　210b
优化服务　164a
优化机关后勤服务　78b
优化行政审批　118a
优秀课题成果　96a
邮务类业务　132a
邮政　132a
油料生产　146b
鱼类养殖　154b
渔业资源增殖和保护　155a
渔政执法　155a
舆情信息工作　61b
玉米生产　146a

Z

造林绿化　151b
渣土运输管理　120a
扎实推进新农村建设　218a
扎实做好年报试点工作　78a
招商引资　190a
招商引资　75a
征兵工作　109a
整顿软弱涣散党组织　59b
整改网络　133a
正规化建设　108a
政策性粮食收购　144a
政府法制　76a
政务督查　76b
政协临桂县八届六次会议　80b
政协临桂县八届十二次常委会议　80b
政协临桂县八届十三次常委会议　80b
政协临桂县八届十四次常委会议　81a
政协临桂县八届十一次常委会议　80b
政协临桂县八届四次会议　80a
政协临桂县八届五次会议　80a
政协临桂县第八届委员会委员界别座谈会议　81a
政协临桂县第八届委员会委员培训会议　81a
政协临桂县第八届委员会主席议政会议　81a
政协提案交办会议　81b
支持教文卫发展　160b
支持经济发展　160a
执法检查　72a
执行工作　103b
职工再就业　88b
职业教育　196a
植物资源　40b
质量技术监督　185a
“质量兴县”工作　186a
中等职业教育　196a
中共临桂县委常委班子专题民主生活会通报会

56b
中共临桂县委常委议军会 58a
中共临桂县委全委(扩大)会议 56b
中共临桂县委中心组学习(扩大)会议 56a
中共临桂县委中心组学习(扩大)会议 56b
中共临桂县委中心组学习(扩大)会议 57b
中共临桂县委中心组学习(扩大)会议 56a
中国电信股份有限公司临桂分公司 132b
中国工商银行股份有限公司桂林市临桂支行 168a
中国共产党临桂县第十二届委员会第四次全体(扩大)会议 56a
中国建设银行临桂支行 169b
中国联合网络通信有限公司临桂县分公司 134a
中国农业银行股份有限公司临桂县支行 169a
中国人民财产保险股份有限公司临桂支公司 173b
中国人民解放军临桂县人民武装部 108a
中国人民银行临桂县支行 166a
中国人寿保险股份有限公司临桂支公司 174b
中国铁通集团有限公司桂林分公司临桂经营部 134b
中国移动通信集团广西有限公司临桂分公司 133a
中国银行临桂县域机构 170b
中国银行业监督管理委员会桂林监管分局临桂办事处 167b
中考 195b
中小河流域治理 157a
中庸乡 225a
中庸义江绿道建设 226a
重大项目进展 113a
重点产业扶贫 156a
重点工程 121b
重视隐患排查整治 128b
重要工作 70b 81b
重要会议 56a 70a 74a 80a
重要决策 58a
重要政务 74b
30周年乡庆 227b
30周年乡庆建设项目 228b
助推非公有制经济健康发展 62a
住房公积金管理 124b
住房公积金增值收益 124b
注册管理改革 180a
抓好“两网”建设 134a
抓好民事行政检察 102b
抓好农作物病虫害预测预报 150a
抓好企业一套表联网直报工作 182a
抓好“三敏感”问题化解 98b
专任教师师资 194b
专题调研 81b
专项规划编制 176a
专项资金审计 183a
专业合作社建设 143a
专业技术人才队伍建设 177b
资政调研 64a
自来水供应 121b
自评迎考工作 64b
自然资源 40a
自治区“清洁家园”专项活动推进会 57b
宗教事务 62b
组织工作 58b
做好防灾防损工作 174b
做好防治病虫害宣传、培训 150a
做好机构和人员编制核查 67a
做好用地报批 183b